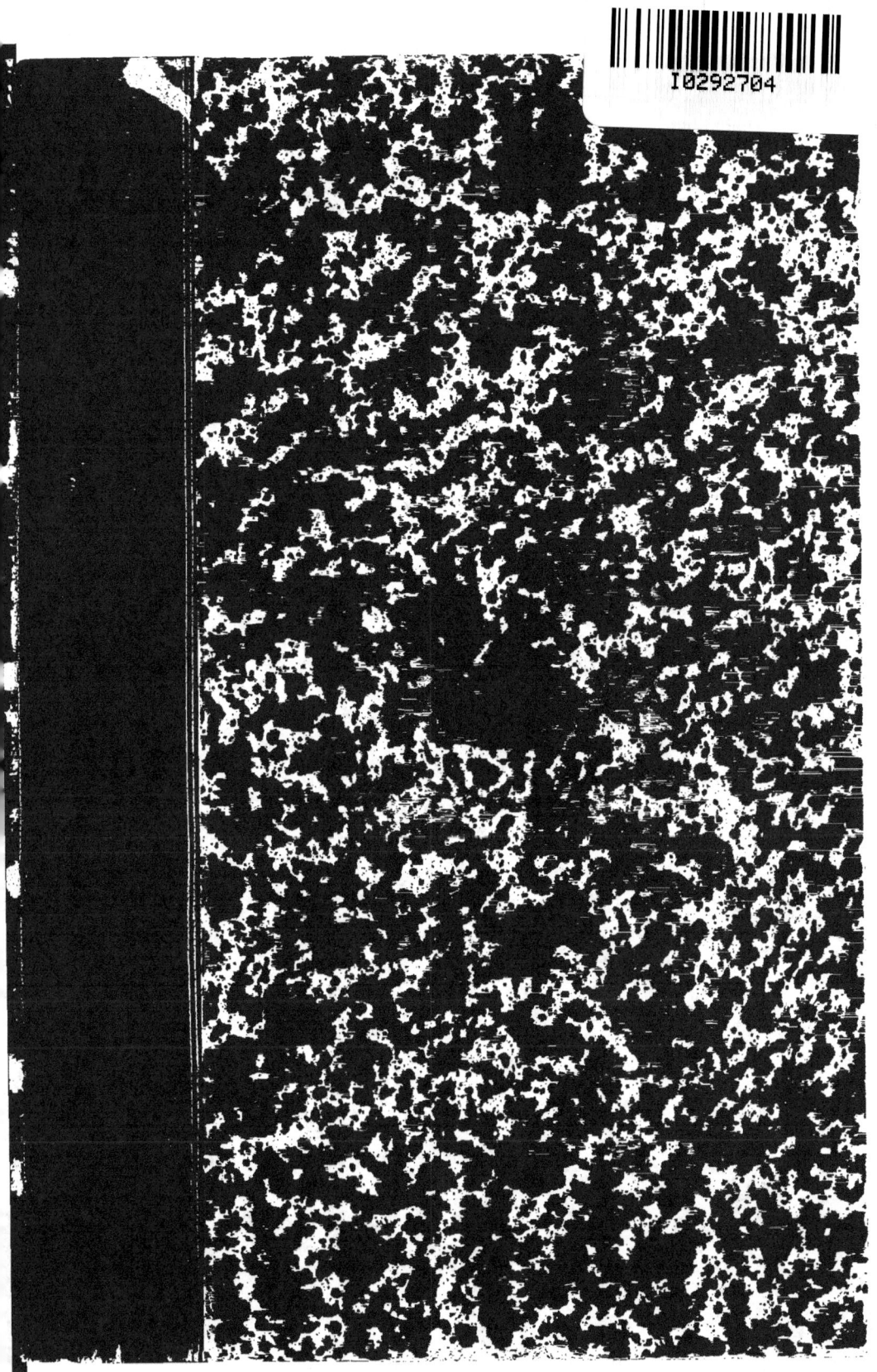

SE VEND A PARIS

CHEZ

HENRI PLON, IMPRIMEUR-ÉDITEUR,

RUE GARANCIÈRE, N 10.

Édition publiée en vertu de cession partielle du droit de propriété,
consentie par MM. Firmin Didot et Hector Bossange.

810

COMMENTAIRES

DE

NAPOLÉON PREMIER

IV

IMPRIMÉ

PAR ORDRE DE L'EMPEREUR,

M. BAROCHE

ÉTANT GARDE DES SCEAUX, MINISTRE DE LA JUSTICE ET DES CULTES;

PAR LES SOINS

DE M. ANSELME PETETIN,

CONSEILLER D'ÉTAT,
DIRECTEUR DE L'IMPRIMERIE IMPÉRIALE.

COMMENTAIRES

DE

NAPOLÉON PREMIER

TOME QUATRIÈME

PARIS

IMPRIMERIE IMPÉRIALE

M DCCC LXVII

18 BRUMAIRE.

COMMENTAIRES
DE
NAPOLÉON PREMIER.

18 BRUMAIRE[1].

Lorsqu'une déplorable faiblesse et une versatilité sans fin se manifestent dans les conseils du pouvoir; lorsque, cédant tour à tour à l'influence de partis contraires, et vivant au jour le jour, sans plan fixe, sans marche assurée, il a donné la mesure de son insuffisance, et que les citoyens les plus modérés sont forcés de convenir que l'État n'est plus gouverné; lorsque enfin à sa nullité au dedans l'administration joint le tort le plus grave qu'elle puisse avoir aux yeux d'un peuple fier, je veux dire l'avilissement au dehors, alors une inquiétude vague se répand dans la société, le besoin de sa conservation l'agite, et, promenant sur elle-même ses regards, elle semble chercher un homme qui puisse la sauver.

Signes avant-coureurs de la chute d'un gouvernement.

Ce génie tutélaire, une nation nombreuse le renferme toujours dans son sein; mais quelquefois il tarde à paraître. En

Il se maintient toutefois jusqu'à la venue d'un homme providentiel.

---

[1] Les deux chapitres suivants sont reproduits ici d'après le texte du général Gourgaud (*Mémoires de Napoléon*, etc. édition de 1830, t. VI, p. 49 à 144.)

effet, il ne suffit pas qu'il existe, il faut qu'il soit connu; il faut qu'il se connaisse lui-même. Jusque-là toutes les tentatives sont vaines, toutes les menées impuissantes; l'inertie du grand nombre protége le gouvernement nominal et, malgré son impéritie et sa faiblesse, les efforts de ses ennemis ne prévalent point contre lui. Mais que ce sauveur impatiemment attendu donne tout à coup un signe d'existence, l'instinct national le devine et l'appelle, les obstacles s'aplanissent devant lui, et tout un grand peuple, volant sur son passage, semble dire : Le voilà !

I

Manifestations enthousiastes qui accueillent l'arrivée de Napoléon à Fréjus.

Telle était la situation des esprits en France, en l'année 1799, lorsque, le 9 octobre (16 vendémiaire an VIII), les frégates *la Muiron*, *la Carrère*, les chebecs *la Revanche* et *la Fortune*, vinrent, à la pointe du jour, mouiller dans le golfe de Fréjus. Dès qu'on eut reconnu des frégates françaises, on soupçonna qu'elles venaient d'Égypte. Le désir d'avoir des nouvelles de l'armée fit accourir en foule les citoyens sur le rivage. Bientôt la nouvelle se répandit que Napoléon était à bord. L'enthousiasme fut tel, que même les soldats blessés sortirent des hôpitaux, malgré les gardes, pour se rendre au rivage. Tout le monde pleurait de joie. En un moment la mer fut couverte de canots. Les officiers des batteries, les douaniers, les équipages des bâtiments mouillés dans la rade, enfin tout le peuple, assaillirent les frégates; le général Perreimond, qui commandait sur la côte, aborda le premier : c'est ainsi qu'elles eurent l'entrée. Avant l'arrivée des préposés de la Santé, la communication avait eu lieu avec toute la côte.

L'Italie venait d'être perdue, la guerre allait être reportée sur le Var, et dès lors Fréjus craignait une invasion; le besoin d'avoir un chef à la tête des affaires était trop impérieux; l'impression de l'apparition soudaine de Napoléon agitait trop vivement tous les esprits pour laisser place à aucune des considérations ordinaires; les préposés de la Santé déclarèrent qu'il n'y avait pas lieu à la quarantaine, motivant leur procès-verbal sur ce que la pratique avait eu lieu à Ajaccio. Cependant cette raison n'était pas valable, c'était seulement un motif pour mettre la Corse en quarantaine; l'administration de Marseille en fit, quinze jours après, l'observation avec raison. Il est vrai que, depuis cinquante jours que les bâtiments avaient quitté l'Égypte, aucune maladie ne s'était déclarée à bord, et qu'avant leur départ la peste avait cessé depuis trois mois.

On le dispense d'observer les règlements sanitaires.

Sur les six heures du soir, Napoléon, accompagné de Berthier, monta en voiture pour se rendre à Paris.

Napoléon se rend à Paris.

II

Les fatigues de la traversée et les effets de la transition d'un climat sec à une température humide décidèrent Napoléon à s'arrêter six heures à Aix. Tous les habitants de la ville et des villages voisins accoururent en foule, et témoignaient le bonheur qu'ils éprouvaient de le revoir. Partout la joie était extrême : ceux qui des campagnes n'avaient pas le temps d'arriver sur la route sonnaient les cloches et plaçaient des drapeaux sur des clochers; la nuit ils les couvraient de feux. Ce n'était pas un citoyen qui rentrait dans sa patrie, ce n'était pas un général qui revenait d'une armée victorieuse : c'était

Enthousiasme croissant des populations placées sur sa route.

déjà un souverain qui retournait dans ses États. L'enthousiasme d'Avignon, Montélimart, Valence, Vienne, ne fut surpassé que par les élans de Lyon.

<small>Sentiments de la ville de Lyon.</small>

Cette ville, où Napoléon séjourna douze heures, fut dans un délire universel. De tout temps les Lyonnais ont montré une grande affection à Napoléon, soit que cela tienne à cette générosité de caractère qui est propre aux Lyonnais, soit que, Lyon se considérant comme la métropole du Midi, tout ce qui était relatif à la sûreté des frontières du côté de l'Italie touchât vivement ses habitants, soit enfin que cette ville, composée en grande partie de Bourguignons et de Dauphinois, partageât les sentiments plus fortement existants dans ces deux provinces. Toutes les imaginations étaient encore exaltées par la nouvelle qui circulait depuis huit jours de la bataille d'Aboukir et des brillants succès des Français en Égypte, qui contrastaient tant avec les défaites de nos armées d'Allemagne et d'Italie. De toutes parts le peuple semblait dire : « Nous sommes nombreux, nous sommes braves, et cependant nous sommes vaincus; il nous manque un chef pour nous diriger; il arrive, nos jours de gloire vont revenir! »

<small>Impressions diverses causées à Paris par la nouvelle du débarquement de Napoléon.</small>

Cependant la nouvelle du retour de Napoléon était parvenue à Paris : on l'annonça sur tous les théâtres; elle produisit une sensation extrême, une ivresse générale. Les membres du Directoire la durent partager. Quelques membres de la société du Manége en pâlirent; mais, ainsi que les partisans de l'étranger, ils dissimulèrent et se livrèrent au torrent de la joie générale. Baudin, député des Ardennes, homme de bien, vivement tourmenté de la fâcheuse direction qu'avaient prise les affaires de la République, mourut de joie en apprenant le retour de Napoléon.

Napoléon avait déjà passé Lyon, lorsque son débarquement fut annoncé à Paris. Par une précaution bien convenable à sa situation, il avait indiqué à ses courriers une route différente de celle qu'il prit, de sorte que sa femme, sa famille, ses amis, se trompèrent en voulant aller à sa rencontre; ce qui retarda de plusieurs jours le moment où il put les revoir. Arrivé ainsi à Paris, tout à fait inattendu, il était dans sa maison, rue Chantereine, qu'on ignorait encore son arrivée dans la capitale. Deux heures après il se présenta au Directoire : reconnu par des soldats de garde, des cris d'allégresse l'annoncèrent. Chacun des membres du Directoire semblait partager la joie publique: il n'eut qu'à se louer de l'accueil qu'il reçut.

Napoléon arrive à Paris à l'improviste.

Il se rend au Directoire et en est bien accueilli.

La nature des événements passés l'instruisait de la situation de la France, et les renseignements qu'il s'était procurés sur la route l'avaient mis au fait de tout. Sa résolution était prise. Ce qu'il n'avait pas voulu tenter à son retour d'Italie, il était déterminé à le faire aujourd'hui. Son mépris pour le gouvernement du Directoire et pour les meneurs des Conseils était extrême. Résolu de s'emparer de l'autorité, de rendre à la France ses jours de gloire, en donnant une direction forte aux affaires publiques, c'était pour l'exécution de ce projet qu'il était parti d'Égypte; et tout ce qu'il venait de voir dans l'intérieur de la France avait accru ce sentiment et fortifié sa résolution.

Napoléon était décidé à se saisir du pouvoir.

III

De l'ancien Directoire, il ne restait que Barras : les autres membres étaient Roger-Ducos, Moulins, Gohier et Sieyès. Ducos était un homme d'un caractère borné et facile.

Quels étaient les membres du Directoire.

Moulins, général de division, n'avait pas fait la guerre ; il sortait des gardes françaises et avait reçu son avancement dans l'armée de l'intérieur. C'était un honnête homme, patriote chaud et droit.

Gohier était un avocat de réputation, d'un patriotisme exalté, jurisconsulte distingué, homme intègre et franc.

Sieyès ; ses précédents, son caractère, ses opinions.Sieyès était depuis longtemps connu de Napoléon. Né à Fréjus, en Provence, il avait commencé sa réputation avec la révolution ; il avait été nommé à l'Assemblée constituante par les électeurs du tiers état de Paris, après avoir été repoussé par l'assemblée du clergé qui se tint à Chartres. C'est lui qui fit la brochure, *Qu'est-ce que le tiers état ?* qui eut une si grande vogue. Il n'est pas homme d'exécution : connaissant peu les hommes, il ne sait pas les faire agir. Ses études ayant toutes été dirigées vers la métaphysique, il a les défauts des métaphysiciens, et dédaigne trop souvent les notions positives ; mais il est capable de donner des avis utiles et lumineux dans les circonstances et dans les crises les plus sérieuses. C'est à lui que l'on doit la division de la France en départements, qui a détruit l'esprit de province. Quoiqu'il n'ait jamais occupé la tribune avec éclat, il a été utile au succès de la révolution par ses conseils dans les comités. Il avait été nommé directeur lors de la création du Directoire ; mais, ayant refusé alors, La Revellière le remplaça. Envoyé depuis en ambassade à Berlin, il puisa dans cette mission une grande défiance de la politique de la Prusse. Il siégeait depuis peu au Directoire ; mais il avait déjà rendu de grands services en s'opposant aux succès de la société du Manége, qu'il voyait prête à saisir le timon de l'État. Il était en horreur à cette faction ; et, sans craindre de s'attirer l'inimitié de ce puissant parti, il combattait avec courage les menées de ces hommes de sang, pour sauver la République du désastre dont elle était menacée.

A l'époque du 13 vendémiaire, le trait suivant avait mis Napoléon à même de le bien juger. Dans le moment le plus critique de cette journée, lorsque le comité des Quarante avait perdu la tête, Sieyès s'approcha de Napoléon, l'emmena dans une embrasure de croisée, pendant que le comité délibérait sur la réponse à faire à la sommation des sections : « Vous les entendez, général; ils parlent quand il faudrait agir! Les corps ne valent rien pour diriger les armées, car ils ne connaissent pas le prix du temps et de l'occasion. Vous n'avez rien à faire ici. Allez, général, prenez conseil de votre génie et de la position de la patrie : l'espérance de la République n'est qu'en vous! »

Ses paroles à Napoléon lors du 13 vendémiaire.

IV

Napoléon accepta un dîner chez chaque directeur, sous la condition que ce serait en famille et sans aucun étranger. Un repas d'apparat lui fut donné par le Directoire. Le Corps législatif voulut suivre cet exemple. Lorsque la proposition en fut faite au comité général, il s'éleva une vive opposition, la minorité ne voulant rendre aucun hommage au général Moreau, que l'on proposait d'y associer; elle l'accusait de s'être mal conduit au 18 fructidor. La majorité eut recours, pour lever toute difficulté, à l'expédient d'ouvrir une souscription. Le festin fut donné dans l'église Saint-Sulpice; la table était de sept cents couverts. Napoléon y resta peu, y parut inquiet et fort préoccupé. Chaque ministre voulait lui donner une fête; il n'accepta qu'un dîner chez celui de la justice, qu'il estimait beaucoup : il désira que les principaux jurisconsultes de la République s'y trouvassent; il y fut gai, disserta longuement

Napoléon se tient à l'écart et n'accepte qu'un petit nombre de fêtes.

sur le code civil et criminel, au grand étonnement de Tronchet, de Treilhard, de Merlin, de Target. Il exprima le désir qu'un code simple et approprié aux lumières du siècle régît les personnes et les propriétés de la République.

Il ne reçoit que ses frères et quelques amis.

Constant dans son système, il goûta peu ces fêtes publiques, et adopta le même plan de conduite qu'il avait suivi à son premier retour d'Italie. Toujours vêtu de l'uniforme de membre de l'Institut, il ne se montrait en public qu'avec cette société. Il n'admettait dans sa maison que les savants, les généraux de sa suite et quelques amis : Regnaud, de Saint-Jean-d'Angély, qu'il avait employé en Italie, en 1797, et que depuis il avait placé à Malte; Volney, auteur d'un très-bon *Voyage en Égypte*; Rœderer, dont il estimait les nobles sentiments et la probité; Lucien Bonaparte, un des orateurs les plus influents du Conseil des Cinq-Cents; il avait soustrait la République au régime révolutionnaire, en s'opposant à la déclaration de la patrie en danger; Joseph Bonaparte, qui tenait une grande maison et qui était fort accrédité.

Il évite les réunions publiques.

Il fréquentait l'Institut; mais il ne se rendait aux théâtres qu'au moment où il n'y était pas attendu, et toujours dans des loges grillées.

Effet produit en Europe par la présence de Napoléon à Paris.

Cependant toute l'Europe retentissait de l'arrivée de Napoléon; toutes les troupes, les amis de la République, l'Italie même, se livraient aux plus hautes espérances : l'Angleterre et l'Autriche frémirent. La rage des Anglais se tourna contre Sidney-Smith et Nelson, qui commandaient les forces navales anglaises dans la Méditerranée. Un grand nombre de caricatures sur ce sujet tapissèrent les rues de Londres[1].

---

[1] Dans l'une, on représentait Nelson s'amusant à draper lady Hamilton, pen-

Talleyrand craignait d'être mal reçu de Napoléon. Il avait été convenu avec le Directoire et avec Talleyrand qu'aussitôt après le départ de l'expédition d'Égypte des négociations seraient ouvertes sur son objet avec la Porte. Talleyrand devait même être le négociateur, et partir pour Constantinople vingt-quatre heures après que l'expédition d'Égypte aurait quitté le port de Toulon. Cet engagement, formellement exigé et positivement consenti, avait été mis en oubli; non-seulement Talleyrand était resté à Paris, mais aucune négociation n'avait eu lieu. Talleyrand ne supposait pas que Napoléon en eût perdu le souvenir; mais l'influence de la société du Manége avait fait renvoyer ce ministre : sa position était une garantie. Napoléon ne le repoussa point. Talleyrand d'ailleurs employa toutes les ressources d'un esprit souple et insinuant pour se concilier un suffrage qu'il lui importait de captiver.

Napoléon, malgré certains griefs, ne repousse pas Talleyrand.

Fouché était ministre de la police depuis plusieurs mois; il avait eu, après le 13 vendémiaire, quelques relations avec Napoléon, qui connaissait son immoralité et la versatilité de son esprit. Sieyès avait fait fermer le Manége sans sa participation. Napoléon fit le 18 brumaire sans mettre Fouché dans le secret.

Il se défie de Fouché.

Réal, commissaire du Directoire près le département de Paris, inspirait plus de confiance à Napoléon. Zélé pour la révolution, il avait été, dans un temps d'orage et de troubles, substitut du procureur de la commune de Paris. Son cœur était ardent, mais pénétré de sentiments nobles et généreux.

Il montre plus de confiance à Réal.

dant que la frégate *la Muiron* passait entre les jambes de l'amiral. (Note de l'éditeur de 1830.)

V

Napoléon laisse venir à lui tous les partis et les observe.

Toutes les classes de citoyens, toutes les contrées de la France attendaient avec une grande impatience ce que ferait Napoléon. De toutes parts on lui offrait des bras et une soumission entière à ses volontés. Napoléon passait son temps à écouter les propositions qui lui étaient faites, à observer tous les partis, et enfin à se bien pénétrer de la vraie situation des affaires. Tous les partis voulaient un changement, et tous le voulaient faire avec lui, même les coryphées du Manége.

Proposition de la société du Manége.

Bernadotte, Augereau, Jourdan, Marbot, etc. qui étaient à la tête des meneurs de cette société, offrirent à Napoléon une dictature militaire, lui proposèrent de le reconnaître pour chef et de lui confier les destinées de la République, pourvu qu'il secondât les principes de la société du Manége.

Proposition de Sieyès.

Sieyès, qui disposait au Directoire de la voix de Roger-Ducos et de la majorité du Conseil des Anciens, et seulement d'une petite minorité dans celui des Cinq-Cents, lui proposait de le placer à la tête du gouvernement, en changeant la constitution de l'an III, qu'il jugeait mauvaise, et d'adopter les institutions et la constitution qu'il avait méditées et qui étaient encore dans son portefeuille.

Proposition des républicains modérés.

Régnier, Boulay, un parti nombreux du Conseil des Anciens et beaucoup de membres de celui des Cinq-Cents voulaient aussi remettre entre ses mains le sort de la République. Ce parti était celui des modérés et des hommes les plus sages de la législature; c'est celui qui s'était opposé avec Lucien Bonaparte à la déclaration de la patrie en danger.

Les directeurs Barras, Moulins, Gohier lui insinuaient de

reprendre le commandement de l'armée d'Italie, de rétablir la république Cisalpine et la gloire des armes françaises. Moulins et Gohier n'avaient point d'arrière-pensée : ils étaient de bonne foi dans le système du moment; ils croyaient que tout irait bien dès l'instant que Napoléon aurait donné de nouveaux succès à nos armées.

Proposition des directeurs Barras, Moulins et Gohier.

Barras était loin de partager cette sécurité; il savait que tout allait mal, que la République périssait; mais, soit qu'il eût contracté des engagements avec le prétendant, comme on l'a dit dans le temps, soit que, s'abusant sur sa situation personnelle (car de quelle erreur ne sont pas capables la vanité et l'amour-propre d'un homme ignorant!), il crût pouvoir se maintenir à la tête des affaires, Barras fit les mêmes propositions que Moulins et Gohier.

Quel pouvait être le but de Barras.

Cependant toutes les factions étaient en mouvement. Celle des fructidorisés paraissait persuadée de son influence, mais elle n'avait aucun partisan dans les autorités existantes.

Napoléon pouvait choisir entre plusieurs partis à prendre.

Partis à prendre :

Consolider la constitution existante, et donner de l'appui au Directoire en se faisant nommer directeur. Mais cette constitution était tombée dans le mépris, et une magistrature partagée ne pouvait conduire à aucun résultat satisfaisant. C'eût été s'associer aux préjugés révolutionnaires, aux passions de Barras et de Sieyès, et, par contre-coup, se mettre en butte à la haine de leurs ennemis.

Consolider le Directoire ;

Changer la constitution et parvenir au pouvoir par le moyen de la société du Manége. Elle renfermait un grand nombre des plus chauds jacobins; ils avaient la majorité dans le Conseil des Cinq-Cents et une minorité énergique dans celui des Anciens. En se servant de ces hommes, la victoire était assurée;

Faire alliance avec les jacobins.

on n'éprouverait aucune résistance. C'était la voie la plus sûre pour culbuter ce qui existait. Mais les jacobins ne s'affectionnent à aucun chef; ils sont exclusifs, extrêmes dans leurs passions. Il faudrait donc, après être arrivé par eux, s'en défaire et les persécuter : cette trahison était indigne d'un homme généreux.

<small>Impossibilité d'une entente avec Barras, beaucoup trop suspect</small>

Barras offrait l'appui de ses amis; mais c'étaient des hommes de mœurs suspectes et publiquement accusés de dilapider la fortune publique : comment gouverner avec de pareilles gens? car, sans une rigide probité, il était impossible de rétablir les finances et de faire rien de bien.

<small>Caractère honorable des amis de Sieyès.</small>

A Sieyès s'attachaient un grand nombre d'hommes instruits, probes et républicains par principes, ayant en général peu d'énergie, et fort intimidés de la faction du Manége et des mouvements populaires, mais qui pouvaient être conservés après la victoire et être employés avec succès dans un gouvernement régulier. Le caractère de Sieyès ne donnait aucun ombrage: dans aucun cas ce ne pouvait être un rival dangereux. Mais, en prenant ce parti, c'était se déclarer contre Barras et contre le Manége, qui avaient Sieyès en horreur.

<small>Barras dissimule avec Napoléon; il parle de mettre Hédouville à la tête de la République.</small>

Le 8 brumaire (30 octobre 1799), Napoléon dîna chez Barras; il y avait peu de monde. Une conversation eut lieu après le dîner. « La République périt, dit le directeur; rien ne peut plus aller; le gouvernement est sans force; il faut faire un changement, nommer Hédouville président de la République. Quant à vous, général, votre intention est de vous rendre à l'armée; et moi, malade, dépopularisé, usé, je ne suis bon qu'à rentrer dans une classe privée. »

<small>Comment Napoléon répond à cette ouverture.</small>

Napoléon le regarda fixement, sans lui rien répondre. Barras baissa les yeux et demeura interdit. La conversation finit là. Le général Hédouville était un homme d'une excessive médiocrité. Barras ne disait pas sa pensée; sa contenance trahissait son secret.

VI

Cette conversation fut décisive. Peu d'instants après, Napoléon descendit chez Sieyès. Il lui fit connaître que depuis dix jours tous les partis s'adressaient à lui; qu'il était résolu de marcher avec lui, Sieyès, et la majorité du Conseil des Anciens, et qu'il venait lui en donner l'assurance positive. On convint que, du 15 au 20 brumaire, le changement pourrait se faire.

Les paroles de Barras décident Napoléon à s'unir à Sieyès.

Rentré chez lui, Napoléon y trouva Talleyrand, Fouché, Rœderer et Réal. Il leur raconta naïvement, avec simplicité, et sans aucun mouvement de physionomie qui pût faire préjuger son opinion, ce que Barras venait de lui dire. Réal et Fouché, qui étaient attachés à ce directeur, sentirent tout ce qu'avait d'intempestif sa dissimulation. Ils se rendirent chez lui pour lui en faire des reproches. Le lendemain Barras vint à huit heures chez Napoléon, qui était encore au lit. Il voulut absolument le voir, entra, et lui dit qu'il craignait de s'être mal expliqué la veille; que lui seul, Napoléon, pouvait sauver la République; qu'il venait se mettre à sa disposition, faire tout ce qu'il voudrait, et prendre tel rôle qu'il lui donnerait. Il le pria de lui donner l'assurance que, s'il méditait quelque projet, il compterait sur lui, Barras.

Retour de Barras à Napoléon; ses protestations de dévouement.

Mais Napoléon avait déjà pris son parti : il répondit qu'il ne voulait rien; qu'il était fatigué, indisposé; qu'il ne pouvait s'accoutumer à l'humidité de l'atmosphère de la capitale, sortant du climat sec des sables de l'Arabie, et il termina l'entretien par de semblables lieux communs.

Napoléon dissimule à son tour.

Cependant Moulins se rendait tous les matins, entre huit et neuf heures, chez Napoléon, pour lui demander conseil sur les affaires du jour. C'étaient des nouvelles militaires ou des affaires civiles, sur lesquelles il désirait avoir une direction. Sur ce qui avait rapport au militaire, Napoléon répondait d'après son opinion; mais sur les affaires civiles, ne croyant pas devoir lui faire connaître toute sa pensée, il ne répondait que des choses vagues.

Il s'abstient de donner des conseils politiques aux directeurs Moulins et Gohier.

Gohier venait aussi de temps à autre faire visite à Napoléon, lui faire des propositions et demander des conseils.

VII

Le corps des officiers de la garnison, ayant à sa tête le général Morand, commandant la place de Paris, demanda à être présenté à Napoléon; il ne put l'être. Remis de jour en jour, les officiers commençaient à se plaindre du peu d'empressement qu'il montrait à revoir ses anciens camarades.

Napoléon évite à dessein les manifestations militaires.

Les quarante adjudants de la garde nationale de Paris, qui avaient été nommés par Napoléon lorsqu'il commandait l'armée de l'intérieur, avaient sollicité la faveur de le voir. Il les connaissait presque tous; mais, pour cacher ses desseins, il différa l'instant de les recevoir.

Les 8ᵉ et 9ᵉ régiments de dragons, qui étaient en garnison dans Paris, étaient de vieux régiments de l'armée d'Italie; ils ambitionnaient de défiler devant leur ancien général. Napoléon accepta cette offre, et leur fit dire qu'il leur indiquerait le jour.

Le 21ᵉ des chasseurs à cheval, qui avait contribué au succès de la journée du 13 vendémiaire, était aussi à Paris. Murat sortait de ce corps, et tous les officiers allaient sans cesse chez lui pour lui demander quel jour Napoléon verrait le régiment. Ils n'obtenaient pas plus que les autres.

Les citoyens de Paris se plaignaient de l'incognito du général; ils allaient aux théâtres, aux revues où il était annoncé, et il n'y venait pas. Personne ne pouvait concevoir cette conduite; l'impatience gagnait tout le monde. On murmurait contre Napoléon. « Voilà quinze jours qu'il est arrivé, disait-on, et il n'a encore rien fait. Prétend-il agir comme à son retour d'Italie, et laisser périr la République dans l'agonie des factions qui la déchirent ? »

Le moment décisif approchait.

L'opinion générale reproche à Napoléon son inaction.

VIII

Le 15 brumaire Sieyès et Napoléon eurent une entrevue, dans laquelle ils arrêtèrent toutes les dispositions pour la journée du 18. Il fut convenu que le Conseil des Anciens, profitant de l'article 102 de la Constitution, décréterait la translation du Corps législatif à Saint-Cloud, et nommerait Napoléon commandant en chef de la garde du Corps législatif, des troupes de la division militaire de Paris et de la garde nationale. Ce décret devant passer le 18, à sept heures du matin, à huit heures Napoléon devait se rendre aux Tuileries, où les troupes seraient réunies, et prendre là le commandement de la capitale.

La révolution du 18 brumaire est concertée entre Napoléon et Sieyès.

Le 17 Napoléon fit prévenir les officiers qu'il les recevrait le lendemain à six heures du matin. Comme cette heure pouvait paraître indue, il prétexta un voyage. Il fit donner la même invitation aux quarante adjudants de la garde nationale, et il fit dire aux trois régiments de cavalerie qu'il les

Napoléon réunit ses partisans et convoque des troupes sous divers prétextes pour le 18, au matin.

passerait en revue, aux Champs-Élysées, le même jour 18, à sept heures du matin. Il prévint en même temps les généraux qui étaient revenus d'Égypte avec lui, et tous ceux dont il connaissait les sentiments, qu'il serait bien aise de les voir à cette heure-là. Chacun d'eux crut que l'invitation était pour lui seul, et supposait que Napoléon avait des ordres à lui donner: car on savait que le ministre de la guerre, Dubois-Crancé, avait porté chez lui les états de l'armée, et prenait ses conseils sur tout ce qu'il fallait faire, tant sur les frontières du Rhin qu'en Italie.

Moreau et Macdonald se mettent à sa disposition.

Moreau, qui avait été du dîner du Conseil législatif, et que Napoléon avait vu là pour la première fois, ayant appris par le bruit public qu'il se préparait un changement, déclara à Napoléon qu'il se mettait à sa disposition; qu'il n'avait besoin d'être mis dans aucun secret, et qu'il ne fallait que le prévenir une heure d'avance. Macdonald, qui se trouvait aussi à Paris, avait fait les mêmes offres de service. A deux heures du matin Napoléon leur fit dire qu'il désirait les voir à sept heures chez lui et à cheval. Il ne prévint ni Augereau ni Bernadotte; cependant Joseph amena ce dernier.

Il mande le général Lefebvre, dévoué au Directoire.

Le général Lefebvre commandait la division militaire; il était tout dévoué au Directoire. Napoléon lui envoya, à minuit, un aide de camp pour lui dire de venir chez lui à six heures.

IX

Séance du Conseil des Anciens.

Tout se passa comme il avait été convenu. Sur les sept heures du matin, le Conseil des Anciens s'assembla, sous la présidence de Lemercier. Cornudet, Lebrun, Fargues peignirent vivement les malheurs de la République, les dangers dont elle était environnée, et la conspiration permanente des coryphées du Manége pour rétablir le règne de la terreur. Régnier, député de la Meurthe, demanda, par motion d'ordre, qu'en conséquence de l'article 102 de la Constitution le siége des séances du Corps législatif fût transféré à Saint-Cloud, et que Napoléon fût investi du commandement en chef des troupes de la 17e division militaire et chargé de faire exécuter cette translation. Il développa alors sa motion. « La République est menacée, dit-il, par les anarchistes et le parti de l'étranger : il faut prendre des mesures de salut public; on est assuré de l'appui du général Bonaparte; ce sera à l'ombre de son bras protecteur que les Conseils pourront délibérer sur les changements que nécessite l'intérêt public. » Aussitôt que la majorité du Conseil se fut assurée que cela était d'accord avec Napoléon, le décret passa, mais non sans une forte opposition. Il était conçu en ces termes :

On lui propose de transférer le Conseil des Cinq-Cents à Saint-Cloud, et de confier à Napoléon le commandement militaire.

« Le Conseil des Anciens, en vertu des articles 102, 103 et 104 de la Constitution, décrète ce qui suit :

Teneur du décret rendu par le Conseil des Anciens.

« Art. Ier. Le Corps législatif est transféré à Saint-Cloud; les deux Conseils y siégeront dans les deux ailes du palais.

« II. Ils y seront rendus demain, 19 brumaire, à midi; toute continuation de fonctions, de délibérations, est interdite ailleurs et avant ce terme.

« III. Le général Bonaparte est chargé de l'exécution du présent décret. Il prendra toutes les mesures nécessaires pour la sûreté de la représentation nationale. Le général commandant la 17e division militaire, les gardes du Corps législatif, les gardes nationales sédentaires, les troupes de ligne qui se trouvent dans la commune de Paris et dans toute l'étendue de la 17e division militaire, sont mis immédiatement sous ses ordres et tenus de le reconnaître en cette qualité; tous les citoyens lui prêteront main-forte à sa première réquisition.

« IV. Le général Bonaparte est appelé dans le sein du Conseil pour y recevoir une expédition du présent décret, et prêter serment; il se concertera avec les commissions des inspecteurs des deux Conseils.

« V. Le présent décret sera transmis sur-le-champ par un messager au Conseil des Cinq-Cents et au Directoire exécutif; il sera imprimé, affiché, promulgué et envoyé dans toutes les communes de la République par des courriers extraordinaires. »

Napoléon communique ce décret aux officiers et aux troupes réunis chez lui.

Ce décret fut rendu à huit heures, et à huit heures et demie le messager d'État qui en était porteur arriva au logement de Napoléon. Il trouva les avenues remplies d'officiers de la garnison, d'adjudants de la garde nationale, de généraux et de trois régiments de cavalerie. Napoléon fit ouvrir les battants des portes, et, sa maison étant trop petite pour contenir tant de personnes, il s'avança sur le perron, reçut les compliments des officiers, les harangua, et leur dit qu'il comptait sur eux tous pour sauver la France. En même temps il leur fit connaître que le Conseil des Anciens, autorisé par la Constitution, venait de le revêtir du commandement de toutes les troupes; qu'il s'agissait de prendre de grandes mesures pour tirer la patrie de la position affreuse où elle se trouvait; qu'il comptait sur leurs bras et leur volonté; qu'il allait monter à cheval pour se rendre aux Tuileries. L'enthousiasme fut extrême; tous les officiers tirèrent leurs épées et promirent assistance et fidélité. Alors Napoléon se tourna vers Lefebvre, lui demandant s'il voulait rester près de lui, ou retourner près

Le général Lefebvre cède à l'entraînement général.

du Directoire. Lefebvre, fortement ému, ne balança pas. Napoléon monta aussitôt à cheval et se mit à la tête des généraux et officiers et des 1,500 chevaux auxquels il avait fait faire halte sur le boulevard, au coin de la rue du Mont-Blanc. Il donna ordre aux adjudants de la garde nationale de retourner dans leurs quartiers, d'y faire battre la générale, de faire connaître le décret qu'ils venaient d'entendre, et d'annoncer qu'on ne devait plus reconnaître que les ordres émanés de lui.

Napoléon se fait reconnaître par la garde nationale.

X

Il se rendit à la barre du Conseil des Anciens, environné de ce brillant cortége. Il dit :

Napoléon se rend au Conseil des Anciens; discours qu'il y prononce.

« Vous êtes la sagesse de la nation; c'est à vous d'indiquer dans cette circonstance les mesures qui peuvent sauver la patrie. Je viens, environné de tous les généraux, vous promettre l'appui de tous leurs bras. Je nomme le général Lefebvre mon lieutenant.

« Je remplirai fidèlement la mission que vous m'avez confiée. Qu'on ne cherche pas dans le passé des exemples sur ce qui se passe : rien dans l'histoire ne ressemble à la fin du xviiie siècle, rien dans la fin du xviiie siècle ne ressemble au moment actuel [1]. »

Toutes les troupes étaient réunies aux Tuileries; il en passa la revue aux acclamations unanimes des citoyens et des soldats. Il donna le commandement des troupes chargées de la garde du Corps législatif au général Lannes, et au général Murat le commandement de celles envoyées à Saint-Cloud.

Commandements confiés aux généraux Lannes, Murat et Moreau.

---

[1] Voir la *Correspondance de Napoléon Ier*, tome VI, page 1, édition in-4°.

Il chargea le général Moreau de garder le Luxembourg; et, pour cet effet, il mit sous ses ordres 500 hommes du 86ᵉ régiment. Mais, au moment de partir, ces troupes refusèrent d'obéir; elles n'avaient pas de confiance en Moreau, qui, disaient-elles, n'était pas patriote. Napoléon fut obligé de les haranguer, en les assurant que Moreau marcherait. Moreau avait acquis cette réputation depuis sa conduite en fructidor.

<small>Moreau n'a pas la confiance des troupes.</small>

Le bruit se répandit bientôt dans toute la capitale que Napoléon était aux Tuileries et que ce n'était qu'à lui seul qu'il fallait obéir. Le peuple y courut en foule : les uns, mus par la simple curiosité de voir un général si renommé; les autres, par élan patriotique et par zèle pour lui offrir leur assistance. La proclamation suivante fut affichée partout :

<small>Empressement du peuple à reconnaître l'autorité de Napoléon.</small>

« Citoyens, le Conseil des Anciens, dépositaire de la sagesse nationale, vient de rendre un décret; il y est autorisé par les articles 102 et 103 de l'acte constitutionnel.

<small>Proclamation adressée aux Français.</small>

« Il me charge de prendre les mesures pour la sûreté de la représentation nationale. Sa translation est nécessaire et momentanée; le Corps législatif se trouvera à même de tirer la République du danger imminent où la désorganisation de toutes les parties de l'administration nous conduit.

« Il a besoin, dans cette circonstance essentielle, de l'union et de la confiance. Ralliez-vous autour de lui : c'est le seul moyen d'asseoir la République sur les bases de la liberté civile, du bonheur intérieur, de la victoire et de la paix. »

Il dit aux soldats :

<small>Proclamation adressée à l'armée.</small>

« Soldats, le décret extraordinaire du Conseil des Anciens est conforme aux articles 102 et 103 de l'acte constitutionnel. Il m'a remis le commandement de la ville et de l'armée.

« Je l'ai accepté pour seconder les mesures qu'il va prendre et qui sont tout entières en faveur du peuple.

« La République est mal gouvernée depuis deux ans; vous avez espéré que mon retour mettrait un terme à tant de maux. Vous l'avez célébré avec une union qui m'impose des obligations que je remplis; vous remplirez les vôtres et vous seconderez votre général avec l'énergie, la fermeté et la confiance que j'ai toujours eue en vous.

« La liberté, la victoire et la paix, replaceront la République française au rang qu'elle occupait en Europe et que l'ineptie et la trahison ont pu seules lui faire perdre. »

En ce moment Napoléon envoya un aide de camp à la garde du Directoire pour lui communiquer le décret et lui prescrire de ne recevoir d'ordre que de lui. La garde sonna à cheval; le chef consulta ses soldats, ils répondirent par des cris de joie. A l'instant même venait d'arriver un ordre du Directoire contraire à celui de Napoléon; mais les soldats, n'obéissant qu'au sien, se mirent en marche pour le joindre. Sieyès et Roger-Ducos s'étaient déjà rendus dès le matin aux Tuileries. On dit que Barras, en voyant Sieyès monter à cheval, se moqua de la gaucherie du nouvel écuyer. Il était loin de se douter où il allait. Peu après, instruit du décret, il se réunit avec Gohier et Moulins; ils apprirent alors que toutes les troupes environnaient Napoléon; ils virent même leur garde les abandonner. Dès lors Moulins se rendit aux Tuileries, et donna sa démission, comme l'avaient déjà fait Sieyès et Roger-Ducos. Bottot, secrétaire de Barras, se rendit près de Napoléon, qui lui témoigna toute son indignation sur les dilapidations qui avaient perdu la République, et insista pour que Barras donnât

La garde du Directoire se déclare en faveur de Napoléon.

Isolement des directeurs Barras, Moulins et Gohier.

Napoléon force Barras à donner sa démission.

sa démission. Talleyrand se rendit chez ce directeur, et la rapporta. Barras se rendit à Gros-Bois, accompagné d'une garde d'honneur de dragons. Dès ce moment le Directoire se trouva dissous, et Napoléon seul chargé du pouvoir exécutif de la République.

Dissolution du Directoire.

Cependant le Conseil des Cinq-Cents s'était assemblé sous la présidence de Lucien. La Constitution était précise, le décret du Conseil des Anciens était dans ses attributions : il n'y avait rien à objecter. Les membres du Conseil, en traversant les rues de Paris et les Tuileries, avaient appris les événements qui se passaient; ils avaient été témoins de l'enthousiasme public. Ils étaient dans l'étonnement et la stupeur de tout le mouvement qu'ils voyaient. Ils se conformèrent à la nécessité, et ajournèrent la séance pour le lendemain, 19, à Saint-Cloud.

Étonnement et stupeur des députés au Conseil des Cinq-Cents; ils s'ajournent au lendemain.

Bernadotte avait épousé la belle-sœur de Joseph Bonaparte. Il avait été deux mois au ministère de la guerre, et ensuite renvoyé par Sieyès : il n'y faisait que des fautes. C'était un des membres les plus chauds de la société du Manége, dont les opinions politiques étaient alors fort exaltées et réprouvées par tous les gens de bien. Joseph l'avait mené le matin chez Napoléon; mais, lorsqu'il vit ce dont il s'agissait, il s'esquiva et alla instruire ses amis du Manége de ce qui se passait.

Conduite de Bernadotte; il avertit les jacobins des projets de Napoléon.

Jourdan et Augereau vinrent trouver Napoléon aux Tuileries, lorsqu'il passait la revue des troupes. Il leur conseilla de ne pas retourner à Saint-Cloud à la séance du lendemain, de rester tranquilles, de ne pas compromettre les services qu'ils avaient rendus à la patrie, car aucun effort ne pouvait s'opposer au mouvement qui était commencé. Augereau l'assura de son dévouement et du désir qu'il avait de marcher sous

Conseils de Napoléon à Jourdan et à Augereau, protestations de dévouement de ce dernier.

ses ordres. Il ajouta même : « Eh quoi! général, est-ce que vous ne comptez pas toujours sur votre petit Augereau? »

Cambacérès, ministre de la justice, Fouché, ministre de la police, et tous les autres ministres, allèrent aux Tuileries, et reconnurent la nouvelle autorité. Fouché fit de grandes protestations d'attachement et de dévouement. Extrêmement opposé à Sieyès, il n'avait pas été dans le secret de la journée; il avait ordonné de fermer les barrières, d'arrêter le départ des courriers et des diligences. « Eh! bon Dieu! lui dit le général, pourquoi toutes ces précautions? Nous marchons avec la nation et par sa seule force. Qu'aucun citoyen ne soit inquiété, et que le triomphe de l'opinion n'ait rien de commun avec ces journées faites par une minorité factieuse. »

Napoléon est reconnu par les ministres; ses paroles à Fouché sur le caractère des actes du 18 brumaire.

Les membres de la majorité des Cinq-Cents, de la minorité des Anciens et les coryphées du Manége passèrent toute la journée et la nuit en conciliabules.

Agitation des cercles politiques.

A sept heures du soir Napoléon tint un conseil aux Tuileries. Sieyès proposait d'arrêter les quarante principaux meneurs opposants. Cet avis était sage; mais Napoléon croyait avoir trop de force pour employer tant de prudence : « J'ai juré ce matin, dit-il, de protéger la représentation nationale; je ne veux point ce soir violer mon serment : je ne crains pas de si faibles ennemis. » Tout le monde se rangea au conseil de Sieyès; mais rien ne put vaincre cette obstination ou cette délicatesse du général. On verra bientôt qu'il eut tort.

Napoléon tient un conseil aux Tuileries et refuse d'arrêter les meneurs opposants.

C'est dans cette réunion que l'on convint de l'établissement de trois consuls provisoires, qui seraient Sieyès, Roger-Ducos et Napoléon, et de l'ajournement des Conseils à trois mois. Les meneurs des deux Conseils s'entendirent sur la manière dont ils devaient se conduire dans la séance de Saint-

On arrête dans ce conseil les dispositions pour la journée du lendemain.

Cloud. Lucien, Boulay, Émile Gaudin, Chazal, Cabanis, étaient les meneurs du Conseil des Cinq-Cents; Régnier, Lemercier, Cornudet, Fargues, l'étaient de celui des Anciens.

Le général Murat, ainsi qu'on l'a dit, commandait la force publique à Saint-Cloud; Ponsard commandait le bataillon de la garde du Corps législatif; le général Serurier avait sous ses ordres une réserve placée au Point-du-Jour.

Fâcheux effet d'un retard dans les préparatifs pour l'installation des conseils à Saint-Cloud.

On travaillait avec activité pour préparer les salles du palais de Saint-Cloud. L'Orangerie fut destinée au Conseil des Cinq-Cents, et la galerie de Mars à celui des Anciens; les appartements devenus, depuis, le salon des princes et le cabinet de l'Empereur furent préparés pour Napoléon et son état-major. Les inspecteurs de la salle occupèrent les appartements de l'Impératrice. Il était deux heures après midi, et le local destiné au Conseil des Cinq-Cents n'était pas encore prêt. Ce retard de quelques heures devint funeste. Les députés, arrivés depuis midi, se formèrent en groupes dans le jardin; les esprits s'échauffèrent; ils se sondèrent réciproquement, se communiquèrent, et organisèrent leur opposition. Ils demandaient au Conseil des Anciens ce qu'il voulait? pourquoi il les avait fait venir à Saint-Cloud? Était-ce pour changer le Directoire? Ils convenaient généralement que Barras était corrompu, Moulins sans considération; ils nommèrent sans difficulté Napoléon et deux autres citoyens pour compléter le gouvernement. Le petit nombre d'individus qui étaient dans le secret laissèrent alors percer que l'on voulait régénérer l'État, en améliorant la Constitution, et ajourner les Conseils. Ces insinuations ne réussissant pas, une hésitation se manifesta parmi les membres sur lesquels on comptait le plus.

Symptômes d'opposition et de résistance.

XI

La séance s'ouvrit enfin. Émile Gaudin monta à la tribune, peignit vivement les dangers de la patrie, et proposa de remercier le Conseil des Anciens des mesures de salut public dont il avait pris l'initiative, et de lui demander, par un message, qu'il fît connaître sa pensée tout entière. En même temps il proposa de nommer une commission de sept personnes pour faire un rapport sur la situation de la République.

Ouverture de la séance au Conseil des Cinq-Cents; proposition de Gaudin.

Les vents renfermés dans les outres d'Éole s'en échappant avec furie n'excitèrent jamais une plus grande tempête. L'orateur fut précipité avec fureur en bas de la tribune. L'agitation devint extrême.

Elle soulève un violent tumulte.

Delbrel demanda que les membres prêtassent de nouveau serment à la Constitution de l'an III. Lucien, Boulay et leurs amis pâlirent. L'appel nominal eut lieu.

On renouvelle le serment à la Constitution.

Pendant cet appel nominal, qui dura plus de deux heures, les nouvelles de ce qui se passait circulèrent dans la capitale. Les meneurs de l'assemblée du Manége, les tricoteuses, etc. accoururent. Jourdan et Augereau se tenaient à l'écart; croyant Napoléon perdu, ils s'empressèrent d'arriver. Augereau s'approcha de Napoléon, et lui dit : "Eh bien! vous voici dans une jolie position!" — "Augereau, reprit Napoléon, souviens-toi d'Arcole : les affaires paraissaient bien plus désespérées. Crois-moi, reste tranquille, si tu ne veux pas en être la victime. Dans une demi-heure tu verras comme les choses tourneront."

Réponse de Napoléon à un mot ironique d'Augereau.

L'assemblée paraissait se prononcer avec tant d'unanimité,

4.

qu'aucun député n'osa refuser de prêter serment à la Constitution; Lucien lui-même y fut contraint. Des hurlements, des bravos, se faisaient entendre dans toute la salle. Le moment était pressant. Beaucoup de membres, en prononçant ce serment, y ajoutèrent des développements, et l'influence de tels discours pouvait se faire sentir sur les troupes. Tous les esprits étaient en suspens; les zélés devenaient neutres; les timides avaient déjà changé de bannière. Il n'y avait pas un instant à perdre. Napoléon traversa le salon de Mars, entra au Conseil des Anciens, et se plaça vis-à-vis le président. (C'était la barre.)

« Vous êtes sur un volcan, leur dit-il [1] : la République n'a plus de gouvernement; le Directoire est dissous; les factions s'agitent: l'heure de prendre un parti est arrivée. Vous avez appelé mon bras et celui de mes compagnons d'armes au secours de votre sagesse; mais les instants sont précieux; il faut se prononcer. Je sais que l'on parle de César, de Cromwell, comme si l'époque actuelle pouvait se comparer aux temps passés. Non, je ne veux que le salut de la République, et appuyer les décisions que vous allez prendre..... Et vous, grenadiers, dont j'aperçois les bonnets aux portes de cette salle, dites-le : vous ai-je jamais trompés? Ai-je jamais trahi mes promesses, lorsque, dans les camps, au milieu des privations, je vous promettais la victoire, l'abondance, et lorsque, à votre tête, je vous conduisais de succès en succès? Dites-le maintenant : était-ce pour mes intérêts, ou pour ceux de la République? »

Le général parlait avec véhémence. Les grenadiers furent

[1] Voir un autre texte de ce discours dans la *Correspondance de Napoléon Ier*, t. VI, p. 269, édition in-4°.

comme électrisés; et, agitant en l'air leurs bonnets, leurs armes, ils semblaient tous dire : Oui, c'est vrai! il a toujours tenu parole!

Alors un membre (Linglet) se leva, et d'une voix forte dit : "Général, nous applaudissons à ce que vous dites : jurez donc avec nous obéissance à la Constitution de l'an III, qui peut seule maintenir la République. " *On le somme de jurer fidélité à la Constitution.*

L'étonnement que causèrent ces paroles produisit le plus grand silence.

Napoléon se recueillit un moment; après quoi, il reprit avec force : « La Constitution de l'an III, vous n'en avez plus : vous l'avez violée au 18 fructidor, quand le gouvernement a attenté à l'indépendance du Corps législatif; vous l'avez violée au 30 prairial an VII, quand le Corps législatif a attenté à l'indépendance du gouvernement; vous l'avez violée au 22 floréal, quand, par un décret sacrilége, le gouvernement et le Corps législatif ont attenté à la souveraineté du peuple, en cassant les élections faites par lui. La Constitution violée, il faut un nouveau pacte, de nouvelles garanties. » *Napoléon déclare que la Constitution de l'an III n'existe plus.*

La force de ce discours, l'énergie du général entraînèrent les trois quarts des membres du Conseil, qui se levèrent en signe d'approbation. Cornudet et Régnier parlèrent avec force dans le même sens; un membre s'éleva contre; il dénonça le général comme le seul conspirateur qui voulait attenter à la liberté publique. Napoléon interrompit l'orateur, déclara qu'il avait le secret de tous les partis; que tous méprisaient la Constitution de l'an III; que la seule différence qui existait entre eux était que les uns voulaient une république modérée, où tous les intérêts nationaux, toutes les propriétés, fussent garantis, tandis que les autres voulaient un gouvernement révolution- *La majorité approuve les paroles de Napoléon.*

naire, motivé sur les dangers de la patrie. En ce moment on vint prévenir Napoléon que, dans le Conseil des Cinq-Cents, l'appel nominal était terminé, et que l'on voulait forcer le président Lucien à mettre aux voix la mise hors la loi de son frère. Napoléon se rend aussitôt aux Cinq-Cents, entre dans la salle le chapeau bas, ordonne aux officiers et soldats qui l'accompagnent de rester aux portes; il voulait se présenter à la barre pour rallier son parti, qui était nombreux, mais qui avait perdu tout ralliement et toute audace. Mais, pour arriver à la barre, il fallait traverser la moitié de la salle, parce que le président siégeait sur un des côtés latéraux. Lorsque Napoléon se fut avancé seul au tiers de l'Orangerie, deux ou trois cents membres se levèrent subitement, en s'écriant : « Mort au tyran ! à bas le dictateur ! »

Deux grenadiers que l'ordre du général avait retenus à la porte, et qui n'avaient obéi qu'à regret et en lui disant, « Vous ne les connaissez pas, ils sont capables de tout, » culbutèrent, le sabre à la main, ceux qui s'opposaient à leur passage pour rejoindre leur général, l'investir et le couvrir de leurs corps. Tous les autres grenadiers suivirent cet exemple, et entraînèrent Napoléon en dehors de la salle. Dans ce tumulte, l'un d'eux, nommé *Thomé*, fut légèrement blessé d'un coup de poignard; un autre reçut plusieurs coups dans ses habits.

Le général descendit dans la cour du château, fit battre au cercle, monta à cheval et harangua les troupes :

« J'allais, dit-il, leur faire connaître les moyens de sauver la République et de nous rendre notre gloire. Ils m'ont répondu à coups de poignard. Ils voulaient ainsi réaliser le désir des rois coalisés. Qu'aurait pu faire de plus l'Angleterre?

« Soldats, puis-je compter sur vous? »

Des acclamations unanimes répondirent à ce discours. Napoléon aussitôt ordonna à un capitaine d'entrer avec dix hommes dans la salle des Cinq-Cents, et de délivrer le président.

Lucien venait de déposer sa toge. « Misérables! s'écriait-il, vous exigez que je mette hors la loi mon frère, le sauveur de la patrie, celui dont le nom seul fait trembler les rois! Je dépose les marques de la magistrature populaire; je me présente à cette tribune comme défenseur de celui que vous m'ordonnez d'immoler sans l'entendre. » En disant ces mots, il quitte le fauteuil et s'élance à la tribune. L'officier de grenadiers se présente alors à la porte de la salle, en criant : « Vive la République! » On croit que les troupes envoient une députation pour exprimer leur dévouement aux Conseils. Ce capitaine est accueilli par un mouvement d'allégresse. Il profite de cette erreur, s'approche de la tribune, s'empare du président, en lui disant à voix basse : « C'est l'ordre de votre frère. » Les grenadiers crient en même temps : « A bas les assassins! »

A ces cris, la joie se change en tristesse; un morne silence témoigne l'abattement de toute l'assemblée. On ne met aucun obstacle au départ du président, qui sort de la salle, se rend dans la cour, monte à cheval, et s'écrie de sa voix de stentor : « Général, et vous, soldats, le président du Conseil des Cinq-Cents vous déclare que des factieux, le poignard à la main, en ont violé les délibérations. Il vous requiert d'employer la force contre ces factieux. Le Conseil des Cinq-Cents est dissous! »

« Président, répondit le général, cela sera bientôt fait. » Il ordonna en même temps à Murat de se porter dans la salle en colonne serrée.

En cet instant, le général B*** osa lui demander 50 hommes

Il envoie délivrer Lucien, président des Cinq-Cents, qui, avec la plus grande fermeté, refusait de mettre son frère hors la loi.

Lucien ordonne à Napoléon de dissoudre par la force l'Assemblée des Cinq-Cents.

pour se placer en embuscade sur la route et fusiller les fuyards. Napoléon ne répondit à sa demande qu'en recommandant aux grenadiers de ne pas commettre d'excès. « Je ne veux pas, leur dit-il, qu'il y ait une goutte de sang versée. »

Murat se présente à la porte et somme le Conseil de se séparer. Les cris, les vociférations continuent. Le colonel Moulins, aide de camp de Brune, qui venait d'arriver de Hollande, fait battre la charge. Le tambour mit fin à ces clameurs. Les soldats entrent dans la salle, la baïonnette en avant. Les députés sautent par les fenêtres, et se dispersent en abandonnant les toges, les toques, etc. En un instant la salle fut vide. Les membres de ce Conseil qui s'étaient le plus prononcés s'enfuirent en toute hâte jusqu'à Paris.

Une centaine de députés des Cinq-Cents se rallièrent au bureau et aux inspecteurs de la salle. Ils se rendirent en corps au Conseil des Anciens. Lucien fit connaître que les Cinq-Cents avaient été dissous sur son réquisitoire; que, chargé de maintenir l'ordre dans l'Assemblée, il avait été environné de poignards; qu'il avait envoyé des huissiers pour réunir de nouveau le Conseil; que rien n'était contraire aux formes et que les troupes n'avaient fait qu'obéir à son réquisitoire. Le Conseil des Anciens, qui voyait avec inquiétude ce coup d'autorité du pouvoir militaire, fut satisfait de cette explication.

A onze heures du soir, les deux Conseils se réunirent de nouveau; ils étaient en très-grande majorité. Deux commissions furent chargées de faire leur rapport sur la situation de la République. On décréta, sur le rapport de Bérenger, des remercîments à Napoléon et aux troupes. Boulay de la Meurthe aux Cinq-Cents, Villetard aux Anciens, exposèrent la situation de la République et les mesures à prendre. La loi du 19 brumaire fut décrétée; elle ajournait les Conseils au 1ᵉʳ ventôse suivant; elle créait deux commissions de vingt-cinq membres chacune pour les remplacer provisoirement. Elles devaient aussi préparer un code civil. Une commission consulaire provisoire, composée de Sieyès, Roger-Ducos et Napoléon, fut chargée du pouvoir exécutif.

Nomination des consuls provisoires.

Cette loi mit fin à la Constitution de l'an III.

Les consuls provisoires se rendirent le 20, à deux heures du matin, dans la salle de l'Orangerie, où s'étaient réunis les deux Conseils. Lucien, président, leur adressa la parole en ces termes :

« Citoyens Consuls,

« Le plus grand peuple de la terre vous confie ses destinées. Sous trois mois l'opinion vous attend. Le bonheur de trente millions d'hommes, la tranquillité intérieure, les besoins des armées, la paix, tel est le mandat qui vous est donné. Il faut sans doute du courage et du dévouement pour se charger d'aussi importantes fonctions; mais la confiance du peuple et des guerriers vous environne, et le Corps législatif sait que vos âmes sont tout entières à la patrie. Citoyens Consuls, nous venons, avant de nous ajourner, de prêter le serment que vous allez répéter au milieu de nous : « le serment sacré de fidélité inviolable à la souveraineté du peuple, à la République française une et indivisible, à la liberté, à l'égalité et au système représentatif. »

Discours de Lucien aux consuls.

L'Assemblée se sépara et les consuls se rendirent à Paris, au palais du Luxembourg.

Ainsi fut consommée la révolution du 18 brumaire.

Conduite de Sieyès pendant ces événements.

Sieyès, pendant le moment le plus critique, était resté dans sa voiture à la grille de Saint-Cloud, afin de pouvoir suivre la marche des troupes. Sa conduite dans le danger fut convenable : il fit preuve de fermeté, de résolution et de sang-froid.

CONSULS PROVISOIRES.

CONSULS PROVISOIRES.

I

On se peindrait difficilement les angoisses qu'avait éprouvées la capitale pendant cette révolution du 18 brumaire. Les bruits les plus sinistres circulaient partout : on disait Napoléon renversé; on s'attendait au règne de la terreur. C'était encore moins le danger de la chose publique qui effrayait, que celui où chaque famille allait se trouver.

<small>Paris, en proie aux inquiétudes, accueille avec joie la fin de la révolution.</small>

Sur les neuf heures du soir, les nouvelles de Saint-Cloud se répandirent, et l'on apprit les événements arrivés; alors la joie la plus vive succéda aux plus cruelles alarmes. La proclamation suivante fut faite aux flambeaux.

« Citoyens!

« A mon retour à Paris, j'ai trouvé la division dans toutes les autorités, et l'accord établi sur cette seule vérité, « que la « Constitution était à moitié détruite et ne pouvait plus sauver la « liberté. » Tous les partis sont venus à moi, m'ont confié leurs desseins, dévoilé leurs secrets et m'ont demandé mon appui; j'ai refusé d'être l'homme d'un parti. Le Conseil des Anciens m'a appelé : j'ai répondu à son appel.

<small>Proclamation de Napoléon aux Français pour expliquer les événements du 18 brumaire.</small>

« Un plan de restauration générale avait été concerté par des hommes en qui la nation est accoutumée à voir des défenseurs de la liberté, de l'égalité, de la propriété. Ce plan demandait un examen calme, libre, exempt de toute influence et de toute crainte; en conséquence le Conseil des Anciens a résolu la translation du Corps législatif à Saint-Cloud. Il m'a chargé de la disposition de la force nécessaire à son indépendance. J'ai cru devoir à mes concitoyens, aux soldats périssant dans nos armées, à la gloire nationale acquise au prix de leur sang, d'accepter le commandement.

« Les Conseils se rassemblent à Saint-Cloud; les troupes républicaines garantissent la sûreté au dehors; mais des assassins établissent la terreur au dedans. Plusieurs députés du Conseil des Cinq-Cents, armés de stylets et d'armes à feu, font circuler autour d'eux des menaces de mort.

« Les plans qui devaient être développés sont resserrés, la majorité désorganisée, les orateurs les plus intrépides déconcertés, et l'inutilité de toute proposition sage, évidente.

« Je porte mon indignation et ma douleur au Conseil des Anciens; je lui demande d'assurer l'exécution de mes généreux desseins; je lui représente les maux de la patrie qui les ont fait concevoir. Il s'unit à moi par de nouveaux témoignages de sa constante volonté.

« Je me présente au Conseil des Cinq-Cents, seul, sans armes, la tête découverte, tel que les Anciens m'avaient reçu et applaudi. Je venais rappeler à la majorité sa volonté et l'assurer de son pouvoir. Les stylets qui menaçaient les députés sont aussitôt levés sur leur libérateur. Vingt assassins se précipitent sur moi et cherchent ma poitrine. Les grenadiers du Corps législatif, que j'avais laissés à la porte de la salle, accourent et se

CONSULS PROVISOIRES. 39

mettent entre les assassins et moi. L'un de ces braves grenadiers[1] est frappé d'un coup de stylet, dont ses habits sont percés. Ils m'enlèvent.

« Au même moment, des cris de « hors la loi » se font entendre contre le défenseur de la loi. C'était le cri farouche des assassins contre la force destinée à les réprimer. Ils se pressent autour du président, la menace à la bouche, les armes à la main ; ils lui ordonnent de prononcer la mise hors la loi. On m'avertit ; je donne ordre de l'arracher à leur fureur, et dix grenadiers du Corps législatif entrent au pas de charge dans la salle et la font évacuer.

« Les factieux, intimidés, se dispersent et s'éloignent. La majorité, soustraite à leurs coups, rentre librement et paisiblement dans la salle de ses séances, entend les propositions qui devaient lui être faites pour le salut public, délibère et prépare la résolution salutaire qui doit devenir la loi nouvelle et provisoire de la République.

« Français ! vous reconnaîtrez sans doute à cette conduite le zèle d'un soldat de la liberté, d'un citoyen dévoué à la République. Les idées conservatrices, tutélaires, libérales, sont rentrées dans leurs droits par la dispersion des factieux qui opprimaient les Conseils, et qui, pour être devenus les plus odieux des hommes, n'ont pas cessé d'être les plus misérables. »

II

Dans la matinée du 11 novembre, les consuls tinrent leur première séance. Il s'agissait d'abord de nommer à la prési-

Première réunion des consuls.

[1] Thomé.

dence. La question devait être décidée par le suffrage de Roger-Ducos; l'opinion de celui-ci avait toujours été, dans le Directoire, subordonnée à celle de Sieyès; ce dernier s'attendait donc à lui voir tenir une pareille conduite dans le consulat. Il en fut tout autrement. Le consul Roger-Ducos, à peine entré dans le cabinet, dit, en se tournant vers Napoléon : « Il est bien inutile d'aller aux voix pour la présidence; elle vous appartient de droit. » Napoléon prit donc le fauteuil. Roger-Ducos continua de voter dans le sens de Napoléon. Il eut même avec Sieyès de vives explications à ce sujet; mais il resta inébranlable dans son système. Cette conduite était le résultat de la conviction où il était que Napoléon seul pouvait tout rétablir et tout maintenir. Roger-Ducos n'était pas un homme d'un grand talent, mais il avait le sens droit et était bien intentionné.

Le secrétaire du Directoire, Lagarde, ne jouissait pas d'une réputation à l'abri du reproche. Maret, depuis duc de Bassano, fut nommé à cette place. Il était né à Dijon. Il montra de l'attachement aux principes de la révolution de 89. Il fut employé dans les négociations avec l'Angleterre avant le 10 août; depuis il traita avec lord Malmesbury à Lille. Maret est un homme très-habile, d'un caractère doux, de fort bonnes manières, d'une probité et d'une délicatesse à toute épreuve. Il avait échappé au règne de la terreur. Ayant été arrêté avec Semonville comme il traversait le pays des Grisons pour se rendre à Venise, devant de là se rendre à Naples en qualité d'ambassadeur, après le 9 thermidor il fut échangé contre Madame, fille de Louis XVI, qui était alors prisonnière au Temple.

La première séance des consuls dura plusieurs heures. Sieyès avait espéré que Napoléon ne se mêlerait que des affaires militaires, et lui laisserait la conduite des affaires civiles; mais il fut très-étonné lorsqu'il reconnut que Napoléon avait des opinions faites sur la politique, sur les finances, sur la justice, même sur la jurisprudence, et enfin sur toutes les branches de l'administration; qu'il soutenait ses idées avec une logique pressante et serrée, et qu'il n'était pas facile à convaincre. Il dit le soir en rentrant chez lui, en présence de Chazal, Talleyrand, Boulay, Rœderer, Cabanis, etc. « Messieurs, vous avez un maître. Napoléon veut tout faire, sait tout faire, et peut tout faire. Dans la position déplorable où nous nous trouvons, il vaut mieux nous soumettre que d'exciter des divisions qui amèneraient une perte certaine. »

Sieyès comprend qu'un partage d'autorité avec Napoléon est impossible.

Ses paroles à ce sujet.

III

Le premier acte du gouvernement fut l'organisation du ministère. Dubois-Crancé était ministre de la guerre; il était incapable de remplir de telles fonctions. C'était un homme de parti, peu estimé, et qui n'avait aucune habitude du travail et de l'ordre. Ses bureaux étaient occupés par des gens de la faction, qui, au lieu de faire leur besogne, passaient le temps en délibérations; c'était un vrai chaos. On aura peine à croire que Dubois-Crancé ne put fournir au Consul un seul état de situation de l'armée. Berthier fut nommé ministre de la guerre. Il fut obligé d'envoyer aussitôt une douzaine d'officiers dans les divisions militaires et aux corps d'armée, pour obtenir les états de situation des corps, leur emplacement, l'état de leur administration. Le bureau de l'artillerie était le seul où l'on eût des renseignements. Un grand nombre de corps avaient été

Berthier remplace Dubois-Crancé à la guerre; désordre dans lequel il trouve cette partie de l'administration.

créés, tant par les généraux que par les administrations départementales; ils existaient sans qu'on le sût au ministère. On disait à Dubois-Crancé : « Vous payez l'armée, vous pouvez du moins nous donner les états de la solde. — Nous ne la payons pas. — Vous nourrissez l'armée, donnez-nous les états du bureau des vivres. — Nous ne la nourrissons pas. — Vous habillez l'armée, donnez-nous les états du bureau de l'habillement. — Nous ne l'habillons pas. »

<small>État déplorable des armées.</small>

L'armée dans l'intérieur était payée au moyen des violations de caisse; elle était nourrie et habillée au moyen des réquisitions, et les bureaux n'exerçaient aucun contrôle. Il fallut un mois avant que le général Berthier pût avoir un état de l'armée, et ce ne fut qu'alors qu'on put procéder à sa réorganisation.

L'armée du Nord était en Hollande; elle venait d'en chasser les Anglais. Sa situation était satisfaisante. La Hollande, d'après les traités, fournissait à tous ses besoins.

Les armées du Rhin et de l'Helvétie souffraient beaucoup; le désordre y était extrême.

L'armée d'Italie, acculée sur la Rivière de Gênes, était sans subsistances et privée de tout. L'insubordination y était devenue telle, que des corps quittaient sans ordre leur position devant l'ennemi pour se porter sur des points où ils espéraient trouver des vivres.

L'administration ayant été améliorée, la discipline fut bientôt rétablie.

<small>Aux finances Gaudin succède à Robert Lindet.</small>

Le ministère des finances était occupé par Robert Lindet, qui avait été membre du Comité de salut public du temps de Robespierre. C'était un homme probe, mais n'ayant aucune des connaissances nécessaires pour l'administration des finances d'un grand empire. Sous le gouvernement révolutionnaire, il avait cependant obtenu la réputation d'un grand financier; mais, sous ce gouvernement, le vrai ministre des finances c'était le prote de la planche aux assignats.

Lindet fut remplacé par Gaudin, depuis duc de Gaëte, qui avait occupé pendant longtemps la place de premier commis des finances. C'était un homme de mœurs douces et d'une sévère probité.

Le trésor était vide, il ne s'y trouvait pas de quoi expédier un courrier. Toutes les rentrées se faisaient en bons de réquisitions, cédules, rescriptions, papiers de toute espèce avec lesquels on avait dévoré d'avance toutes les recettes de l'année. Les fournisseurs, payés avec des délégations, puisaient eux-mêmes directement dans la caisse des receveurs, au fur et à mesure des rentrées, et cependant ils ne faisaient aucun service. La rente était à 6 francs. Toutes les sources étaient taries, le crédit anéanti; tout était désordre, dilapidation, gaspillage. Les payeurs, qui faisaient en même temps les fonctions de receveurs, s'enrichissaient par un agiotage d'autant plus difficile à réprimer que tous ces papiers avaient des valeurs réelles différentes.

Situation financière.

Le nouveau ministre Gaudin prit des mesures qui mirent un frein aux abus, et rétablirent la confiance. Il supprima l'emprunt forcé et progressif [1].

Suppression de l'emprunt forcé et progressif.

---

[1] La loi de l'emprunt forcé et progressif de 100 millions avait eu sur les propriétés des effets plus funestes encore que ceux de la loi des otages sur la liberté des citoyens. L'emprunt forcé et progressif pesait sur toutes les propriétés agricoles et commerciales, meubles et immeubles. Les citoyens devaient contribuer en vertu d'une cote déterminée par un jury, et fondée, 1° sur la quotité de l'imposition directe; 2° sur une base arbitraire. Tout contribuable au-dessous de 300 francs n'était pas passible de cet emprunt. Tout contribuable qui payait 500 francs était taxé aux quatre dixièmes, celui de 4,000 francs et au-dessus, pour la totalité de son revenu. La deuxième base était relative à l'opinion: les parents

Premiers expédients.

Plusieurs citoyens offrirent au gouvernement des sommes considérables. Le commerce de Paris remplit un emprunt de 12 millions; ce qui, dans ce moment, était d'une grande importance. La vente des domaines de la Maison d'Orange, que la France s'était réservée par le traité de la Haye, fut négociée et produisit 24 millions. On créa pour 150 millions de bons de rescription de rachats de rente.

Gaudin organise l'administration des contributions.

Les impositions directes ne rentraient pas à cause du retard qu'éprouvait la confection des rôles. Le ministre créa une commission des contributions publiques. L'Assemblée constituante, dont les principes en administration étaient fautifs, parce qu'ils étaient le résultat d'une vaine théorie, et non le fruit de l'expérience, avait chargé les municipalités de la formation des rôles, qui étaient rendus exécutoires par la décision des administrateurs de département. Cette organisation était désastreuse: on y fut peu sensible en 1792, 93, 94: les assignats pourvoyaient à tout. Lors de la Constitution de l'an III, cinq mille préposés furent chargés de la formation des rôles. On avait adopté en même temps une administration mixte, qui coûtait 5 millions d'extraordinaire, et n'atteignait pas plus le but que la loi de la Constituante. Gaudin, éclairé par l'expérience,

d'émigrés, les nobles, pouvaient être taxés arbitrairement par le jury. L'effet de cette loi fut ce qu'il devait être : l'enregistrement cessa de produire, car il n'y eut plus de transactions; les domaines nationaux cessèrent de se vendre, car la propriété fut décriée; les riches devinrent pauvres sans que les pauvres devinssent plus riches. Cette loi absurde produisit un effet contraire à celui qu'en avaient attendu ses auteurs : elle tarit toutes les sources du revenu public. Le ministre Gaudin ne voulut pas se coucher ni dormir une seule nuit, chargé du portefeuille des finances, sans avoir rédigé et proposé une loi pour rapporter cette loi désastreuse, qu'il remplaça par 25 centimes additionnels aux contributions directes ou indirectes, qui rentrèrent sans effort et produisirent 50 millions. Les sommes déjà versées à l'emprunt forcé furent reçues à compte sur les centimes additionnels ou liquidées sur le grand livre. (Note de l'éditeur de 1830.)

confia la confection de ces rôles à cent directeurs généraux ayant sous eux cent inspecteurs et huit cent quarante contrôleurs, qui ne coûtaient que 3 millions. L'économie était de 2 millions.

Il créa la caisse d'amortissement, soumit les receveurs des finances à un cautionnement du vingtième de leurs recettes, et organisa le système des obligations des receveurs généraux, payables par douzième, par mois, du montant de leurs recettes. Dès ce moment, toutes les contributions directes rentrèrent au trésor avant le commencement de l'exercice, et en masse; il put en disposer pour le service dans toutes les parties de la France. Il n'y eut plus aucune incertitude que les recouvrements éprouvassent plus ou moins de retard, ou s'opérassent avec plus ou moins d'activité; cela n'influait pas sur les opérations du trésor. Cette loi a été une des sources de la prospérité et de l'ordre qui ont depuis régné dans les finances.

Il crée la caisse d'amortissement et les obligations des receveurs généraux.

La République possédait pour 40 millions de rentes en forêts; mais elles étaient mal administrées. La régie de l'enregistrement, préposée pour recevoir ce revenu, celui du timbre, et exercer des droits domaniaux, ne convenait pas pour diriger une administration qui exigeait des connaissances particulières et de l'activité. Le ministre Gaudin établit une administration spéciale. Ce changement excita des réclamations. On craignit de voir se renouveler les abus attachés à l'ancienne administration des eaux et forêts. On rétablit, disait-on, l'administration; on ne tardera pas à rétablir sa juridiction, les tribunaux spéciaux; nous verrons renaître tous les abus qui ont excité nos réclamations en 1789. Ces craintes étaient chimériques : les abus de l'ancienne administration avaient disparu pour toujours. La nouvelle administration forestière soigna bien l'a-

Organisation d'une administration spéciale pour les eaux et forêts.

ménagement des forêts, leur vente, leur coupe, et porta une attention toute particulière aux semis et plantations. Elle fit aussi rentrer au Domaine une grande quantité de bois usurpés par les communes ou les particuliers; enfin elle n'eut que de bons effets et se concilia l'opinion publique.

<small>Éloge du ministre des finances Gaudin.</small>

Tout ce qu'il est possible de faire en peu de jours pour détruire les abus d'un régime vicieux et remettre en honneur les principes du crédit et de la modération, le ministre Gaudin le fit. C'était un administrateur de probité et d'ordre, qui savait se rendre agréable à ses subordonnés, marchant doucement, mais sûrement. Tout ce qu'il fit et proposa dans ces premiers moments, il l'a maintenu et perfectionné pendant quinze années d'une sage administration. Jamais il n'est revenu sur aucune mesure, parce que ses connaissances étaient positives et le fruit d'une longue expérience.

<small>Épuration de la magistrature.</small>

Cambacérès conserva le ministère de la justice. Un grand nombre de changements furent faits dans les tribunaux.

<small>Reinhard est maintenu momentanément aux relations extérieures, Talleyrand ayant contre lui l'opinion.</small>

Talleyrand avait été renvoyé du ministère des relations extérieures par l'influence de la société du Manége. Reinhard, qui l'avait remplacé, était natif de Wurtemberg. C'était un homme honnête et d'une capacité ordinaire. Cette place était naturellement due à Talleyrand; mais, pour ne pas trop froisser l'opinion publique, fort indisposée contre lui, surtout pour les affaires d'Amérique, Reinhard fut conservé dans les premiers moments; d'ailleurs ce poste était de peu d'importance dans la situation critique où la République se trouvait. On ne pouvait en effet entamer aucune espèce de négociations avant d'avoir rétabli l'ordre dans l'intérieur, réuni la nation et remporté des victoires sur les ennemis extérieurs.

<small>Forfait est nommé à la marine.</small>

Bourdon fut remplacé au ministère de la marine par Forfait,

et nommé commissaire de la marine à Anvers. Forfait, né en Normandie, avait la réputation d'être le meilleur ingénieur-constructeur de vaisseaux; mais c'était un homme à système, et il n'a pas justifié ce que l'on attendait de lui. Le ministère de la marine était très-important par la nécessité où se trouvait la République de secourir l'armée d'Égypte, la garnison de Malte et les colonies.

A l'intérieur, le ministre Quinette fut remplacé par Laplace, géomètre du premier rang, mais qui ne tarda pas à se montrer administrateur plus que médiocre. Dès son premier travail les consuls s'aperçurent qu'ils s'étaient trompés; Laplace ne saisissait aucune question sous son vrai point de vue; il cherchait des subtilités partout, n'avait que des idées problématiques, et portait enfin l'esprit des infiniment petits dans l'administration.

L'intérieur est confié à Laplace; son incapacité administrative.

Les nominations furent faites par les consuls d'un commun accord; la première dissension d'opinions eut lieu pour Fouché, qui était ministre de la police. Sieyès le haïssait, et croyait la sûreté du gouvernement compromise si la direction de la police restait dans ses mains. Fouché, né à Nantes, avait été oratorien avant la révolution; il avait ensuite exercé un emploi subalterne dans son département, et s'était distingué par l'exaltation de ses principes. Député à la Convention, il marcha dans la même direction que Collot d'Herbois. Après la révolution de thermidor, il fut proscrit comme terroriste. Sous le Directoire, il s'était attaché à Barras, et avait commencé sa fortune dans des compagnies de fournitures, où l'on avait imaginé de faire entrer un grand nombre d'hommes de la révolution, idée qui avait jeté une nouvelle déconsidération sur des hommes que les événements politiques avaient déjà dépopularisés. Fouché, appelé au ministère de la police depuis plusieurs

Dissentiment des consuls au sujet de Fouché; sa conduite pendant la révolution.

mois, avait pris parti contre la faction du Manège, qui s'agitait encore et qu'il fallait détruire; mais Sieyès n'attribuait pas cette conduite à des principes fixes, et seulement à la haine qu'il portait à ces sociétés, où sans aucune retenue on déclamait constamment contre les dilapidations et contre ceux qui avaient eu part aux fournitures. Sieyès proposait Alquier pour remplacer Fouché. Ce changement ne parut pas indispensable. Quoique Fouché n'eût pas été dans le secret du 18 brumaire, il s'était bien comporté. Napoléon convenait avec Sieyès qu'on ne pouvait en rien compter sur la moralité d'un tel ministre et sur son esprit versatile, mais enfin sa conduite avait été utile à la République. « Nous formons une nouvelle époque, disait Napoléon; du passé, il ne faut nous souvenir que du bien, et oublier le mal. L'âge, l'habitude des affaires et l'expérience ont formé bien des têtes et modifié bien des caractères. » Fouché conserva son ministère.

La nomination de Gaudin au ministère des finances laissa vacante la place de commissaire du gouvernement près l'administration des postes, place de confiance, fort importante. Elle fut confiée à Laforest, qui alors était chef de la division des fonds aux relations extérieures. C'était un homme habile, qui avait été longtemps consul général de France en Amérique.

IV

L'École polytechnique n'était qu'ébauchée; Monge fut chargé d'en rédiger l'organisation définitive, qui depuis a été sanctionnée par l'expérience. Cette école est devenue la plus célèbre du monde. Elle a fourni une foule d'officiers, de mécaniciens, de chimistes, qui ont recruté les corps savants de l'armée, ou qui, répandus dans les manufactures, ont porté si haut la perfection des arts et donné à l'industrie française sa haute supériorité.

Cependant le nouveau gouvernement était environné d'ennemis qui s'agitaient publiquement. La Vendée, le Languedoc et la Belgique étaient déchirés par les troubles et les insurrections. Le parti de l'étranger, qui depuis plusieurs mois faisait tous les jours des progrès, voyait avec dépit un changement qui détruisait ses espérances. Les anarchistes n'écoutaient que leur animosité contre Sieyès [1]. La loi rendue le 19 brumaire à Saint-Cloud avait chargé le gouvernement de prendre les mesures qui seraient nécessaires pour rétablir la tranquillité de la République. Elle avait expulsé du Corps législatif cinquante-cinq députés. Un grand nombre d'autres étaient mécontents de l'ajournement des chambres; ils persistaient à rester à Paris et à s'y réunir. C'était la première fois, depuis la révolution, que la tribune était muette et le Corps législatif en vacances. Les bruits les plus sinistres agitaient l'opinion; le ministre de la police proposa en conséquence des mesures qui devaient réprimer l'audace du parti anarchiste. Un décret condamna à la déportation cinquante-neuf des principaux meneurs : trente-sept à la Guyane, et vingt-deux à l'île d'Oleron. Ce décret fut généralement désapprouvé; l'opinion répugnait à toute mesure violente; cepen-

Difficultés que rencontre le gouvernement consulaire; agitation du parti anarchiste.

Décret de déportation, bientôt converti en une simple mesure de surveillance.

---

[1] Sieyès était fréquemment alarmé de ce que les jacobins tramaient dans Paris, et des menaces qu'ils faisaient d'enlever les consuls. Ce qui fit dire à Napoléon, réveillé à trois heures du matin par ce consul, que venait d'inquiéter un rapport de police : «Laissez-les faire; en guerre comme en amour, pour en finir, il faut se voir de près : qu'ils viennent. Autant terminer aujourd'hui qu'un autre jour.» Ces craintes étaient exagérées. Les menaces sont plus faciles à faire qu'à effectuer, et dans la manière des anarchistes, elles précèdent toujours de beaucoup toute espèce d'exécution. (Note de l'éditeur de 1830.)

dant il eut un effet salutaire. Les anarchistes, frappés à leur tour de terreur, se dispersèrent. C'était tout ce qu'on voulait, et peu de temps après le décret de déportation fut converti en une simple mesure de surveillance, qui cessa bientôt elle-même.

Le public s'attribua le rapport de ce décret. On crut que l'administration avait rétrogradé; on eut tort : elle n'avait voulu qu'épouvanter; elle avait atteint son but.

Bientôt l'esprit public changea dans toute la France. Les citoyens s'étaient réunis, les actes d'adhésion des départements arrivaient en foule, et les malveillants, de quelque parti qu'ils fussent, cessaient d'être dangereux. La loi des otages, qui avait jeté un grand nombre de citoyens dans les prisons, fut rapportée [1]. Des lois intolérantes avaient été rendues contre les prêtres par les gouvernements précédents; la persécution avait été poussée aussi loin que le pouvait faire la haine des théophilanthropes. Prêtres réfractaires ou prêtres assermentés, tous étaient compris dans la même proscription; les uns avaient

La loi des otages est rapportée.

La tolérance religieuse et la liberté de conscience forment la règle du gouvernement.

---

[1] La loi des otages avait été rendue le 12 juillet 1799 : elle avait été dictée par les jacobins du Manége; elle pesait sur cent cinquante à deux cent mille citoyens qu'elle mettait hors de la protection des lois; elle les rendait responsables, dans leurs personnes et leurs propriétés, de tous les événements provenant des troubles civils. Ces individus étaient les parents des émigrés, les nobles, les aïeuls, aïeules, pères et mères de tout ce qui faisait partie des bandes armées, Chouans ou voleurs de diligence. Par l'article 5, les administrateurs des départements étaient autorisés à réunir des otages pris dans ces classes, dans une commune centrale de leur département, et à déporter à la Guyane quatre de ces otages pour tout fonctionnaire public, militaire ou acquéreur de domaines nationaux assassiné; ces classes devaient en outre pourvoir par des amendes extraordinaires aux dépenses qu'occasionneraient les dénonciateurs et surveillants; elles étaient passibles des indemnités dues aux patriotes par l'effet de troubles civils. En conséquence de cette loi, plusieurs milliers de vieillards, de femmes, étaient arrêtés. Un grand nombre était en fuite. Cette loi fut rapportée. Des courriers furent envoyés aussitôt dans tous les départements pour faire ouvrir les prisons. (Note de l'éditeur de 1830.)

été déportés à l'île de Ré, d'autres à la Guyane, d'autres à l'étranger, d'autres gémissaient dans les prisons. On adopta pour principe que la conscience n'était pas du domaine de la loi, et que le droit du souverain devait se borner à exiger obéissance et fidélité.

V

Si la question eût été ainsi posée à l'Assemblée constituante et qu'on n'eût point exigé un serment à la constitution civile du clergé, ce qui était entrer dans des discussions théologiques, aucun prêtre n'eût été réfractaire. Mais Talleyrand et d'autres membres de cette assemblée imposèrent ce serment, dont les conséquences ont été si funestes à la France.

La constitution civile du clergé devenue loi de l'État, il fallait protéger les prêtres, en assez grand nombre, qui s'y étaient conformés, et il est probable que ce clergé aurait formé l'église nationale; mais quand l'Assemblée législative et la Convention firent fermer les églises, supprimèrent les dimanches, et traitèrent avec le même mépris les prêtres assermentés et les prêtres réfractaires, on donna gain de cause à ces derniers.

Napoléon, qui avait beaucoup médité sur les matières de la religion, en Italie et en Égypte, avait à cet égard des idées arrêtées; il se hâta de faire cesser les persécutions. Son premier acte fut d'ordonner la mise en liberté de tous les prêtres mariés ou assermentés qui étaient détenus ou déportés. L'emportement des factions avait été tel que même ces deux classes avaient été persécutées en masse. On décréta que tout prêtre déporté, emprisonné, etc. qui ferait serment d'être fidèle au gouvernement établi serait sur-le-champ mis en liberté. Peu de

La Constituante méconnut le principe de la liberté religieuse.

Cette erreur commise, il fallait protéger les prêtres assermentés et former une église nationale.

Napoléon met fin aux persécutions contre les prêtres et n'exige d'eux qu'un serment de fidélité.

temps après ce décret, plus de 20,000 vieillards rentrèrent dans leurs familles. Quelques prêtres ignorants persistèrent dans leur obstination; ils restèrent dans l'exil. Mais alors ils se condamnaient eux-mêmes, car les préceptes du christianisme ne sont pas susceptibles d'interprétation, et le serment de fidélité au gouvernement ne peut être refusé sans crime.

{Abolition des lois attentatoires à la liberté du culte; bons effets de cette mesure.} Dans le même temps les lois sur les décades furent rapportées, les églises rendues au culte, et des pensions accordées aux religieux et religieuses qui prêteraient serment de fidélité au gouvernement. La plupart se soumirent, et, par là, des milliers d'individus furent arrachés à la misère. Les églises se rouvrirent dans les campagnes, les cérémonies intérieures furent permises, tous les cultes furent protégés, et le nombre des théophilanthropes diminua beaucoup.

VI

{Napoléon fait rendre les honneurs funèbres au pape Pie VI.} Le pape Pie VI était mort à l'âge de quatre-vingt-deux ans, à Valence, où il s'était retiré après les événements d'Italie. Napoléon, revenant d'Égypte, s'était entretenu quelques instants dans cette ville avec monsignor Spina, aumônier du pape, et que depuis il fit nommer cardinal et archevêque de Gênes. Il apprit qu'aucun honneur funèbre n'avait été rendu à ce pontife, et que son corps était déposé dans la sacristie de la cathédrale. Un arrêté des consuls ordonna que les honneurs accoutumés lui fussent décernés, et qu'un monument en marbre fût élevé sur sa tombe[1]. C'était un hommage à un souverain malheureux, et au chef de la religion du Premier Consul et de la pluralité des Français.

[1] Voir cet arrêté consulaire. *Corresp. de Napoléon Ier*, t. VI. p. 76, édit. in-4°.

Chaque jour le gouvernement consulaire, par des actes de justice et de générosité, s'efforçait de réparer les fautes et les injustices des gouvernements précédents. Les membres de l'Assemblée constituante qui avaient reconnu la souveraineté du peuple furent rayés de la liste des émigrés par une décision adoptée comme principe. Cela excita beaucoup d'inquiétude : « Les émigrés vont rentrer en foule, disait-on; le parti royaliste va relever la tête comme en fructidor; les républicains vont être massacrés. » La Fayette [1], Latour-Maubourg, Bureaux de Pusy, etc. rentrèrent en France, et dans la jouissance de leurs biens qui n'étaient pas aliénés.

Il rappelle en France des membres de la Constituante qui avaient été proscrits.

Depuis le 18 fructidor un grand nombre d'individus restaient déportés à la Guyane, à Sinnamary, à l'île d'Oleron. Ils avaient été traités ainsi sans jugement. Plusieurs d'entre eux étaient plus distingués par leurs talents que par leur caractère; Napoléon voulut user d'indulgence à leur égard, mais le parti à prendre était difficile et fort contesté; c'était faire le procès au 19 fructidor. Les commissions législatives étaient composées de députés qui avaient pris part à la loi du 19 fructidor. Rapporter cette loi eût été une véritable réaction; Pichegru,

Fiction législative qui lui permet de faire revenir les déportés de fructidor, sans toutefois rapporter la loi de proscription.

---

[1] Le général La Fayette, qui avait commencé la révolution, avait abandonné son armée devant Sedan, et passé à l'étranger. Arrêté par les Prussiens, il avait été livré au gouvernement autrichien, qui le tenait en prison. A l'époque du traité de Léoben, quoique le gouvernement français ne prît aucun intérêt à ce général, Napoléon crut de l'honneur de la France d'exiger que la cour d'Autriche le mît en liberté; il l'obtint; mais La Fayette était sur la liste des émigrés, et ne pouvait encore rentrer en France. Cet homme, qui a joué un si grand rôle dans nos premières dissensions politiques, est né en Auvergne. Lors de la guerre d'Amérique, il avait servi sous Washington, et s'y était distingué. C'était un homme sans talents, ni civils, ni militaires; esprit borné, caractère dissimulé, dominé par des idées vagues de liberté, mal digérées et mal conçues. Du reste, dans la vie privée, La Fayette était un honnête homme. (Note de l'éditeur de 1830.)

Imbert-Colomès, Willot, rentreraient donc en France! D'ailleurs, la révolution de fructidor, quelque injuste, quelque illégale qu'elle fût, avait évidemment sauvé la République, et dès lors on ne pouvait pas la condamner. On conçut l'idée de déclarer que les déportés seraient considérés comme émigrés. C'était les mettre à la disposition du gouvernement, qui ne tarda pas à laisser rentrer tous ceux qui n'avaient pas eu des intelligences coupables avec l'étranger. Leur conduite fut surveillée pendant quelque temps, et ils finirent par être définitivement rayés de la liste des émigrés. Plusieurs d'entre eux, tels que Portalis, Carnot, Barbé-Marbois, etc. furent même appelés à remplir des fonctions publiques. C'était le règne d'un gouvernement fort et au-dessus des factions. Napoléon disait : « J'ai ouvert un grand chemin : qui marchera droit sera protégé; qui se jettera à droite ou à gauche sera puni. »

Paroles de Napoléon témoignant de ses intentions conciliantes.

VII

Il fait mettre en liberté des émigrés naufragés à Calais

D'autres malheureux gémissaient entre la vie et la mort. Il y avait quelques années qu'un bâtiment parti d'Angleterre pour se rendre dans la Vendée, ayant à bord neuf personnes des plus anciennes familles de France, des Talmont, des Montmorency, des Choiseul, avait fait naufrage sur la côte de Calais: ces passagers étaient des émigrés. On les avait arrêtés, et, depuis lors, ils avaient été traînés de prison en prison, de tribunaux en tribunaux, sans que leur sort fût décidé. Le fait de leur arrivée en France n'était pas de leur volonté; c'étaient des naufragés ; mais on arguait contre eux du lieu de leur destination. Ils disaient bien qu'ils allaient dans l'Inde, mais le bâtiment, ses provisions, tout témoignait qu'ils allaient dans

CONSULS PROVISOIRES.

la Vendée. Sans entrer dans ces discussions, Napoléon vit que la position de ces hommes était sacrée ; ils étaient sous les lois de l'hospitalité. Envoyer au supplice des malheureux qui avaient mieux aimé se livrer à la générosité de la France que de se jeter dans les flots eût été une singulière barbarie. Napoléon jugea que les lois contre les émigrés étaient des lois politiques, et que la politique de ces lois ne serait pas violée s'il usait d'indulgence envers des personnes qui se trouvaient dans un cas tout à fait extraordinaire[1].

Il avait déjà jugé une question pareille, lorsque, étant général d'artillerie, il armait les côtes du Midi. Des membres de la famille Chabrillant, se rendant d'Espagne en Italie, avaient été pris par un corsaire et amenés à Toulon ; ils avaient été aussitôt jetés dans les prisons. Le peuple, sachant qu'ils étaient émigrés, voulait les massacrer. Napoléon profita de sa popularité ; par le moyen des canonniers et des ouvriers de l'arsenal, qui étaient les plus exaltés, il préserva cette famille de tout malheur ; mais, craignant une nouvelle insurrection du peuple, il la fit monter dans des caissons vides qu'il envoya aux îles d'Hyères, et la sauva.

En 1794 il avait agi de même en sauvant la famille Chabrillant.

Le gouvernement anglais ne montra pas une générosité pareille envers Napper-Tandy, Blackwell et autres Irlandais, qui, jetés par un naufrage sur les côtes de Norwége, traversaient le territoire de Hambourg pour retourner à Paris. Ils avaient été naturalisés Français et étaient officiers au service de la République. Le ministre anglais, à Hambourg, força le sénat de les arrêter à leur passage ; et, qui le croirait ? l'Europe entière s'ameuta contre ces malheureux ! Les gouvernements russe et

L'Angleterre n'a pas la même générosité à l'égard d'Irlandais naufragés à Hambourg.

[1] Voir l'arrêté des consuls relatif aux naufragés de Calais, *Correspondance de Napoléon Ier*, tome VI, page 30, édition in-4°.

autrichien appuyaient les demandes de celui d'Angleterre, pour qu'ils lui fussent remis. Les citoyens de Hambourg avaient résisté quelque temps, mais, voyant la France déchue de sa considération et accablée de revers, tant en Allemagne qu'en Italie, ils avaient fini par céder.

La France avait d'autant plus de raisons de se trouver offensée de cette conduite que la ville de Hambourg avait été longtemps le refuge de vingt mille émigrés français, qui, de là, avaient organisé des armées et tramé des complots contre la République, tandis que deux malheureux officiers au service de la République, ayant le caractère sacré du malheur et du naufrage, étaient livrés à leurs bourreaux.

Un décret des consuls mit un embargo sur les bâtiments hambourgeois qui se trouvaient dans les ports de France, rappela de Hambourg les agents diplomatiques et commerciaux français, et renvoya ceux de cette ville.

Bientôt, après ce temps, les armées françaises ayant eu des succès, et les heureux changements du 18 brumaire se faisant sentir chaque jour, le sénat se hâta d'écrire une longue lettre à Napoléon pour lui témoigner son repentir. Napoléon répondit celle-ci :

"J'ai reçu votre lettre, Messieurs; elle ne vous justifie pas. Le courage et la vertu sont les conservateurs des États : la lâcheté et le crime sont leur ruine. Vous avez violé l'hospitalité, ce qui n'est jamais arrivé parmi les hordes les plus barbares du désert. Vos concitoyens vous le reprocheront à jamais. Les deux infortunés que vous avez livrés meurent illustres; mais leur sang fera plus de mal à leurs persécuteurs que ne le pourrait faire une armée."

Une députation solennelle du sénat vint aux Tuileries faire

des excuses publiques à Napoléon. Il leur témoigna de nouveau toute son indignation, et lorsque ces envoyés alléguèrent leur faiblesse, il leur dit : « Eh bien! n'aviez-vous pas la ressource des États faibles? n'étiez-vous pas les maîtres de les laisser échapper? »

Le Directoire avait adopté le principe d'entretenir les prisonniers français en Angleterre, pendant que l'Angleterre entretiendrait les siens en France. Nous avions en Angleterre plus de prisonniers que cette puissance n'en avait en France; les vivres en Angleterre étaient plus chers qu'en France : dès lors cet état de choses était onéreux pour celle-ci. A cet inconvénient se joignait celui d'autoriser le gouvernement anglais à avoir, sous prétexte de comptabilité, des intelligences dans l'intérieur de la République. Le gouvernement consulaire s'empressa de changer cet arrangement. Chaque nation se trouva chargée du soin des prisonniers qu'elle gardait.

VIII

Dans la situation où se trouvaient les esprits, on avait besoin de rallier, de réunir les différents partis qui avaient divisé la nation, afin de pouvoir l'opposer tout entière à ses ennemis extérieurs.

Le serment de haine à la royauté fut supprimé comme inutile et contraire à la majesté de la République, qui, reconnue partout, n'avait pas besoin de pareils moyens. Il fut également décidé qu'on ne célébrerait plus le 21 janvier. Cet anniversaire ne pouvait être considéré que comme un jour de calamité nationale. Napoléon s'en était déjà expliqué au sujet du 10 août. « On célèbre une victoire, disait-il; mais on pleure sur les victimes, même ennemies. La fête du 21 janvier est immorale, continuait-il. Sans juger si la mort de Louis XVI fut juste ou injuste, politique ou impolitique, utile ou inutile; et même dans le cas où elle serait jugée juste, politique et utile, ce n'en serait pas moins un malheur. En pareille circonstance, l'oubli est ce qu'il y a de mieux. »

<small>La nation prend confiance dans le gouvernement consulaire.</small>

Les emplois furent donnés à des hommes de tous les partis et de toutes les opinions modérées. L'effet fut tel qu'en peu de jours il se fit un changement général dans l'esprit de la nation. Celui qui hier prêtait l'oreille aux propositions de l'étranger et aux commissaires des Bourbons, parce qu'il craignait par-dessus tout les principes de la société du Manége et le retour de la terreur, prenant aujourd'hui confiance dans le gouvernement vraiment national, fort et généreux, qui venait de s'établir, rompait ses engagements, et se replaçait dans le parti de la nation et de la révolution. La faction de l'étranger en fut un moment étonnée; bientôt elle se consola, et voulut donner le change à l'opinion en cherchant à persuader que Napoléon travaillait pour les Bourbons.

<small>On cherche à faire croire que Napoléon veut rétablir les Bourbons.</small>

IX

<small>Ouvertures qui lui sont faites par le parti royaliste.</small>

Un des principaux agents du corps diplomatique demanda et obtint une audience de Napoléon. Il lui avoua qu'il connaissait le comité des agents des Bourbons à Paris; que, désespérant du salut de la patrie, il avait pris des engagements avec eux, parce qu'il préférait tout au règne de la terreur; mais le 18 brumaire venant de recréer un gouvernement national, non-seulement il renonçait à ses relations, mais il venait lui faire connaître ce qu'il savait, à condition toutefois que son honneur ne serait pas compromis, et que ces individus pourraient s'éloigner en sûreté.

Il présenta même à Napoléon deux des agents, Hyde de Neuville et d'Andigné. Napoléon les reçut à dix heures du soir dans un des petits appartements du Luxembourg. « Il y a peu de jours, lui dirent-ils, nous étions assurés du triomphe, aujourd'hui tout a changé. Mais, Général, seriez-vous assez imprudent pour vous fier à de pareils événements? Vous êtes en possession de rétablir le trône, de le rendre à son maître légitime. Nous agissons de concert avec les chefs de la Vendée, nous pouvons les faire tous venir ici. Dites-nous ce que vous voulez faire, comment vous voulez marcher; et, si vos intentions s'accordent avec les nôtres, nous serons tous à votre disposition. »

Entrevue de Napoléon avec deux chefs de ce parti.

Hyde de Neuville parut un jeune homme spirituel, ardent, sans être passionné. D'Andigné parut un furibond. Napoléon leur répondit : « qu'il ne fallait pas songer à rétablir le trône des Bourbons en France; qu'ils n'y pourraient arriver qu'en marchant sur cinq cent mille cadavres; que son intention était d'oublier le passé, et de recevoir les soumissions de tous ceux qui voudraient marcher dans le sens de la nation; qu'il traiterait volontiers avec Châtillon, Bernier, Bourmont, Suzannet, d'Autichamp, etc. mais à condition que ces chefs seraient désormais fidèles au gouvernement national et cesseraient toute intelligence avec les Bourbons et l'étranger. »

Napoléon leur enlève toute espérance.

Cette conférence dura une demi-heure, et l'on se convainquit de part et d'autre qu'il n'y avait pas moyen de s'entendre sur une pareille base.

Les nouveaux principes adoptés par les Consuls et les nouveaux fonctionnaires firent disparaître les troubles de Toulouse, les mécontents du Midi et l'insurrection de la Belgique.

Apaisement des troubles au midi et au nord de la France.

8.

La réputation de Napoléon était chère aux Belges, et influa heureusement sur les affaires publiques dans ces départements, que la persécution des prêtres avait mis en feu l'année précédente.

<small>Situation des départements de l'Ouest, occupés par les Vendéens et les Chouans.</small>

Cependant la Vendée et la chouannerie troublaient dix-huit départements de la République. Les affaires allaient si mal que Châtillon, chef des Vendéens, s'était emparé de Nantes: il est vrai qu'il n'avait pu s'y maintenir vingt-quatre heures. Mais les Chouans exerçaient leurs ravages jusqu'aux portes de la capitale. Les chefs répondaient aux proclamations du gouvernement par d'autres proclamations, où ils disaient qu'ils se battaient pour le rétablissement du trône et de l'autel, et qu'ils ne voyaient dans le Directoire ou les Consuls que des usurpateurs.

<small>Des officiers qui avaient des intelligences avec eux proposent à Napoléon de les trahir.</small>

Un grand nombre de généraux et d'officiers de l'armée trahissaient la République et s'entendaient avec les chefs des Chouans. Le peu de confiance que leur avait inspiré le Directoire, l'ancien désordre qui régnait dans toutes les parties de l'administration, avaient porté ces officiers à oublier leur honneur et leur devoir pour se ménager un parti qu'ils croyaient au moment de triompher. Plusieurs furent assez éhontés pour en venir faire la confidence à Napoléon, en lui déclarant avoir obéi aux circonstances, et lui offrant de racheter ce moment d'incertitude par des services d'autant plus importants qu'ils étaient dans la confidence des Chouans et des Vendéens.

<small>Ouverture de négociations avec les chefs de la Vendée.</small>

Des négociations furent ouvertes avec des chefs de la Vendée, en même temps que des forces considérables furent dirigées contre eux. Tout annonçait la destruction prochaine de leurs bandes; mais les causes morales agissaient davantage. La renommée de Napoléon, qui était grande dans la Vendée, fit craindre aux chefs que l'opinion du pays ne les abandonnât.

Le 17 janvier, Châtillon, Suzannet, d'Autichamp, l'abbé Bernier, chefs de l'insurrection de la rive gauche de la Loire, se soumirent. Le général Hédouville négocia le traité, qui fut signé le 17 janvier, à Montluçon. Cette pacification n'avait rien de commun avec celles qui avaient précédé : c'étaient des Français qui rentraient dans le sein de la nation et se soumettaient avec confiance au gouvernement. Toutes les mesures administratives, financières, ecclésiastiques, consolidèrent de jour en jour davantage la tranquillité de ces départements. *Soumission de la rive gauche de la Loire et traité de pacification*

Ces chefs vendéens furent reçus plusieurs fois à la Malmaison. La paix une fois faite, Napoléon n'eut qu'à se louer de leur conduite.

Bernier était curé de Saint-Laud[1]. C'était un homme de peu de taille et d'une mince apparence. Il était bon prédicateur, rusé, et savait inspirer le fanatisme à ses paysans, sans le partager. Il avait eu une grande influence dans la Vendée ; son crédit avait un peu diminué, mais il était cependant encore assez considérable pour rendre des services au gouvernement. Il s'attacha au Premier Consul, et fut fidèle à ses engagements. Il fut chargé de négocier le Concordat avec la cour de Rome. Napoléon le nomma évêque d'Orléans. *L'abbé Bernier.*

Châtillon était un vieux gentilhomme de soixante ans, bon, loyal, ayant peu d'esprit, mais quelque vigueur. Il venait de se marier, ce qui contribua à le rendre fidèle à ses promesses. Il habitait alternativement Paris, Nantes et ses terres. Il obtint dans la suite plusieurs grâces du Premier Consul. Châtillon pensait qu'on aurait pu continuer la guerre de la Vendée quelques mois de plus ; mais que, depuis le 18 brumaire, les chefs *Châtillon.*

---

[1] Paroisse d'Angers.

ne pouvaient plus compter sur la masse de la population. Il avouait aussi que, vers la fin des campagnes d'Italie, la réputation du général Bonaparte avait tant exalté l'imagination des paysans vendéens, qu'on avait été au moment de laisser là les droits des Bourbons, et d'envoyer une députation pour lui proposer de se mettre sous son influence.

D'Autichamp.

D'Autichamp avait fait plusieurs campagnes comme simple hussard dans les troupes de la République, pendant la grande terreur. C'était un homme d'un esprit borné, mais ayant le ton, les manières et l'élégance que comportaient son éducation et l'usage du grand monde.

Brigandage des Chouans sur la rive droite de la Loire.

Sur la rive droite de la Loire, Georges et La Prévalaye étaient à la tête des bandes de Bretagne; Bourmont commandait celles du Maine, Frotté celles de Normandie. La Prévalaye et Bourmont se soumirent et vinrent à Paris. Georges et Frotté voulurent continuer la guerre. C'était un état de licence qui leur permettait, sous des couleurs politiques, de se livrer à toute espèce de brigandages; de rançonner les riches, sous prétexte qu'ils étaient acquéreurs de domaines nationaux; de voler les diligences, parce qu'elles portaient les deniers de l'état; de piller les banquiers, parce qu'ils avaient des relations avec les caisses publiques, etc. Ils interceptaient les communications entre Brest et Paris. Ils entretenaient des intelligences avec tout ce que la capitale nourrit de plus vil, avec les hommes qui vivent dans les antres du jeu et les mauvais lieux; ils y apportaient leurs rapines, y faisaient leurs enrôlements, y puisaient des renseignements pour rendre profitables les guet-apens qu'ils tendaient sur les routes.

Prise de Frotté, un de leurs chefs; pacification du département de l'Orne.

Les généraux Chambarlhac et Gardanne entrèrent dans le département de l'Orne, à la tête de deux colonnes mobiles.

pour se saisir de Frotté. Ce chef, jeune, actif, rusé, était redouté, et causait beaucoup de désordres. Il fut surpris dans la maison du nommé *Guidal*, général commandant à Alençon, qui avait des intelligences avec lui, qui jouissait de sa confiance et qui le trahit. Il fut jugé, et passa par les armes. Ce coup d'éclat rétablit la tranquillité dans cette province. Il ne resta plus que Brulard et quelques chefs de peu de valeur, qui, profitant de la facilité que leur offrait la croisière anglaise, débarquaient sur les côtes, répandaient des libelles et exerçaient l'espionnage en faveur de l'Angleterre.

Georges se soutenait dans le Morbihan au moyen des secours d'armes et d'argent que lui fournissaient les Anglais. Attaqué, battu, cerné à Grand-Champ par le général Brune, il capitula, rendit ses canons, ses armes, et promit de vivre en bon et paisible sujet. Il demanda l'honneur d'être présenté au Premier Consul, et reçut la permission de se rendre à Paris. Napoléon chercha inutilement à faire sur lui l'impression qu'il avait faite sur un grand nombre de Vendéens, à faire parler la fibre française, l'honneur national, l'amour de la patrie : aucune de ces cordes ne vibra.

<small>Soumission de Georges ; son entrevue avec Napoléon.</small>

La guerre de l'Ouest se trouvait ainsi terminée; plusieurs bons régiments devinrent disponibles.

<small>Fin de la guerre de l'Ouest.</small>

Pendant que tout s'améliorait, le travail de la Constitution touchait à sa fin; les deux consuls et les deux commissions s'en occupaient sans relâche. Le gouvernement s'occupa peu de politique extérieure. Toutes ses démarches se bornèrent à la Prusse. Le roi avait une armée sur pied au moment où le duc d'York avait débarqué en Hollande; cela avait donné de l'inquiétude. L'aide de camp Duroc fut envoyé à Berlin avec une lettre pour le roi; son but était de sonder les dispositions du

<small>Politique extérieure ; relations amicales entretenues avec la Prusse.</small>

<small>Mission de Duroc à Berlin.</small>

cabinet. Il réussit dans sa mission, fut accueilli avec distinction, avec bienveillance par la reine. Les courtisans de cette cour toute militaire se complaisaient dans le récit des guerres d'Italie et d'Égypte; ils étaient fort satisfaits du triomphe qu'avait obtenu le parti militaire en France, en arrachant aux avocats les rênes du gouvernement. On eut tout lieu d'être content des dispositions de la Prusse, qui peu après mit son armée sur le pied de paix.

X

<small>Les commissions législatives des Cinq-Cents et des Anciens; leurs membres principaux.</small>

La commission législative, intermédiaire des Cinq-Cents, fut successivement présidée par Lucien, Boulay de la Meurthe, Daunou, Jacqueminot; celle des Anciens, par Lemercier, Lebrun, Régnier.

Boulay fut depuis ministre d'état, président de la section de législation au Conseil d'état.

Daunou était oratorien, député du Pas-de-Calais, homme de bonnes mœurs, bon écrivain; il avait rédigé la Constitution de l'an III, il fut le rédacteur de celle de l'an VIII; il a été archiviste impérial.

Jacqueminot était de Nancy; il est mort sénateur.

Lebrun fut troisième consul.

Régnier devint grand juge et duc de Massa.

<small>Elles convertissent en lois les résolutions du gouvernement.</small>

Les commissions législatives intermédiaires délibéraient en secret. Il eût été d'un mauvais effet de rendre publiques les discussions d'une assemblée qui ne se trouvait souvent formée que de quinze ou seize membres. Ces deux commissions, aux termes de la loi du 19 brumaire, ne pouvaient rien sans l'initiative du gouvernement, qui l'exerçait en provoquant l'attention de la commission des Cinq-Cents sur un objet déterminé; celle-ci rédigeait sa résolution, qui était convertie en loi par la commission des Anciens.

La première loi importante de cette session extraordinaire fut relative au serment. On ne pouvait le prêter qu'à la Constitution, qui n'existait plus; il fut conçu en ces termes : «Je jure fidélité à la République une et indivisible, fondée sur la souveraineté du peuple, le régime représentatif, le maintien de l'égalité, la liberté, et la sûreté des personnes et des propriétés.»

Formule du nouveau serment.

Les deux conseils se réunissaient de droit le 19 février 1800; le seul moyen de les prévenir était de promulguer une nouvelle constitution et de la présenter à l'acceptation du peuple avant cette époque. Les trois consuls et les deux commissions législatives intermédiaires se réunirent à cet effet en comité, pendant le mois de décembre, dans l'appartement de Napoléon, depuis neuf heures du soir jusqu'à trois heures du matin. Daunou fut chargé de la rédaction. La confiance de l'assemblée reposait entièrement dans la réputation et les connaissances de Sieyès. On vantait depuis longtemps la constitution qu'il avait dans son portefeuille. Il en avait laissé percer quelques idées qui avaient germé parmi ses nombreux partisans, et qui, de là s'étant répandues dans le public, avaient porté au plus haut point cette réputation que, dès la Constituante, Mirabeau s'était plu à lui faire, lorsqu'il disait à la tribune : «Le silence de Sieyès est une calamité nationale.» En effet, il s'était fait connaître par plusieurs écrits profondément pensés : il avait suggéré à la chambre du tiers état l'idée mère de se déclarer assemblée nationale; il avait proposé le serment du Jeu de Paume, la suppression des provinces et le partage

Nécessité de promulguer une nouvelle constitution; réunion des conseils et des commissions législatives à cet effet.

Réputation acquise à Sieyès par ses théories gouvernementales.

du territoire de la République en départements; il avait professé une théorie du gouvernement représentatif et de la souveraineté du peuple pleine d'idées lumineuses, et qui était passée en principes. Le comité s'attendait à prendre connaissance de son projet de constitution tant médité; il pensait n'avoir à s'occuper que de le reviser, le modifier et le perfectionner par des discussions profondes. Mais, à la première séance, Sieyès ne dit rien; il avoua qu'il avait beaucoup de matériaux en portefeuille, mais qu'ils n'étaient ni classés ni coordonnés.

A la séance suivante, il lut un rapport sur les listes de notabilité. La souveraineté était dans le peuple; c'était le peuple qui devait directement ou indirectement commettre à toutes les fonctions : or le peuple, qui est merveilleusement propre à distinguer ceux qui méritent sa confiance, ne l'est pas à assigner le genre de fonctions qu'ils doivent occuper. Il établissait trois listes de notabilité : 1° communale, 2° départementale, 3° nationale. La première se composait du dixième de tous les citoyens de chaque commune, choisis parmi les habitants eux-mêmes; la deuxième, du dixième des citoyens portés sur les listes communales du département; la troisième, du dixième des individus inscrits sur les listes départementales : cette liste se réduisait à 6,000 personnes, qui formaient la notabilité nationale. Cette opération devait se faire tous les cinq ans, et tous les fonctionnaires publics, dans tous les ordres, devaient être pris sur ces listes, savoir : le gouvernement, les ministres, la législature, le sénat ou grand jury, le conseil d'état, le tribunal de cassation et les ambassadeurs, sur la liste nationale; les préfets, les juges, les administrateurs, sur la liste départementale; les administrations communales, les juges de

Il n'avait point de constitution préparée, mais seulement des projets non codifiés.

Plan de Sieyès : il place la souveraineté dans le peuple au moyen des listes de notabilité; analyse de ce projet.

paix, sur la liste communale. Par là, tout fonctionnaire public, les ministres même, seraient représentants du peuple, auraient un caractère populaire. Ces idées eurent le plus grand succès : répandues dans le public, elles firent concevoir les plus heureuses espérances; elles étaient neuves, et l'on était fatigué de tout ce qui avait été proposé depuis 1789; elles venaient d'ailleurs d'un homme qui avait une grande réputation dans le parti républicain; elles paraissaient être une analyse de ce qui avait existé dans tous les siècles. Ces listes de notabilité étaient des espèces de listes de noblesse non héréditaire, mais de choix. Cependant les gens sensés virent tout d'abord le défaut de ce système, qui gênerait le gouvernement en l'empêchant d'employer un grand nombre d'individus propres aux fonctions, parce qu'ils ne seraient pas sur les listes nationale, départementale, communale. Cependant le peuple serait privé de toute influence directe dans la nomination de la législature; il n'y aurait qu'une participation fort illusoire et toute métaphysique.

Inconvénient de ce système, plus ingénieux que pratique.

Encouragé par ce succès, Sieyès fit connaître dans les séances suivantes la théorie de son jury constitutionnel, qu'il consentit à nommer *sénat conservateur*. Il avait cette idée dès la Constitution de l'an III, mais elle avait été repoussée par la Convention. « La constitution, disait-il, n'est pas vivante, il faut un corps de juges en permanence, qui prennent ses intérêts, et l'interprètent dans tous les cas douteux. Quelle que soit l'organisation sociale, elle sera composée de divers corps : l'un aura le soin de gouverner, l'autre de discuter et de sanctionner les lois. Ces corps, dont les attributions seront fixées par la constitution, se choqueront souvent, et l'interpréteront différemment; le jury national sera là pour les raccorder et faire

Le jury constitutionnel ou sénat conservateur.

rentrer chaque corps dans son orbite. - Le nombre des membres fut fixé à quatre-vingts, au moins âgés de quarante ans. Ces quatre-vingts sages, dont la carrière politique était terminée, ne pourraient plus occuper aucune fonction publique. Cette idée plut généralement, et fut commentée de diverses manières. Les sénateurs étaient à vie; c'était une nouveauté depuis la révolution, et l'opinion souriait à toute idée de stabilité; elle était fatiguée des incertitudes et de la variété qui s'étaient succédé depuis dix ans.

Représentation nationale : corps législatif et tribunat

Peu après il fit connaître sa théorie de la représentation nationale; il la composait de deux branches : un corps législatif de deux cent cinquante députés, ne discutant pas, mais qui, semblable à la Grand'Chambre du parlement, voterait et délibérerait au scrutin; un tribunat de cent députés, qui, semblable aux Enquêtes, discuterait, rapporterait, plaiderait contre les résolutions rédigées par un conseil d'état nommé par le gouvernement, qui se trouverait investi de la prérogative de rédiger les lois. Au lieu d'un corps législatif turbulent, agité par des factions et par ses motions d'ordre, si intempestives, on aurait un corps grave qui délibérerait après avoir écouté une longue discussion dans le silence des passions. Cependant le tribunat aurait la double fonction de dénoncer au sénat les actes du gouvernement inconstitutionnels, même les lois adoptées par le corps législatif; et, à cet effet, le gouvernement ne pourrait les proclamer que dix jours après leur adoption par le corps législatif.

Ces idées furent accueillies favorablement du comité et du public. On était si ennuyé des bavardages des tribunes, de ces intempestives motions d'ordre qui avaient fait tant de mal et si peu de bien, et d'où étaient nées tant de sottises et si peu de bonnes choses, qu'on se flatta de plus de stabilité dans la législation et de plus de tranquillité et de repos : c'était ce que l'on désirait.

Plusieurs séances furent employées à la rédaction, et à des objets de détail relatifs à la comptabilité et aux lois. Le moment vint enfin où Sieyès fit connaître l'organisation de son gouvernement: c'était le chapiteau, la portion la plus importante de cette belle architecture, et dont l'influence devait être le plus sentie par le peuple. Il proposa un grand électeur à vie, choisi par le sénat conservateur, ayant un revenu de 6 millions, une garde de 3,000 hommes, et habitant le palais de Versailles. Les ambassadeurs étrangers seraient accrédités près de lui; il accréditerait les ambassadeurs et ministres français dans les cours étrangères. Les actes du gouvernement, les lois, la justice seraient rendus en son nom. Il serait le seul représentant de la gloire, de la puissance et de la dignité nationales; il nommerait deux consuls, un de la paix, un de la guerre; mais là se bornerait toute son influence sur les affaires. Il pourrait, il est vrai, destituer les consuls et les changer; mais aussi le sénat pourrait, lorsqu'il jugerait cet acte arbitraire et contraire à l'intérêt national, absorber le grand électeur. L'effet de cette absorption équivaudrait à une destitution; la place devenait vacante, le grand électeur prenait place dans le sénat pour le reste de sa vie.

Projet de Sieyès pour l'organisation du gouvernement.

Le grand électeur assisté de deux consuls.

Il peut être absorbé par le sénat.

XI

Napoléon avait peu parlé dans les séances précédentes; il n'avait aucune expérience des assemblées : il ne pouvait que s'en rapporter à Sieyès, qui avait assisté aux constitutions de

Napoléon, jusque-là réservé, s'élève avec force contre cette théorie du gouvernement

1791, 1793, 1795; à Daunou, qui passait pour un des principaux auteurs de cette dernière; enfin aux trente ou quarante membres des commissions, qui tous s'étaient distingués dans la législature et qui prenaient d'autant plus d'intérêt à l'organisation des corps qui devaient faire la loi, qu'ils étaient appelés à faire partie de ces corps. Mais le gouvernement le regardait; il s'éleva donc contre des idées si extraordinaires. « Le grand électeur, disait-il, s'il s'en tient strictement aux fonctions que vous lui assignez, sera l'ombre, mais l'ombre décharnée d'un roi fainéant. Connaissez-vous un homme d'un caractère assez vil pour se complaire dans une pareille singerie? S'il abuse de sa prérogative, vous lui donnez un pouvoir absolu. Si, par exemple, j'étais grand électeur, je dirais, en nommant le consul de la guerre et celui de la paix : Si vous faites un ministre, si vous signez un acte sans que je l'approuve, je vous destitue. Mais, dites-vous, le sénat, à son tour, absorbera le grand électeur : le remède est pire que le mal. Personne, dans ce projet, n'a de garantie. D'un autre côté, quelle sera la situation de ces deux premiers ministres? L'un aura sous ses ordres les ministres de la justice, de l'intérieur, de la police, des finances, du trésor; l'autre, ceux de la marine, de la guerre, des relations extérieures. Le premier ne sera environné que de juges, d'administrateurs, de financiers, d'hommes en robes longues; le deuxième, que d'épaulettes et d'hommes d'épée : l'un voudra de l'argent et des recrues pour ses armées, l'autre n'en voudra pas donner. Un pareil gouvernement est une création monstrueuse, composée d'idées hétérogènes qui n'offrent rien de raisonnable. C'est une grande erreur de croire que l'ombre d'une chose puisse tenir lieu de la réalité. »

Il en démontre la faiblesse et le peu de valeur politique.

Sieyès répondit mal, fut réduit au silence, montra de l'indécision, de l'embarras; cachait-il quelque vue profonde? était-il dupe de sa propre analyse? C'est ce qui sera toujours incertain. Quoi qu'il en soit, cette idée fut trouvée insensée. S'il eût commencé le développement de tout son projet de constitution par le titre du gouvernement, rien n'eût passé : il eût été discrédité tout d'abord; mais déjà tout était adopté en partie, sur la foi qu'on avait en lui.

Embarras de Sieyès à défendre ce projet; quelle avait pu être son intention secrète.

L'adoption des formes purement républicaines fut proposée : la création d'un président à l'instar des États-Unis le fut aussi. Celui-ci aurait le gouvernement de la République pour dix ans et aurait le choix de ses ministres, de son conseil d'état et de tous les agents de l'administration. Mais les circonstances étaient telles que l'on pensa qu'il fallait encore déguiser la magistrature unique du président. On concilia les opinions diverses en composant un gouvernement de trois consuls, dont l'un serait le chef du gouvernement, aurait toute l'autorité, puisque seul il nommait à toutes les places et seul avait voix délibérative; et les deux autres, ses conseillers nécessaires. Avec un premier consul, on avait l'avantage de l'unité dans la direction; avec les deux autres consuls, qui devaient nécessairement être consultés et qui avaient le droit d'inscrire leurs noms au procès-verbal, on conserverait l'unité et l'on ménagerait l'esprit républicain. Il parut que les circonstances et l'esprit public du temps ne pouvaient alors rien suggérer de meilleur.

On décide la création d'une magistrature unique.

Concession faite à l'esprit républicain en adjoignant deux collègues au premier consul.

Le but de la révolution qui venait de s'opérer n'était pas d'arriver à une forme de gouvernement plus ou moins aristocratique, plus ou moins démocratique; mais le succès dépendait de la consolidation de tous les intérêts, du triomphe de

La stabilité du gouvernement avait été le but de la révolution du 18 brumaire.

tous les principes pour lesquels le vœu national s'était prononcé unanimement en 1789.

Quelles étaient les convictions de Napoléon sur le régime qui convenait à la France.

Napoléon était convaincu que la France ne pouvait être que monarchique; mais le peuple français tenant plus à l'égalité qu'à la liberté, et le principe de la révolution étant fondé sur l'égalité de toutes les classes, il y avait absence absolue d'aristocratie. Si une république était difficile à constituer fortement sans aristocratie, la difficulté était bien plus grande pour une monarchie. Faire une constitution dans un pays qui n'aurait aucune espèce d'aristocratie, ce serait tenter de naviguer dans un seul élément. La révolution française a entrepris un problème aussi insoluble que celui de la direction des ballons.

Sieyès se retire; il reçoit une récompense nationale.

Sieyès eût pu, s'il l'eût voulu, obtenir la place de deuxième consul; mais il désira se retirer : il fut nommé sénateur, contribua à organiser ce corps, et en fut le premier président. En reconnaissance des services qu'il avait rendus en tant de circonstances importantes, les commissions législatives, par une loi, lui firent don de la terre de Crosne, à titre de récompense nationale. Il dit depuis à l'Empereur : « Je n'avais pas supposé que vous me traiteriez avec tant de distinction, et que vous laisseriez tant d'influence aux consuls, qui paraissaient devoir vous importuner et vous embarrasser. »

Il reconnaît plus tard la modération du gouvernement consulaire de Napoléon.

Jugement sur Sieyès.

Sieyès était l'homme du monde le moins propre au gouvernement, mais essentiel à consulter, car quelquefois il avait des aperçus lumineux et d'une grande importance. Il aimait l'argent, mais il était d'une probité sévère, ce qui plaisait fort à Napoléon : c'était la qualité première qu'il estimait dans un homme public.

Pendant tout le mois de décembre, la santé de Napoléon fut

fort altérée. Ces longues veilles, ces discussions où il fallait entendre tant de sottises, lui faisaient perdre un temps précieux, et cependant ces discussions lui inspiraient un certain intérêt. Il remarqua que des hommes qui écrivaient très-bien et qui avaient de l'éloquence étaient cependant privés de toute solidité dans le jugement, n'avaient pas de logique, et discutaient pitoyablement : c'est qu'il est des personnes qui ont reçu de la nature le don d'écrire et de bien exprimer leurs pensées, comme d'autres ont le génie de la musique, de la peinture, de la sculpture, etc. Pour les affaires publiques, administratives et militaires, il faut une forte pensée, une analyse profonde, et la faculté de pouvoir fixer longtemps les objets sans être fatigué.

Fatigues de Napoléon pendant cette période d'organisation ; il apprend à juger la valeur politique des hommes.

XII

Napoléon choisit pour deuxième consul Cambacérès, et pour troisième Lebrun. Cambacérès, d'une famille honorable de Languedoc, était âgé de cinquante ans : il avait été membre de la Convention, et s'était conservé dans une mesure de modération : il était généralement estimé. Sa carrière politique n'avait été déshonorée par aucun excès. Il jouissait, à juste titre, de la réputation d'un des premiers jurisconsultes de la République. Lebrun, âgé de soixante ans, était de Normandie. Il avait rédigé toutes les ordonnances du chancelier Maupeou ; il s'était fait remarquer par la pureté et l'élégance de son style. C'était un des meilleurs écrivains de France. Député au conseil des Anciens par le département de la Manche, il était d'une probité sévère, n'approuvant les changements de la révolution que sous le point de vue des avantages qui en

Choix de Cambacérès et de Lebrun pour second et troisième consul.

résultaient pour la masse du peuple; car il était né d'une famille de paysans.

Acceptation de la Constitution de l'an VIII.

La Constitution de l'an VIII, si vivement attendue de tous les citoyens, fut publiée et soumise à la sanction du peuple le 13 décembre 1799, et proclamée le 24 du même mois: la durée du gouvernement provisoire fut ainsi de quarante-trois jours.

Napoléon envisage le consulat comme un acheminement à l'accomplissement de ses vues.

Les idées de Napoléon étaient fixées; mais il lui fallait, pour les réaliser, le secours du temps et des événements. L'organisation du consulat n'avait rien de contradictoire avec elles: il accoutumait à l'unité, et c'était un premier pas. Ce pas fait, Napoléon demeurait assez indifférent aux formes et dénominations des différents corps constitués. Il était étranger à la révolution. La volonté des hommes qui en avaient suivi toutes les phases dut prévaloir dans des questions aussi difficiles qu'abstraites. La sagesse était de marcher à la journée sans s'écarter d'un point fixe, étoile polaire sur laquelle Napoléon va prendre sa direction pour conduire la révolution au port où il veut la faire aborder.

PACIFICATION

DE LA VENDÉE.

PACIFICATION
DE LA VENDÉE[1].

I

La première Vendée était-elle anglaise? Non. Elle a été dans le principe toute populaire; elle était le mouvement spontané d'une population nombreuse, composée d'hommes simples et ignorants, qui, séparés de toute civilisation et du reste de la France par le défaut de grandes communications et surtout par les circonstances des localités impénétrables de leur pays, ne connaissaient d'autres lois que le respect à la religion, à la royauté, à la noblesse. Les avantages de la liberté, la suppression de la féodalité, ceux résultant des décrets de l'Assemblée nationale, ne flattèrent point leurs passions; ils ne virent dans les lois nouvelles que des attaques à la religion de leurs pères et à l'ancienne monarchie, à laquelle ils devaient leur affranchissement. Du moment où ils comprirent le danger de l'autel et du trône, ils se levèrent en masse. Cette insurrection fut

Caractère du soulèvement de la Vendée à son début; quelles en sont les causes.

---

[1] Cette dictée est reproduite ici d'après le texte du général Montholon. *Mémoires de Napoléon*, etc. t. V, p. 175. édit. de 1830.

spontanée, comme le mouvement qui porte à défendre son patrimoine.

<small>But de la conspiration de La Rouarie.</small>

La conspiration de La Rouarie est l'ouvrage des nobles du Poitou et de la Bretagne; elle avait pour but le rétablissement de l'autel, du trône et de la noblesse. La religion et les paysans seraient ses auxiliaires et ses instruments; son champ de bataille, les cinq provinces de l'Ouest : la Normandie, la Bretagne, le Maine, l'Anjou et le Poitou. Dès 1791, les prêtres

<small>La guerre civile se prépare dès 1791.</small>

non assermentés préparèrent les éléments de la Vendée. En 1792, les mandements des évêques émigrés réfugiés à Londres, ceux de leurs grands vicaires résidant dans les diocèses, les prédications des curés et des missionnaires se refusant au serment de fidélité à la constitution civile du clergé; mais, bien plus encore, la haine générale contre les prêtres *intrus*, avaient exalté les imaginations populaires, particulièrement dans la Vendée et dans les Deux-Sèvres. A la mort de La Rouarie, des

<small>La mort de La Rouarie en précipite l'explosion.</small>

conjurés, effrayés de la possibilité de la découverte de leur complot, précipitèrent leurs opérations dans la Vendée : l'explosion fut terrible; elle eut des succès parce qu'elle était imprévue. La noblesse s'empara de l'élan des paysans, et ces malheureux devinrent les instruments de la féodalité et de la politique anglaise. De là découlèrent tous les maux qui ont affligé cette belle partie du territoire français.

<small>L'esprit public dans les villes diffère de celui des campagnes vendéennes; preuves de cette scission.</small>

La Vendée a constamment présenté deux aspects : ses villes, ses bourgs, en communication facile depuis longues années avec les autres villes de l'intérieur, manifestèrent dès le principe des opinions favorables à la révolution; les campagnes, au contraire, livrées aux croyances héréditaires, restèrent, à toutes les époques, dévouées aux idées monarchiques. Un rapport du député Gallois à la Convention, relatif à des pièces enlevées par la garde nationale de Cholet, démontre à l'évidence que l'esprit des paysans vendéens avait été de longue main disposé à l'insurrection, qu'il existait une scission complète entre les campagnes et les villes, et que, dans celles-ci même, la scission était manifeste entre les propriétaires de biens-fonds, les marchands et les ouvriers.

Cet état de choses changea, mais insensiblement et par le seul effet du contact de ces masses ignorantes avec la civilisation nouvelle. Le consulat pacifia la Vendée, parce qu'il était un premier pas vers une réorganisation monarchique, et que le Premier Consul, protecteur des prêtres réfractaires lorsqu'il n'était encore que le vainqueur d'Italie, donnait à cette population fanatique l'espérance de lui devoir le rétablissement du culte. Le Concordat réalisa cet espoir. L'Empire éteignit les derniers restes de la Vendée; et, en 1814, on vit 6,000 paysans de ces contrées, entourés à la Fère-Champenoise par des forces décuples, se battre en héros pour la cause de Napoléon, et préférer la mort à rendre leurs armes aux alliés de ces mêmes princes pour lesquels ils avaient pendant six ans résisté à tous les efforts de la République. L'héroïsme de ces braves prouve que la grande réconciliation des Français avait été opérée par Napoléon, et que la France de 1814 n'était plus la France de 1793.

La Vendée pacifiée sous le consulat, fournit à l'Empire d'héroïques défenseurs.

Si l'ouverture des routes dans les campagnes est un grand bienfait de toute administration, indispensable au développement de l'agriculture et du commerce, elle n'est pas d'une moindre importance pour les progrès de la civilisation, de ces connaissances salutaires, de cette communauté d'intérêts qui donnent à une nation l'aspect et l'esprit de famille. Elle est également nécessaire à l'ordre et à la sûreté publique. Aucune

Importance des routes pour répandre la civilisation et former une nation homogène.

révolte, quelles qu'en soient la cause ou les ramifications, ne peut résister à la répression du gouvernement, quand les communications sont faciles avec et entre les points de l'insurrection. La guerre de la Vendée, celle de la chouannerie, n'auraient jamais été sérieuses si les départements de l'Ouest avaient été percés de routes, comme le sont les provinces de l'est de la France. Les Vendéens, éclairés comme les peuples de la Bourgogne, seraient accourus au-devant de la commotion qui anéantissait les débris de la servitude féodale et assurait l'indépendance et les droits politiques des Français. Une bonne administration eût prévenu tant de malheurs. La guerre civile, le plus grand fléau des peuples, n'aurait pas souillé pendant six années le sol du Poitou, de l'Anjou, de la Bretagne, et fait couler sous des armes françaises des flots de sang français. Sans la Vendée, sans ces masses soulevées et armées au nom de Dieu et du roi pour combattre la liberté, la Convention n'aurait pas eu de prétexte pour ordonner ou sanctionner tant de crimes; et l'on pourrait soutenir, avec force, que les moteurs de l'insurrection vendéenne sont coupables d'attentat contre les prêtres et les nobles des autres provinces françaises, en attirant chaque jour sur ces deux classes non la rage, mais la vengeance révolutionnaire. La Vendée n'a point combattu sous l'étendard royal; son armée s'est proclamée *Armée catholique;* elle s'est levée sous l'étendard de la foi.

La guerre de la Vendée se divise en trois époques; elle a été soutenue par deux armées distinctes : l'une, l'armée catholique, l'autre, l'armée des Chouans.

Le grand vicaire de Luçon ordonna à ses curés de s'opposer à l'admission des *intrus*, de conserver ou de tenir des registres doubles des actes de l'état civil, de frapper d'excommunication.

comme concubines, les femmes mariées par les intrus, de repousser, comme bâtards, les enfants nés de ces mariages, et de refuser à ces impies les derniers sacrements.

Le fanatisme du paysan de la Vendée, ignorant et superstitieux, était mûr pour une guerre civile. Six semaines après la mort de Louis XVI, et quinze jours seulement après le décret de la Convention qui ordonnait une levée de 300,000 hommes, l'insurrection éclata à Cholet; le tocsin sonna dans toute la Vendée.

La guerre civile éclate et se propage dans la Vendée fanatisée.

Au milieu de leurs succès, les Vendéens organisèrent un gouvernement. L'évêque d'Agra[1], se disant vicaire apostolique, les vicaires généraux de Luçon et d'Angers, quelques chefs des premières levées, composèrent ce qu'on appela le conseil suprême. Les premiers actes de ce gouvernement annoncèrent ce qu'il était et ce qu'il devait être par la suite : son but, le rétablissement de l'autel et du trône. « Nous n'avons pris les armes que pour soutenir la religion de nos pères, que pour rendre à notre auguste souverain, Louis XVII, l'éclat et la solidité de son trône et de sa couronne... Le ciel se déclare pour la plus sainte et la plus juste des causes; le signe sacré de la croix de Jésus-Christ et l'étendard royal l'emportent de toutes parts sur les drapeaux sanglants de l'anarchie... La France, succombant sous une affreuse anarchie, reconnaît enfin la vérité du principe : UNE FOI, UN ROI, UNE LOI. Nos biens, notre liberté, notre sûreté reposent à l'abri de l'unité sacrée de l'autel et du trône. Toute division de pouvoirs est un principe de désolation : saint Paul l'a ainsi prononcé... L'unité monarchique est représentée par un généralissime qui est un, par

Organisation d'un gouvernement insurrectionnel; son manifeste.

---

[1] L'abbé Guyot de Folleville.

un conseil supérieur, principe de l'unité tutélaire de la monarchie.

La dictature militaire est exercée d'abord par les prêtres.

Son action, elle devait être toute militaire : la dictature tombe dans la main des prêtres. Ce sont eux qui appellent au combat, qui dirigent les colonnes; le premier chef, le premier généralissime de ces intrépides paysans, est le plus pieux d'entre eux, Cathelineau; après lui, c'est le comte de Lescure, le comte de Bonchamp, non moins pieux, non moins braves, mais gentilshommes, qui sont appelés au commandement. Ce-

Les généraux cherchent plus tard à s'en affranchir.

pendant le sacerdoce conserve son influence; ce n'est que dans les revers que les généraux commencent à devenir indépendants. C'est à l'envie de se soustraire à la dictature ecclésiastique que l'on doit attribuer le passage de la Loire à Varades, la plus funeste des opérations militaires. C'est de cette époque que datent les dissensions entre les généraux vendéens.

Ordonnances du conseil insurrectionnel; les intérêts du clergé y tiennent la première place.

Toutes les ordonnances du conseil supérieur de la Vendée ont pour premier objet les intérêts du clergé : l'évêque d'Agra intime aux prêtres l'ordre de revenir dans leurs paroisses et de se mettre en relation directe avec lui. Les ventes des biens du clergé sont annulées dans tous les pays que la victoire soumet momentanément au pouvoir de l'armée catholique. La possession de ces biens est enlevée violemment aux acquéreurs. Les fermages doivent être payés aux fabriques des paroisses. Cependant le conseil supérieur n'ose pas prononcer le rétablissement de la dîme; il en réfère au régent; il se borne à ordonner aux curés d'en constater la valeur, et à inviter les fidèles à la payer en nature. La circulation des assignats occupe la sollicitude du conseil; ceux à l'effigie royale auront seuls cours sans visa ni signature de ses préposés. Les paroisses nourriront les veuves et les enfants des Vendéens tués pour la cause sainte. Les justices seigneuriales reprendront leurs fonctions; les tribunaux républicains cesseront immédiatement les leurs. Les règlements de police imposent un serment de fidélité au conseil supérieur; ils condamnent à une double contribution tout individu qui ne prêterait pas serment dans un délai fixé, après lequel ils le bannissent et confisquent ses biens. Enfin, les propriétés, dans l'étendue de sa domination, de tout ce qui remplit en France une fonction publique, depuis le député, l'administrateur, le juge et le général, jusqu'au dernier soldat, lui répondent des actes hostiles à la cause de la Vendée et à ses défenseurs. Le conseil supérieur organise ainsi par ses décrets le pillage et la dévastation des propriétés de tous les Français qui ne servent pas dans les rangs de ses armées. Il ne s'en tient pas là : il méprise les lois de la guerre, et proclame à l'envi, de concert avec les cannibales de la terreur, cet affreux système de représailles qui a rendu cette guerre célèbre par ses cruautés.

Mesures violentes qui rivalisent de cruauté avec les lois de la terreur.

Dans les six premiers mois de la Vendée, du 10 mars au 17 octobre, on n'y voit qu'une domination, celle du sacerdoce : la Vendée n'était point encore anglaise. Cependant la Vendée a été soumise, dès les premiers moments, à une influence indirecte de l'étranger. Hérault de Séchelles, Bazire, Chabot, l'ont favorisée par les mesures qu'ils ont fait décréter; ils étaient vendus aux intrigues des puissances alliées; ils ont payé de leur tête leur trahison à la cause de la liberté.

Au début, la Vendée n'est point anglaise, bien que secrètement soutenue par une influence étrangère.

Depuis le passage de la Loire à Varades et la bataille de Savenay, la Vendée a-t-elle été anglaise? Oui, directement et indirectement. Directement, le fait est prouvé. Elle a reçu de l'Angleterre de l'argent, des munitions, des secours de toute espèce, excepté en hommes. Elle a été en communication

Elle le devient après la bataille de Savenay.

active avec Londres; d'Elbée lui-même, qui s'y était longtemps refusé, reconnut enfin la direction de l'Angleterre, et lui obéit.

Il semble que la mission de Carrier à Nantes ait été inspirée moins par les terroristes que par des intrigues étrangères.

Le Comité de salut public, de la fin de 1793, a sans doute contribué, par la mission de Carrier et les ordres incendiaires dont celui-ci était porteur, à donner une nouvelle activité à l'insurrection; mais cette mission et ces ordres étaient-ils le résultat du système de terreur qui dominait la France, ou l'effet des intrigues étrangères, dont le but premier était la destruction des Français par les Français et l'affaiblissement de la nation? L'Europe a si souvent sacrifié la cause des Bourbons dans les traités qu'elle a signés avec la République ou l'Empire, qu'elle a donné à la postérité le droit de douter de la sincérité de son manifeste, quand elle prit les armes pour soutenir le trône de saint Louis. Un fait incontestable, c'est

Sur quoi cette supposition est fondée.

que Courtois, rapporteur du procès de Robespierre, a soustrait la plus grande partie des pièces relatives à la Vendée; c'est que Carrier, rappelé de Nantes après le 9 thermidor, fut dénoncé pour être traduit au tribunal révolutionnaire; qu'il livra aux meneurs sa correspondance, ses instructions secrètes, et qu'il échappa ainsi au danger qui le menaçait; plus tard il fut condamné, mais par l'effet de la réaction.

La seconde phase de la guerre de Vendée est concertée avec l'Angleterre.

La seconde Vendée, ou la reprise d'armes de Charette, Stofflet et autres généraux vendéens ou chouans, en violation des traités de la Jaunaye et de la Mabilière, fut concertée entre Pitt, ses agents et les comités royalistes de l'intérieur. Charette a reçu des armes, des munitions de guerre et de l'argent de l'Angleterre; il a été en communication avec le régent plus intimement qu'avec le comte d'Artois.

Après le 9 thermidor, trois partis royalistes bien distincts se formèrent à Paris; ils eurent des ramifications étendues et se traversèrent mutuellement dans les départements de l'Ouest.

1° L'agence espagnole: Izquierdo, Tallien et quelques membres de la Convention. Le rétablissement de la royauté en France avait été présenté au cabinet de Madrid comme le motif de sa pacification avec la France. On avait été plus loin : « la régence ne pouvait être déférée qu'à un Bourbon d'Espagne, l'infant don Antonio, frère du roi. »

2° L'agence des comités royalistes de Paris: Lemaître, Des Pommelles, l'abbé Brottier, Lavilleheurnoy, Duverne de Presles. Elle correspondait avec le régent par l'entremise du comte d'Entraigues en Italie. Elle intriguait à Paris; elle déjouait, dans les provinces de l'Ouest, les mesures de Puisaye et de l'agence anglaise; elle opposait Charette à Stofflet, Cormatin[1] à Puisaye. Si les Vendéens et les Chouans du Maine et de Fougères ne firent pas à temps leur mouvement, si l'expédition de Quiberon échoua par le défaut de la coopération de tous les chefs vendéens, c'est à cette agence qu'il faut l'imputer. Le comte d'Entraigues voyait avec douleur l'éloignement où l'Angleterre tenait le régent de la Vendée, et les refus continuels du cabinet de Saint-James de lui permettre de se mettre à la tête de ses fidèles sujets. Il pensait que cette politique, vainement déguisée sous le masque de la prudence, avait pour but d'écarter le régent des affaires. Il essaya d'établir des communications plus intimes entre le régent et Charette. Les comités royalistes de Paris ont rarement agi sans les ordres précis de d'Entraigues, ou ceux qui leur étaient transmis par le comte d'Avaray. Lemaître a payé de sa tête, après le 13 vendé-

Trois partis royalistes y prennent part.

L'agence espagnole, qui agit en faveur d'un infant d'Espagne

L'agence des comités royalistes, dévouée au comte de Lille.

Ses intrigues, dirigées par d'Entraigues, divisent les chefs vendéens et causent leurs échecs.

[1] Desotteux, baron de Cormatin.

miaire, son opposition à la faction espagnole. Des documents curieux à cet égard ont figuré à son jugement et ont été soustraits depuis.

L'agence anglaise, dont Puisaye est l'intermédiaire.

3° Enfin l'agence anglaise : Puisaye et ses correspondants à Paris et en Normandie. L'Angleterre fit des efforts à Quiberon: tout ce que pouvait créer la puissance de l'argent fut employé par elle. Pitt était financier, administrateur, homme d'état, mais il n'était pas général. L'expédition de l'île d'Yeu, entreprise à la fin de la saison, devait échouer.

La guerre de Vendée se divise en trois périodes.

La guerre de la Vendée se divise en trois époques. Elle a été soutenue par deux armées agissant sous des directions différentes : l'une, l'armée catholique; l'autre, la chouannerie. Toutes deux ont fait en réalité la guerre pour les intérêts de l'Angleterre.

II

Les paysans vendéens sont blessés profondément dans leurs croyances traditionnelles par les événements de 1793.

Enfermés dans leurs bois et dans leurs marais, les paysans de la Vendée n'avaient, comme on l'a déjà dit, d'autre religion que le roi, leurs nobles et leurs curés. L'ignorance des gentilshommes et des prêtres, presque égale à celle de leurs vassaux, formait de chaque paroisse une seule famille, dont les nobles étaient les chefs, et les prêtres les conseils. Aussitôt qu'ils apprirent le jugement du roi, les massacres de la noblesse et du clergé, se voyant ainsi attaqués dans tous les objets de leur culte, ils s'indignèrent. Le décret du 25 février 1793, par lequel la Convention ordonna une levée de 300,000 hommes, décida de leur révolte. Ils jurèrent tous de mourir plutôt que de servir la République.

Ces mouvements n'éclatèrent d'abord que dans les campagnes, à Bressuire et à Châtillon; les villes partagèrent l'impulsion du reste de la France. Des missionnaires républicains envoyés dans les campagnes furent écoutés du peuple, aussi longtemps qu'ils n'eurent d'autre but que de lui prouver les avantages qu'il retirerait de la révolution, qui abolissait les dîmes, les corvées, les droits féodaux, etc. mais du moment où ils dirent que le roi était un tyran, les nobles les ennemis de la patrie, les prêtres des imposteurs, la religion un mensonge, l'exaltation du peuple ne connut plus de bornes, et les prédicateurs de l'anarchie purent à peine se dérober à la fureur populaire. Le scandale fut plus grand encore lorsque le gouvernement voulut remplacer les curés par des prêtres assermentés, et que les prêtres insermentés, poursuivis, traqués, pour ainsi dire, dans toute la domination républicaine, se réfugièrent dans la Vendée. Ils y furent reçus comme des martyrs. La face de ces provinces devint encore plus théocratique, et la haine des paysans prit le caractère d'une haine sacrée, qui n'était que trop légitimée par les plus cruels excès. L'institution des gardes nationales servit la Vendée; elle donnait au peuple le droit de s'armer, de s'organiser militairement et de nommer ses officiers. Les Vendéens les choisirent tous parmi leurs anciens seigneurs, auxquels ils étaient accoutumés d'obéir. Malgré les décades et l'abolition des fêtes, ils faisaient célébrer la messe les fêtes et dimanches, et se rendaient en armes à l'église pour défendre, disaient-ils, la maison du Seigneur et leur bon curé.

Jusqu'alors les nobles n'ont fait que suivre, et avec peu d'ardeur, le mouvement populaire. Ils ne furent pas les premiers à prendre les armes. Un riche artisan, nommé *Delouche*, maire de Bressuire, donna le signal de l'insurrection armée. Il avait eu l'imprudence de publier la loi martiale contre de chauds

<small>Ils chassent les émissaires républicains, qui leur prêchent la haine de la royauté, de la noblesse et le mépris de la religion.</small>

<small>Ils donnent refuge aux prêtres insermentés et continuent à observer les prescriptions du culte catholique.</small>

<small>Un artisan donne le signal de l'insurrection; ses partisans sont défaits à Bressuire.</small>

patriotes qui voulaient le contraindre à prendre des mesures de rigueur: obligé de fuir, il courut les campagnes, ameuta les paysans et se trouva bientôt à la tête de 1,500 insurgés. La guerre civile commença. Au lieu de se porter aussitôt sur Bressuire, il marcha sur Châtillon, qui avait été évacué par les autorités. Le 24 août, il se présenta devant Bressuire, où étaient accourues les gardes nationales des villes environnantes. Le combat ne fut point un instant indécis : les insurgés, abandonnés de leurs chefs, se mirent en déroute. Le commandant des patriotes voulut haranguer les prisonniers; il leur dit : « Ce n'est pas à vous qu'en veut la République, c'est à vos officiers: ils vous ont trompés. Criez *Vive la nation!* et vous serez libres. — Non, Monsieur, s'écrièrent-ils; on ne nous a pas trompés, et c'est *Vive le roi!* que nous voulons crier. » Ils périrent courageusement. Une longue guerre devait suivre de l'héroïsme de ces braves paysans.

Dans ce temps, la levée de 300.000 hommes fut proclamée. Les réquisitionnaires s'enfuirent dans les bois. Un perruquier, nommé *Gaston*, se mit à la tête de quelques-uns d'entre eux, tua de sa propre main un officier républicain, se décora de ses épaulettes, souleva plusieurs paroisses et se porta sur l'île de Bouin pour se mettre en communication avec la flotte anglaise. Mais, dans sa marche, il fut arrêté par deux bataillons républicains; il les attaqua avec impétuosité, ne consultant que son courage, et il tomba criblé de balles. Ses paysans prirent la fuite et se débandèrent. Cet événement, de peu d'importance sous le rapport militaire, est remarquable, en ce qu'il prouve la part que, dès cette époque, les Anglais avaient dans les affaires de la Vendée. Gaston agissait certainement en vertu d'instructions et d'un plan au moins projeté.

Son secret est mort avec lui : c'est une lumière importante qui échappe sur les commencements et surtout sur la cause de cette guerre. Cet homme était digne d'un meilleur sort; soit auteur du projet d'occuper l'île Bouin, soit instrument de la politique anglaise, il était homme de cœur. Ainsi, jusqu'à présent, ce sont deux artisans, Delouche, faiseur de poêles à Bressuire, et Gaston, perruquier, qui ont formé et commandé les premiers rassemblements. Delouche avait plusieurs gentilshommes sous ses ordres : c'était de la république royale.

La haute Vendée se souleva également contre la levée de 300,000 hommes. Le 10 mars 1793 le mécontentement se manifesta dans le Maine, la Normandie, l'Anjou, la Bretagne. 10,000 hommes se présentèrent en armes devant Nantes; mais, grâce à l'imbécillité du chef royaliste et à la vigueur des généraux républicains, cette menace fut sans effet; l'insurrection fut dissipée, et la levée eut lieu. Il n'en fut pas de même à Saint-Florent-le-Vieil, petite ville sur le bord de la Loire, à 8 lieues d'Angers. Les jeunes gens appelés au tirage assaillirent les administrateurs; la garde courut aux armes et fit feu sur eux: plusieurs furent tués, mais la masse s'élança sur une pièce de canon et s'en empara; elle assomma les gendarmes à coups de bâton, brûla les papiers du district, et célébra par des orgies cette victoire. Après cet exploit, les vainqueurs disparurent. C'était assez pour exalter la jeunesse; aussi va-t-on voir commencer une véritable campagne, celle de 1793, et c'est encore un paysan qui lève l'armée royale et la rallie sous le drapeau.

La commune du Plessis-en-Mauge avait eu ses représentants parmi les vainqueurs de Saint-Florent. Quatre jours après, un voiturier de ce village, nommé *Jacques Cathelineau*, comprit le parti qu'on pouvait tirer de cette victoire; il courut

Mouvements dans la haute Vendée qui sont les précurseurs d'une insurrection générale.

Le voiturier Cathelineau soulève les campagnes et réunit des partisans : il bat les républicains.

les campagnes, harangua les paysans et les appela aux armes: bon nombre le suivirent. Il sentait le besoin d'un succès, et se porta dans leur première ivresse sur le château de Jallais, dont il se saisit. Il marcha ensuite sur Chemillé, chef-lieu de canton, où 500 républicains avaient pris position avec de l'artillerie. Il les força, les mit en déroute, et forma dès lors le noyau de l'armée vendéenne avec les paysans dont il venait de couronner les premiers efforts, et avec les quatre pièces de canon qu'il avait enlevées à Jallais et à Chemillé.

Stofflet et Forêt lui amènent des renforts, qui forment le noyau de l'armée vendéenne.

Les homogènes s'attirent en révolution comme en physique. A la nouvelle de la victoire remportée par Cathelineau, Stofflet, garde-chasse, lui amena 2,000 paysans de Maulévrier. Stofflet était un ancien soldat d'un régiment suisse. Un nommé *Forêt*, ancien domestique d'un émigré, qui s'était fait dans son village une réputation pour avoir tué un gendarme, lui amena également 700 hommes. Tels furent les cadres de trois corps d'armée commandés, l'un par un garde-chasse de M. de Colbert-Maulévrier, l'autre par un domestique, et le tout par un voiturier, qui devint généralissime. Celui-ci avait reçu de la nature la première qualité d'un homme de guerre, l'inspiration de ne jamais laisser se reposer ni les vainqueurs ni les vaincus. L'affaire de Saint-Florent est du 4 mars; le 14 il quitta son village, réunit 200 hommes, et prit Jallais et Chemillé; le 15 il marcha sur Cholet avec une armée.

Cathelineau s'empare de la ville de Cholet.

Cholet est une ville de 3,000 habitants, à 12 lieues de Nantes et d'Angers. Elle est destinée par sa position à jouer dans cette guerre un rôle malheureux; elle est la première ville du Bocage, où tant de combats vont avoir lieu. Elle était défendue par 7 à 800 hommes et une forte artillerie. L'attaque fut intrépide de la part des Vendéens: ce fut un vrai hourra. Leur succès fut complet. Ils trouvèrent dans Cholet quatre pièces de campagne, 600 fusils et des munitions. Il est à remarquer qu'il n'y eut dans ce combat qu'un gentilhomme de tué, le marquis de Beauveau, qui était dans les rangs des patriotes. Le principal trophée de la prise de Cholet fut une superbe pièce de canon que Louis XIII avait donnée au cardinal de Richelieu. Les Vendéens la nommèrent *Marie-Jeanne* et attachèrent depuis à sa possession une espérance et une confiance superstitieuses. Chaque peuple a sa *Marie-Jeanne*. Le palladium des anciens, les boucliers de Numa, les reliques des modernes, les épées de la chevalerie, la Durandal, étaient autant de *Marie-Jeanne :* c'est le cachet du véritable fanatisme. La possession ou la défense de ces objets, devenus sacrés, rendaient les soldats invincibles. Les hommes simples, à qui il n'est point donné de concevoir la grandeur et la puissance de la Divinité, trouvent d'eux-mêmes des intermédiaires qui leur servent de repos entre le ciel et eux. L'idolâtrie n'eut pas d'autre origine, ainsi que les apothéoses et les béatifications. Les Vendéens traitèrent le canon de Louis XIII comme un de leurs patrons : ils le couronnèrent de fleurs et le couvrirent de rubans.

Le 16 mars, Vihiers, petite ville à huit lieues d'Angers, fut évacuée par les républicains et occupée par les royalistes. Là dut s'arrêter l'ardeur de Cathelineau, parce que la semaine de Pâques approchait. Toute l'armée se dispersa pour aller remplir les devoirs de cette grande solennité, et la réunion au drapeau fut arrêtée pour le lundi de la Quasimodo. Les républicains profitèrent de la dévotion de la Vendée pour traverser tout le pays insurgé, où personne ne se présenta pour les arrêter. Ils arrivèrent ainsi à Angers, où ils proclamèrent que tout était terminé. Cette présomption leur coûta cher : ils ne

Les Vendéens y trouvent des armes, des munitions et une pièce de canon, la Marie-Jeanne, à laquelle ils attachent une confiance superstitieuse.

L'armée de Cathelineau se disperse pour célébrer la fête de Pâques.

Les républicains, ne trouvant plus d'obstacles, s'imaginent que l'insurrection est terminée.

connaissaient pas encore leurs ennemis. Cette suspension d'armes générale pendant la quinzaine de Pâques, de la part d'ennemis aussi acharnés, offre pour l'avenir quelque chose de cruel et d'implacable.

<small>Reprise des hostilités par des bandes isolées et opérant sans direction.</small>

Cependant la haute Vendée, qu'on avait crue pacifiée par la mort du perruquier Gaston, s'était rapidement recrutée, et plusieurs corps d'insurgés obéissaient à des gentilshommes. Le 10 avril, ces corps divers, sans avoir combiné leurs mouvements, se mirent en campagne. Il ne leur manquait qu'un général en chef, un prince surtout, pour en faire une armée conquérante. A cette époque, les forces républicaines, disséminées dans la Vendée, n'allaient pas au delà de 15,000 hommes. Si les chefs royalistes n'avaient pas eu chacun la fièvre du commandement et qu'ils eussent réuni leurs forces, il n'est pas douteux que tout l'ouest de la France se détachait de la République. Il aurait fallu alors que la Convention retirât ses armées des pays conquis ou occupés, pour reconquérir plusieurs départements, et il est difficile de prévoir ce qu'une pareille complication d'efforts eût pu amener de funeste pour la cause de la révolution. L'étranger aurait repris ses plans d'agression; il eût été secondé par les Vendéens. L'Angleterre, qui alors seule dominait les conseils de l'Europe, eût été de droit, par sa marine, mise en communication avec les côtes de France, depuis Nantes jusqu'à Rochefort, et à la tête de cette grande lutte; et beaucoup de destinées françaises ne seraient pas sorties de l'urne où elles étaient encore enfermées.

<small>Ce défaut d'unité et de commandement sauve la République.</small>

<small>Les généraux vendéens se bornent à faire une guerre de partisans.</small>

Mais il en arriva autrement. Les généraux de la Vendée firent la guerre de partisans; ils n'eurent pas même l'idée de se faire un terrain pour y établir un gouvernement royal. Cependant, en se rendant maîtres du pays par la réunion et la combinaison de leurs forces et en y donnant le droit d'asile à tous les mécontents, à tous les malheureux, ils auraient acquis bientôt une position respectable, qui eût fait trembler le Comité de salut public.

Laroche Saint-André, à la tête de son corps d'armée, s'était présenté, le 10 mars, devant Machecoul, à six lieues de Nantes, et l'avait pris d'assaut. Ici commença l'affreuse guerre des représailles. Un homme de sang, nommé *Joucher*, y fut nommé président du comité royal; il était digne d'être un des proconsuls de la Convention. Machecoul nagea dans le sang de ses habitants de tout sexe, de tout âge; on égorgea aussi les prisonniers. Cette journée est connue sous le nom de *massacre de Machecoul*. Joucher disait que c'était pour venger ceux qui avaient été condamnés par les comités révolutionnaires. Ce caractère de férocité se présenta double dans cette guerre malheureuse : les patriotes et les royalistes y figuraient sous la même accusation.

Laroche Saint-André s'empare de Machecoul; massacres ordonnés par Joucher.

Après la victoire de Machecoul, l'armée de Laroche Saint-André se porta sur Pornic, petite ville maritime, et s'en empara. Les Vendéens, confiants après de tels succès, s'abandonnèrent sans réserve à leur goût dominant : ils s'enivrèrent au lieu de se garder. Aussi furent-ils surpris par une colonne républicaine que commandait un curé assermenté. Ils laissèrent sur la place une bonne partie des leurs, et leur général, rencontrant dans sa fuite un détachement de gendarmerie, pensa être surpris; il ne dut son salut qu'à son courage : il tua deux gendarmes, se fit jour au travers des autres et parvint à Machecoul, où l'attendait un plus grand péril. Le voyant revenir sans troupes, les habitants l'accusèrent de lâcheté et voulaient le fusiller; il dut à la protection de quelques amis les moyens

Défaite des Vendéens à Pornic.

Ils en accusent leur général et veulent le mettre à mort.

de se dérober à l'honneur d'un commandement aussi dangereux, et se sauva dans l'île Bouin. Ainsi, des deux côtés, le fanatisme produisait les mêmes effets, et on voulait tuer les généraux qui s'étaient laissé battre. Rien ne prouve mieux l'insurmontable aversion que se portaient les patriotes et les royalistes. Leurs chefs étaient obligés de vaincre pour ne pas passer pour des traîtres et des lâches. Cette doctrine menait naturellement à l'assassinat des prisonniers, à la destruction des populations contraires.

Leur fanatisme ne le cède en rien à celui des révolutionnaires.

Les sanguinaires exécutions de Joucher continuaient à Machecoul, et la rage vendéenne s'accrut encore par la défaite de Pornic. Mais la fuite de Laroche Saint-André laissait l'armée de Machecoul sans général. Ce fut alors que les insurgés offrirent le commandement à un lieutenant de vaisseau nommé *Charette*, qui habitait à deux lieues de Machecoul. Il refusa d'abord. Ses refus irritèrent ces hommes violents, qui le menacèrent de le tuer s'il n'acceptait pas. «J'accepte, leur dit-il ; mais je ferai fusiller ceux qui ne m'obéiront pas!»

Le commandement est déféré à Charette.

Il aurait dû commencer par le féroce Joucher, qui exerçait à Machecoul la dictature de la mort, et qui avait malheureusement beaucoup de partisans parmi les chefs de cette armée. Quoique Charette, qui était homme de cœur, désavouât les exécutions ordonnées par Joucher, tant sur les patriotes que sur les prisonniers, il n'osa jamais en faire justice ; et c'est une tache dans sa vie. On a dû croire alors, et écrire ce qu'on a cru et dit tant de fois, que Charette était loin d'être étranger aux quatre massacres dont Machecoul a été le théâtre, puisqu'il commandait en chef tout le pays et l'armée. Il s'en est faiblement justifié, en alléguant que Joucher profitait de l'absence de son général pour se livrer à ses opérations sangui-

Il n'ose pas arrêter les sanglantes exécutions de Joucher.

naires; ainsi l'on dit, et avec raison, que le premier massacre, qui eut lieu sous le commandement de Laroche Saint-André, ne peut être reproché à Charette; mais on n'est pas aussi bien fondé, à beaucoup près, quand on avance qu'on ne peut lui reprocher le second massacre, qui eut lieu pendant qu'on attaquait Pornic; le troisième, pendant le temps qu'il alla passer dans sa terre à deux lieues de Machecoul; et le quatrième, enfin, pendant qu'il marchait sur Challans. Il est au moins permis de croire qu'il profitait de cette barbarie, s'il ne l'ordonnait pas. Que penser d'un général qui se laisse dire par les insurgés qui avaient pris Machecoul la première fois : « C'est nous qui avons pris la ville, elle est à nous; nous y sommes les maîtres; pour vous, allez commander votre armée, et ne vous mêlez pas de ce qui nous regarde? » Il fallait que Charette fût bien peu sûr de ses troupes pour supporter un pareil affront; il le souffrit, et c'est pour cela aussi qu'on est resté peu d'accord sur ses sentiments relativement à ces massacres. Et cependant il cherchait à s'y opposer, mais d'une manière singulière pour un chef qu'on était venu chercher chez lui, et qui, par cela seul, avait bien le droit de faire la loi, comme il l'avait dit lui-même. Ce qui est certain, c'est qu'il voulut empêcher qu'on égorgeât les prisonniers, que Joucher faisait exécuter la nuit malgré la défense du général, et qu'il veilla lui-même deux nuits à la porte des prisons. En dépit de ses ordres, on tuait impunément ceux dont il avait spécialement garanti la vie; et il souffrait qu'un de ses aides de camp, nommé *Legé*, présidât à ces exécutions barbares. Un courrier de l'armée osa, un matin, entrer chez Charette, qui était au lit, et, lui mettant un pistolet sur la gorge, lui demanda la liste des prisonniers qu'il fallait massacrer. Charette se contenta de lui dire que

Il doit en assumer une part de responsabilité.

Circonstances qui prouvent son peu d'énergie et sa tolérance pour de pareils excès.

ce n'était pas lui qui commandait à Machecoul ; et il était général en chef, dans son quartier général ! On fusillait derrière lui, à la queue de sa colonne, les malheureux à qui il avait fait grâce. Il avait, comme Dumouriez, fait un capitaine d'un de ses gens. Celui-ci eut l'audace de venir enlever de force, dans le château de son ancien maître, devenu son général, et sous ses yeux, un citoyen respectable qu'il tenait caché chez lui. Il ne se commettait rien de pire à l'armée révolutionnaire. C'est que tous les partis se ressemblent. Quand une fois les torches civiles sont allumées, les chefs militaires ne sont que des moyens de victoire : c'est la foule qui gouverne. Le peuple vint enfin au secours de l'incertitude du général en chef, en retirant l'autorité au sanguinaire Joucher, et en la donnant absolue à Charette ; mais, au moment où ce général allait faire le procès à Joucher, le général républicain Beysser prit Machecoul, et un sapeur coupa la tête à ce misérable. Peu après, forcé à son tour dans cette position, Beysser dut l'évacuer.

Le peuple destitue Joucher, mort de ce misérable.

Le général La Bourdonnaye commandait en chef les forces de la République dans ces provinces ; son quartier général était à Angers. On lui avait fastueusement annoncé une armée de 50,000 hommes, dont 10,000 de cavalerie, avec une belle artillerie ; c'était bien plus qu'il ne fallait. Au lieu de cela, il ne put réunir qu'environ 10,000 hommes, avec lesquels il devait garder Nantes, mettre des garnisons dans les positions, et battre la campagne. Beysser ne put contenir Machecoul, parce qu'il avait à peine 4,000 hommes. Les petits corps détachés furent détruits successivement au pont Charron et à Jallais, où les généraux Marcé et Gauvilliers furent battus par des forces supérieures. Il n'y avait, pour garder toute la Vendée,

Insuffisance des troupes républicaines destinées à soumettre la Vendée.

que 10,000 gardes nationaux et seulement quelques milliers d'hommes de la ligne.

Charette, nommé généralissime des armées de la Vendée inférieure, vit tous ses égaux devenir ses lieutenants, et leurs troupes, dont ils étaient les premiers organisateurs, obéir à ses ordres. Il y avait des fortunes populaires et les mêmes éléments de succès et de désastres dans les deux partis, mais avec cette différence, au détriment du parti royaliste, que dans les armées vendéennes la jalousie du commandement était entre les chefs, tandis que dans les armées républicaines, c'était la rivalité de la gloire. Le 24 mars, un corps de Vendéens, au nombre de 3,000 hommes, sous le commandement de Jolly, attaqua la ville des Sables : il fut repoussé. Il s'y représenta le 27 avec du canon; mais, comme ce chef avait voulu se donner la gloire d'un emploi particulier, il fut réduit à ses seules forces. Le commandant républicain Boulard fit une sortie et le contraignit à la retraite. Les Vendéens ne surent pas tirer parti des avantages qu'ils pouvaient rendre décisifs à cette époque. L'inaction des corps de la Vendée inférieure, si préjudiciable au parti royaliste, fut l'œuvre de cette basse jalousie des chefs mêmes qui avaient reconnu et proclamé Charette généralissime. Si les opérations de la basse Vendée eussent été, comme cela devait être, combinées avec celles de la haute Vendée, où commandait Cathelineau, la République était infailliblement vaincue; mais il manqua toujours un prince à la tête de la cause vendéenne. Les royalistes le demandèrent sans cesse à l'Angleterre, qui le leur montra une seule fois et ne le leur donna pas; ce qui fut un raffinement nouveau en fait de cruauté politique. Ainsi il existait une indépendance d'opérations de la part des chefs de la même armée, et il n'y avait aucune intel-

La jalousie divise les chefs de l'armée vendéenne.

Ils opèrent chacun de leur côté.

La République était perdue si l'entente avait pu s'établir entre la haute et la basse Vendée.

ligence entre les armées de la haute et de la basse Vendée : Cathelineau agissait de son côté, et Charette du sien.

L'armée d'Anjou bat les républicains à Chemillé.

Le 9 avril, l'armée d'Anjou se porta à Cholet, et dans sa route elle recruta d'Elbée et Bonchamp, qui étaient dans leurs châteaux. C'étaient d'anciens officiers. Le dernier avait fait la guerre dans l'Inde sous le fameux bailli de Suffren. Ces deux gentilshommes, entraînés par le vœu populaire, se joignirent à l'armée avec quelques amis. Toutes les troupes sous Cathelineau ne s'élevaient alors qu'à 6,000 hommes. Le 10, cette armée marcha sur Chemillé, où elle écrasa une colonne républicaine, mais le défaut de munitions l'arrêta.

Berruyer succède à La Bourdonnaye; morcellement des forces républicaines.

Le général Berruyer avait remplacé La Bourdonnaye ; il avait 25,000 hommes dans la haute Vendée. Ses troupes étaient divisées en quatre corps, et ce fut une grande faute : Quétineau commandait 3,000 hommes à Bressuire; Ligonnier, 4,000 à Vihiers; Gauvilliers 1,500 aux Ponts-de-Cé; Dayat environ 6,000 hommes à Niort; Berruyer, avec le reste des troupes, occupait Saint-Lambert et Angers, où était son quartier général.

Cathelineau, obligé de garder la défensive, trouve un appui imprévu dans l'insurrection du Bocage.

Cathelineau, après l'affaire de Chemillé, avait dû se replier d'abord sur Beaupreau, à 4 lieues au nord de Cholet: de là sur Tiffauges, petite ville du Poitou. Il se voyait à regret forcé à un système de défensive peu d'accord avec son caractère: il en prévoyait les effets, et ne se dissimulait pas que le découragement se mettrait nécessairement dans ses troupes, ce qui rendrait impossible l'entreprise qu'il avait conçue. Cependant l'insurrection générale qui éclata tout à coup dans le Bocage donna à la cause royale des secours inattendus. Cette contrée, depuis le mouvement de 1792, était restée tranquille par les conseils de sa noblesse et de son clergé; mais ses habitants n'en étaient pas moins entiers dans leur haine pour les principes républicains. Le Comité de salut public, qui avait d'abord cru devoir sacrifier à la tranquillité de ce pays l'exécution d'une partie de ses décrets, se fit bientôt illusion sur le calme qui y régnait; il ordonna d'y mettre en vigueur la législation qui régissait le reste de la République. Ses agents commencèrent par l'arrestation de quelques nobles; ils firent des perquisitions, des réquisitions d'armes et de chevaux dans les châteaux. De ce nombre fut le château de Clisson, appartenant à M. de Lescure, qui l'habitait avec sa famille et une vingtaine de gentilshommes, parmi lesquels se trouvaient MM. Henri de La Rochejaquelein et de Marigny-Clisson. Ce château est à une lieue de Bressuire, chef-lieu du district. Les paroisses reçurent l'ordre d'y venir tirer à la milice pour compléter la levée des 300,000 hommes. Cette mesure atteignit Henri de La Rochejaquelein. Les paroisses, endormies depuis un an, s'éveillèrent à cet ordre inattendu; elle se soulevèrent et proposèrent à leur seigneur de se mettre à leur tête. Le lendemain MM. de Lescure et de Marigny furent arrêtés et conduits à Bressuire. La Rochejaquelein n'avait ni accepté ni refusé la proposition des paroisses; il s'était rendu dans son château de la Durbelière; mais, à peine arrivé, 500 paysans vinrent le presser de se mettre à leur tête : un de ses amis le décida. Il fit sonner le tocsin; bientôt 10,000 hommes armés de fourches, de bâtons, d'une centaine de fusils de chasse, accoururent à sa voix. Ligonnier fit marcher contre lui le corps de Quétineau, qui se dirigea sur les Aubiers. La Rochejaquelein, au moment de se mettre en mouvement, dit à ses soldats : « Si je recule, tuez-moi; si j'avance, suivez-moi; si je meurs, vengez-moi! » C'était parler en héros. Il se porta sur les Aubiers, où les patriotes

Elle est causée par des mesures intempestives contre les nobles.

Le pays se soulève et prend pour chef Henri de La Rochejaquelein.

Belles paroles qu'il prononce avant le combat des Aubiers où il est vainqueur.

ne se gardaient pas et furent surpris. Quétineau les rallia par un mouvement rétrograde. « Les voyez-vous qui fuient? » s'écria La Rochejaquelein, et aussitôt il se précipita avec ses paysans sur les troupes de Quétineau, qui ne put empêcher la déroute, perdit une centaine d'hommes, et se sauva avec le reste sur Thouars, abandonnant deux pièces de canon et deux barils de poudre, dont la Vendée était dépourvue. Cathelineau était dans ce temps à Montrevault; La Rochejaquelein manœuvra pour se réunir à lui après la victoire des Aubiers. Les principaux chefs de l'armée d'Anjou aux ordres de Cathelineau étaient d'Elbée, Bonchamp, Stofflet. Ce généralissime partit, le 19 avril, avec toutes ses forces réunies, pour aller livrer bataille à l'armée républicaine, qui s'avançait dans le cœur de la Vendée, en partant de Challans, des Herbiers et de Vihiers, pendant que le général Gauvilliers déboucherait d'Angers pour balayer la rive gauche de la Loire. Berruyer et Ligonnier furent défaits à Chemillé, et le 16 à Coron. L'ardeur des royalistes fut sans égale; leurs généraux leur donnaient l'exemple. Ils chargèrent à la tête de leurs troupes les corps républicains, qui, débordés de tous côtés et pris entre deux feux, furent enfin rompus. 800 prisonniers, un millier de fusils et trois pièces avec leurs caissons, furent les trophées de d'Elbée.

Le 23 avril, un nouveau combat eut lieu, mais à forces égales, devant Beaupreau; cette affaire fut décisive. L'armée républicaine perdit son champ de bataille, fut mise dans une déroute complète, avec perte de 3,000 hommes, de son artillerie, de la moitié de ses fusils, que les soldats jetaient dans la fuite, et de tous ses caissons; elle se retira sur la Loire. Pendant trois mois la haute Vendée fut livrée à toute l'indépendance de la victoire. Les républicains n'avaient plus assez de forces pour y reprendre l'offensive.

Le 26 avril, Cathelineau ordonna une revue générale à Cholet : son armée était de 22,000 hommes d'infanterie, dont 13,000 armés de fusils de munition, et 750 hommes de cavalerie; l'artillerie était composée de six pièces attelées, parmi lesquelles la fameuse *Marie-Jeanne*. Le lendemain La Rochejaquelein fit sa jonction avec 5,000 hommes. Le 1er mai, les Vendéens investirent Argenton-le-Château. Cette ville fut promptement enlevée; elle n'était défendue que par 800 hommes de la garde nationale, qui, au lieu de parlementer, prirent la courageuse résolution de s'ouvrir un passage. Ces braves y restèrent presque tous; ceux qui échappèrent se rendirent à Thouars, qu'occupait Quétineau avec 5,000 hommes. Le découragement s'était mis parmi ses soldats. Un bataillon marseillais, qui avait été envoyé à cette armée pour y soutenir les fureurs révolutionnaires, fut le premier à déserter au moment du combat, et ne reparut point : il fit comme les lâches, il cria à la trahison au lieu de se battre. Quétineau, ainsi abandonné des siens, fut contraint d'évacuer Bressuire dans le plus grand désordre. La terreur fut telle que Lescure et Marigny furent oubliés dans leurs prisons. Le lendemain ils se joignirent à leurs amis, et ils prirent une place distinguée dans l'armée.

Le 3 mai, Bressuire fut occupé par la grande armée royale; 4,000 hommes sans armes y joignirent le corps de Lescure. C'était un vrai chevalier pour la Vendée; sa dévotion l'avait rendu vénérable aux paysans; quand il mourut, on le trouva revêtu d'un cilice. Marigny était chevalier de Saint-Louis et officier de marine. L'armée de Cathelineau se recruta de tous les nobles distingués et de tous les braves de la contrée, et

État de l'armée vendéenne; elle investit Argenton-le-Château.

Découragement et désertion dans l'armée républicaine, qui abandonne Bressuire et se retire à Thouars.

Cathelineau reçoit des renforts et assiége Thouars.

marcha sur Thouars, ville très-forte, justement nommée la clef du Poitou; le général Quétineau s'y était renfermé avec 6,000 hommes.

Prise de cette ville. L'attaque commença le 5 mai; elle fut dirigée sur plusieurs points par les généraux vendéens. La ville, fortifiée par la nature, n'était attaquable que sur deux points, dont l'un était le pont du Thouet : Lescure et La Rochejaquelein s'y portèrent avec 10,000 hommes. La canonnade s'engagea à six heures du matin; à dix heures les Vendéens forcèrent ce défilé à la baïonnette, et enlevèrent le faubourg. L'autre attaque n'obtenait aucun succès, quand le chef Bonchamp, qui commandait de ce côté, apprit qu'il existait un gué; il y fit aussitôt passer sa cavalerie, et se jeta sur le flanc de Quétineau. Cependant les républicains, quoique pressés entre cette attaque de front et celle de flanc faite par les ponts, se défendirent en héros et se firent tailler en pièces sans abandonner leurs positions. Leur général fit de vains efforts pour rappeler la victoire de son côté : il dut céder au nombre et se renfermer dans les murs de Thouars. Les Vendéens en commencèrent immédiatement l'attaque; ils réussirent à faire brèche; La Rochejaquelein s'y élança le premier; ses colonnes se précipitèrent à sa suite, et bientôt la ville fut remplie de Vendéens. Au milieu de ce carnage un juge de paix, avec un drapeau blanc, prit sur lui de sortir par une porte et de signer avec le chef d'Elbée, au nom du général Quétineau et de l'administration municipale, une capitulation, par laquelle la garnison républicaine se rendait prisonnière. Quoique la ville eût réellement été prise d'assaut, cette capitulation fut observée. Ce qui est remarquable, c'est qu'aucune vengeance ne fut exercée. Les généraux vendéens engagèrent Quétineau, dont ils estimaient la conduite depuis

Capitulation du général Quétineau; il refuse les ouvertures qui lui sont faites par les royalistes.

le commencement de la guerre, à prendre rang parmi eux ; mais il s'y refusa, conserva sa cocarde en leur présence : il fut en cela bien plus digne encore de leur estime; il n'y avait que l'échafaud révolutionnaire qui pût le punir de cette courageuse fidélité. La prise de Thouars donna aux Vendéens 5,000 prisonniers, autant de fusils, une forte artillerie et d'abondantes munitions. L'armée royale acquit ainsi une place assez forte; c'était une grande conquête pour cette époque, aussi exalta-t-elle au plus haut degré le parti catholique. Une foule d'officiers, soit de la ville, soit des environs, accoururent sous les drapeaux de la Vendée; plusieurs se distinguèrent dans cette lutte si meurtrière pour la France. *La prise de Thouars excite un enthousiasme général dans la Vendée.*

Les conquêtes faites sur les républicains furent partagées en sept divisions militaires, occupées chacune par un corps d'armée. Cathelineau eut la division de Saint-Florent, La Rochejaquelein celle de Châtillon et des Aubiers, Lescure celle de Bressuire, Bonchamp celle des bords de la Loire, d'Elbée celle de Cholet et de Chemillé, Stofflet celle de Vihiers et Maulévrier, Langrenière celle de Thouars et d'Argenton-le-Château. Ce ne fut qu'alors que les chefs de la haute Vendée songèrent à combiner leurs mouvements avec l'armée de la Vendée inférieure, que commandait Charette. Cette armée était également composée de plusieurs divisions, dont les attaques isolées n'avaient pas eu de grands succès. Deux d'entre elles, celles de Royrand et de la Cathelinière, bloquaient cependant, du côté de Pont-Rousseau, la ville de Nantes, qui était en proie aux plus grandes alarmes; Charette s'était emparé de l'île de Noirmoutier. *Partage du territoire conquis entre les chefs vendéens.* *Ils pensent à combiner leurs mouvements avec ceux de Charette.*

Le même esprit de jalousie et d'ambition régnait dans cette armée. De graves mouvements d'insurrection excités par les chefs avaient compromis l'honneur et la vie de Charette; plusieurs expéditions avaient échoué par suite de cette mésintelligence; Charette s'était entendu nommer traître et lâche par les mécontents de son armée, et il s'était cru obligé de se justifier de cette accusation, et particulièrement de l'entreprise sur Machecoul, qui avait manqué par la faute du chef Vrignaux, dont les troupes n'avaient pas pris part au combat. De son côté, Jolly, qui détestait les nobles, ne coopérait qu'avec répugnance aux projets du généralissime. Charette avait dû quitter Légé et sa position de Vieillevigne; il avait eu le chagrin d'apprendre que les habitants de Légé, livrés à leurs seules forces, avaient défendu vaillamment leurs foyers, après son départ, contre une colonne républicaine. Il s'était dirigé sur Mortagne, où se trouvait la division de Royrand; mais, averti qu'il y serait mal reçu pour avoir quitté Légé et Vieillevigne sans combat, il avait rebroussé chemin avec 500 hommes seulement, et c'est avec ce faible corps qu'il osa attaquer et qu'il força le poste de Saint-Colombin, défendu par 1,200 hommes, qui furent tous tués ou faits prisonniers. Peu de jours après, une entrevue eut lieu entre Charette et le chef Royrand pour combiner l'attaque du Pont-Jame. L'armée de Charette s'empara de ce poste important après un combat acharné, dans lequel les républicains perdirent beaucoup de monde.

Depuis l'occupation de Saumur par Cathelineau, les républicains n'occupaient plus que deux postes dans cette partie du territoire vendéen, Palluau et Machecoul. Charette fut chargé du soin de les en chasser; il dirigea lui-même l'attaque de Palluau, que défendait le général Boulard; mais ses ordres furent si mal exécutés que ses colonnes se fusillèrent entre elles, et que, Jolly ayant imprudemment coupé le pont qui assurait sa retraite, il fut un instant dans une position désastreuse. La déroute fut générale dans ses rangs, ses soldats se sauvaient de toutes parts, chacun rentra dans ses quartiers; de sa personne il retourna à Légé, où il fut très-étonné d'apprendre le lendemain par une reconnaissance que le poste de Palluau avait été évacué par les républicains; il ordonna aussitôt à Savin d'y établir sa division. Il ne restait donc plus que Machecoul aux patriotes; cette position était plus importante. Charette rassembla toutes ses forces pour l'attaquer; le 10 juin, il s'y porta. Machecoul était défendu par dix-neuf pièces de canon, des retranchements et 2,500 hommes sous les ordres du général Boisquillon; le château était également fortifié : l'affaire fut des plus chaudes. Les républicains se défendirent avec la plus grande valeur; mais la plupart des canonniers, selon la tactique des Vendéens, ayant été tués sur leurs pièces par les chasseurs tirailleurs, l'artillerie diminua son feu. Charette profita d'un moment d'incertitude causé par la mort d'un chef pour enlever ses troupes et se précipiter au milieu des républicains. Jolly et Savin réparèrent la faute qu'ils avaient commise à l'attaque de Palluau. Le château fut emporté et l'assaut donné à la ville; les royalistes y entrèrent avec les républicains; un combat à outrance s'engagea dans les rues et dans les maisons; on ne faisait point de prisonniers; c'était la guerre civile dans toute son horreur. Après trois heures de carnage, la victoire enfin resta aux Vendéens; les débris républicains se retirèrent par la route de Challans; vivement poursuivis, ils périrent presque tous. La victoire des royalistes fut complète; ils s'emparèrent de dix-huit pièces d'artillerie, de huit caissons, et d'une quantité considérable de munitions et d'approvisionnements de toute nature, dont ils manquaient absolument;

Ceux-ci évacuent Palluau après un combat dans lequel ils ont l'avantage.

Machecoul est enlevé d'assaut par les Vendéens.

Ressources qu'ils trouvent dans cette ville.

500 prisonniers et des ambulances restèrent au pouvoir des vainqueurs. Les républicains furent si effrayés de la prise de Machecoul qu'ils s'enfuirent à Nantes, et abandonnèrent trois pièces de canon au Port-Saint-Père, que la Cathelinière trouva évacué. L'armée vendéenne, après cet exploit, reprit ses quartiers. Charette ramena à Légé huit pièces de canon, le reste de l'artillerie fut distribué aux autres corps. A l'affaire de Machecoul, des femmes furent tuées dans les rangs républicains. Une d'elles, qui s'était fait remarquer par son acharnement, chargeait son arme, quand elle fut surprise par un officier vendéen; alors elle prit son fusil par le canon et le frappa. l'officier lui donna un coup de sabre; mais quand il sut qu'il avait blessé une femme, il eut la barbarie de la faire exposer nue sur un fumier. Une telle action n'est pas d'un Français. Il est vrai qu'alors tout était sorti de son orbite par la convulsion révolutionnaire.

L'entreprise sur Machecoul avait fait partie du mouvement combiné contre Nantes, dont l'occupation était sans doute d'une grande importance pour la Vendée. Maîtresses de cette grande ville, qui leur assurait l'arrivée des convois anglais, les armées royales pouvaient sans danger manœuvrer sur les deux rives de la Loire et menacer Paris. Mais si, profitant de leurs étonnants succès, Charette et Cathelineau eussent réuni toutes leurs forces pour marcher sur la capitale après l'affaire de Machecoul, c'en était fait de la République. Rien n'eût arrêté la marche triomphante des armées royales; le drapeau blanc eût flotté sur les tours de Notre-Dame avant qu'il eût été possible aux armées du Rhin d'accourir au secours de leur gouvernement.

Le projet de s'emparer de Nantes avait été le résultat

naturel des succès des deux armées royales. Pendant que Charette conquérait toute la Vendée inférieure, Cathelineau était entré à Parthenay le 10 mai; le 13, il avait occupé la Châtaigneraie, après un combat assez chaud. Cependant le 16, le général Chalbos avait remporté à Fontenay une victoire éclatante; le général d'Elbée avait été blessé dans cette affaire, et, le découragement s'étant mis parmi ses troupes, une grande partie de l'artillerie vendéenne et la fameuse *Marie-Jeanne* étaient restées au pouvoir des *bleus*. La superstition des paysans en fut frappée, et les chefs profitèrent de leur douleur populaire pour les ramener au combat et leur inspirer la volonté de reprendre cette idole de leur fanatisme. Il n'y a pas de petits moyens en fait de fanatisme; ce sont ceux qui sont à la portée du peuple qui sont les meilleurs : celui-là devait réussir sur des esprits aussi simples et aussi ardents en même temps.

Les républicains remportent une victoire à Fontenay et s'emparent de la Marie-Jeanne.

Cette perte excite le fanatisme des paysans vendéens.

En effet, le 24, cette armée, désespérée la veille, se présenta pleine de confiance sous les murs de Fontenay. On assure que les Vendéens n'avaient que quatre cartouches par homme, et que les six pièces qui composaient toute leur artillerie n'avaient que trois coups à tirer; mais ils voulaient reprendre *la Marie-Jeanne*. Ils avaient à combattre 13,000 hommes et trente-sept pièces de canon. L'ordre d'attaque était Lescure à l'aile gauche, Bonchamp à l'aile droite, Baudry et Royrand au centre. La Rochejaquelein commandait la cavalerie, qui comptait à peine 600 chevaux. Les républicains étaient commandés à l'aile droite par le général Dayat, à l'aile gauche par le général Chalbos, au centre par le général Nouvion. Les généraux vendéens haranguèrent ainsi leurs soldats : « Mes amis, nous n'avons pas de poudre, allons en courant reprendre *Marie-*

Ils attaquent de nouveau les républicains à Fontenay.

14.

Jeanne. » Mais le feu de l'artillerie républicaine arrête tout à coup l'élan des Vendéens, qui tombent à genoux et offrent leur vie à Dieu. Bonchamp, avec ses Bretons armés de leurs longs bâtons, se précipite sur les pièces; les canonniers républicains tombent assommés sous les terribles bâtons de ces paysans; la cavalerie vendéenne soutient cette étrange attaque. Les pièces sont enlevées par la charge de Bonchamp. Lescure, de son côté, livrait un combat acharné où l'on se battait corps à corps; partout les rangs étaient rompus. Le général Chalbos voulut profiter de ce désordre, et ordonna une charge de flanc à sa gendarmerie; mais celle-ci refusa, s'enfuit et découvrit l'aile gauche, qui tout d'abord fut attaquée et renversée par La Rochejaquelein. La déroute des républicains devint générale. Le général Chalbos lui-même fut entraîné. Les Vendéens entrèrent dans Fontenay pêle-mêle avec les républicains, mais ceux-ci dans leur retraite emmenaient la fameuse *Marie-Jeanne*. Un chef nommé *Forêt* se mit aussitôt à leur poursuite sur la route de Niort avec la cavalerie, et ramena en triomphe à Fontenay le palladium de l'armée d'Anjou. Les vainqueurs trouvèrent dans la place trente pièces de canon, 7,000 fusils, beaucoup de munitions, et firent 4,000 prisonniers. Après cette victoire, les chefs se réunirent pour établir un gouvernement, qui, sous le nom de *conseil supérieur* et sous la présidence de l'évêque d'Agra, siégea à Châtillon. Ils perdirent leur temps à cette organisation prématurée, au lieu de poursuivre leurs avantages et de surprendre la ville de Niort. Ils s'en avisèrent plus tard; mais, suivant l'usage de cette armée, les soldats étaient retournés dans leurs foyers. Il y eut encore un autre obstacle à cette entreprise, ce furent les mauvaises nouvelles que l'on reçut de la Loire supérieure. La division qui l'observait, se trouvant attaquée par les

PACIFICATION DE LA VENDÉE.

troupes sorties d'Orléans, et réduite à environ 200 hommes par la désertion, avait été contrainte à abandonner la Forge-Rousse.

La Convention avait enfin ouvert les yeux sur la nature et le danger de l'insurrection de l'Ouest; elle avait réuni 40,000 hommes à Orléans, dont 8,000 de cavalerie, elle les dirigea à marches forcées sur la Vendée, avec quatre-vingts pièces de canon. C'était en raison de ces renforts que le général Salomon était rentré à Thouars avec 4,000 hommes. Il avait chassé l'ennemi de la Forge-Rousse, et s'avançait dans le pays; le quartier général républicain était à Saumur; Vihiers venait d'être repris, Cholet était menacé; telles furent les nouvelles que les Vendéens apprirent à Châtillon, où ils avaient donné rendez-vous à leur armée pour le 2 juin. Stofflet, chassé de Vihiers, demanda du secours à Châtillon; Lescure et La Rochejaquelein le joignirent, l'aidèrent à reprendre Vihiers, eurent l'avantage dans deux autres affaires, et poursuivirent les *bleus* jusqu'à Doué. Alors toute l'armée de Cathelineau prit le nom de *grande armée* à Vihiers, où elle fut réunie au nombre de 40,000 hommes d'infanterie, 1,200 chevaux et vingt-quatre pièces de canon.

Le 7 juin, Ligonnier fut forcé dans Doué; il n'avait que 3,600 hommes; il fut poursuivi jusqu'à Saumur, dont les Vendéens entreprirent le siège. La garnison était nombreuse et bien approvisionnée; les généraux Berruyer, Coutard, Santerre la commandaient; ils avaient couvert de redoutes les approches de la place, notamment les hauteurs de Bournan, qui dominaient les routes de Doué et de Montreuil; une forte redoute couvrait le faubourg de Fenet. On attendait encore à Saumur le général Salomon, qui était parti de Thouars avec une divi-

Ils sont surpris par une armée républicaine formée à Orléans; mais ils parviennent à l'arrêter dans sa marche.

Saumur est assiégé par eux.

sion de 5,000 hommes. Les Vendéens, instruits de ce mouvement, avaient occupé tous les défilés des environs de Montreuil. Cette division, assaillie de tous côtés dans sa marche par des tirailleurs cachés dans des haies dont ce pays est entrecoupé, se débanda; le général Salomon voulut rétrograder sur Thouars, mais il était cerné par les embuscades des villages, et ses soldats, frappés d'une terreur panique, s'enfuirent à plus de 20 lieues. L'armée royale rentra dans Montreuil à la pointe du jour; le 10 juin, toutes les divisions étaient réunies devant Saumur. Lescure commença l'attaque sur la gauche; il eut des succès et enleva une batterie; mais il fut blessé, ses troupes se replièrent. Les cuirassiers de Westermann firent de belles charges. Cathelineau, dont l'attaque s'était dirigée contre les redoutes de droite, parvint à les enlever. Dans ce temps, La Rochejaquelein, entraîné par son ardeur naturelle, s'élança au galop dans Saumur, suivi seulement de cinq cavaliers. Un bataillon républicain était en bataille sur la place; il osa le sommer de mettre bas les armes; le bataillon interdit, obéit d'abord, croyant que ce général était suivi d'une nombreuse colonne; mais, le voyant seul, les soldats ramassèrent leurs armes; La Rochejaquelein s'élança sur eux un pistolet à la main. Il eût infailliblement été victime de sa témérité, si au même instant une colonne de cavalerie et d'infanterie vendéennes n'avait débouché sur la place. Le bataillon républicain se rendit prisonnier. Malgré la prise de Saumur, les redoutes de Bournan tenaient encore et refusaient de se rendre à discrétion; elles continuaient leur feu. Stofflet et Marigny les attaquèrent sans succès avec deux divisions et vingt pièces de canon; à la nuit le feu cessa, et les Vendéens prirent position. Le lendemain, quand ils s'avancèrent pour recommencer l'attaque, ils trouvèrent les redoutes évacuées; les républicains les avaient abandonnées dans la nuit, après avoir encloué les pièces.

Reddition du château de Saumur.

Le château de Saumur, qui était occupé par 500 hommes, se rendit le lendemain; la garnison fut prisonnière de guerre. La prise de Saumur donna aux Vendéens une place très-forte sur la Loire, neuf pièces de canon, 2,000 fusils, 1,100 prisonniers et des magasins de toute espèce.

Cathelineau, nommé généralissime, concerte ses opérations avec Charette.

Le 12 juin, le conseil royal s'assembla à Saumur; Cathelineau fut nommé généralissime des armées réunies d'Anjou et du Bocage; les siéges d'Angers et de Nantes furent résolus: des officiers furent envoyés à Charette pour l'engager à combiner ses forces, pour ces deux grandes entreprises, avec celles de Cathelineau. Ils le trouvèrent dans son camp de Vieillevigne, où il s'était établi après la prise de Machecoul; il avait 12,000 hommes, 600 chevaux et quinze pièces de canon; il répondit qu'on devait compter sur lui, et il se mit en marche sur Nantes, renforcé des troupes de Lyrot et de la Cathelinière.

Les Vendéens s'emparent d'Angers et marchent sur Nantes.

Dans sa marche il rencontra le général Beysser, qui était sorti de Nantes; il le força à rétrograder, le chassa devant lui jusqu'aux portes de cette ville. Chinon se rendit à un détachement de l'armée d'Anjou. Le 16, l'armée de Cathelineau, quoique affaiblie par la désertion accoutumée des Vendéens, se porta sur Angers; les républicains, effrayés de l'approche d'une force aussi imposante, se replièrent sur Laval; Angers tomba sans résistance au pouvoir des royalistes. De là ils se dirigèrent sur Nantes, où Charette les attendait, et où il avait pris position sur la rive gauche, à Pont-Rousseau, avec 25,000 hommes. L'attaque fut fixée au 29 juin, à deux heures du matin, par les chefs des armées combinées.

La terreur était dans Nantes, et peut-être les royalistes

s'en seraient-ils emparés à la première approche s'ils n'avaient pas eu la forfanterie de vouloir que cette grande ville se rendît à une sommation portée aux autorités par deux prisonniers. Ils perdirent ainsi trois jours, pendant lesquels le général Canclaux, qui avait à peine onze bataillons et 300 chevaux, fit venir de Rennes les munitions dont il manquait. Ce manifeste des Vendéens portait : « Sommation, au nom du roi, de remettre dans trois jours les chefs de la ville, les armes et les munitions, entre les mains des chefs des armées catholiques et royales d'Anjou et du Poitou; qu'il en serait pris possession au nom de S. M. Très-Chrétienne Louis XVII, roi de France et de Navarre, et au nom de M. le régent du royaume; que les habitants seraient traités comme leurs frères et fidèles sujets du roi ; et qu'en cas de refus la ville serait assiégée, la garnison passée au fil de l'épée et les habitants traités conformément aux lois de la guerre pour les villes prises d'assaut. »

Ce manifeste indigna les autorités, qui répondirent simplement : « La nation ne traite pas avec les rebelles. » Toutes les mesures pour une vigoureuse défense furent prises. De larges fossés furent creusés; le pont de la Loire au faubourg Saint-Jacques fut coupé, et de ce côté la ville fut rendue inattaquable; de fortes batteries furent élevées sur les points les plus faibles. L'attitude des autorités civiles et militaires imposa aux malveillants, annula l'effet des menées sourdes, des intelligences que d'Elbée se vantait d'avoir dans la ville. Nantes passa subitement de la plus grande frayeur à l'attitude d'une grande cité qui se lève contre la rébellion.

Le général Beysser commandait en second sous Canclaux; Bonvoust dirigeait l'artillerie. Le 29, les Vendéens, d'après la fière réponse des autorités de Nantes, commencèrent leur attaque; un des faubourgs fut pris et repris à la baïonnette. Sur un autre point, la légion nantaise, qui gardait une porte, fut refoulée dans la ville. Le fougueux Cathelineau commandait 20,000 hommes. A la tête de ceux de Saint-Florent et de Jallais, avec lesquels il avait commencé son insurrection, il s'empara au pas de course de la batterie de la Porte de Vannes, chassa devant lui la 109°, qui la défendait, et la repoussa de rue en rue jusque sur la place d'armes. Animés par les succès de leur généralissime, les autres chefs firent de nouveaux efforts et renversèrent tout ce qui leur était opposé. Mais, au moment où la ville allait être emportée, Cathelineau fut blessé grièvement. A cette nouvelle, ses soldats poussèrent des cris de désespoir et se retirèrent tumultueusement. En vain leurs chefs leur donnèrent-ils l'exemple de la plus grande témérité, en s'élançant au milieu des rangs ennemis; rien ne put les arrêter. La blessure de Cathelineau sauva Nantes.

Les Vendéens, découragés, se retirent.

Ce qui nuisit toujours au parti royal, ce ne furent pas les chances malheureuses de la guerre, qui appartiennent à tout le monde, ce fut la jalousie : elle était extrême entre les armées d'Anjou et de Poitou; elle fut constante et se signala par les plus grands désastres. C'est le propre des révoltes; l'égalité des intérêts les commence, l'union des passions les continue, et le plus souvent elles finissent par la guerre civile, qui s'établit dans les révoltes elles-mêmes. Charette occupait Pont-Rousseau sur la rive gauche de la Loire. Le lendemain de la levée du siége, il se battit encore dans ses positions, depuis midi jusqu'à six heures, et ne les évacua que dans la nuit, emmenant avec lui son artillerie. Il eut l'audace de donner le signal de son départ aux Nantais par quatre coups de canon, et prit tranquillement la route de Légé, sans être poursuivi

La jalousie continue à diviser les armées d'Anjou et de Poitou.

Charette reste seul devant Nantes sans avoir été prévenu du départ de l'armée d'Anjou; il lève le siége à son tour.

par les troupes de Canclaux; ce qui serait inexplicable sans la faiblesse de la garnison. Mais ce qui le serait encore davantage pour quiconque n'aurait pas connu la rivalité des armées et des officiers de la haute et de la basse Vendée, c'est l'ignorance où l'armée d'Anjou laissa Charette de la nécessité où elle se trouvait de lever le siége.

Autre preuve des dissentiments entre les Vendéens. D'Elbée est nommé généralissime.

Le même esprit de jalousie se montra quelques jours après au conseil royal, qui fut tenu à Châtillon pour la nomination d'un généralissime au commandement des armées catholiques du Poitou, de la Loire et de l'Anjou. Le choix se trouvait partagé entre d'Elbée et Charette. Il paraît que celui-ci y fut, ainsi que ses généraux, convoqué tard. Cependant il réunit beaucoup de suffrages; mais d'Elbée fut nommé.

Westermann, colonel républicain, s'empare de Parthenay et de Châtillon.

Un jeune colonel, nommé *Westermann*, ancien aide de camp de Dumouriez, se distinguait à cette époque à l'armée de Niort, où s'étaient retirés les républicains après la prise de Saumur et de Fontenay. Il conçut le projet de réunir à sa légion, cantonnée à Saint-Maixent, les gardes nationales des environs, d'enlever à l'ennemi Parthenay et Châtillon, et de secourir Nantes, ce qui porterait un coup funeste à la cause vendéenne. Il débuta par marcher sur Parthenay, qu'il enleva malgré les efforts de Lescure. Le 3 juillet 1793, il fut également heureux dans sa tentative sur Châtillon, dans lequel il entra après un combat assez vif; mais la grande armée royale, instruite de ce mouvement, accourut à sa rencontre. Le 9, Westermann fut attaqué sur les hauteurs de Château-Gaillard: il fit des prodiges de valeur; il succomba accablé par le nombre. Tout son corps fut détruit : à peine 300 hommes purent-ils se rallier de cette déroute. La République perdit dans cette expédition 5,000 hommes et quatorze pièces de

Attaqué par toute l'armée vendéenne, il est défait et son corps d'armée détruit.

canon. Westermann eut le tort de ne point attendre à Bressuire les renforts que son général en chef lui annonçait; il se serait trouvé à la tête de 20,000 hommes ; il aurait pu alors se flatter d'un succès important. A leur retour à Niort, Westermann et le général Biron s'accusèrent mutuellement de la mauvaise issue de cette expédition. Westermann reprochait à Biron la lenteur de la marche des renforts qui devaient le suivre à Bressuire; Biron lui reprochait de ne les avoir pas attendus. Les représentants du peuple donnèrent raison à Westermann et destituèrent Biron. Mais ils devaient bientôt périr l'un et l'autre sous la hache révolutionnaire, qui ne respectait ni vainqueurs ni vaincus.

Westermann et Biron s'accusent réciproquement de cet échec; Biron est destitué.

Enhardis par la victoire qu'ils venaient de remporter, les Vendéens essayèrent d'enlever Luçon. La conduite blâmable du général Sandoz faillit leur livrer cette ville; mais la vigoureuse résistance d'un bataillon fit échouer leur tentative; ils se retirèrent avec perte d'un bon nombre d'entre eux. Le général Santerre fut, sur ces entrefaites, nommé au commandement en chef de l'armée républicaine. Il débuta par quelques succès, mais peu après il éprouva une défaite complète, perdit 5,000 hommes et une grande partie de son matériel. Les Vendéens attachaient un grand prix à la possession de Luçon; ils renouvelèrent à plusieurs reprises leurs efforts pour s'emparer de cette position importante, en ce qu'elle domine tout le littoral. Le général Tuncq, qui y commandait, repoussa victorieusement toutes leurs attaques. Les armées d'Anjou et de Poitou furent dispersées, avec perte de toute leur artillerie à ces différentes affaires. C'était plus qu'une victoire pour la République. Cependant les représentants du peuple ôtèrent au brave général Tuncq son commandement, et le remplacèrent par le général

Santerre reçoit le commandement de l'armée républicaine; ses premiers succès, suivis d'une défaite.

Les Vendéens, cherchant à s'emparer de Luçon, sont battus par le général Tuncq.

Tuncq est remplacé par Lecomte; ce dernier est défait à Châtenay.

Lecomte. Celui-ci fut moins heureux: attaqué, le 4 septembre, par l'armée de d'Elbée, il fut forcé dans son camp de Châtenay, et put à peine se sauver avec 2,000 hommes, débris des 12,000 qu'il commandait. Le fameux bataillon *le Vengeur*, si redoutable aux Vendéens, fut détruit dans cette affaire. Les deux partis faisaient assaut de cruauté; comme dans les guerres des sauvages, les prisonniers étaient impitoyablement immolés. On a peine à croire aux horreurs qui signalèrent cette crise funeste, et au délire qui, pendant trois ans, rendit les Français si avides du sang français. Cependant, au milieu de tant de crimes, de nobles vertus, de grandes actions, se signalèrent, et les frontières de France virent naître d'immortels lauriers.

<small>Cruautés qui, de part et d'autre, signalent l'acharnement de la lutte.</small>

Les villes de Mayence et de Valenciennes avaient été obligées de capituler et de se rendre, la première aux Prussiens, la seconde aux Autrichiens: leur capitulation portait que leurs garnisons ne pourraient servir contre les alliés avant d'avoir été échangées. Le Comité de salut public profita de ces événements malheureux pour envoyer les garnisons de Mayence et de Valenciennes à l'armée de la Vendée. Ces troupes furent amenées en poste jusqu'à Orléans, où elles reçurent ordre de commencer aussitôt leurs opérations offensives.

<small>Le Comité de salut public envoie dans la Vendée les garnisons françaises de Mayence et de Valenciennes, qui avaient capitulé.</small>

Après la victoire de Châtenay, les chefs vendéens s'étaient retirés dans leurs cantonnements. Le bruit avait couru dans l'armée que l'attaque nocturne de Westermann sur Parthenay avait été protégée par les habitants. Lescure était parti de Saint-Sauveur pour venger cette prétendue trahison, et avait livré Parthenay au pillage; ce n'était pas un bon moyen pour en attacher les malheureux habitants à la cause royale.

<small>Les Vendéens saccagent Parthenay pour venger une prétendue trahison des habitants.</small>

Le général républicain Rey, à la nouvelle de la reprise de Parthenay, quitta son cantonnement, rencontra Lescure à Saint-

<small>Succès répétés du général républicain Rey.</small>

Loup, le culbuta et le rejeta dans son camp de Saint-Sauveur. Les succès de Bonchamp en Anjou se trouvaient compensés par les échecs éprouvés par Stofflet et La Rochejaquelein, battus à Doué et à Martigné. Lescure marcha sur Thouars, qu'il espérait surprendre; le général Rey s'y porta avec 5,000 hommes, reçut vigoureusement son ennemi et l'obligea à la retraite. Sans le désastre de Coron, que la République dut à l'ineptie du général qui commandait à ce combat, dans lequel elle eût été victorieuse s'il avait eu les premières notions de son métier, la Vendée aurait nécessairement été soumise. Mais les grands avantages que les Vendéens retirèrent de cette victoire et de celles de Torfou, de Mortagne, de Saint-Fulgent, exaltèrent de nouveau au plus haut degré les espérances de la cause royale et le fanatisme des campagnes.

L'arrivée à Nantes des garnisons de Mayence et de Valenciennes, sous les ordres des généraux Kleber et Aubert du Bayet, porta les forces de la République dans les départements insurgés à 130 ou 140,000 hommes. Les représentants du peuple résolurent de reprendre l'offensive sur tous les points, et de se mettre à la tête des colonnes pour en surveiller les mouvements et faire exécuter à la rigueur les décrets de la Convention. De ce jour l'incendie des villages éclaira la marche républicaine. Ce spectacle jetait un grand effroi sur les masses vendéennes. Charette, attaqué de tous côtés, fut battu cinq fois : à Port-Saint-Père, à la Chapelle-Palluau, à Vertou, à Louin, à Mortagne. Ses soldats, harassés, manquaient surtout de munitions et refusaient de se battre; ils demandaient à grands cris le secours de l'armée d'Anjou.

Les représentants du peuple avaient arrêté leur plan de campagne à Saumur. Ils avaient ordonné que l'armée de

Mayence et celle des côtes de Brest, renforcées de la division des Sables, se mettraient en mouvement le 11 septembre, et marcheraient par Machecoul et Bourgneuf sur Mortagne, en passant par Aizenay, Saint-Fulgent et les Herbiers, positions qu'elles devaient préalablement enlever; que la réserve, après avoir passé la Sèvre sur le pont de Vertou, se saisirait du château de Clisson, et de là ferait sa jonction avec l'armée; que la division des côtes de la Rochelle garderait la défensive; que seulement elle resterait en communication avec l'armée des côtes de Brest par un mouvement de la division de Mickowski; que la division Chalbos se porterait le 14 à la Châtaigneraie, la division Oré à Bressuire, la division de Saumur à Vihiers. Il était difficile de rien concevoir de plus absurde : les divisions, opérant ainsi isolément, marchaient à des revers certains. Il fallait opérer en masse sur Chemillé et Saint-Fulgent ou Châtillon. Cet immense déploiement de forces bien dirigé aurait renversé comme un torrent furieux les faibles obstacles opposés à sa marche. Le danger qui menaçait la Vendée, au lieu d'abattre ces hommes qu'armait le fanatisme, donna une nouvelle action à leur courage; tous jurèrent de vaincre ou de mourir.

Ce plan ne pouvait conduire qu'à des revers, parce qu'il disséminait les forces au lieu de les réunir.

Jonction des armées vendéennes d'Anjou et de Poitou; leur victoire à Torfou.

Le 18 septembre 1793, la grande armée royale, forte de 30 à 40,000 hommes, quitta Cholet sous les ordres de d'Elbée; à 6 lieues de cette ville, elle se réunit à l'armée de Charette, qui comptait 15 à 20,000 hommes, et se retirait devant les Mayençais. Les flammes de Torfou avertirent les deux armées de l'approche des républicains; le lendemain elles marchèrent au combat. La bataille fut terrible; les républicains la perdirent, malgré la valeur des généraux Kleber et Aubert du Bayet; ils furent entourés par les colonnes ennemies, qui, connaissant parfaitement le pays, dérobaient leurs mouvements et fondaient à l'improviste sur leur front, leurs flancs et leurs derrières. Leur perte fut de 2,000 hommes, dont moitié faits prisonniers; leur retraite s'effectua brillamment sur le village de Gétigné, dont ils défendirent le pont.

Cependant Beysser, conformément à ses instructions, marchait pour rejoindre les Mayençais, et s'était rendu maître de Montaigu, où il mettait tout à feu et à sang, lorsqu'il y fut surpris par les troupes royalistes, qui arrivaient à marches forcées. Ses soldats, livrés aux plus grands désordres, offrirent peu de résistance; le carnage fut affreux, tous les prisonniers furent passés au fil de l'épée, l'artillerie de Beysser tomba au pouvoir des Vendéens.

Défaite
des républicains
à
Montaigu.

La division des Sables, maîtresse de Saint-Fulgent, portait également partout la destruction et l'incendie; Charette y arriva le 22 septembre au soir, et attaqua cette nuit même. Le combat dura cinq heures; les républicains perdirent 3,000 hommes et tout leur matériel. Le général Mickowski, qui les commandait, ne put regagner Nantes qu'avec peine. Les combats de Coron et de Saint-Lambert ne furent pas plus heureux pour les armées républicaines, et l'audace des Vendéens en acquit une nouvelle ardeur.

Autre défaite
à Saint-Fulgent.

La Convention apprit avec rage la défaite de ces trois armées, presque détruites par ce qu'elle appelait des paysans sans discipline et sans organisation militaire. Le Comité de salut public prit alors une mesure vigoureuse : il cassa les généraux, rappela les représentants, et refit la tête de l'armée. Canclaux fut mandé à Paris, et remplacé par L'Échelle, ancien maître d'armes. Aussitôt son arrivée à Nantes, L'Échelle, qui avait reçu des instructions terribles, connaissant d'ailleurs tout le péril

La Convention
prend
des mesures rigoureuses
pour
parer à ces revers.

Mission
du général L'Échelle;
ses projets.

qu'il courait en ne remplissant pas les vues du gouvernement, forma le projet d'écraser d'un seul coup la haute Vendée, l'armée de d'Elbée, de Lescure, de Bonchamp, de La Rochejaquelein, d'attaquer ensuite la Vendée inférieure, où commandait Charette. Ce dernier chef s'était séparé de la grande armée, à laquelle il refusait toute coopération ; cette conduite était un grand crime dans une pareille circonstance, où il s'agissait du salut de son parti. Les chefs de la haute Vendée, instruits des mouvements ordonnés par le général en chef L'Échelle, concevaient l'étendue de leurs dangers et le besoin qu'ils avaient de réunir toutes leurs forces pour combattre avec quelques chances de succès les forces que la République leur opposait ; mais les haines personnelles qui existaient entre les chefs des deux Vendées s'étaient réveillées avec plus d'animosité encore depuis le siége de Nantes et la mort de Cathelineau. Charette fut, dans cette circonstance, un mauvais chevalier ; il trahit la cause vendéenne, en refusant de marcher ; il quitta brusquement les Herbiers, et se renferma dans la ville de Légé, ce quartier général favori, qui avait pour lui tant d'attraits. Il ne pouvait servir plus efficacement les plans du général L'Échelle.

Le général L'Échelle avait combiné une attaque générale de la part de toutes ses forces sur deux points principaux. Les corps d'armée de Niort, de Saumur et des Ponts-de-Cé, marcheraient par Bressuire sur Châtillon, dans le temps que l'armée de Mayence, avec les divisions de Nantes et de Luçon, se porterait sur Cholet.

Le 10 octobre 1793, les généraux Chalbos, Chambon, Chabot et Westermann, avec les troupes de Niort, arrivèrent à Bressuire, culbutèrent l'armée d'Anjou, et entrèrent à Châtillon. Cette ville échappa pour le moment à l'incendie qui éclairait d'ordinaire la marche des colonnes républicaines. Le général L'Échelle dirigea en personne l'attaque sur Mortagne et Cholet avec 30,000 hommes. Les chefs vendéens dépêchèrent de nouveau à Charette pour le supplier de se reporter sur les Herbiers, afin de s'opposer à la marche des républicains : il fut inexorable, comme s'il n'eût eu dans le moment d'autre intérêt que la destruction de la haute Vendée et le triomphe des patriotes. C'était pousser le ressentiment bien loin, puisque, en résultat, il y allait de la ruine des deux Vendées; cependant il se rapprocha de la mer, et s'empara de l'île de Noirmoutier. Dans cette position, les généraux Bonchamp, Lescure et Beaurepaire divisèrent leurs forces en deux corps, en menant une partie au secours de Mortagne, et envoyant l'autre sur Châtillon. Le 12 octobre, la division Westermann y fut vivement attaquée; la victoire resta aux Vendéens. Westermann essaya de prendre position en arrière de Châtillon; mais il fut contraint de continuer sa retraite sur Bressuire; l'ennemi le fit suivre par une avant-garde trop faible : il s'arrêta, battit cette avant-garde, et conçut le projet de rentrer la nuit dans Châtillon avec une centaine de hussards, portant chacun un grenadier en croupe. Cette tentative audacieuse lui réussit; il surprit les Vendéens, en fit un grand massacre, brûla Châtillon, et vint, sans avoir éprouvé de perte, rejoindre sa division.

Charette, appelé au secours de l'armée d'Anjou, reste dans l'inaction.

Reprise de Châtillon par Westermann.

Le 15 octobre 1793, L'Échelle, à la tête de 20,000 hommes, entra à Mortagne; il y apprit qu'il n'y avait rien à craindre de l'armée de Charette, et qu'elle avait abandonné ses frères d'armes. Il marcha alors, sans hésiter, sur les corps vendéens qui, après la victoire de Châtillon, s'étaient portés sur Cholet. Les deux armées se rencontrèrent sous les murs du château de

Bataille de la Tremblaye perdue par les Vendéens.

la Tremblaye ; la bataille fut sanglante. D'Elbée, Lescure et Bonchamp tombèrent blessés mortellement; le bruit de leur mort se répandit et sema la terreur dans les rangs de leurs armées; la déroute fut complète, le drapeau tricolore flotta sur les clochers de Cholet.

Ils livrent une nouvelle bataille et sont encore battus.

Cependant les chefs vendéens ne se laissèrent pas abattre par ce revers; ils résolurent de risquer de nouveau le sort des armes avant de livrer à la République cette rive de la Loire.

Le 17, les généraux républicains tinrent conseil; plusieurs plans y furent discutés. Celui de Kleber était de manœuvrer sur trois colonnes : celle de droite sur Jallais, pour tourner au besoin la position importante de Beaupreau, si l'ennemi y tenait, ou s'opposer au passage de la Loire à Saint-Florent: celle du centre sur Beaupreau par le May; celle de gauche sur Gesté, pour couper la retraite sur Nantes. Mais ce même jour, 17 octobre, 40,000 hommes de l'armée royale passèrent la Loire à Saint-Florent, et attaquèrent à l'improviste l'armée républicaine; Kleber, ainsi surpris, fit d'habiles dispositions : partout il rallia les colonnes rompues par la violence du choc des Vendéens; il les ramena au combat, et rappela la victoire près de lui échapper; douze pièces de canon tombèrent en son pouvoir. Le général en chef L'Échelle ne prit aucune part à cette sanglante affaire; tout l'honneur en appartient à Kleber.

Ils évacuent la rive gauche de la Loire.

La Convention avait dit à l'armée, par sa proclamation du 1ᵉʳ octobre : « Soldats de la liberté! il faut que les brigands de la Vendée soient exterminés avant la fin du mois d'octobre; le salut de la patrie l'exige, l'honneur du peuple français le commande, son courage doit l'accomplir. » La Convention avait été obéie, la rive gauche de la Loire était évacuée.

III

La cause royale venait de perdre plusieurs de ses principaux chefs; le commandement des armées d'Anjou était vacant, il fallait y pourvoir : le conseil s'assembla et le confia au jeune La Rochejaquelein, âgé seulement de vingt et un ans. Le plan de campagne fut aussi discuté; l'avis du prince de Talmont l'emporta. Il fut arrêté que l'armée se porterait sur Rennes, dont la possession, indépendamment des ressources d'une grande ville, offrirait les moyens de réunir une nouvelle armée dans la haute Bretagne. Déjà un corps de 4,500 royalistes, détaché de la division Loroux, sous les ordres de Lyrot, avait passé la Loire à gué et s'était emparé d'Ancenis. A cette nouvelle, La Rochejaquelein se mit en marche, appelant sur sa route la population aux armes pour soutenir la cause sainte de l'autel et du trône : il traînait ainsi à sa suite un peuple tout entier; c'étaient les Hébreux chassés de l'Égypte. Il avait placé les vieillards, les femmes, les enfants, les blessés, les bagages entre deux corps de son armée. Cette colonne couvrait quatre lieues de pays; mais assurée de ses flancs et de ses derrières, elle s'avançait avec confiance sur Laval. Château-Gonthier, faiblement défendu, lui ouvrit ses portes; et, le 23 octobre, la ville de Laval, qui n'avait à opposer que quelques milliers de gardes nationales, se rendit à l'armée vendéenne.

Le général L'Échelle, de l'avis de son conseil de guerre, partagea son armée en deux colonnes; il marcha avec la première sur Laval, par la rive droite de la Mayenne, dans le temps que les généraux Chambertin et Aubanier s'avançaient par la route de Cossé. Ce plan était vicieux, il eut les plus déplorables

Les Vendéens défèrent le commandement à La Rochejaquelein.

Ils portent la guerre en Bretagne.

Prise de Château-Gontier et de Laval.

Dispositions faites par le général L'Échelle; en quoi elles étaient défectueuses et mal calculées.

16.

résultats. A cette faute, le général en chef ajouta celle de mal diriger ses attaques sur le terrain; il engagea imprudemment la brigade Westermann. L'échec éprouvé par ce général décida du sort de la bataille. L'Échelle n'avait pas assez de jugement pour sentir que des hommes de parti sont plus redoutables alors qu'ils sont plus désespérés; et d'ailleurs il n'y avait plus de cartel entre les bleus et les blancs; ceux-ci étaient de véritables rebelles aux yeux de la République; et au défaut des droits d'une pareille guerre, la législation d'alors en eût fait justice : ainsi les Vendéens, qui n'avaient à attendre que la mort, devaient la faire acheter chèrement à leurs ennemis. L'Échelle aurait dû calculer que son ennemi s'était débarrassé, dans les murs de Laval, de ses bagages, de ses chariots, de cette multitude de vieillards, de femmes et d'enfants qui rendaient sa marche périlleuse en rase campagne, et qu'il aurait dans cette position un grand avantage, dont son désespoir saurait profiter; qu'étant dans une terre étrangère pour lui, il était réduit à s'immoler tout entier en combattant, plutôt que d'être vaincu et détruit isolément après sa défaite. Dans les guerres civiles, il n'est pas donné à tout homme de savoir se conduire; il faut quelque chose de plus que la prudence militaire, il faut de la sagacité, de la connaissance des hommes : Westermann n'avait que le courage du soldat. La Rochejaquelein, qui s'attendait à être attaqué, n'avait pas perdu de temps; il avait profité des premiers moments de repos qu'il avait eus à Laval pour faire le dénombrement et l'organisation de ses forces; il mit en ligne 30,000 fantassins et 1,200 chevaux. Il avait eu le talent de recruter 7,000 paysans vêtus de peaux de chèvres.

Véritables descendants des anciens Gaulois, les bourgeois

de Laval se regardaient comme conquis; aucun d'eux ne voulut s'armer pour les rebelles : bel exemple que donnèrent les citadins de toutes ces petites villes, au milieu de l'intolérante et exclusive domination des nobles, des prêtres et des contre-révolutionnaires. Ceux-ci durent voir que la liberté était aussi une religion, et que ce n'était qu'au-dessous de la population éclairée, propriétaire et industrielle, qu'ils trouvaient des auxiliaires. La royauté, comme la république, avait ses sans-culottes, ses terroristes, ses fanatiques, ses idéologues et ses spéculateurs.

Les habitants de Laval refusent de prendre parti pour les rebelles.

L'Échelle, ne doutant pas que les Vendéens ne fussent hors d'état de résister à son premier choc, les avait fait attaquer par son avant-garde avec audace; elle fut battue et repoussée avec perte. La Rochejacquelein avait choisi son terrain hors de la ville, et l'attendait. La mésintelligence se mit entre les troupes de Westermann et celles qu'amenait le général en chef : celles-ci reprochaient aux autres de s'être laissé battre par des paysans. Le général L'Échelle eut le tort de partager cette injuste et injurieuse prévention; mais il eut un tort bien plus grand, celui de mal choisir ses positions, et de paralyser la moitié de ses forces. Les Vendéens avaient eu le temps d'étudier leur terrain; ils profitèrent des mauvaises dispositions du général républicain, et portèrent la majeure partie de leurs forces contre les braves Mayençais, qui, abandonnés dans une mauvaise position, furent écrasés; ils supportaient le choc de tous les corps vendéens. Le général en chef, qui s'aperçut trop tard de sa faute, voulut la réparer; il envoya une division à leur secours, mais elle fut attaquée et dispersée dans son mouvement par une charge de flanc. Les Mayençais, attaqués simultanément en tête, en queue et sur les flancs par

Le général L'Échelle attaque les Vendéens avec trop de précipitation, ses fautes amènent la défaite de l'armée républicaine.

tous les corps de l'armée royale, se défendirent comme des héros contre tant d'ennemis; la mêlée fut affreuse: ils luttèrent corps à corps, ou plutôt chaque soldat lutta contre trois Vendéens; enfin, près de succomber, ils se décidèrent à la retraite, et l'opérèrent en bon ordre, et toujours en combattant, sur Château-Gontier. Beaupuy, général républicain, criblé de blessures, envoya, dit-on, sa chemise teinte de sang à ses grenadiers, qui, à cette vue, redoublèrent d'efforts pour empêcher l'ennemi d'entrer dans la ville; mais l'avantage du nombre et de la victoire força enfin ces faibles débris à se replier sur Segré. Château-Gontier fut occupé par les royalistes qui bientôt, apprenant que 4,000 hommes envoyés de Paris étaient arrivés à Craon, y marchèrent avec des forces supérieures. Ceux-ci acceptèrent le combat; mais, tout à coup enveloppés par un corps considérable embusqué derrière eux, ils restèrent presque tous sur le champ de bataille, victimes d'un courage inutile, digne d'un meilleur sort.

Les Mayençais, après avoir livré cinq batailles et avoir porté au plus haut degré l'héroïsme du nom français, se trouvèrent réduits à un si petit nombre, qu'ils reçurent ordre de rentrer dans l'intérieur. Ils donnèrent d'excellents officiers à la République; le choix que l'on fit d'eux pour commander fut au moins un hommage national rendu à la bravoure de ceux de ces braves qui n'étaient plus.

Aussitôt que la Convention eut appris le désastre de ses armées, elle rendit plusieurs décrets, témoignages de son indignation; un d'entre eux prescrivait que toute ville qui se rendrait aux Vendéens serait rasée, et les propriétés de ses habitants confisquées. Elle fit mieux, elle détacha 30,000 hommes de l'armée du Nord, qui se rendirent à Orléans à marches forcées; elle ordonna la réunion à Cherbourg, sous les ordres du général Tilly, des garnisons des villes maritimes de la Normandie; les débris des divisions du général L'Échelle reçurent des instructions pour se reformer, et une force imposante s'organisa de nouveau. La Convention voulait exterminer la Vendée; elle mit en jeu toutes les ressources de sa puissance. Les représentants du peuple, dépositaires des volontés du Comité de salut public, imprimèrent à cette nouvelle armée le mouvement nécessaire à l'exécution des mesures vigoureuses prescrites aux généraux. Cependant le décret d'anéantissement des villes rebelles ou prises par les Vendéens devait rester comme un épouvantail et n'être point exécuté.

Ce fut à cette époque que les Anglais entrèrent ostensiblement dans les affaires de la Vendée. Ils avaient déjà, dans la campagne précédente, expédié un émigré aux chefs de l'armée d'Anjou : cette mission n'avait abouti à rien. On leur avait demandé des armes, de l'argent; ils n'avaient rien envoyé : mais ils ne purent douter, par le retour de leur envoyé, que la malheureuse Vendée ne fût en proie à toutes les horreurs de la guerre civile, et ils furent satisfaits de pouvoir ajouter aux malheurs de la France en donnant à la guerre civile de perfides espérances. Leur seconde ambassade fut absolument un simple espionnage, du même intérêt que le premier. Deux émigrés en furent encore chargés. Cette fois cependant ils étaient porteurs d'une lettre du ministère qui offrait des secours en argent. Le conseil vendéen répondit que l'armée royale opérerait sur Granville, mais il demandait au gouvernement anglais d'appuyer cette entreprise par l'apparition de quelques vaisseaux devant le port; il demanda aussi six régiments de ligne, 600 artilleurs et trois ingénieurs. Les Vendéens en furent pour leur

Conduite des Anglais dans cette guerre: ils donnent des espérances mais n'envoient aucun secours aux Vendéens.

réponse. Le ministère anglais, dès qu'il connut leurs besoins et leurs projets, se garda bien de satisfaire à aucune de leurs demandes; il n'avait d'autre but que d'entretenir la guerre civile par de fallacieuses espérances; il ne pardonnait pas à la France son intervention dans la guerre d'Amérique; il ne pardonnait pas à la République la conquête de la Belgique.

<small>Le but du ministère anglais était d'entretenir la guerre civile.</small>

Le 2 novembre, les Vendéens quittèrent Laval, et se dirigèrent sur Mayenne et Ernée, où ils arrivèrent sans coup férir; de là, ils se portèrent sur Fougères, où une division de 3 à 4,000 hommes leur opposa une honorable résistance. Lescure succomba à ses blessures dans la marche et avant l'entrée à Fougères. La Rochejaquelein accorda un repos de trois jours à ses troupes dans cette ville; après ce temps, il marcha sur Dol, s'empara du Mont-Saint-Michel, et arriva, le 7 novembre, sous les murs de Granville, à la tête de 30,000 hommes. Le conseil vendéen, en ordonnant l'attaque de Granville, avait eu en vue deux objets importants : l'un, de donner la main à l'Angleterre par l'occupation d'une place forte maritime; et l'autre, de renfermer dans cette place cette multitude de vieillards, de femmes et d'enfants que l'armée traînait à sa suite, qui gênait ses mouvements, et qui lui rendait ses subsistances difficiles dans les provinces où ses soldats étaient étrangers, et par conséquent ennemis; car ce n'est point un des moindres fléaux de l'exécrable guerre civile que d'affamer également amis et ennemis. Les Vendéens, après le passage de la Loire, étaient, aux yeux des habitants, de véritables ennemis, puisqu'ils exigeaient par la force ce qui leur était nécessaire pour nourrir les 40 à 50,000 individus qui marchaient sous leurs drapeaux. Les campagnes de la Vendée, du Bocage, de l'Anjou, du littoral breton et normand étaient impitoyablement rui-

<small>Les Vendéens se portent sur Granville.</small>

<small>La possession de cette ville devait les mettre en relation avec les Anglais et leur former une place de dépôt.</small>

<small>Les ravages qu'ils commettent leur aliènent l'esprit des campagnes.</small>

nées pour longtemps par le passage de ces preux de l'armée catholique.

La discorde était entrée dans le camp de l'armée d'Anjou, comme il arrive toujours dans les longues infortunes; elle éclata vivement dans le conseil où fut décidé le siége de Granville. Il y fut dit que ceux qui voulaient assiéger Granville avaient le projet d'abandonner l'armée et de passer en Angleterre, ou d'être traîtres au parti. On cria hautement à la trahison. La Rochejaquelein répugnait aussi à cette expédition; il pensait qu'avec des paysans, que la moindre terreur panique faisait subitement disparaître, on ne pouvait songer à emporter d'assaut une place forte défendue par une bonne garnison et une nombreuse artillerie, non plus qu'à en faire le siége sans équipage de siége. Bien que l'armée royale fût six fois plus nombreuse que la garnison, il était d'avis de retourner dans la Vendée, ou de marcher sur la basse Normandie, pays riche, neuf, et où l'on serait en mesure d'attendre l'effet des promesses des Anglais; l'occupation du bas Poitou par Charette faciliterait et protégerait la délivrance de ces secours. L'avis des autres chefs l'emporta. Le 14 novembre, à neuf heures du soir, l'attaque de Granville commença. Les Vendéens avaient apporté une cinquantaine d'échelles, qui se trouvèrent trop courtes: ils perdirent inutilement quelques braves. Le général Lecarpentier, enfermé dans la place avec 4,000 vieux soldats, voulut profiter du désordre de la colonne d'attaque, il fit une sortie; mais de nouvelles colonnes accoururent au secours de la première, refoulèrent la garnison sur ses remparts; les faubourgs furent occupés par les Vendéens, qui, fiers de ce premier succès, sommèrent la ville de se rendre. Bientôt l'attaque recommença. Ces pauvres paysans, trompés par un officier qui disait connaître les endroits faibles de la place, assiégèrent précisément le côté inexpugnable, et montèrent à l'assaut en désespérés; partout ils furent reçus chaudement par la garnison et les habitants, hommes et femmes : celles-ci surtout montrèrent une ardeur extrême; elles faisaient pleuvoir du haut des remparts des torrents d'eau bouillante et une grêle de pierres. Au milieu de ce carnage, les représentants du peuple ordonnèrent de mettre le feu au faubourg Saint-Nicolas, ce qui ajouta à l'horreur de cette scène, et força pour un instant les Vendéens à la retraite; mais le feu de leur artillerie ayant ouvert la brèche, l'assaut recommença, et, par un singulier effet du hasard, ce fut l'ancien régiment de Bourbon qui les repoussa. Mais ils étaient si nombreux par rapport à la population et à la garnison, que leurs attaques se renouvelèrent sans cesse et de tous côtés à la fois; une d'elles, dirigée sur la plage, côté où la ville était presque sans défense, faillit réussir et allait assurer leur victoire, lorsque des bateaux armés destinés au cabotage s'approchèrent, firent feu sur leurs colonnes et les contraignirent à la retraite. Cependant la ville n'était pas encore hors de danger, et l'assaut continuait avec quelque succès de la part des Vendéens, quand le cri de *Sauve qui peut!* se fit entendre dans leurs rangs et les rompit. Pendant trente-six heures d'un combat où le sang français coula par la plus déplorable valeur, la flotte anglaise, qui était à portée d'entendre le canon de Granville, n'expédia pas même une chaloupe pour savoir si les nouveaux alliés de l'Angleterre, si ceux à qui son ministère avait envoyé deux fois des paroles d'amitié, avec offre de secours, étaient vainqueurs ou vaincus.

Ce fut un grand désastre pour les Vendéens, qui depuis le passage de la Loire n'avaient eu que des succès. Dans les guerres de partis, celui qui est vaincu un jour est découragé pour longtemps. C'est surtout dans les guerres civiles que la fortune est nécessaire. Les royalistes se décidèrent à l'aller chercher dans la basse Normandie, et débutèrent par une attaque sur la petite ville de Villedieu, qui n'avait que sa garde nationale pour sa défense. Ces braves bourgeois disputèrent le terrain pied à pied, maison à maison : ni le pillage, ni l'incendie des portions de la ville qui tombaient au pouvoir de l'ennemi, ne ralentirent leur ardeur; vieillards, femmes, enfants, retranchés dans les maisons, défendirent héroïquement leurs foyers avec toutes les armes que la haine, la vengeance et le désespoir mettaient dans leurs mains. La victoire couronna de si héroïques efforts. Il n'y a que le patriotisme qui puisse repousser l'invasion étrangère, et les Vendéens étaient des étrangers pour les braves Normands de Villedieu. La Rochejaquelein se porta sur Pontorson, dont il s'empara après un combat assez opiniâtre. Ses soldats criaient qu'ils voulaient retourner dans leurs foyers : comme dans les petites républiques, la voix du peuple l'emporta. L'armée vendéenne était une véritable république d'anarchistes, sur la tête desquels se plaçait à fonds perdu l'ambition de ses chefs. L'armée se mit en mouvement sur Angers, parce que le soldat voulut y retourner. Cependant la témérité revint à ces hommes indisciplinés pour renverser tous les obstacles qui s'opposeraient à leur retour dans leurs foyers. Partout ils battirent et vainquirent le général Rossignol, dont les mauvaises dispositions assuraient, il est vrai, leurs succès. Il avait cependant 40,000 hommes sous ses ordres; avec une force aussi imposante, dans les rangs de laquelle combattaient Kleber et Marceau, il pouvait anéantir l'armée de La Rochejaquelein, surtout après l'échec qu'elle venait d'é-

Les Vendéens se portent dans la basse Normandie et font sans succès le siége de Villedieu.

Ils s'emparent de Pontorson et forcent leurs chefs à retourner sur Angers.

Bataille de Dol, dans laquelle le général républicain Rossignol est entièrement défait.

prouver à Granville et à Villedieu. La bataille livrée sous Dol, le 21 novembre 1793, coûta à la France plus de 30,000 hommes. Rossignol se retira sur Rennes.

<small>Férocité des Vendéens ; les prisonniers de cette journée sont sur le point d'être massacrés.</small>

Dans le conseil vendéen, on opina unanimement pour tuer les prisonniers de cette journée, mais cette férocité trouva un puissant adversaire dans un curé qui avait contribué à la victoire par le fanatisme téméraire avec lequel il s'était précipité à la tête des colonnes d'attaque; et les Français ne furent point égorgés ce jour-là par des Français, au cri de victoire. L'ange du meurtre s'étendait à cette époque sur la malheureuse France; les prisonniers, les soldats sans défense, étaient massacrés au nom de la liberté et au nom de Dieu et du roi.

<small>Nouveaux dissentiments entre les chefs vendéens ; ils ne profitent pas de leur victoire.</small>

La République n'avait point de raison de se décourager de ses revers dans cette guerre malheureuse; elle s'en relevait facilement et promptement par l'impossibilité où se trouvaient les chefs vendéens de profiter de leur victoire, si leurs projets n'étaient pas d'accord avec la volonté de leurs soldats; et c'est ce qui arriva après cette bataille, comme cela avait eu lieu après l'attaque malheureuse de Granville. Dans le conseil on éleva deux avis très-militaires : l'un de marcher sur Rennes, à la poursuite de l'armée républicaine, pour s'emparer de Nantes et s'établir dans cette riche partie de la Bretagne; l'autre de reprendre le siége de Granville, quoique la garnison en eût été augmentée, et de donner la main aux Anglais. Les paysans

<small>Les soldats les obligent à continuer la marche sur Angers.</small>

crièrent de nouveau à la trahison, et manifestèrent si hautement la volonté de continuer leur marche sur Angers, qu'il fallut encore cette fois sacrifier à leur vœu les vrais intérêts de la cause vendéenne. La République dut à cette détermination le temps de réorganiser son armée. Les Vendéens traversèrent en conquérants les villes de Fougères, Ernée, Mayenne, Laval, de

Sablé et de la Flèche, et, le 5 décembre, ils se présentèrent devant les murs d'Angers ; mais là finit leur enthousiasme. Cette ville n'est fermée que par une vieille enceinte ; elle n'avait pour garnison que quelques bataillons des brigades Boucret et Danican. La Rochejaquelein, entraîné par son élan ordinaire, ordonna l'assaut ; la garnison se défendit vaillamment et donna le temps d'arriver aux secours que lui envoyait le général Rossignol. A la vue des colonnes républicaines, le souvenir de la journée de Granville revint à la pensée des royalistes et sema la terreur dans leurs rangs. Rien ne put arrêter les fuyards ; il fallut lever le siége d'Angers ; et ce fut même avec peine que cette armée, si fière de ses succès quelques jours auparavant, put effectuer sa retraite en ordre. Le général en chef comprit tout l'embarras de sa position : il ne pouvait plus passer la Loire aux Ponts-de-Cé, à Saumur ou à Tours, dont les républicains s'étaient saisis ; il ne lui restait d'autre parti à prendre que de se retirer sur le Mans. Mais déjà la division Chalbos venait d'occuper la Flèche ; il faudrait que l'armée royale courût donc de nouvelles chances pour forcer ce passage. Le 8 décembre, La Rochejaquelein enleva la Flèche par surprise ; il eût dû profiter de ce succès inespéré pour hâter sa marche sur le Maine ; il fit une faute, il y séjourna deux jours. Le 10, il se porta sur le Mans ; la faible garnison qui l'occupait l'évacua à son approche. Les Vendéens croyaient y trouver le repos, dont ils avaient grand besoin ; mais à peine la foule de leurs blessés, de leurs femmes, de leurs vieillards, de leurs enfants, était-elle établie dans les maisons, que le cri de guerre se fit entendre. Le lendemain de leur arrivée, Marceau, qui venait de prendre le commandement en chef des troupes de la République, les surprit au milieu de la nuit. La Rochejaquelein,

Arrivés devant cette ville, ils donnent un assaut et sont pris de terreur panique.

La Rochejaquelein rallie ses troupes et se porte sur le Mans.

Bataille du Mans, gagnée par le général Marceau sur les Vendéens.

dans le premier moment, eut de la peine à rassembler 2,000 hommes. La mêlée fut affreuse; de tous côtés les royalistes couraient aux armes et combattaient vaillamment; la ville était en proie au plus horrible carnage; les républicains, forcés de sortir, y rentrèrent aussitôt avec des troupes fraîches. La cause vendéenne perdit plus de 15,000 hommes dans cette affaire, appelée avec raison *bataille du Mans*. Cependant l'armée fit sa retraite en ordre par la route de Laval, abandonnant toute son artillerie, ses caissons et 8,000 blessés; 6,000 morts furent trouvés dans les rues.

<small>Excès commis par les républicains victorieux.</small>

La vengeance républicaine fut terrible; elle s'exerça sur ces malheureux prisonniers. Marceau, Kleber et les autres généraux, employèrent leur pouvoir pour arracher ces infortunés à la fureur des soldats. Mais que peuvent les chefs sur les passions de la populace! L'ennemi vendéen était d'autant plus odieux aux républicains qu'ils l'accusaient d'armer contre la République l'ennemi étranger qui assiégeait les frontières.

<small>Les Vendéens, surpris au passage de la Loire, sont séparés de leur général.</small>

L'armée de la haute Vendée touchait à sa destruction: presque tous ses chefs avaient succombé, ainsi que l'élite de ses soldats. Sans artillerie, sans munitions, elle continua sa retraite jusqu'à Laval; là il fut décidé de repasser la Loire à quelque prix que ce fût, et de se porter à cet effet sur Ancenis. Mais tous les bateaux, à l'exception de deux petites barques, se trouvaient sur l'autre rive; les généraux La Rochejaquelein et Stofflet se jetèrent dans ces barques, dans le dessein de s'emparer des gros bateaux qui étaient de l'autre côté de la Loire. Un détachement républicain engagea le combat au moment du débarquement. Les Vendéens se sauvèrent avec peine dans un bois qui bordait le fleuve; La Rochejaquelein se trouva ainsi séparé de son armée et sans moyen de la rejoindre. L'armée royale, restée à Ancenis, et privée de son chef, fut attaquée le jour même et contrainte à la retraite; vivement poursuivie, atteinte et battue à Blain, elle gagna Savenay en éprouvant une perte considérable; mais son heure dernière était sonnée. Marceau, qui ne cherchait que l'occasion d'ajouter à sa gloire, déboucha sur Savenay le 21 décembre; et le lendemain, à la pointe du jour, les divisions Kleber, Tilly et Beaupuy, en tout 12,000 hommes, attaquèrent les Vendéens, commandés par Fleuriot, nouveau général en chef qu'ils avaient élu. Ils comptaient à peine 6,000 combattants; en moins de deux heures ils furent anéantis; leurs débris gagnèrent la forêt de Gavre, où ils se défendirent vaillamment; ils parvinrent même à rentrer à Ancenis, dans l'espoir de surprendre le passage de la Loire: mais, attaqués de nouveau par les troupes républicaines, peu d'entre eux échappèrent à cette dernière défaite. Un de leurs chefs, M. de Saisseau, resta sur la rive droite, et forma le noyau d'un corps de partisans royalistes qui fit la guerre à l'instar des Arabes et des Cosaques; son exemple fut imité par d'autres chefs, et ce nouveau fléau de la guerre civile fut organisé.

Si des hommes tels que Kleber et Marceau eussent, dès le principe de l'insurrection vendéenne, commandé les forces de la République, cette guerre impie eût été étouffée dans son berceau, puisque tous les revers qu'éprouvèrent dans la Vendée les armées républicaines et cette valeureuse armée de Mayence furent l'ouvrage des représentants du peuple, de ces proconsuls qui marchaient à la tête des troupes, dirigeaient les généraux, et les vouaient à la mort, quand en vertu de leurs ordres ils avaient été battus. Jamais pays ne fut dévoré par une anarchie plus cruelle que la Vendée : c'était une fièvre de

Vivement poursuivis, ils sont complétement défaits par le général Marceau, à la bataille de Savenay.

Quelques corps de partisans se forment avec leurs débris.

Dès le principe, la Vendée eût été vaincue si des généraux capables avaient dirigé les troupes républicaines.

sang qui enivrait les Français; toute gloire s'y corrompait. Il n'y a point de lauriers quand ils sont rougis du sang des concitoyens.

IV

La chouannerie; elle ne mérite pas d'être comparée à la révolte des gladiateurs romains.

C'est de cette époque que commença la guerre de la chouannerie, que l'histoire flétrira à jamais du nom de *brigandage*, si l'on peut appeler guerre ce qui était crime d'un côté et juste répression de l'autre. La révolte des gladiateurs, du temps des Romains, a mérité une place dans l'histoire, parce qu'ils eurent un grand homme à leur tête, et qu'ils combattaient pour le plus précieux de tous les biens, pour la liberté individuelle. C'est peut-être, dans l'ordre social, le seul privilége où la nation et la loi se rencontrent au même degré.

Charette, ne pouvant plus tenir la campagne, fait la guerre de partisans.

Réduit à ses seules forces depuis le passage de la Loire par la grande armée vendéenne, Charette ne pouvait plus risquer de tenir la campagne dans la basse Vendée: d'ailleurs la journée de Savenay venait de mettre fin à toute coopération entre les deux armées, et avait donné aux troupes républicaines trop d'avantages pour que la petite armée de Charette pût leur résister. Il dispersa donc ses soldats et ses officiers en partisans, et, par la connaissance qu'ils avaient des localités de ce pays difficile, ils interceptaient les communications, s'embusquaient pour attaquer les convois, surprenaient des détachements, et, n'agissant presque jamais que la nuit, ils fatiguaient, sans pouvoir être atteints, la marche régulière des colonnes envoyées contre eux. Se trouvait-il pressé par une attaque imprévue, Charette n'avait plus d'autre commandement que le cri de *Sauve qui peut!* Il disparaissait lui-même, seul ou avec quelques cavaliers, et tous se ralliaient à plusieurs lieues en arrière, à un point convenu. Jamais ils ne perdaient de vue les républicains; ils avaient pour espions tous les paysans, et tombaient à l'improviste, soit sur les détachements, soit, dans la nuit, au milieu des bivouacs. Il massacraient impitoyablement tout ce qui se trouvait sous leurs coups. Charette avait ainsi organisé les moyens de se maintenir dans sa province, malgré la supériorité des forces républicaines.

Les chouans se recrutaient bien plus promptement encore que ne l'avaient fait les armées catholiques et royales, parce que c'était une association d'intérêts individuels plutôt qu'une union politique. Dès ce moment la cause de la royauté n'exista plus; le nom du roi et celui de Dieu furent profanés par ces partisans d'une nouvelle espèce, pour qui la religion et la monarchie n'étaient plus qu'un prétexte de destruction et de rapines. Les paysans aimaient ce genre de guerre, où ils trouvaient leur profit sans courir des dangers réels; ils le préféraient surtout à la discipline, aux fatigues d'une guerre régulière, qui avait fini par les éloigner de leur pays, et qui exposait chaque jour la fortune et la vie de leurs familles : aussi la chouannerie s'étendit rapidement dans le Morbihan, dans le pays nantais et dans la basse Normandie; elle forma, par le nombre de ses soldats, de véritables armées, dont les subdivisions, inaperçues, avaient des points de ralliement et d'appui. Ainsi les villes de Redon, de Savenay, de Candé, de Segré, d'Angers, de Laval, de Vitré, de Fougères, de Nogent, étaient pour eux de véritables quartiers généraux et des points de ralliement; ils infestaient toutes les routes de communication, détruisaient les moyens de correspondance du gouvernement. Toute circulation de l'agriculture et du commerce était impossible. De cette manière, le gouvernement se trouva saisi dans

La chouannerie est une occasion de brigandages plutôt qu'une résistance politique.

Ce genre de guerre plaît aux paysans.

Principales villes qui sont leurs points de ralliement.

le centre de l'État, et il lui fut impossible de faire parvenir ses ordres dans cette vaste étendue de territoire que couvrait la chouannerie, l'Anjou, la Bretagne, la basse Normandie.

<small>La Rochejaquelein et Stofflet recommencent la guerre dans le haut Anjou.</small>

La Rochejaquelein, séparé de son armée par la Loire dans le combat où il s'était imprudemment engagé avec quelques hommes pour saisir des bateaux devant Ancenis, avait erré dans les bois et était parvenu, après avoir couru les plus grands dangers, à rentrer dans le haut Anjou. Depuis le désastre de Saint-Florent, il s'était formé dans ce pays un noyau de nouveaux insurgés qui tenaient la campagne; Stofflet et La Rochejaquelein s'y réunirent.

<small>Prise de l'île de Noirmoutier par les républicains; sanglantes exécutions de Carrier.</small>

Le 5 janvier 1794, le général Haxo s'empara de l'île de Noirmoutier. D'Elbée, qui avait été forcé de quitter son commandement après l'affaire de Cholet, s'y était retiré blessé; il y fit, à la tête de la garnison, forte d'un millier d'hommes, une vigoureuse résistance, mais les républicains crièrent, dit-on, aux Vendéens, que la paix était faite, et ils se rendirent. Le général Turreau, qui remplaçait Marceau, avait ordonné cette expédition. Le représentant Carrier fit fusiller les prisonniers et donna à l'île de Noirmoutier le nom d'*île de la Montagne*. La couleur de cette époque est terrible. Eh! qui peut se figurer à présent une campagne dirigée par Carrier? Qui peut croire aussi que de bons soldats aient eu besoin de recourir à un moyen aussi lâche que celui de crier « la paix, » quand ils n'avaient à enlever qu'une position défendue par 1,000 paysans? Si Marceau fût resté général en chef, il n'eût pas souffert qu'on employât un semblable moyen.

<small>La Rochejaquelein remporte quelques succès; sa mort.</small>

Cependant La Rochejaquelein était parvenu à reformer une espèce d'armée, à la tête de laquelle il se remit en campagne. Plusieurs fois il échappa au général Turreau, battit ses divisions isolées, et le 4 mars 1794, auprès du village de Nouaille, il remporta un avantage assez important; mais, en poursuivant sa victoire, il fut tué par un grenadier qui, appuyé à un buisson, se défendait comme un lion contre des cavaliers qui l'entouraient. La Rochejaquelein s'élança, malgré ses officiers, pour obliger ce brave à se rendre prisonnier. Le grenadier tenait alors en joue un cavalier qui le serrait de plus près; mais quand il entendit nommer le généralissime, certain qu'il était de sa propre perte, il préféra, en mourant, immoler à la République une victime plus importante : il détourna son arme et tua La Rochejacquelein avec le plus grand sang-froid. Bientôt après il tomba percé de mille coups. Les Vendéens creusèrent une fosse, et les y placèrent tous les deux. Les chefs blâmèrent la conduite des paysans, qui avaient rendu une égale justice à deux braves. L'orgueil des officiers pouvait-il balancer l'oubli que les soldats venaient de faire de leur haine pour les *bleus*, en confondant dans la même tombe le chef qu'ils avaient le plus aimé et l'ennemi qui venait de le leur enlever? La Rochejaquelein n'avait que vingt et un ans : qui sait ce qu'il fût devenu?

Stofflet fut nommé généralissime. Il détestait les nobles par jalousie, et sa grossièreté le faisait détester par eux; mais ils n'avaient pas d'homme plus capable, et sa naissance lui donnait un ascendant sur les paysans, ses semblables. La révolution avait touché juste en proclamant l'égalité; les armées vendéennes étaient elles-mêmes dominées par ce grand principe, qui venait d'envahir la France, et contre lequel elles se battaient chaque jour. Ce fut alors que parut sur la scène l'abbé Bernier, curé de Saint-Laud, d'Angers. Ce prêtre attendait une occasion favorable pour gouverner la guerre civile; il s'empara facilement de l'esprit de Stofflet, et, ainsi que son

Stofflet succède à La Rochejaquelein.

Le nouveau généralissime est dominé par l'abbé Bernier.

disciple, dont il allait faire son instrument sans s'engager à partager ses périls, il donna peu de regrets à La Rochejaquelein. Il se mit à l'œuvre tout de suite, en composant une belle proclamation pour Stofflet. Celui-ci, jaloux de gagner par une action d'éclat son grade de généralissime, se porta avec 4,000 hommes sur Cholet, où le général Moulins se trouvait avec 5,000 hommes. L'attaque réussit complétement. Le général Moulins, forcé d'évacuer le poste qu'il était chargé de défendre, se brûla la cervelle de désespoir. Le triomphe des Vendéens fut de courte durée: le lendemain, la division Cordelier rentra dans Cholet. Stofflet voulut essayer, dans sa retraite, de surprendre Beaupreau, mais il échoua. Marigny, qui avait commandé pendant quelque temps en chef, profita de cette occasion pour témoigner son mécontentement: il quitta l'armée, emmenant avec lui bon nombre d'officiers et de paysans, qui prirent le parti de son ambition, et il forma un corps indépendant dans l'arrondissement de Bressuire. Peu après il tenta de se saisir du château de Clisson de La Rochejaquelein. Les républicains le défendirent avec opiniâtreté: mais ils durent céder au nombre, et perdirent beaucoup de monde dans leur retraite. Ce succès attira sous les drapeaux de Marigny les mécontents des armées de Stofflet, de Sapineau et de Charette. Ainsi renforcé, il marcha sur Mortagne, que l'armée républicaine évacua dans la nuit du 23 mars, après avoir soutenu la veille une attaque assez vive. Des magasins importants tombèrent au pouvoir de l'ennemi. Le général en chef Turreau, obligé, par les ordres du gouvernement, de faire plusieurs détachements, abandonna le champ de bataille à son ennemi et rentra à Cholet, laissant la division Cordelier sur les bords de la Boulogne pour observer Charette, et la

Vendée sembla renaître au milieu de ses ruines. De part et d'autre on se disposa à une guerre d'extermination, les uns pour assurer leur victoire, les autres pour venger leur défaite.

Le général Turreau conçut l'idée de bloquer la Vendée et de la réduire par ses dissensions intestines. Le Comité de salut public donna des ordres plus rigoureux que ceux qu'il avait donnés jusqu'alors : il envoya de nouveaux généraux, de nouveaux représentants, il décréta les colonnes infernales et les colonnes incendiaires, il voulut que tout ce que la générosité et la sagesse des généraux et des soldats de l'armée de Mayence avaient respecté fût anéanti, habitations, population, bestiaux, biens de la terre. Ces ordres, indignes de tout gouvernement et que le règne de la terreur pouvait seul voir naître, furent exécutés avec une barbarie sauvage. Tout un corps municipal, qui s'était rendu au-devant d'une colonne républicaine pour offrir la soumission de sa commune, fut fusillé, et cela sous le vain prétexte qu'on avait trouvé dans le village un devant d'autel blanc, que la soif du sang transforma en drapeau royal. A dater de ce jour, toutes les municipalités s'enfuirent aux approches des républicains, emmenant dans les bois et dans les rangs des Vendéens la population entière de ces contrées.

Le Comité de salut public ordonne une terrible répression ; les colonnes infernales et incendiaires.

Plusieurs combats furent livrés par les colonnes mobiles, devant lesquelles semblait marcher la destruction de cette belle portion du territoire de la patrie ; de part et d'autre on ne faisait plus de prisonniers. Les ordres du Comité de salut public, si fidèlement exécutés par ses généraux, au lieu d'anéantir la Vendée, armèrent de nouveaux bras ; de toutes parts le cri de « vengeance! » et de « mort aux républicains! » se fit entendre, et les populations échappées aux massacres sortirent de leurs bois pour courir aux armes.

Ces mesures, cruellement exécutées, ravivent le fanatisme vendéen.

Cependant Charette, poursuivi vivement par le corps que commandait le général Haxo, épiait l'occasion d'attirer son ennemi dans une position qui lui offrirait des chances de victoire; l'imprudence du général républicain le servit dans les environs de Venansault. Charette, ne se voyant suivi que par une avant-garde assez éloignée de son corps de bataille, se retourna tout à coup, écrasa l'avant-garde, se précipita sur les troupes d'Haxo et les mit en déroute. Ce général fut tué dans la mêlée, en cherchant à rallier les fuyards. Ce succès releva la prépondérance de Charette, mais en même temps irrita la jalousie de Sapineau, de Jolly et des autres chefs, parce qu'il conçut l'ambition de dominer toute la Vendée, de tout réunir sous son commandement et de livrer une bataille décisive. A cet effet il se rendit au camp de Jallais, où il conféra avec tous les chefs vendéens. Le relevé des forces que présentaient les cinq corps d'armée donna un présent sous les armes de 38,000 hommes d'infanterie, 2,000 de cavalerie, dix pièces de canon. L'armée républicaine comptait 70,000 hommes d'infanterie, 6,000 de cavalerie, trente bouches à feu; mais cette force imposante avait été divisée en seize corps isolés, ce qui donnait un moyen facile de l'abattre en détail. Charette exposa son plan de campagne; mais l'avis du curé Bernier prévalut : il proposait d'attaquer les républicains avec toutes les forces royales réunies, et de les rejeter de l'autre côté de la Loire. Une ancienne jalousie divisant Marigny et Stofflet, en raison de l'élection de celui-ci au commandement suprême, Charette voulut profiter de cette mésintelligence : il se réunit en apparence à Stofflet pour se débarrasser de Marigny, auquel on avait demandé inutilement de se démettre de son commandement, et il fit décréter par le conseil supérieur que tout chef qui s'écarterait des dispositions convenues pour l'exécution du plan de campagne serait déclaré traître et condamné à mort. Ce fut la perte de Marigny; ses troupes, n'ayant pas été comprises dans une distribution de vivres qui se fit à Jallais, se débandèrent; on l'accusa de trahison. Charette, rapporteur au conseil de guerre, conclut à la mort; et Stofflet, qui présidait le conseil, prononça la peine, et se chargea de l'exécution. Il alla lui-même investir le château de Marigny, fit arracher ce brave gentilhomme de son lit, et le fit fusiller dans sa cour. Les assassins de Marigny lui survécurent bien peu, mais leur jalousie fut satisfaite. On accusa l'abbé Bernier d'avoir mené cette trame, dont Charette espérait recueillir tout le fruit : c'était une calomnie. Débarrassé de Marigny, il fit inviter Stofflet à venir le voir dans son camp de Beaurepaire; l'abbé Bernier fit prévenir Stofflet, et l'empêcha de s'y rendre. Dès ce jour une haine irréconciliable divisa les deux rivaux. La cause vendéenne reçut un coup mortel de toutes ces dissensions; et la mort injuste de Marigny jeta dans ses rangs une grande défaveur sur ses juges.

Mort de Marigny.

Stofflet est préservé du même sort par l'abbé Bernier.

La Vendée fut de nouveau divisée en trois arrondissements militaires. Charette commanda le littoral depuis le pertuis breton jusqu'à Bourgneuf, Sapineau fut chargé de la défense du pays de Retz, et Stofflet des bords de la Loire. La haine des chefs alla si loin que Stofflet refusa de participer à l'attaque de Saint-Florent. Charette organisa ses forces en huit divisions; Sapineau forma quatre divisions, et Stofflet huit; l'abbé Bernier s'attacha au sort de ce chef.

Partage du territoire entre les chefs vendéens: leurs dissensions continuent.

L'attaque de Challans n'ayant pas réussi, Charette accusa Jolly, chef d'une de ses divisions et l'un de ses anciens rivaux, d'avoir fait échouer cette tentative par sa faute, et le mit en

Échec de Charette devant Challans; il en accuse un de ses officiers et le fait mettre à mort.

jugement. Le conseil de guerre le condamna à mort; mais ses amis le firent sauver; il se cacha dans un village du haut Poitou. Peu après, découvert et cerné dans sa retraite par des émissaires, il s'y défendit vaillamment, et trouva une mort honorable dans sa résistance. Cette circonstance et celle de la condamnation de Marigny prouvent que l'influence anglaise s'exerçait dans la Vendée comme à Paris; de tous côtés c'était le sang français qu'il fallait répandre, et la discorde qu'il fallait semer.

Après le 9 thermidor, le nouveau gouvernement cherche à négocier avec les chefs vendéens.

Les dernières affaires de l'année 1794 furent tout à l'avantage des Vendéens; le 9 thermidor avait eu lieu: Robespierre et la terreur avaient cessé d'exister; tous les partis se sentaient également soulagés de la disparition de ce pouvoir colossal, qui pendant deux ans avait imprimé à ses volontés un empire si redoutable. Le nouveau gouvernement s'occupa des moyens de cicatriser des plaies encore saignantes, et alla au-devant de la possibilité d'entrer en négociation avec la Vendée. Le général Canclaux, qui avait remplacé Turreau dans le commandement de l'armée, eut ordre de faire à Charette quelques ouvertures. Celui-ci les reçut avec dédain dans les premiers moments, et exigea, pour condition *sine qua non* de toute négociation, le rétablissement du trône des Bourbons. Cependant une plus mûre réflexion amena ce chef habile à ouvrir les négociations sur des bases admissibles par le gouvernement républicain.

Concessions faites habilement par le Comité de Salut public.

Le Comité de salut public conduisit la négociation avec une grande habileté: il ne perdit pas de vue un instant qu'il traitait avec des rebelles à son autorité, et qu'il fallait avant tout leur faire poser les armes. Il écouta la question du retour des princes, de la rentrée des émigrés, de la remise immédiate à l'armée vendéenne du Dauphin et de Madame, de la reconnaissance, comme religion dominante, de la religion catholique, apostolique et romaine. Ses plénipotentiaires discutèrent toutes ces prétentions sans en rejeter aucune de prime abord; mais ils les ajournèrent toutes, sous le motif si évident qu'il fallait du temps pour amener les esprits au passage de la république à la royauté; enfin ils y mirent tant d'adresse qu'ils amenèrent Charette à signer, le 15 février, un traité par lequel il déclarait que « les Vendéens se soumettaient aux lois de la République. » Cette seule disposition annulait toutes les autres, qu'on avait à dessein stipulées dans des articles secrets. Le gouvernement eut soin d'accompagner la négociation de témoignages de sa munificence et de sa bonne foi. Les bons royaux émis par les généraux vendéens furent acquittés jusqu'à concurrence de 1,500,000 francs; des indemnités furent allouées aux communes; des instruments aratoires leur furent délivrés avec profusion; le séquestre fut levé sur toutes les propriétés des Vendéens; l'amnistie fut générale et complète. La désertion se mit aussitôt dans les rangs de Stofflet, qui témoignait hautement son indignation de la paix, et s'était refusé à signer l'acte de pacification. Ses principaux officiers le quittèrent et reconnurent le traité; il alla jusqu'à en arrêter un et le faire fusiller. Il investit le quartier général de Sapineau, dans l'espoir de lui faire subir le même sort; Sapineau, prévenu à temps, se sauva; mais son château fut livré au pillage. La proclamation de la Convention, qui apprit à la France la pacification de la Vendée, parla aussi de la rébellion de Stofflet et le dévoua à la vindicte publique.

Il amène les Vendéens à reconnaître les lois de la République; bons procédés dont il accompagne les négociations.

Stofflet se refuse, presque seul, à tout accommodement; la Convention le signale à la vindicte publique.

Cependant Charette, enivré des honneurs que lui rendaient les représentants, avait donné tête baissée dans le piége de cette pacification, et ne résista pas à la vanité de se montrer aux habitants de Nantes à la tête de son état-major. Le jour

Vanité de Charette; réception qui lui est faite à Nantes par les généraux républicains.

fut fixé pour sa réception par les généraux républicains, qui étalèrent dans cette espèce de cérémonie un luxe humiliant pour la pauvreté de l'état-major vendéen. Les représentants donnèrent à Charette un dîner splendide et le comblèrent d'égards. Il était loin de prévoir que cette grande ville, dont les autorités et les habitants l'accueillaient avec tant de faveur, et peut-être avec cette sorte d'enthousiasme qui appartient au caractère français, verrait, peu de mois après, tomber sa tête avec la plus grande indifférence. La partie était trop forte pour Charette et ses conseils. Les chefs, accusés ou convaincus d'avoir reçu de grosses sommes de la République, furent méprisés des paysans. Il n'y eut plus qu'intrigues et désunion, défiance et trahison.

<small>Tentatives faites près de Stofflet pour l'engager à se soumettre.</small>

Cependant les représentants pacificateurs voulurent achever leur ouvrage et tentèrent de décider aussi Stofflet à se soumettre; il resta incorruptible, par les conseils de l'abbé Bernier, déclara qu'il ne reconnaîtrait de pacification que quand Louis XVII serait rétabli sur le trône. Cette condition était difficile à accorder; cependant, avant de l'attaquer à force ouverte et de recommencer une guerre désastreuse, on essaya de nouveaux moyens de conciliation, et l'on parvint à établir des conférences à Vihiers; mais elles n'eurent aucun résultat. Stofflet insistait toujours sur la reconnaissance préalable de Louis XVII. L'ancien garde-chasse montra jusqu'à la fin un noble caractère; toutefois il dut ployer devant les forces que le général Canclaux réunit contre lui. 50,000 hommes lui furent opposés, il en comptait à peine 12,000 sur ses états de situation; encore eut-il la preuve, quand il voulut les rallier sous ses drapeaux, que sa popularité était perdue, et que tout était sourd à sa voix. Le meurtre de Marigny lui avait aliéné

<small>Il veut continuer la guerre; mais il est abandonné par ses troupes.</small>

beaucoup de partisans; les violences qu'il venait d'exercer sur quelques-uns des chefs signataires du traité avaient porté le dernier coup à sa faveur populaire. Il fut contraint de fuir avec une poignée d'hommes qu'il appelait *sa garde prétorienne*. Elle était composée d'anciens gardes-chasse et de déserteurs dévoués. Il se tint longtemps caché dans la forêt de Vezieu. Son habile conseiller, l'abbé Bernier, sentit que, si la faiblesse de ce corps vendéen était connue du général Canclaux, il n'y avait plus ni paix ni pardon à espérer: en conséquence, il dépêcha la nuit un émissaire à ce général pour demander une suspension d'armes et proposer une conférence, espérant que la défection de ses troupes ne serait pas encore connue au quartier général républicain. Canclaux l'accorda sans hésiter. La conférence eut lieu à Varades. Stofflet accéda purement et simplement au traité de la Jaunaye, et reçut 2 millions d'indemnité. La République s'engageait, en outre, à lui solder un corps de 2,000 hommes. Cette dernière clause, qui était commune aussi aux autres chefs vendéens, les faisait passer subitement de la position de généraux royalistes à celle de généraux républicains, puisqu'ils étaient soldés, eux et leurs troupes, par la République, et qu'ils devaient faire, concurremment avec ses troupes, le service des places et la police des routes, qu'infestaient toujours quelques bandes de Chouans ou de brigands, qui s'en donnaient le nom.

Sur le conseil de l'abbé Bernier, il finit par accéder au traité de la Jaunaye.

Une clause de ce traité assimile les chefs vendéens aux généraux républicains.

Il en fut de même pour les Chouans, qui avaient d'abord refusé toute espèce d'accommodement. Le général Canclaux, après avoir terminé avec Stofflet, fit passer son armée en Bretagne. A la vue de ces forces, les Chouans s'amendèrent et signèrent à la Mabilière, le 21 avril 1795, un traité où fut stipulée la soumission des Chouans aux lois de la République; on leur

Soumission des Chouans au traité de la Mabilière.

donna aussi de l'argent, et une partie des bons royaux qu'ils avaient émis fut acquittée.

<small>Articles secrets du traité de la Jaunaye.</small>

Les articles secrets du traité de la Jaunaye donnent une juste idée de l'habileté des négociateurs républicains et de la crédulité des négociateurs vendéens; les voici : « Les républicains, convaincus qu'après plusieurs années de combats infructueux ils ne peuvent assujettir ni détruire les royalistes du Poitou et de la Bretagne, sont convenus des articles suivants : 1° La monarchie sera rétablie. 2° La religion catholique sera remise dans toute sa splendeur. 3° En attendant l'époque du rétablissement de la monarchie, les royalistes resteront entièrement maîtres de leur pays; ils y auront des troupes soldées aux dépens de l'état, qui seront à l'entière disposition de leurs chefs. 4° Les bons signés au nom du roi, et qui ne s'élèvent qu'à 1,500,000 francs, seront acquittés sur les caisses de l'état; les royalistes garderont en outre tout ce qu'ils ont pris aux républicains. 5° Les chefs et les soldats royalistes recevront de grosses sommes pour les indemniser de leurs pertes et de leurs services. 6° Non-seulement on ne pourra imputer aux royalistes rien de ce qui s'est passé, mais encore on lèvera le séquestre de leurs biens et de ceux de leurs parents condamnés. 7° Les émigrés qui se trouvent en Bretagne ou en Poitou seront censés n'être jamais sortis de France, parce qu'ils s'y sont battus pour le roi. 8° Tous les royalistes resteront armés jusqu'à l'époque du rétablissement du trône, et, jusqu'à cette époque, il seront exempts d'impôts, de milice et de réquisitions de tout genre. »

<small>Ils n'offraient aux chefs vendéens que des garanties illusoires.</small>

Tels furent ces articles secrets; ils n'engageaient que ceux qui les avaient proposés. On voit jusqu'où pouvait aller la confiance ou plutôt la présomption des chefs signataires. Le dernier article surtout était complétement illusoire, parce que l'époque du rétablissement du trône était indéfinie, et parce que, dans un pays ruiné et rebelle, il y avait impossibilité de lever des impôts et danger de lever la milice. On comprend difficilement comment Charette et les autres signataires de cet acte ont pu croire un seul instant qu'il serait de bonne foi exécuté par le gouvernement républicain.

VII

Pendant la guerre, les Anglais n'avaient donné aucun des secours qu'ils avaient promis aux Vendéens; mais, aussitôt que la pacification fut connue, ils s'occupèrent de ressusciter la Vendée. M. de Puisaye fut l'âme et le conseil de cette tardive entreprise, qu'il sollicitait vainement depuis dix mois. Il était chargé par les princes de tous les pouvoirs nécessaires pour traiter cette grande affaire avec le gouvernement anglais, qui alors se décida à ordonner un armement considérable à Portsmouth. On embarqua de l'argent, des munitions, des uniformes pour 60,000 hommes, un matériel considérable d'artillerie et 80,000 fusils, plusieurs compagnies de canonniers, 600 mineurs ou sapeurs, un service complet d'hôpitaux; trois régiments composés d'émigrés ou d'étrangers, d'environ 3,000 hommes, firent également partie de cette expédition. Le convoi mit à la voile sous la protection de l'escadre de l'amiral Warren, composée de deux vaisseaux de 74, quatre frégates et huit bâtiments légers, dont deux chaloupes canonnières. L'escadre anglaise, qui tenait la mer sous les ordres de l'amiral Bridport, reçut l'avis que l'escadre française guettait le convoi. En effet, les deux escadres se trouvèrent en présence sous

Les Anglais, mécontents de la pacification, s'entendent avec Puisaye, pour ressusciter la Vendée.

Ils réunissent une expédition considérable qui débarque à Quiberon.

Belle-Île; l'amiral Villaret avait seize vaisseaux, dont un seul à trois ponts; les Anglais en avaient trois de 120 canons et douze de 74. Villaret fut attaqué et perdit trois vaisseaux. Le convoi continua sa route sur Quiberon, lieu de sa destination; la flotte anglaise bloqua Belle-Île et Lorient. Le 27 juin, les troupes, sous les ordres de M. de Puisaye, débarquèrent à Carnac; le chef de Chouans, Georges, l'attendait sur la côte à la tête de 4.000 hommes.

{Charette, obéissant à des avis secrets, recommence la guerre civile.}

Depuis l'accession de Stofflet au traité de la Jaunaye, Charette avait perdu beaucoup de son crédit auprès des représentants et des généraux républicains; il avait été fréquemment éconduit dans les demandes auxquelles ce traité semblait l'autoriser. Des émissaires qu'il avait à Paris lui donnèrent même avis qu'ennuyé de ses instances le comité du gouvernement pensait à se saisir de sa personne. Ce ne fut qu'alors qu'il ouvrit les yeux sur la pacification, et qu'il forma tacitement le projet de la rompre aussitôt que l'occasion serait favorable. Instruit de l'armement de Portsmouth, et engagé par des ordres directs du régent à reprendre les armes, il leva de nouveau l'étendard de la guerre civile, le 24 juin, au camp de Belle-Île, à la tête de 10.000 hommes. Le 8 juin Louis XVII était mort victime des traitements odieux qu'il avait reçus dans sa prison.

{La Convention envoie des troupes dans les départements de l'Ouest.}

Le gouvernement, effrayé des armements de l'Angleterre, que l'on portait à 25.000 hommes de débarquement, craignit avec raison de n'avoir plus en Bretagne et en Poitou de forces suffisantes pour s'opposer à une expédition aussi formidable. Il ne pouvait douter que la Vendée et les Chouans ne rompissent tout à coup le traité, et qu'alors la France ne fût de nouveau livrée à tous les malheurs de la guerre civile. La Convention ordonna l'envoi de nouvelles troupes dans les départements de l'Ouest ; celles qui avaient formé l'armée du général Canclaux avaient été rappelées aux armées des frontières. Le général Hoche reçut le commandement en chef dans l'Ouest ; il justifia par sa conduite, dans cette malheureuse circonstance, l'estime de tous les partis. Ce fut une des plus belles réputations militaires de la révolution. On a prétendu qu'il avait inspiré de la jalousie et même de l'inquiétude au Directoire : c'était l'histoire de tous les généraux qui avaient de l'indépendance de caractère, de la popularité, et à qui l'on pouvait supposer des vues élevées pour le bonheur de la France. Hoche était un véritable homme de guerre. Ami de la discipline avant tout, il sentit que dans une guerre d'opinion il fallait avoir la majorité de son côté. Le misérable commandement de Rossignol et de Turreau avait désorganisé l'armée, qui luttait de brigandage avec les Chouans ; Hoche rétablit, sous les peines les plus sévères, un ordre rigoureux dans son armée. Dès ce jour, les campagnes ne furent plus dévastées, et l'habitant vit un protecteur dans chaque soldat républicain : cette conduite imposait aux ennemis de la République.

Hoche en reçoit le commandement ; éloge de ce général.

Il rétablit la discipline et organise l'armée.

Charette était regardé par le roi, avec lequel il correspondait, comme le chef véritable des insurgés de l'Ouest ; cependant le commandement général fut conféré à M. de Puisaye. Les Anglais, dont les projets ne s'accordaient pas toujours avec les intérêts du trône, contribuèrent par leurs intrigues à jeter ce brandon de discorde dans la Vendée, au moment même où ils semblaient faire un grand effort pour son triomphe. Ils donnèrent de leur côté des lettres de commandement à M. d'Hervilly ; la mésintelligence éclata parmi les trois chefs, le désaccord fut complet dans les opérations, et il n'était pas difficile d'en prévoir les résultats. Toutefois la présence d'un

Puisaye préféré à Charette pour commander en chef ; rivalités entre les chefs vendéens.

prince français eût dompté toutes ces rivalités et mis la République dans le plus éminent péril. Ce prince était demandé depuis longtemps par les chefs de la Vendée ancienne et nouvelle; mais le cabinet de Saint-James se refusa constamment à satisfaire aux vœux qui lui étaient adressés à ce sujet. Cependant jamais occasion n'avait été plus favorable pour opérer une puissante diversion en faveur de la cause royale. Lors de la dernière campagne, la terreur des Chouans avait été jusqu'à Paris, où il y avait toujours un comité royaliste en permanence, et des hommes fougueux de la Convention en faisaient partie. Les traces de cette étrange association subsistent dans les aveux des contemporains ; un jour les preuves en seront livrées à la curiosité publique.

Les troupes débarquées dans la presqu'île de Quiberon n'avaient que deux choses à faire : profiter du premier moment d'enthousiasme qui avait porté au-devant d'eux une partie de la population des côtes, et conquérir le terrain nécessaire à défendre les approches de Quiberon, où se trouvaient toutes les richesses, tous les moyens, toutes les forces matérielles de cette grande expédition; ou s'établir dans la position inexpugnable de Sainte-Barbe. Les généraux en chef, dont l'un, d'Hervilly, avait le pouvoir, parce qu'il était breveté par le roi d'Angleterre, et l'autre, Puisaye, la confiance des Vendéens, divisés également de volontés et de plans, conduisirent à leur perte, sous le canon et sous le drapeau anglais, toute cette multitude d'émigrés et de Vendéens qu'ils commandaient. Chaque jour de cette expédition fut, pour les royalistes, marqué par un désastre. Une colonne qui s'était aventurée dans le pays, sous les ordres de M. de Tinténiac, le même qui avait été envoyé aux Vendéens par les Anglais avant le passage de

PACIFICATION DE LA VENDÉE. 153

la Loire, fut détruite, et les royalistes de Quiberon ne l'apprirent que lorsqu'eux-mêmes furent perdus et prisonniers. La désertion commença dans l'armée de d'Hervilly parmi ses régiments soldés; les soldats saisirent l'occasion de rentrer en France, et donnèrent des renseignements importants. Le 16, le général d'Hervilly tenta de s'emparer de la position de Sainte-Barbe, qu'il avait donné le temps à 15,000 républicains d'occuper et de couvrir de batteries; il perdit beaucoup de monde, entre autres une cinquantaine d'officiers de l'ancienne marine; il se sauva avec peine. Les Anglais avaient à dessein compris dans l'expédition 300 émigrés de cette arme; ce moyen infamant de se venger des triomphes du brave Suffren souriait à leur politique. Ils anéantirent ainsi tous les auteurs, tous les témoins de cette belle campagne de l'Inde, qui avaient porté si haut la gloire du pavillon français.

Des émigrés, compagnons de Suffren aux Indes, périssent dans ces combats à la grande joie de l'Angleterre.

Le général Humbert commandait à Sainte-Barbe; il fit des progrès et enleva les ouvrages dont l'expédition s'était enfin couverte. Il employa une ruse qui lui réussit : il habilla des détachements avec les uniformes des morts, des blessés et des prisonniers, et, ainsi travestis, ses soldats entrèrent avec les royalistes dans leurs retranchements. Ceux-ci s'en aperçurent, mais il était trop tard; d'ailleurs les patriotes appelaient à eux, les assurant de leur pardon, les soldats des régiments émigrés, et ceux-ci se rendaient dans leurs rangs par compagnies. Cette défection aurait dû être prévue : la plupart étaient des soldats ou marins français prisonniers en Angleterre, enfants de la République. Enfin, le 22, le fort Penthièvre, dernière espérance des royalistes, fut enlevé à la baïonnette; toute l'artillerie débarquée tomba au pouvoir des républicains; la mer se couvrit d'embarcations; tous ceux qui avaient échappé au carnage

Les retranchements des Vendéens sont enlevés par ruse; nombreuses désertions parmi les troupes rebelles.

Prise du fort Penthièvre et déroute des Vendéens.

pendant le combat se précipitèrent sur le rivage pour gagner l'escadre; mais la plus grande partie ne put entrer dans les chaloupes. Grand nombre de ces malheureux, que la politique machiavélique du cabinet de Londres sacrifiait ainsi, attendaient sur le rivage qu'on vînt les enlever à une mort certaine; d'autres se jetèrent sur leurs épées ou sur leurs baïonnettes, et se tuèrent sous les yeux de leurs chefs : les Anglais restèrent spectateurs impassibles de ces scènes d'horreur. L'agonie de cette armée de Français fut affreuse. D'Hervilly, auteur involontaire de ce désastre fut blessé d'un coup de canon; il alla mourir en Angleterre. Les émigrés qui ne purent s'embarquer furent pris, avec le brave Sombreuil, au nombre de 1,200. Ce chef s'était rendu par une sorte de capitulation verbale faite au milieu de l'action, à laquelle le général en chef Hoche était tout à fait étranger. Il le prouva, puisqu'il ne voulut point la reconnaître, et de fait il ne le pouvait pas; c'était Tallien, représentant du peuple à Vannes, qui seul avait ce pouvoir. Mais le général Hoche fit ce qu'il pouvait faire, ce fut de ne pas faire garder ses prisonniers, qui eurent toute la nuit pour gagner la forêt et se sauver; la plupart de ces malheureux ne voulurent point en profiter. Tallien fit fusiller impitoyablement Sombreuil et ses compagnons, parmi lesquels il y avait plus de 200 officiers de marine expérimentés. Le proconsul remplit en cela les désirs du cabinet de Saint-James, encore plus que celui du Comité de salut public; conduite inexplicable, puisque Tallien était en rapport avec les princes.

L'amiral anglais Warren ramena en Angleterre ses vaisseaux, ses équipages, quelques fugitifs, à la honte de son pavillon; il fut bien accueilli par le ministère, mais il fut honni par la nation; et quand en plein parlement le ministre Pitt, poursuivi par l'opinion de ses concitoyens, osa justifier l'expédition de Quiberon en disant, « Du moins le sang anglais n'y a pas coulé, » Shéridan lui répondit : « Non, sans doute, mais l'honneur anglais a coulé par tous les pores. » La réponse de Shéridan juge suffisamment la conduite du gouvernement anglais et la foi que l'on doit attacher aux justifications semblables à celle de l'émigré qui, témoin des désastres de Quiberon, cherche à laver de tout reproche l'amiral Warren et le cabinet de Saint-James. Cet émigré ne fait le procès qu'à ses compagnons d'armes, comme Shéridan ne le fait qu'à son gouvernement : ils ont raison tous deux, mais l'orateur de l'opposition est resté l'oracle de l'histoire.

Aussitôt que Charette apprit l'exécution des émigrés à Vannes, il fit, par représailles, fusiller 2,000 prisonniers qu'il avait faits depuis la rupture du traité de la Jaunaye. Ces vengeances de cannibales rangent parmi les fléaux du genre humain les hommes qui les ont provoquées ou exercées. La conduite de Charette en cette occasion est plus coupable peut-être que celle de Tallien, qui avait pour autorité et pour juge les lois existantes, et pour justification la qualité de rebelles pris à main armée sur le territoire; tandis que le massacre de 2,000 républicains ordonné par Charette, et exécuté sous ses yeux, fut le résultat d'une combinaison et d'un calcul de simple cruauté, où manquait même le prétexte de la politique, surtout pour l'avenir.

<small>Sanglantes représailles du massacre de Vannes; Charette est moins excusable que Tallien.</small>

Le jour même où la République anéantissait les royalistes de Quiberon, elle signait un traité avec un prince de la maison de Bourbon, Charles IV, roi d'Espagne : ce rapprochement est remarquable.

<small>Le traité de Bâle est signé le jour même de la victoire de Quiberon.</small>

L'armée dont lord Moira avait avec ostentation reçu le com-

L'Angleterre envoie une nouvelle expédition sur les côtes du Poitou.

mandement, et qui était destinée à une expédition contre la France, n'avait point été embarquée, et Pitt avait eu de bonnes raisons pour ne pas la joindre à l'expédition royaliste. Mais, après la catastrophe de Quiberon, ce ministre parla de nouveau de débarquer l'armée de lord Moira sur les côtes du Poitou, et d'y joindre une expédition française, bien plus nombreuse que la première, sous les ordres des princes. Dans ce même temps, un convoi chargé de munitions de guerre, d'armes, d'effets d'habillement et d'argent pour la Vendée, mit à la voile; Charette en fut averti, ainsi que du lieu où les transports jetteraient l'ancre : il s'y porta au temps convenu avec 15,000 hommes. Il battit les républicains, et ramena dans son camp de Belleville les secours que le convoi avait débarqués. Tout semblait être enfin combiné entre les princes, les chefs vendéens et les Anglais, pour porter la guerre au cœur de la France. Le 25 août, le lieutenant général du royaume s'embarquait à Portsmouth, à bord du *Jason*; la flotte perdit beaucoup de temps à choisir le lieu de débarquement, fit une mauvaise attaque sur Noirmoutier, et porta le prince à l'île d'Yeu. Mais toute cette armée, dont on avait fait tant de bruit, ne se composait que de 4,000 Anglais et quelques centaines d'émigrés. Puisaye, retourné en Bretagne depuis l'affaire de Quiberon, avait reçu de Louis XVIII le titre de général en chef de ses armées de l'Ouest. Le recensement des forces royales existantes dans cette province en portait l'effectif à plus de 100,000 hommes ayant fait la guerre, et dont la moitié étaient armés : 15,000 sous Scépeaux, entre la Vilaine et la Loire; 15,000 sous Charette, à Belleville et en Anjou; 20,000 sous Stofflet; 4,000 sous Sapineau. Frotté, qui commençait à insurger la Normandie, avait rassemblé 6 à 7,000 hommes. Ainsi,

Charette combine ses opérations avec l'expédition anglaise.

Le comte d'Artois débarque à l'île d'Yeu.

État des forces royales dans l'Ouest.

les forces royales qui se trouvaient à la disposition du lieutenant général, pendant son séjour à l'île d'Yeu, dépassaient 100,000 combattants.

Les troubles intérieurs causés par les royalistes de Paris montraient une autre Vendée dans la capitale. C'était l'époque du 13 vendémiaire. Toutes ces affaires marchaient ensemble ; il y avait correspondance et combinaison entre Paris et la Vendée. Le comité parisien recevait ses pouvoirs de la même source. Si le 13 vendémiaire sauva, par le fait, la République à Paris, le séjour inconcevable de l'expédition du lieutenant général à l'île d'Yeu, où elle resta depuis le 2 octobre jusqu'au 17 novembre, sans débarquer en Bretagne, y contribua efficacement. La République était perdue, si les Anglais eussent laissé descendre sur le sol de la patrie le comte d'Artois. Ce prince écrivit aux chefs vendéens qu'il était contraint de quitter l'île d'Yeu avec les Anglais, par ordre du gouvernement britannique, mais qu'il reparaîtrait bientôt. A cette nouvelle, le découragement frappa les armées royales, et Charette se vit tout à coup en présence de forces trop nombreuses pour pouvoir lutter contre elles. La paix avec l'Espagne avait rendu à la Convention la disposition d'une belle armée. Les Vendéens furent battus sur tous les points.

Stofflet, pressé par le général Hoche, eut recours à sa générosité, et invoqua le traité. Hoche lui pardonna ; mais, peu de temps après, il osa reprendre les armes. Abandonné des paysans, que la conduite du général en chef désarmait chaque jour par milliers, il finit par être livré : il réclama en vain une dernière amnistie, il fut conduit à Angers, jugé et condamné à mort.

Bientôt il ne resta plus que Charette, et la désertion gagna

Le 13 vendémiaire et les lenteurs du comte d'Artois sauvent la République d'une situation très-critique.

Le rappel de ce prince en Angleterre décourage les armées royales, qui sont battues sur tous les points.

Prise, jugement et condamnation de Stofflet.

ses rangs. « Vous avez fait la paix sans nous, lui disaient les paysans; les *bleus* ne nous font pas de mal; nous ne voulons plus faire la guerre pour vous. » Charette, réduit d'abord à 200 hommes, et peu après à une douzaine de cavaliers d'escorte, échappa miraculeusement. Le 21 février 1796, il avait refusé, soit à Hoche, dit-on, soit aux Vendéens, de partir pour l'Angleterre. Sa haine pour les auteurs des désastres de Quiberon et de l'évacuation de l'île d'Yeu était restée invincible : il déclara vouloir mourir dans la Vendée. Peu de jours après il tomba au pouvoir d'un détachement républicain envoyé à sa poursuite, fut conduit à Nantes, où il était entré avec une sorte de triomphe populaire quelque temps avant; livré au conseil de guerre, il fut fusillé. Quelques autres officiers peu importants périrent successivement de la même manière, ayant été livrés par leurs propres paysans.

<small>Charette, abandonné des siens, est pris et fusillé.</small>

La haute Vendée fut pacifiée par la mort de Stofflet, et la basse Vendée par celle de Charette. Mais ces provinces ne furent réellement soumises que sous le Consulat, où elles reprirent leur rang parmi les départements de la République. Seulement, en 1796, les paysans, qui avaient enfin compris leurs véritables intérêts, parce que le Directoire avait placé à la tête de ses armées un homme digne de les commander, mirent bas les armes.

<small>La Vendée, pacifiée après la mort de son chef, ne fut définitivement soumise que par Napoléon.</small>

Il fallait toute l'impéritie de ce gouvernement pour faire perdre à la République les avantages de la conduite du général Hoche, et replonger dans les horreurs de la guerre civile des provinces qui ne demandaient qu'à être ménagées. Depuis la pacification de 1796, elles étaient sorties de leurs ruines, et les paysans s'étaient livrés avec sécurité aux travaux de l'agriculture, abandonnés depuis tant d'années. Mais les plaies

<small>Maladresse du Directoire qui, au lieu de ménager les provinces de l'Ouest, ordonne des levées de conscrits.</small>

étaient récentes : il y avait loin de ne plus se battre contre la République à se battre pour elle. Après une rébellion toujours victorieuse pendant plusieurs années, après une guerre à outrance, dans laquelle les deux tiers de la population de ces provinces avaient soutenu le choc de plus de 200,000 républicains, il était absurde de vouloir appeler sous les drapeaux de la révolution les conscrits de ces peuples encore irrités; la politique voulait qu'on attendît une autre génération pour appeler au service militaire les enfants de la Vendée. Le Directoire ne le comprit pas, il ordonna des levées d'hommes dans les départements de l'Ouest; un mouvement insurrectionnel se manifesta aussitôt dans tous ces départements. Le Bocage, pays coupé et impénétrable, qui, depuis l'origine de la Vendée, avait offert aux bandes royales un asile inexpugnable, devint le refuge des déserteurs et des réfractaires. Les délits des grandes routes recommencèrent : c'est le premier acte d'une population qui se révolte que d'intercepter les communications.

Il se forme des bandes de déserteurs et de réfractaires.

Le cri de « mort aux *bleus!* » s'éleva de toutes parts. Ce cri populaire, dans ces contrées inquiètes et à peine désarmées, ne fut obéi qu'avec trop de fidélité; d'un autre côté, les chefs signataires de la pacification, avertis que le Directoire pensait à se saisir de leurs personnes, quittèrent leurs domiciles et vinrent se réfugier dans le Bocage; leur présence donna confiance aux déserteurs, et de nouvelles bandes royales s'organisèrent.

Les chefs vendéens se révoltent et se mettent à la tête de nouveaux soulèvements.

Cependant les propriétaires, les fermiers ne voulaient point prendre part dans cette guerre; ils avaient déclaré aux chefs du Bocage que seulement ils leur donneraient asile au besoin. Ainsi la partie de la population qui forme la force réelle du pays voulait rester en paix et comme étrangère aux querelles

Une partie de la population demeure indifférente à ces mouvements.

des deux partis. Le Directoire, s'il eût été habile, pouvait facilement profiter de cette heureuse circonstance pour éteindre le foyer des rébellions isolées qui venait de s'allumer dans le Bocage ; mais, insensé dans sa politique intérieure comme dans sa politique extérieure, il provoqua la loi des otages. Cette loi ordonnait d'emprisonner comme otages tous les nobles, à l'exception des fonctionnaires, les aïeux, pères et mères des Chouans et des Vendéens, et leurs parents jusqu'au quatrième degré inclusivement. Un otage qui s'évaderait serait considéré comme émigré, et fusillé s'il était repris. Un *bleu* assassiné, quatre otages seraient déportés à Cayenne, et tous payeraient solidairement 6,000 francs au trésor et 6,000 francs à la famille du mort. Le séquestre serait mis sur tous les biens des otages, pour répondre des vols commis par les Chouans. Ces tables de proscription réveillèrent tous les souvenirs de la terreur. L'indignation fut générale; elle éclata sur tous les points de la France contre le Directoire, qui avait osé proposer cette loi atroce, qui l'avait promulguée et en poursuivait l'exécution. Tout ce qu'il y avait de vrais citoyens en France, d'hommes sages et vertueux, prononcèrent dans leurs pensées et appelèrent de leurs vœux le renversement de l'autorité directoriale.

La guerre civile recommença et menaça bientôt d'envahir de nouveau l'Anjou, le Poitou, la Bretagne et la Normandie. Le Directoire comprit alors sa faute et son danger; mais il suivit la fausse route dans laquelle il s'était lancé avec une imperturbable opiniâtreté : il semblait qu'il fût conseillé par ses ennemis. Sans doute, pour montrer à toute la République qu'il était effrayé de l'attitude menaçante de la Vendée et inquiet du civisme des Français, il fit rendre par les Conseils une loi qui obligeait les fonctionnaires publics de faire le serment de haine à la royauté. Peu après, il ordonna des visites domiciliaires dans les départements de l'Ouest qui n'étaient pas encore révoltés; il adoptait ainsi, dans son aveuglement, toutes les mesures propres à ranimer et à étendre la guerre civile. Les bandes royales, enfantées par la loi de la levée de 200,000 hommes et par celle des otages, s'accrurent tout à coup d'une immense multitude de volontaires que leur envoyaient les visites domiciliaires; elles devinrent des armées.

Au milieu de cet étrange système du Directoire, la pénurie du trésor était à son comble; les mandats venaient de remplacer les assignats; discrédités bientôt eux-mêmes, le gouvernement ne savait plus par quelles ressources pourvoir à ses besoins. La dilapidation dans toutes les administrations était révoltante. On imagina l'emprunt forcé, taxe militaire de 100 millions imposée sur les riches. Cette taxe, qui pesait également sur ceux du nouveau et de l'ancien régime, ameuta contre le Directoire plus d'ennemis importants que toutes ses autres mesures révolutionnaires. La désapprobation publique ne se borna pas à des invectives, à des récriminations personnelles contre les directeurs; elle prit dans le Midi la forme d'une véritable insurrection. La Haute-Garonne leva l'étendard de la révolte, et le Directoire eut encore, en cette occasion, l'ineptie de grossir le péril de ce soulèvement et de lui donner une valeur réelle, en déclarant le département de la Haute-Garonne hors de l'empire de la Constitution, et réunissant, dans une proclamation, « les brigands du Midi et les brigands de l'Ouest. » Cependant les troubles du Midi n'eurent point de suite fâcheuse; ils furent facilement réprimés. En général, les peuples du Midi ont reçu de la nature cette effervescence qui commence les révolutions: mais ils manquent du courage

Situation intérieure de la République; pénurie du trésor; emprunt forcé.

Insurrection des départements du Midi; elle est facilement réprimée.

Caractère des peuples du Midi.

moral nécessaire pour les continuer. Il n'en est pas ainsi des peuples de l'Ouest, descendants de la race celtique et normande. Treize armées se levèrent dans la Vendée proprement dite : dix en Bretagne et en Normandie, sous les ordres de Bourmont, Rochecotte, Châtillon, Frotté, Chandelier, d'Autichamp, Grignon, Suzannet, Limoëlan et Georges Cadoudal. Si alors encore la politique anglaise avait permis qu'un prince français se mît à la tête de la Vendée, c'en était fait du Directoire, et la Restauration eût renversé ce gouvernement débonnaire aussi facilement que Napoléon le fit deux mois après, à la journée du 18 brumaire. Les armées royales ne se battirent pas dans cette campagne comme elles l'avaient fait sous Charette. Cependant en Bretagne, en Normandie et dans le Maine, leurs progrès furent effrayants. Elles prirent un grand nombre de villes, occupèrent Saint-Brieuc, le Mans et Nantes, et parlaient hautement de marcher sur Paris.

Le Directoire ne savait plus où donner de la tête; il s'en cachait mal par l'éclat qu'il donnait aux petits avantages que de simples officiers avaient eus dans la basse Vendée, où l'on ne faisait réellement qu'une guerre de partisans. Sa peur était publique comme son incapacité.

Le retour de Napoléon, revenu d'Égypte pour détruire l'anarchie directoriale et donner à la France un gouvernement digne de sa grandeur et de sa puissance, mit fin à la guerre de la Vendée. Il ne se trouva pas en France un seul individu qui donnât des regrets à la chute du Directoire. Jamais révolution ne fut plus complète. Le 18 brumaire rendit à la France le rang qu'elle devait occuper en Europe, et le crédit, qu'on acquit tout à coup. La pacification intérieure de la République fut un des premiers soins de Napoléon. Les Chouans et les

Vendéens refusèrent d'abord de reconnaître la constitution consulaire. Le gouvernement répondit au manifeste de la Vendée par son décret du 28 décembre, qui accordait aux révoltés dix jours pour se soumettre, et fit menacer la Vendée par le général Brune, qui s'y porta avec des forces considérables. Dans ce temps le général Hédouville reçut des pouvoirs pour négocier : c'était l'homme qui convenait. Gentilhomme, il avait une affinité toute naturelle avec les chefs des insurgés; son esprit conciliateur, ses manières persuasives les gagnèrent, et la négociation commença. L'abbé Bernier, qui, lors de la dernière pacification, s'était retiré en Suisse, fut choisi par Napoléon pour aider Hédouville dans sa négociation. Cet abbé rendit les plus grands services dans cette occasion, tant à son pays qu'à ses anciens amis. D'Autichamp, la Prevalaye, Châtillon, furent les premiers qui se soumirent; Suzannet, Bourmont, d'Andigné, mirent bas les armes peu après; ils jouissaient d'un grand crédit dans leur parti.

Au milieu de ces négociations si heureuses pour la France, l'Angleterre envoya quarante vaisseaux, qui jetèrent l'ancre sur les côtes de Bretagne, et y débarquèrent une grande quantité d'armes et de munitions dont Georges se saisit et qu'il parvint, après un combat dans lequel il eut l'avantage, à faire transporter dans son camp retranché de Grand-Champ. L'Angleterre suivait jusqu'au dernier moment, comme elle l'a prouvé en 1814, son système de destruction contre la France. Elle envoyait des armes à ces rebelles au moment où un gouvernement fort s'occupait de les amnistier. Si elle eût voulu rétablir la royauté en France, c'est-à-dire lui rendre une existence stable et glorieuse, elle eût envoyé un prince aux Vendéens. Mais en 1800 il était déjà trop tard; la place était bien occupée. Elle se con-

Il fait des propositions pacifiques appuyées par un grand déploiement de forces militaires.

Le général Hédouville et l'abbé Bernier.

Soumission de plusieurs chefs vendéens.

L'Angleterre envoie des secours à Georges Cadoudal.

Elle ne veut pas le rétablissement des Bourbons, mais la continuation de la guerre civile.

tentait donc d'envoyer des aliments à la guerre civile, ce qui fut également inutile. On capitulait partout, dans le Maine, en Anjou, dans la Bretagne; il n'y eut que Frotté et Georges qui voulurent continuer la révolte. Cette obstination, qui ne tenait plus à un parti, fut bientôt châtiée. Frotté fut battu et livré par Guidal, auquel il s'était confié. Il voulait parlementer après sa défaite, tandis qu'il avait rompu son ban en violant son traité et en refusant l'amnistie; il fut fusillé. Georges échappa et se sauva en Angleterre, d'où il revint en 1804 pour assassiner le Premier Consul. Il fut jugé et mis à mort comme assassin et conspirateur. Il avait trouvé moyen d'avoir pour complices deux des plus célèbres généraux de la République, Pichegru et Moreau. La fin de ces deux hommes fut tragique. Pichegru s'étrangla dans sa prison, et Moreau revint de son exil pour être tué par un boulet français, au milieu de rangs étrangers, qu'il dirigeait contre sa patrie. Triste fin pour de si beaux commencements!

L'amnistie fut donnée aux Vendéens le 4 mars 1800, et aux Chouans le 21 avril. L'ordre fut rétabli; les départements de l'Ouest rentrèrent dans le sein de la grande famille. Les généraux amnistiés purent prendre du service dans les armées nationales : il y avait de la place pour tout le monde sous l'Empire, même pour les ingrats et par conséquent pour les traîtres. Ceux-ci sont à jamais flétris!

DÉFENSE DE GÊNES

PAR MASSÉNA

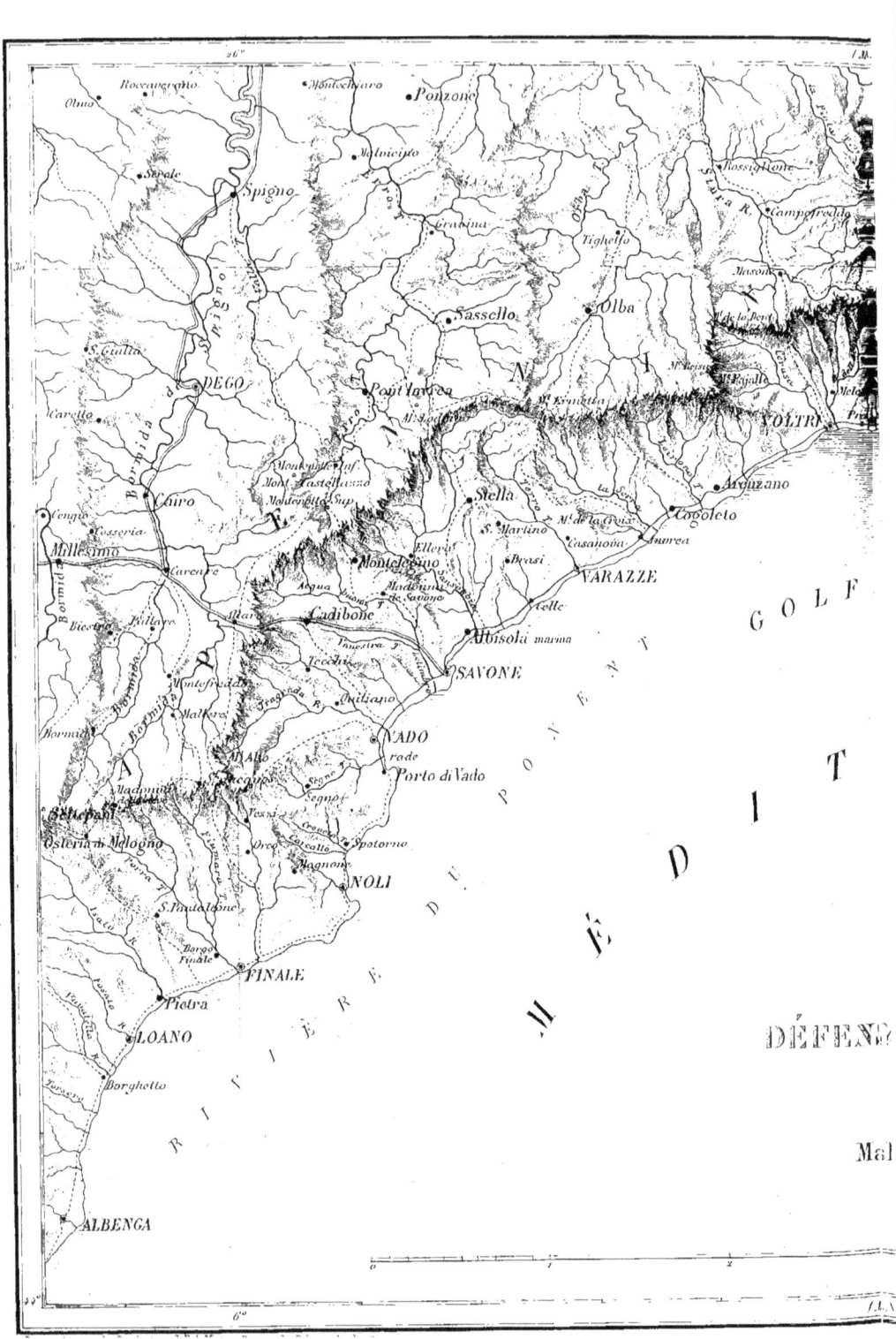

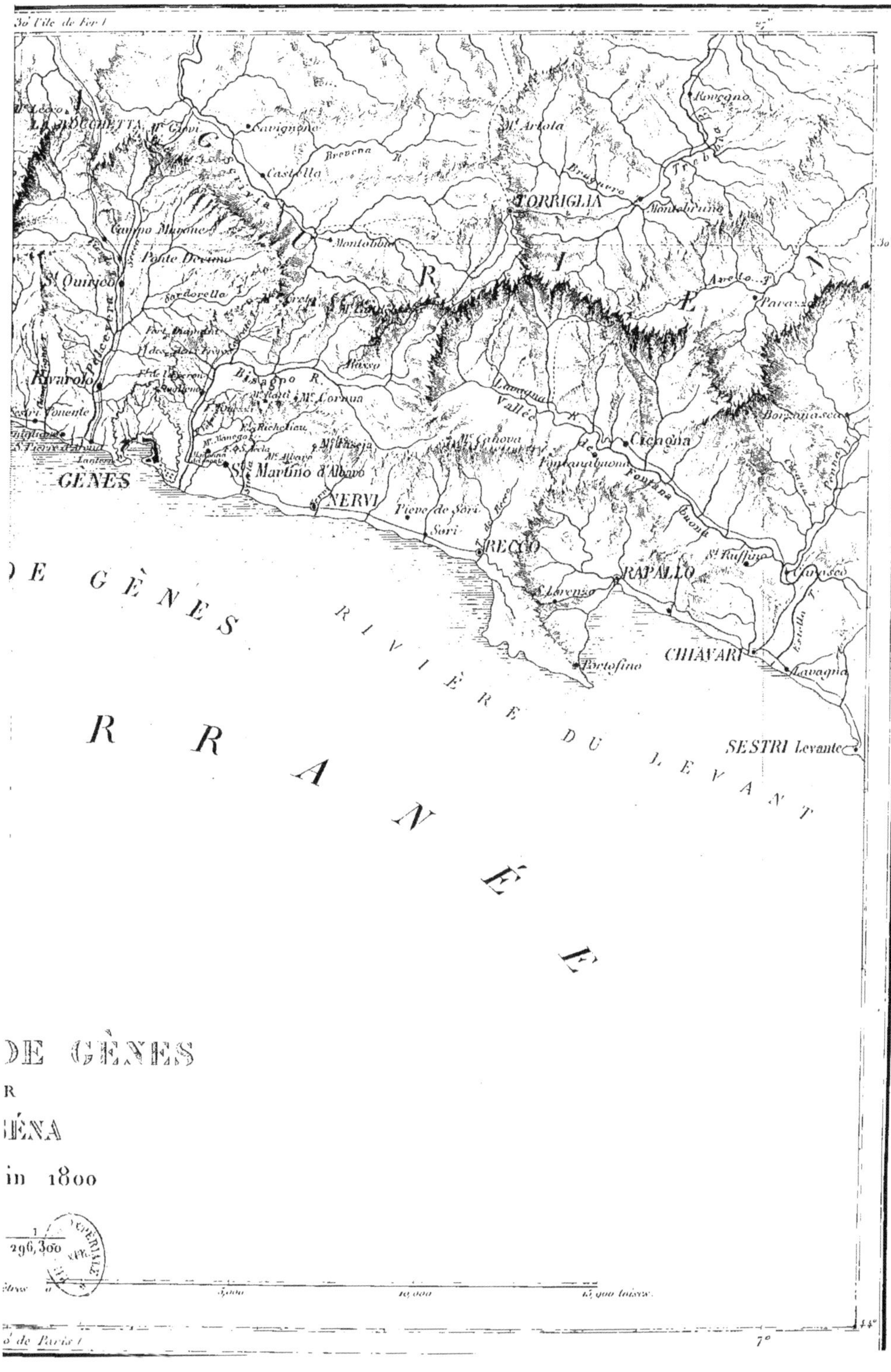

30' (Île de Fer)
GÈNES
St. Quirico
Rivarolo
Sesti Ponente
Campo Marone
Ponte Decimo
Savignone
Castello
Montobbio
TORRIGLIA
Mt. Artola
Rovegno
Montebruno
Parazzo
Borgonasco
Cicagna
Fontanabuona
St. Martino d'Albaro
NERVI
Pieve de Sori
Sori
RECCO
RAPALLO
S. Lorenzo
Portofino
CHIAVARI
Lavagna
Carasco
St. Ruffino
SESTRI Levante
Bisagno R.
Mt. Cornua
Mt. Canova
Mt. Fasceja
Fort Richelieu
Fort Diamant
Lanterne
Polcevera
DE GÈNES
RIVIÈRE DU LEVANT
R R A N É E
DE GÈNES
R
ÉNA
in 1800
1/296,300
5,000
10,000
15,000 toises
(0 de Paris)
7°
44°
30'

DÉFENSE DE GÊNES

PAR

MASSÉNA.

(MARS-JUIN 1800.)

DÉFENSE DE GÊNES

PAR MASSÉNA[1].

I

La principale armée de la Maison d'Autriche était celle d'Italie : le feld-maréchal Melas la commandait; son effectif était de 140,000 hommes, 130,000 sous les armes. Toute l'Italie était sous le commandement des Autrichiens, de Rome à Milan, de l'Isonzo aux Alpes cottiennes. Ni le grand-duc, ni le roi de Sardaigne, ni le pape, n'avaient pu obtenir la permission de rentrer dans leurs états; le ministre Thugut retenait le premier à Vienne, le second à Florence, et le troisième à Venise.

L'Autriche domine en Italie; état de ses forces.

L'action de l'administration autrichienne s'étendait sur toute l'Italie; rien ne la contrariait. Toutes les richesses de ce beau pays étaient employées à raviver, améliorer le matériel de son armée, qui, fière des succès qu'elle avait obtenus dans la campagne précédente, avait à se rendre digne de fixer l'attention de l'Europe, d'être appelée à jouer le principal rôle dans la

Confiance présomptueuse de l'armée autrichienne, qui se flatte de prendre Toulon et Marseille.

---

[1] On a suivi, pour ce chapitre, le texte du général Gourgaud, *Mémoires de Napoléon*, etc. t. IV, p. 145 à 186, édit. de 1830.

campagne qui allait s'ouvrir. Rien ne lui semblait au-dessus de ses destinées: elle se flattait d'entrer dans Gênes, dans Nice, de passer le Var, de se réunir à l'armée anglaise de Mahon dans le port de Toulon, de planter l'aigle autrichienne sur les tours de l'antique Marseille, et de prendre ses quartiers d'hiver sur le Rhône et la Durance.

<small>Melas entre en opérations; il marche sur Bobbio et Acqui.</small>

Dès le commencement de mars, le feld-maréchal Melas leva ses cantonnements. Il laissa toute sa cavalerie, ses parcs de réserve, sa grosse artillerie dans les plaines d'Italie; tout cela ne lui était utile que lorsqu'il aurait passé le Var. Il mit 30,000 hommes d'infanterie sous les ordres des généraux Vukassowich, Laudon, Haddick et Kaim, pour garder les places et les débouchés du Splugen, du Saint-Gothard, du Simplon, du Saint-Bernard, du mont Cenis, du mont Genèvre, d'Argentières, et avec 70 à 80,000 hommes il s'approcha de l'Apennin ligurien. Sa droite, sous les ordres du feld-maréchal-lieutenant Ott, se porta sur Bobbio, d'où il poussa une avant-garde sur Sestri-di-Levante, pour communiquer avec l'escadre anglaise, et attirer de ce côté l'attention du général français. Avec le centre et le quartier général, il se porta à Acqui; il confia sa droite au feld-maréchal-lieutenant Elsnitz.

<small>Situation matérielle et morale de l'armée française, commandée par Masséna.</small>

L'armée française voyait avec confiance à sa tête le vainqueur de Zurich. Elle était appelée à combattre sur un terrain où chaque pas lui retraçait un souvenir de gloire; il n'y avait pas encore quatre ans révolus qu'elle avait, quoique peu nombreuse et dans le plus grand dénûment, suppléant à tout par son courage et la force de sa volonté, remporté de nombreuses victoires, planté en cinquante jours ses drapeaux sur les rives de l'Adige, sur les confins du Tyrol, et porté si haut la gloire du nom français. L'administration avait été organisée pendant janvier, février et mars; la solde était au courant, et des convois considérables de subsistances avaient fait succéder l'abondance à la disette; les ports de Marseille, Toulon, Antibes, étaient encore pleins de bâtiments employés à son approvisionnement; elle commençait à perdre le souvenir des défaites qu'elle avait éprouvées l'année précédente; elle était aussi bien que le pouvait permettre la pauvreté du pays où elle se trouvait. Cette armée se montait à 40,000 hommes; mais elle avait des cadres pour une armée de 100,000. Toutes les nouvelles qui lui arrivaient de l'intérieur de la France, pendant la dernière campagne, excitaient l'esprit de faction, de division et de découragement; la République était alors dans les angoisses de l'agonie; mais aujourd'hui tout était propre à autoriser son émulation : la France était régénérée. Ces 30 millions de Français, réunis autour de leur chef, si forts de la confiance réciproque qu'ils s'inspiraient, offraient le spectacle de l'Hercule gaulois armé de sa massue, prêt à terrasser les ennemis de sa liberté et de son indépendance.

L'avénement de Napoléon au Consulat rend aux soldats le courage et l'émulation.

Le quartier général était à Gênes; le général de brigade Oudinot était chef d'état-major; le général Lamartillière commandait l'artillerie. Masséna avait confié la gauche de son armée au lieutenant général Suchet, qui avait sous ses ordres quatre divisions : la première occupait Rocca-Barbena, la deuxième Settepani et Melogno, la troisième Saint-Jacques et Madonna-della-Neve, la quatrième était en réserve à Finale et sur les hauteurs de San-Pantaleone; sa force était de 12,000 hommes. Le lieutenant général Soult commandait le centre, fort de 12,000 hommes et partagé en trois divisions : celle du général Gardanne défendait Cadibone, Vado, Montelegino, Savone; les flanqueurs, les hauteurs de Stella: le gé-

Emplacement des divisions françaises cantonnées autour de Gênes

néral Gazan défendait les débouchés en avant et en arrière, et sur les flancs de la Bocchetta; le général Marbot commandait la réserve; le lieutenant général Miollis commandait la droite, forte de 5,000 hommes; il barrait la Rivière du Levant, occupant Recco par sa droite, le mont Cornua par son centre, et par sa gauche le col de Torriglia, situé à la naissance de la vallée de la Trebbia. Une réserve de 5,000 hommes était dans la ville; l'armée entière était forte de 34 à 36,000 hommes. Les cols, depuis Argentières jusqu'aux sources du Tanaro, étaient encore obstrués de neige. Une division de 4,000 hommes, sous les ordres du général Garnier, était répartie pour les observer et fournir aux garnisons de Saorgio, de Nice, de Montalban, de Vintimille et des batteries de côte. L'approche de l'armée ennemie décida le général en chef à ordonner la levée des cantonnements; et, quoique la saison fût rigoureuse, qu'il y eût encore des neiges sur les hauteurs, les troupes prirent leurs camps et occupèrent des positions culminantes. Des escarmouches ne tardèrent pas à avoir lieu entre les avant-postes.

<small>Affaires d'avant-postes; un soulèvement dans la Fontana-Buona est réprimé.</small>

La situation de l'armée française était délicate; elle exigeait beaucoup de vigilance. Tous les jours elle poussait en avant de fortes reconnaissances, dans lesquelles elle avait toujours l'avantage; elle faisait des prisonniers, enlevait des magasins et des bagages. L'occupation de Sestri-Levante gênait l'arrivée des convois de blé; les paysans de la vallée de la Fontana-Buona, de tout temps dévoués à l'oligarchie, profitant du voisinage de l'armée autrichienne, s'étaient mis sous les armes et déclarés pour l'ennemi. Le lieutenant général Miollis y marcha sur deux colonnes : l'une entra dans la vallée, désarma les insurgés, brûla cinq de leurs villages, et prit des otages;

l'autre longea la mer, chassa de Sestri l'avant-garde de Ott, la poussa au delà des Apennins, et se saisit d'un convoi de 6,000 quintaux de blé qu'elle fit entrer dans Gênes.

II

La ville de Gênes est située au bord de la mer, sur le revers d'une arête de l'Apennin qui se détache au-dessus de la Bocchetta. Cette arête est coupée à pic par deux torrents, la Polcevera à l'ouest, et le Bisagno à l'est, qui ont leur embouchure dans la mer, à 2,000 toises l'un de l'autre. Gênes a deux enceintes bastionnées. La première est un triangle de 9,000 toises de développement. Le côté du sud, bordé par la mer, s'étend depuis la Lanterne, à l'embouchure de la Polcevera, jusqu'au lazaret, à l'embouchure du Bisagno; les deux môles, le port, les quais, l'occupent dans toute son étendue. Le côté d'ouest longe la rive gauche de la Polcevera, celui de l'est la rive droite du Bisagno; ils ont chacun 3,500 toises d'étendue et se joignent, en formant un angle aigu, au fort de l'Éperon. Le plan qui passe par ces trois angles fait un angle de 15 degrés avec l'horizon. Cette enceinte est bien revêtue, bien tracée, bien flanquée; le terrain a été saisi avec art. Le côté de l'ouest domine toute la vallée de la Polcevera, où est le faubourg de San-Pier-d'Arena; le côté de l'est, au contraire, est dominé par les mamelons de Monte-Ratti et de Monte-Fascia, ce qui a obligé l'ingénieur à les occuper par les trois forts extérieurs de Quezzi sur Monte-Valpura, de Richelieu sur le Manego, de Santa-Tecla entre le Monte-Albaro et la Madonna-del-Monte. Au delà de ces montagnes est le torrent de Sturla; au-dessus du fort de l'Éperon est le plateau des Deux-Frères.

<small>Gênes;
examen
de ses fortifications
et
moyens de défense.</small>

parallèle à la mer et dominé, pris à revers, par le fort du Diamant, situé à 1,200 toises du fort de l'Éperon. La ville de Gênes est bâtie près de l'embouchure du Bisagno; elle est couverte par la deuxième enceinte, dessinée avec art et susceptible de quelque résistance. Elle ne peut être bombardée ni du côté du nord ni du côté de l'ouest, puisqu'elle se trouve à plus de 2,000 toises du fort de l'Éperon et à 900 toises de la Lanterne; elle ne peut l'être du côté de l'est que par celui qui serait maître des trois forts extérieurs et qui occuperait la position de Madonna-del-Monte. La première enceinte a été bâtie en 1632; la deuxième est plus ancienne. Le port n'est précédé par aucune rade; la mer bat avec force dans l'intérieur; ce qui rend nécessaire la prolongation des môles, tel que cela avait été projeté en 1807. Les deux enceintes étaient parfaitement armées, l'arsenal abondamment fourni de toute espèce de munitions de guerre.

Le gouvernement et les habitants de Gênes sont dévoués à la France.

Le parti démocratique, qui gouvernait la république depuis la convention de Montebello, était exclusivement dévoué à la France. La répugnance du peuple pour les Autrichiens avait été soigneusement entretenue par le sénat depuis 1747. Gênes, par l'esprit de ceux qui la gouvernaient, par son opinion, par son dévouement, était une ville française.

Les Anglais mettent les côtes en état de blocus et établissent une croisière devant la ville.

Le vice-amiral Keith, commandant l'escadre anglaise dans la Méditerranée, notifia, en mars, aux consuls des diverses nations, le blocus de tous les ports et côtes de la république de Gênes, de Vintimille à Sarzane. Il interdisait aux neutres le commerce avec 60 lieues de côtes, qu'il ne pouvait cependant pas surveiller réellement; c'était, d'un coup de plume, les déclarer déchus de la protection du pavillon de leur souverain. Dans les premiers jours d'avril, il établit sa croisière

DÉFENSE DE GÊNES PAR MASSÉNA.

devant Gênes; ce qui rendit difficiles les communications avec la Provence et l'arrivée des approvisionnements, qui étaient en abondance dans les magasins de Marseille, Toulon, Antibes, Nice, etc.

III

Le 6 avril, les grandes opérations commencèrent. Le feld-maréchal Melas, avec quatre divisions, attaqua à la fois Montelegino et Stella; le lieutenant général Soult accourut avec sa réserve au secours de la gauche. Le combat fut assez vif tout le jour; la division Palffy entra dans Cadibone et Vado; celles de Saint-Julien et de Lattermann entrèrent à Montelegino et Albissola; Soult rallia sa gauche sur Savone, compléta la garnison de la citadelle et se retira sur Varazze pour couvrir Gênes. Trois vaisseaux de guerre anglais mouillèrent dans la rade de Vado. Melas porta son quartier général à la Madone de Savone, et fit investir le fort; il trouva à Vado plusieurs pièces de 36 et de gros mortiers qui armaient les batteries de côte. Dès cette première journée, la ligne française se trouva coupée. Suchet, avec la gauche, fut séparé du reste de l'armée; mais il conserva sa communication avec la France.

Melas attaque la gauche des Français et coupe Suchet du reste de l'armée.

Le même jour, Ott, avec la gauche, déboucha par trois colonnes sur Miollis: celle de gauche le long de la mer, celle du centre par Monte-Cornua, celle de droite par le col de Torriglia; il fut partout vainqueur, occupa le Monte-Fascia, le Monte-Ratti et investit les trois forts de Quezzi, de Richelieu et de Santa-Tecla; il établit le feu de ses bivouacs à une portée de canon de cette ville; l'atmosphère jusqu'au ciel en était embrasée. Les Génois, hommes, femmes, vieillards, enfants, accoururent sur les murailles pour considérer un spectacle si

Ott s'empare des forts autour de Gênes.

nouveau et si important pour eux ; ils attendaient le jour avec impatience. Ils allaient donc devenir la proie de ces Allemands que leurs pères avaient repoussés, chassés de leur ville avec tant de gloire ! Le parti oligarchique souriait en secret et dissimulait mal sa joie; mais le peuple tout entier était consterné. Aux premiers rayons du soleil, Masséna fit ouvrir les portes : il sortit avec la division Miollis et la réserve, attaqua le Monte-Fascia, le Monte-Ratti, les prit à revers et précipita dans les ravins et les fondrières les divisions de l'imprudent Ott, qui s'était approché avec tant d'inconsidération, seul et si loin du reste de son armée. La victoire fut complète : le Monte-Cornua, Recco, le col de Torriglia, furent repris. Le soir, 1,500 prisonniers, un général, des canons et 7 drapeaux, trophées de cette journée, entrèrent dans Gênes au bruit des acclamations et des élans de joie de tout ce bon peuple.

Pendant cette même journée du 7, Elsnitz, avec la droite de Melas, attaqua par cinq colonnes le lieutenant général Suchet; celle qui déboucha par le Tanaro et le Saint-Bernard fut battue, rejetée au delà du fleuve par la division française qui était à Rocca-Barbena; celles qui attaquèrent Settepani, Melogno, Madonna-della-Neve, Saint-Jacques, eurent des succès variés. Le général Seras se maintint à Melogno; mais Saint-Jacques fut occupé par Elsnitz, comme les hauteurs de Vado l'avaient été la veille par le général Palffy. Suchet se retira sur Pietra et Loano; il prit la ligne de Borghetto, et renforça sa gauche pour assurer ses communications avec la France, sa seule retraite.

Le 9, le feld-maréchal-lieutenant Ott fit attaquer et occuper par le général Hohenzollern la Bocchetta. Melas avait obtenu son principal objet : il avait coupé l'armée française de

DÉFENSE DE GÊNES PAR MASSÉNA.

la France, et en avait séparé un corps ; mais il fallait prévenir le retour offensif des Français, marcher sur Gênes, cerner la ville, et concentrer son armée. L'intervalle de 14 lieues qui existait entre sa gauche et son centre était bien périlleux. Il déboucha le 10, avec son centre, sur plusieurs colonnes : celle de droite, commandée par Lattermann, longea la mer par Varazze ; celle du centre, conduite par Palffy, se porta sur les hauteurs de cette ville ; celle de Saint-Julien partit de Sospello pour se porter sur Monte-Fajale, dans le temps que Hohenzollern, de la Bocchetta, se portait sur Ponte-Decimo, et dirigeait ses flanqueurs de droite par Marcarolo sur les hauteurs de la Madonna-dell' Acqua, près Voltri, pour effectuer sa jonction avec le centre.

IV

Masséna, le même jour, 9 avril, était à Varazze avec la moitié de ses forces ; Soult, à Voltri, avec l'autre moitié ; Miollis gardait Gênes ; Suchet, prévenu par moi, sortait des lignes de Borghetto, et se portait à l'attaque de Saint-Jacques. Le but du général Masséna était de rétablir, à quelque prix que ce fût, ses communications avec sa gauche et la France. Soult devait se porter de Voltri sur Sassello, Masséna sur Stella, Suchet sur Cadibone : sa jonction devait se faire sur Montenotte-Supérieur. A l'aube du jour, Soult se mit en marche : mais, ses coureurs ayant eu connaissance que des flanqueurs de Hohenzollern s'approchaient de Voltri, il quitta sa route, fit un à-droite, marcha sur eux, les poussa de hauteurs en hauteurs, les précipita, le soir, dans la fondrière du torrent de Piota, tua, blessa ou prit 3,000 hommes. Le 11, il exécuta son mouvement sur Sassello, où il entra, et apprit que le gé-

Attaques combinées par Masséna pour rouvrir ses communications.

Combats livrés dans ce but, avec des succès divers, par Masséna, Soult et Suchet.

néral Saint-Julien en était parti le matin pour se porter sur Monte-Fajale; il marcha aussitôt à lui, le défit et le rejeta sur Montenotte, après lui avoir fait grand nombre de prisonniers; de là, il se porta sur le mont Ermetta, dont il s'empara après des combats fort vifs, où l'audace, l'intrépidité et la nécessité de vaincre suppléèrent au nombre. Pendant ce temps Masséna avait été moins heureux; il attendit, le 10, avec impatience que Soult arrivât sur sa droite. Ne le voyant pas venir, il partit, le 11, de Varazze, et marcha sur Stella; mais Lattermann, qui longeait la mer, entra dans Varazze, et menaça Voltri dans le temps que Palffy et Bellegarde l'attaquaient de front; il craignit d'être cerné : il battit en retraite sur Cogoleto. Le lendemain, il détacha le général Fressinet par sa droite pour soutenir Soult; Fressinet arriva à propos; il décida de l'occupation du mont Ermetta. De son côté, Suchet attaqua et prit Settepani, Melogno, San-Pantaleone; mais il fut repoussé à Saint-Jacques. Les 10, 11, 12, 13, 14 et 15 se passèrent en marches, manœuvres et combats. Souvent les colonnes des deux armées se côtoyèrent en sens inverse, séparées entre elles par des torrents, des fondrières qui les empêchaient de se combattre dans leurs marches, quoique très-près l'une de l'autre. Masséna reconnut l'impossibilité de rétablir ses communications. Le défaut de concert entre les attaques de Masséna et celles de Suchet empêcha qu'elles ne fussent simultanées; mais la perte de l'ennemi, dans les combats, fut double de celle des Français. Le 21, Masséna évacua Voltri pour s'approcher des remparts de Gênes, dans laquelle il fit défiler devant lui 5,000 prisonniers. Le colonel du 3ᵉ de ligne, Mouton, depuis comte de Lobau, se couvrit de gloire dans toutes ses attaques; il sauva l'arrière-garde au passage du pont

Masséna, ne pouvant rejoindre Suchet, se rapproche de Gênes.

de Voltri par sa bonne contenance. Le peuple de Gênes, témoin de l'intrépidité du soldat français, du dévouement, de la résolution des généraux, se prit d'enthousiasme et d'amour pour l'armée.

L'armée de Masséna, dès ce jour, 21 avril, cessa d'avoir l'attitude d'une armée en campagne; elle n'eut plus que celle d'une forte et courageuse garnison d'une place de premier ordre. Cette situation lui offrit encore des lauriers à cueillir; peu de positions étaient plus avantageuses que celle que Masséna occupait. Maître d'un aussi grand camp retranché, qui barre toute la chaîne de l'Apennin, il pouvait en peu d'heures se porter de la droite à la gauche, en traversant la ville; ce que l'ennemi n'aurait pu faire qu'en plusieurs jours de marche. Le général autrichien ne tarda pas à sentir tous les avantages que donnait à son ennemi un pareil théâtre. Le 30, par une attaque combinée, il s'approcha des murailles de Gênes, dans le temps que l'amiral Keith engageait une vive canonnade avec les batteries des môles et des quais. La fortune sourit d'abord à toutes ses combinaisons : il s'empara du plateau des Deux-Frères, cerna le fort du Diamant, surprit le fort de Quezzi, bloqua celui de Richelieu, occupa tous les revers de Monte-Ratti, de Monte-Fascia et même de la Madonna-del-Monte; il voulait y mettre vingt mortiers en batterie, pendant la nuit, sur la position d'Albaro, brûler la superbe Gênes et y porter l'incendie et la révolte. Mais, dans l'après-midi, Masséna, ayant concentré toutes ses forces derrière les remparts, confia à Soult la garde de la ville, et déboucha sur Monte-Fascia, qu'il cerna de tous côtés, le reprit malgré la plus vive résistance; ses troupes rentrèrent dans le fort de Quezzi. Soult marcha alors par le plateau des Deux-Frères: il s'en rendit maître. L'ennemi

Il se renferme dans la ville; avantages de sa position.

Les Autrichiens s'emparent des forts de Gênes et s'apprêtent à bombarder la ville.

Masséna fait une sortie et reprend ses positions perdues.

perdit toutes les positions qu'il avait prises le matin. Le soir, le général en chef rentra dans Gênes, menant à sa suite 1,200 prisonniers, des drapeaux, les échelles dont l'armée autrichienne s'était munie pour l'escalade qu'elle avait voulu tenter au point de réunion des deux enceintes, du côté de Bisagno.

<small>Suchet se retire sur la ligne de Borghetto.</small>

Suchet se maintint longtemps maître de San-Pantaleone et de Melogno ; mais enfin il se retira dans la position de Borghetto, n'espérant plus rien de ses efforts pour rétablir la ligne de l'armée.

V

<small>Les Autrichiens renoncent à toute attaque de vive force et se bornent à bloquer Gênes.</small>

Après le désastre de cette journée, les généraux autrichiens renoncèrent à toute attaque de vive force sur un théâtre qui leur était si contraire. Gênes n'avait pas de vivres, et ne pouvait tarder à capituler. Conformément aux principes de la guerre de montagnes, ils occupèrent de fortes positions autour de cette place, pour empêcher les vivres d'y entrer par terre, comme l'escadre anglaise les interceptait par mer : ce serait donc au général français à prendre l'offensive, à les déposter, s'il voulait communiquer avec la campagne, ouvrir les routes, pour se procurer les fourrages et les vivres qui lui étaient indispensables.

<small>Melas reçoit l'ordre de menacer la Provence, et de laisser Ott devant Gênes.</small>

D'un autre côté la cour de Vienne était alarmée de la grande supériorité de l'armée française du Rhin et des immenses préparatifs que faisait le Premier Consul pour porter la guerre sur le Danube ; elle pressait une diversion sur la Provence. Melas se porta sur le Var, et laissa le feld-maréchal-lieutenant Ott avec 30,000 hommes pour bloquer Gênes de concert avec l'escadre anglaise. Ott occupa plusieurs camps déjà fortifiés par la nature, et auxquels il ajouta tous les secours de l'art, qui lui donnaient le double avantage de maîtriser les débouchés, de s'opposer ainsi à l'arrivée des convois, et de placer les troupes dans de fortes positions, où elles n'avaient rien à redouter de la *furie française*.

Tranquille sur le sort de Gênes, qui devait lui ouvrir ses portes sous quinze jours, Melas, avec 30,000 hommes, marchait à Suchet; il fit tourner la ligne de Borghetto par une division qui déboucha par Ormea, Ponte-di-Nava et Pieve. Il attaqua, le 7 mai, les hauteurs de San-Bartholomeo, espérant couper aux Français le chemin de la Corniche à Port-Maurice et obliger ainsi Suchet à poser les armes. Mais le général Puget, qui était en position à San-Pantaleone, donna le temps à son général de faire sa retraite, bien qu'avec quelque désordre et une assez grande perte, derrière la Taggia, où il eût pu tenir quelques jours, si la brigade Gorupp, partie de Coni, ne s'était pas emparée dès le 6 du col de Tende. Déjà ses avant-postes étaient au défilé de Saorgio. Suchet jugea avec raison devoir repasser la Roya et le Var en toute hâte. Il fit aussitôt travailler à retrancher la tête de pont, et fit venir de la grosse artillerie d'Antibes, et des canonniers de la côte. Il avait laissé garnison dans le fort Vintimille, dans le château de Villefranche et au fort Montalban, qui, situé sur la hauteur qui sépare le golfe de Villefranche de la rade de Nice, domine ces deux villes et tout le cours du Paglione. Il y fit établir un télégraphe, et eut ainsi sur les derrières de l'ennemi une vedette qui l'instruisait de tous ses mouvements, soit sur le chemin de Gênes par le col de Turbie, soit sur la chaussée de Turin par la vallée du Paglione.

Le général de division Saint-Hilaire commandait la 8ᵉ divi-

Suchet, vivement attaqué par Melas, se replie sur le Var.

sion militaire; il accourut sur le Var, ramassant à Marseille et à Toulon toutes les troupes disponibles; des compagnies de garde nationale se rangèrent aussi sous ses ordres. Les places de Colmars, Entrevaux, Antibes, étaient en bon état de défense. Dès le 15 mai, le corps de troupes réuni sur le Var était de 14,000 hommes.

Tous les courriers de Paris apportaient en Provence des nouvelles de la marche de l'armée de réserve; déjà l'avant-garde arrivait sur le Saint-Bernard. Le résultat de cette manœuvre était évident pour les soldats comme pour les citoyens; le moral des troupes, comme celui des habitants, était au plus haut degré d'espérance.

Le général Willot, qui se trouvait à la suite de l'armée autrichienne, formait une légion de déserteurs. Pichegru devait se mettre à la tête des mécontents du Midi. Willot avait commandé en Provence en 1797, avant le 18 fructidor, dans ce moment de réaction où les ennemis de la République exerçaient tant d'influence dans l'intérieur. Il correspondait avec eux; il avait organisé sous main, dans les départements du Var et des Bouches-du-Rhône, une espèce de chouannerie. Dans le Midi, les passions sont vives; les partisans de la République étaient exaltés; c'étaient les anarchistes les plus forcenés de France. Le parti opposé n'était pas plus modéré: il avait levé l'étendard de la révolte et de la guerre civile après le 31 mai, et livré Toulon, le principal arsenal de la France, à son plus mortel ennemi. Marseille ne vit que par le commerce; la supériorité maritime des Anglais l'avait réduite au simple cabotage, ce qui pesait beaucoup sur elle. C'est d'ailleurs le pays de la France où il s'est le moins vendu de domaines nationaux; les moines et les prêtres y avaient peu de biens-fonds.

et, si l'on en excepte le district de Tarascon, les propriétés y ont éprouvé peu de changements. Cependant tous les efforts des partisans des Bourbons furent impuissants; les principes du 18 brumaire avaient réuni la très-grande majorité des citoyens, et enfin les mouvements de l'armée de réserve suspendaient les pensées, fixaient toutes les attentions, excitaient tous les intérêts.

Le 11 mai, Melas fit son entrée à Nice : l'ivresse des officiers autrichiens était extrême; ils arrivaient enfin sur le territoire de la République, après avoir vu les armées françaises aux portes de Vienne. Une croisière anglaise mouilla à l'embouchure du Var; elle annonçait l'arrivée de l'armée embarquée à Mahon, qui devait investir la place de Toulon. Pour cette fois, l'Angleterre voulait faire sauter les superbes bassins et détruire de fond en comble cet arsenal d'où était sortie l'armée qui menaçait son empire des Indes.

Melas
s'empare de Nice;
les Anglais
se flattent de prendre
Toulon.

Le Var est un torrent guéable, mais qui en peu d'heures grossit. Les gués n'y sont pas sûrs; d'ailleurs la ligne que défendait Suchet était courte, la gauche s'appuyait à des montagnes difficiles, la droite à la mer, à 600 toises. Il avait eu le temps de couvrir de retranchements et de batteries de gros calibre la tête de pont qu'il occupait en avant du village de Saint-Laurent. Dès la première entrée des Français dans le comté de Nice, en 1792, le génie avait construit grand nombre de batteries sur la rive droite pour protéger le pont, qui a 300 toises de longueur; un défilé aussi considérable avait attiré toute la sollicitude des généraux français pendant les années 1792, 1793, 1794 et 1795. Le champ de bataille qu'allait défendre Suchet était préparé de longue main. Le 14, après quelques jours de repos, les divisions Elsnitz, Bellegarde et

La ligne du Var,
étudiée
depuis longtemps,
permet à Suchet
de faire
une brillante défense.

Lattermann attaquèrent la tête de pont avec opiniâtreté. La défense fut brillante ; l'ennemi, écrasé par les batteries de la rive droite, reconnut l'impossibilité de réussir ; il prit position, poussa par la gauche des postes jusqu'à la croisière anglaise, et appuya sa droite aux montagnes. Melas était résolu à passer le Var plus haut ; le corps de Suchet, tourné, eût été obligé de se replier sur Cagne et les défilés de l'Esterel, lorsque le 21 il reçut enfin les nouvelles du passage du Saint-Bernard par l'armée de réserve, et de l'arrivée de Napoléon à Aoste. Melas partit aussitôt avec deux divisions, passa le col de Tende, entra à Coni le 23 ; le 24, il apprit à Savigliano la prise d'Ivrée ; il s'était fait précéder depuis quelques jours par la division Palffy. Il se flattait encore que toutes ces nouvelles étaient exagérées, que cette armée si redoutable ne serait qu'un corps de 15 à 20,000 hommes au plus, qu'il pouvait facilement contenir avec les troupes qu'il amenait avec lui et ce qu'il avait réuni dans la plaine d'Italie, sans renoncer à Gênes, ajournant seulement ses projets sur la Provence. Il ordonna à Elsnitz de conserver, de prendre position derrière la ligne de la Roya, appuyant sa droite au col de Tende, son centre sur les hauteurs de Breglio, sa gauche à Vintimille. Des officiers de génie, de nombreux corps de sapeurs se rendirent sur cette ligne de retraite pour y construire des retranchements. La Roya est effectivement la meilleure ligne pour couvrir Gênes du côté de la France, en même temps que la chaussée de Tende ; car la Taggia, qui est en arrière, laisse à découvert la chaussée de Nice à Sospello, Tende et Turin.

Melas est rappelé tout à coup en Italie par l'arrivée de l'armée de réserve.

Il laisse le général Elsnitz derrière la Roya pour contenir Suchet.

VI

Aussitôt que Masséna fut instruit qu'il n'était plus bloqué que par 30 à 35,000 hommes, que Melas, avec une partie de l'armée, s'était porté sur le Var, il sortit de Gênes dans l'espérance fondée de culbuter le corps d'armée du blocus et de terminer la campagne. 15,000 Français dans sa position valaient mieux que 30,000 Autrichiens; l'ennemi fut effectivement repoussé de tous ses postes avancés.

Le 10 mai, le lieutenant général Soult, avec 6,000 hommes, se porta dans la Rivière du Levant, sur les derrières de la gauche de Ott, et rentra par Monte-Fascia dans Gênes, avec des vivres et des prisonniers. Les attaques furent renouvelées le 13 mai. Ott concentra ses troupes sur Monte-Creto. Le combat fut opiniâtre et sanglant; Soult, après avoir fait des prodiges de valeur, tomba grièvement blessé et resta au pouvoir de l'ennemi.

Masséna rentra dans Gênes, ayant perdu l'espoir de faire lever le blocus. Les vivres devenaient rares et fort chers; la population souffrait, la ration du soldat avait été diminuée. Cependant, malgré la vigilance des Anglais, quelques bâtiments de Marseille, de Toulon et de Corse parvinrent à entrer dans Gênes. Ce secours eût été suffisant pour l'armée, mais était bien faible pour une population de 50,000 âmes. On parlait de capituler lorsque, le 26 mai, arriva le chef d'escadron Franceschi, qui, le 24 avril, avait quitté Gênes pour se rendre à Paris; témoin du passage du Saint-Bernard, il annonçait la prochaine arrivée de Napoléon sous les murs de Gênes. Cet intrépide officier s'était embarqué à Antibes sur un bâtiment léger; au moment d'entrer dans le port, sa felouque étant sur le point d'être prise, il n'eut d'autre ressource, pour sauver les dépêches, que de se jeter à la nage. Les nouvelles qu'il apportait remplirent d'allégresse l'armée et les Génois; l'idée d'une prompte délivrance fit endurer avec patience les maux présents. Les ennemis de la France furent consternés, leurs complots s'évanouirent: le peuple suivait sur les cartes exposées aux portes des boutiques le mouvement d'une armée en laquelle il avait placé sa confiance, et que conduisait un général qu'il aimait: il savait, par l'expérience des campagnes précédentes, tout ce qu'il devait en attendre.

Cette nouvelle ranime la confiance de l'armée et des habitants.

VII

Cependant un convoi de blé, annoncé de Marseille, était attendu avec la plus grande impatience. Un des bâtiments qui en faisaient partie entra le 30 mai dans le port et annonça qu'il était suivi par le reste du convoi. La population tout entière se porta sur le quai, dès la pointe du jour, pour devancer l'arrivée de ce secours si ardemment attendu. Son espérance fut trompée, rien n'arriva, et le soir on annonça qu'il était tombé au pouvoir de l'ennemi. Le découragement devint extrême: les magistrats de la ville eurent recours aux magasins de cacao, dont il existait une grande quantité chez les négociants. Cette ville est l'entrepôt qui en fournit à toute l'Italie. Il s'y trouvait aussi des magasins de millet, d'orge, de fèves. Dès le 24 mai, la distribution du pain avait cessé: on ne recevait plus que du cacao. Les denrées de première nécessité étaient hors de prix: une livre de mauvais pain coûtait 30 fr. la livre de viande 6 francs, une poule 32 francs. Dans la nuit

Les Anglais capturent un convoi de blé, attendu impatiemment.

La disette se fait rigoureusement sentir; on remplace le pain par du cacao.

DÉFENSE DE GÊNES PAR MASSÉNA. 185

du 1ᵉʳ au 2 juin, on crut entendre le canon. Les soldats, les habitants se portèrent avant le jour sur les remparts; vaine illusion! Ces espérances déchues accroissaient le découragement. La désertion était assez considérable, ce qui est rare dans les troupes françaises; mais les soldats n'avaient pas une nourriture suffisante. 8,000 prisonniers autrichiens étaient sur les pontons et dans les bagnes; ils avaient reçu jusqu'alors les mêmes distributions que les soldats, mais enfin il n'était plus possible de leur en délivrer. Masséna le fit connaître au général Ott; il demanda qu'il leur fît passer des vivres, et donna sa parole qu'il n'en serait rien distrait. Ott pria l'amiral anglais d'en envoyer à ses prisonniers; celui-ci refusa, ce qui fut une première source d'aigreur entre eux. L'armée de blocus elle-même ne vivait que par le secours de la mer et dépendait en cela de la flotte. Le 2 juin, la patience du peuple parut à bout; les femmes s'assemblèrent tumultueusement, demandant du pain ou la mort; il y avait tout à craindre du désespoir d'une aussi nombreuse population. Il n'y avait que dix jours que le colonel Franceschi était arrivé, mais dix jours sont longs pour des affamés! «Depuis qu'on nous annonce l'armée de réserve, disaient-ils, si elle devait venir, elle serait déjà arrivée; ce n'est point avec cette lenteur que marche Napoléon; il a été arrêté par des obstacles qu'il n'a pu surmonter; il a eu quatre fois le temps de faire le chemin. L'armée autrichienne est trop forte, la sienne trop faible; il n'a pu déboucher des montagnes; nous n'avons aucune chance; cependant la population entière de notre ville contracte des maladies qui vont nous faire tous périr. N'avons-nous donc pas montré assez de patience et d'attachement à la cause de nos alliés? N'y a-t-il pas de la férocité à exiger davantage d'une population si nombreuse, composée

Les Anglais refusent de laisser passer des vivres pour les prisonniers autrichiens.

Découragement du peuple, perdant l'espoir d'une prochaine délivrance; ses plaintes.

de vieillards, de femmes et d'enfants, de citoyens paisibles, peu accoutumés aux horreurs de la guerre ? »

Masséna céda enfin à la nécessité : il promit au peuple que, si sous vingt-quatre heures il n'était pas secouru, il négocierait. Il tint parole. Le 3 juin, il envoya l'adjudant général Andrieu au général Ott. Fatalité des choses humaines ! Il se rencontra dans l'antichambre de ce général avec un officier d'ordonnance autrichien qui arrivait en poste du quartier général de Melas; il était porteur de l'ordre de lever le blocus et de se rendre en toute hâte sur le Pô; il lui annonçait que Napoléon était à Chivasso depuis le 26 mai, et marchait sur Milan. Il n'y avait plus un moment à perdre pour sauver l'armée.

Andrieu entra à son tour; il débuta, comme c'est l'usage, par déclarer que son général avait encore des vivres pour un mois pour son armée; mais que la population souffrait, que son cœur en était ému, et qu'il rendrait la place, si l'on consentait qu'il sortît avec ses armes, bagages et canons, sans être prisonnier.

Ott accepta avec empressement en déguisant sa surprise et sa joie. Les négociations commencèrent aussitôt; elles durèrent vingt-quatre heures. Masséna se rendit en personne aux conférences, au pont de Cornigliano, où se trouvèrent l'amiral Keith et le général Ott. L'embarras de ce dernier était extrême : d'un côté, le temps était bien précieux, il sentait toute la conséquence d'une heure de retard dans de pareilles circonstances. Le 4 juin, dans la journée, il apprit que l'armée de réserve avait forcé le passage du Tessin, était entrée à Milan, occupant Pavie, et que déjà les coureurs étaient sur l'Adda; cependant, s'il accédait aux demandes de Masséna, et qu'il le

DÉFENSE DE GÊNES PAR MASSÉNA.

laissât sortir de Gênes sans être prisonnier de guerre, avec armes et canons, il n'aurait rien gagné. Le général avait encore 12,000 hommes, il se réunirait à Suchet, qui en avait autant, et, ainsi réunis, ils manœuvreraient contre lui, Ott, qui se serait affaibli d'une division qu'il fallait qu'il laissât à Gênes. Il ne pourrait donc se porter sur le Pô qu'avec environ trente bataillons, qui, réduits par les pertes de la campagne, fourniraient à peine 15,000 hommes.

Ott proposa que l'armée française se rendît à Antibes par mer, avec armes et bagages, et sans être prisonnière. Cela fut rejeté, et l'on convint que 8,500 hommes de la garnison sortiraient par terre et prendraient la chaussée de Voltri, et que le reste serait transporté par mer. Le surlendemain, 6, la plus grande partie de la garnison sortit au nombre de 8,500 hommes avec armes et bagages, mais sans canons, et se rendit à Voltri; le général en chef s'embarqua à bord de cinq corsaires français avec 1,500 hommes et vingt pièces de campagne; les malades, les blessés restèrent dans les hôpitaux sous le soin des officiers de santé français. Ott confia Gênes au général Hohenzollern, auquel il laissa 10,000 hommes. L'amiral anglais prit possession du port et des établissements maritimes. Des convois de subsistances arrivèrent de tous côtés; en peu de jours la plus grande abondance remplaça la disette. La conduite des Anglais indisposa le peuple; ils mirent la main sur tout : à les entendre, c'étaient eux qui avaient pris Gênes, puisqu'elle ne s'était rendue que par famine, et que c'était la croisière qui avait arrêté tous les convois de vivres.

Conditions de la capitulation.

Occupation de Gênes par les Autrichiens et les Anglais; ces derniers indisposent le peuple.

VIII

Elsnitz opère sa retraite sur la Roya.

Le général Elsnitz avait employé six jours à préparer sa retraite; il avait quitté Nice, dans la nuit du 28 au 29 mai, avec l'intention de prendre la ligne de la Roya et de couvrir le blocus de Gênes. Avant de démasquer son mouvement de retraite, et conformément à un usage assez habituel des généraux autrichiens, il insulta deux fois, le 22 et le 26 mai, la tête de pont du Var. Il fut repoussé et eut 5 à 600 hommes hors de combat. Le but de ces attaques était d'en imposer à Suchet, de lui masquer son véritable projet et de l'empêcher de détacher une colonne, par la crête supérieure des Alpes, sur le col de Tende. Suchet ne fut instruit que le 29, par le télégraphe du fort Montalban, de la retraite de son ennemi; il passa sur-le-champ le pont, et entra à Nice dans la journée. Les habitants envoyèrent une députation implorer sa clémence. Ils en avaient besoin; leur conduite avait été mauvaise.

Suchet entre à Nice.

Combats dans lesquels les Français ont l'avantage.

Les généraux Menard et Rochambeau marchèrent avec rapidité par la chaussée de Nice à Turin, pour joindre la droite de l'ennemi; ils rattrapèrent le temps perdu et rencontrèrent, sur les hauteurs de Breglio, de Breglio à Saorgio, les troupes du général Gorupp, qui formaient la droite autrichienne; ils le débordèrent, le battirent, et l'obligèrent à se jeter du côté de la mer, abandonnant ainsi la route du col de Tende, dont ils s'emparèrent. Cependant le général Elsnitz avait conservé longtemps la volonté de se maintenir sur la Roya. Il venait de recevoir l'ordre de se rendre en toute hâte sur le Pô par le col de Tende, ce qui ne lui était plus possible depuis la défaite du corps du général Gorupp. Il se décida à exécuter ce mouvement de retraite par le chemin de la Corniche. Arrivé à Oneille, il se porta sur Pieve, Ormea et Ceva. Cette marche était pleine de difficultés; il l'exécuta avec bonheur. Son arrière-garde, attaquée à Pieve, éprouva un échec; cependant, dans ce mouvement si difficile, il ne perdit que 1,500 à 2,000 hommes, quelques canons et quelques bagages. Suchet arriva le 6 juin à Savone; il y fut rejoint par le général Gazan, qui commandait les 8,500 hommes sortis de Gênes par terre. Il prit des cantonnements sur la Bormida, et cerna la citadelle de Savone, qui avait garnison autrichienne. Du 29 mai au 6 juin, où les troupes françaises poussèrent l'ennemi avec la plus grande activité, elles firent de 1,500 à 2,000 prisonniers, et déployèrent, dans plusieurs combats, la plus grande intrépidité. Elles avaient un avantage inappréciable sur leur ennemi, la connaissance du pays; d'ailleurs les habitants leur étaient en tout favorables.

Suchet rallie à Savone les troupes sorties de Gênes.

IX

Après la bataille de Marengo, Suchet eut ordre de se porter sur Gênes. Il établit son quartier général à Cornigliano, entra dans la place le 24 juin, conformément à la convention d'Alexandrie; cependant, dès le 20 juin, il signa une convention particulière avec le général Hohenzollern. Aussitôt que le peuple génois ne sentit plus les angoisses de la famine, il revint à ses sentiments naturels. L'avidité des Anglais excitait vivement son indignation; ils voulaient tout emporter. Ils convoitaient jusqu'aux marchandises en port franc. Il y eut des discussions vives, des voies de fait avec le peuple : plusieurs Anglais furent massacrés. Suchet, instruit de la conduite de l'amiral anglais, réclama les dispositions de la convention; ce

Il entre à Gênes après la bataille de Marengo.

Les généraux autrichiens et français s'entendent pour sauver la ville de l'avidité des Anglais.

qui donna lieu à une correspondance curieuse entre lui et le général Hohenzollern, qui s'opposa à toutes les entreprises des Anglais, mit des gardes à l'arsenal et au port pour les empêcher de rien enlever : il se comporta avec honneur.

<small>Joyeuses démonstrations des Génois à la nouvelle de la victoire de Marengo; leur antipathie pour les Autrichiens.</small>

La première nouvelle de la reddition de Gênes fut apportée à Napoléon par quelques patriotes milanais réfugiés dans cette ville, et qui avaient regagné leur patrie par les montagnes: ce ne fut que vingt-quatre heures plus tard qu'il en reçut la nouvelle officielle. Quand les Génois apprirent la victoire de Marengo, leur joie fut extrême : leur patrie était délivrée. Ils s'associèrent sincèrement à la gloire de leurs alliés. Le parti oligarchique rentra dans le néant. Les Anglais et les Autrichiens furent davantage en butte aux menaces et aux insultes de la populace ; le sang coula ; un régiment autrichien fut presque détruit entièrement. Hohenzollern fut obligé de s'adresser à Suchet pour demander justice et son intervention pour que, pendant le peu de jours qu'il avait à rester encore dans la place, jusqu'au moment désigné pour sa remise, le peuple restât tranquille. L'entrée de Suchet dans cette grande ville fut un triomphe : 400 demoiselles, habillées aux couleurs françaises et liguriennes, accueillirent l'armée. Le général Hohenzollern remplit tous ses engagements; l'escadre anglaise prit le large. Les Génois se livrèrent au regret de n'avoir pas tenu plus longtemps; ils s'accusaient réciproquement d'avoir été pusillanimes, d'avoir eu peu de confiance dans la destinée du premier magistrat de la France; car, s'ils eussent été assurés qu'il ne fallait plus souffrir que cinq à six jours, ils eussent encore trouvé la force de le faire.

<small>Entrée triomphale de Suchet à Gênes ; les habitants se reprochent de n'avoir pas résisté plus longtemps.</small>

<small>Masséna reçoit le commandement de l'armée d'Italie.</small>

Pendant que ces importants événements se succédaient, Masséna débarquait à Antibes et y séjournait. Il arriva enfin à Milan avant le départ de Napoléon pour retourner à Paris, et prit le commandement de la nouvelle armée d'Italie.

REMARQUES CRITIQUES.

PREMIÈRE OBSERVATION.

MASSÉNA.

L'armée autrichienne était plus que double de l'armée française; mais les positions que pouvait occuper celle-ci étaient tellement fortes, qu'elle eût dû triompher. Masséna fit une faute essentielle dans sa défense.

Fautes commises
par
Masséna.

Les deux armées étaient séparées par les Alpes et l'Apennin, dont les Autrichiens occupaient le revers du côté de l'Italie, depuis le pied du col d'Argentières jusqu'à Bobbio; les Français, la crête supérieure et tout le revers du côté de la mer; leur quartier général était à Gênes : de Gênes à Nice il y a 40 lieues, tandis que la division Kuinel, qui était en avant de Coni, n'était qu'à 18 lieues de Nice; Oneille est à 20 lieues de Gênes; la division autrichienne qui occupait le Tanaro n'était qu'à 9 lieues; Savone est à 10 lieues de Gênes; la division qui occupait la Bormida n'était qu'à 3 lieues de Savone. L'armée autrichienne était plus nombreuse, elle prenait l'offensive, elle avait l'initiative et elle pouvait arriver à Nice, à Oneille, à Savone, avant le quartier général français. Le pays de Gênes à Nice est appelé du nom de *Rivière*, à cause de son peu de largeur. Ce pays est compris entre la crête des Apennins et la mer; par rapport à sa longueur, c'est un boyau qui n'a pas assez de profondeur et de largeur pour être défendu dans toute cette longueur. Il fallait donc opter : ou porter son quartier général à Nice, en mettant la défensive sur la crête supé-

Quelles étaient
les
positions respectives
des
armées française
et
autrichienne.

Masséna
ne sut pas opter
entre
deux partis à prendre.

rieure d'Argentières à Tende, de là au Tanarello, à la Taggia ou à la Roya, ou bien concentrer la défense autour de Gênes; ce dernier parti était conforme au plan de campagne du Premier Consul. Gênes est une très-grande ville qui offre beaucoup de ressources; c'est une place forte; elle est en outre couverte par la petite place de Gavi, et a sur son flanc gauche la citadelle de Savone. Ce parti une fois adopté, le général Masséna eût dû agir comme s'il eût été général de la république Ligurienne, et que son unique objet fût d'en défendre la capitale. La division de 3 à 4,000 hommes qu'il laissa dans Nice et pour l'observation des cols était suffisante. Le général Masséna ne sut pas opter, il voulut conserver les communications de son armée avec Nice et avec Gênes : cela était impossible; il fut coupé.

Ce qu'il aurait dû faire.

Il eût dû placer son armée d'une des trois manières suivantes :

1° Donner au général Suchet, qui commandait la gauche, 14,000 hommes, et l'établir avec ses principales forces sur les hauteurs de Montelegino, en les couvrant de retranchements; observer Settepani, la tour de Melogno, la Madonna-delle-Neve, Saint-Jacques, Cadibone, par des colonnes mobiles; retirer toute l'artillerie des forts de Vado; donner au lieutenant général Soult, qui commandait le centre, 10,000 hommes pour défendre la Bocchetta et Monte-Fajale; donner au général Miollis, qui commandait la droite, 3,000 hommes, qui se seraient retranchés derrière le torrent de Sturla, sur Monte Ratti et Monte-Fascia; enfin garder 7,000 hommes de réserve dans la ville. L'attaque de Montelegino, de la Bocchetta, de Monte-Fascia eût été difficile; l'ennemi, obligé de se diviser en un grand nombre de colonnes, eût pu être attaqué et battu en détail; au lieu de vingt lieues d'étendue qu'avait la position qu'occupa Masséna, celle-ci n'en aurait eu que dix. L'armée ennemie eût coupé la route de la Corniche, eût tourné toute l'armée par sa gauche; elle se fût emparée de Saint-Jacques, de Cadibone, de Vado; mais l'armée française fût restée entière et concentrée. Lorsque sa gauche aurait été forcée sur les hauteurs de Montelegino, elle se fût repliée sur Monte-Fajale, sous le canon de Voltri, et enfin sur Gênes.

2° Ou placer la gauche sur Voltri, à Madonna-dell'Acqua, le centre derrière la Bocchetta, et la droite derrière la Sturla. Cette ligne, beaucoup moins étendue, pouvait être occupée par beaucoup moins de troupes; les fortifications eussent pu être faites avec plus de soin; plus de moitié de l'armée eût pu être tenue en réserve aux portes de Gênes. Masséna eût pu prendre l'offensive par la Rivière du Levant, par la vallée de Bisagno, par la Bocchetta, par les montagnes de Sassello, par la Rivière du Ponent, et écraser les colonnes ennemies, obligées de se diviser dans ce pays difficile.

3° Ou occuper, sur les hauteurs de Gênes, un camp retranché menaçant l'Italie; en appuyer les flancs à deux forts de campagne, en couvrir le front par des redoutes et une centaine de pièces de canon non attelées, indépendamment de l'équipage de campagne; enfin tenir une réserve en garnison à Gênes. Une armée française de 30,000 hommes, commandée par Masséna, placée dans cette formidable position, n'aurait pu être forcée par une armée de 60,000 Autrichiens. Si Melas respectait cette armée et manœuvrait pour la couper de Nice, cela n'était d'aucune conséquence; Masséna fût entré en Piémont. Si Melas eût manœuvré sur Gênes, les places de Gavi et de Serravalle, la nature du terrain, ne le lui eussent pas permis, ou eussent offert des occasions avantageuses de prendre l'initiative, de tomber sur le flanc de l'armée ennemie et de la défaire.

DEUXIÈME OBSERVATION.

<small>Masséna ne devait pas capituler : Gênes était dans la même situation qu'Alise, assiégée par César.</small>

1° Gênes a ouvert ses portes lorsqu'elle était sauvée. Le général Masséna savait que l'armée de secours était arrivée sur le Pô; il était assuré qu'elle n'avait éprouvé depuis aucun échec, car l'ennemi se fût empressé de le lui faire connaître. Quand César assiégea Alise, il la bloqua avec tant de soin que cette place n'eut aucune nouvelle de ce qui se passait au dehors. L'époque où l'armée de secours avait promis d'arriver était passée : le conseil des Gaulois s'assembla sous la présidence de Vercingétorix; Critognat se leva et dit : « Vous n'avez pas de nouvelles de votre armée de secours; mais César ne vous en donne-t-il pas tous les jours? Croyez-vous qu'il travaillerait avec tant d'ardeur à élever retranchements sur retranchements, s'il ne craignait l'armée que les Gaulois ont réunie et qui s'approche? Ayez donc de la persévérance, vous serez sauvés. » Effectivement l'armée gauloise arriva, forte de 200,000 hommes, et attaqua les légions de César.

<small>La proposition du général Ott était un indice de sa situation critique.</small>

2° La proposition admise par le général Ott et l'amiral Keith, de permettre à la garnison de sortir de la ville avec ses armes, et sans être prisonnière de guerre, n'était-elle pas aussi explicative qu'une lettre même de Napoléon, qui eût annoncé son approche? Quand cette base fut acceptée par l'ennemi, quand il insista pour que la garnison se rendît à Nice par mer, ne décelait-il pas la position critique dans laquelle il se trouvait? Masséna eût dû rompre alors, bien certain que, sous quatre ou cinq jours, il serait débloqué; par le fait, il l'eût été douze

DÉFENSE DE GÊNES PAR MASSÉNA.

heures après. Les généraux ennemis savaient l'extrême disette qui régnait dans la ville; ils n'eussent jamais accordé la capitulation à l'armée française d'en sortir sans être prisonnière de guerre, si déjà l'armée de secours n'eût été proche et en position de faire lever le siége.

3° 8,500 hommes de la garnison sortirent de la ville de Gênes par terre, mais sans canons. Masséna s'embarqua avec vingt pièces de canon de campagne, 1,500 hommes, et débarqua à Antibes; il laissa 1,500 hommes dans la ville pour garder ses malades. Son devoir était de partager le sort de ses troupes, et il devait bien comprendre l'intérêt que mettait l'ennemi à l'en séparer. Effectivement, les troupes ne furent pas plutôt arrivées à Voltri, qu'elles apprirent l'approche de l'armée de secours et du corps de Suchet à Finale. Si Masséna eût été à leur tête, il eût renforcé Suchet, marché sur le champ de bataille de Marengo. Sa conduite, dans cette dernière circonstance, n'est point à imiter. C'est une faute bien fâcheuse et qui eut des suites funestes; ses motifs sont encore inconnus.

Masséna eut le tort grave de se séparer de ses troupes après la reddition de Gênes.

On a beaucoup parlé des flatteries que les généraux ennemis lui prodiguèrent pendant les conférences; mais elles eussent dû accroître sa méfiance. Lorsque Napoléon voulait accréditer le général autrichien Provera, officier très-médiocre, il le loua beaucoup et parvint à en imposer à la cour de Vienne, qui l'employa de nouveau. Il fut repris plus tard à la Favorite. Lorsque le général français qui commandait à Mantoue rendit cette place, le feld-maréchald Kray lui fit cadeau d'un drapeau, en vantant beaucoup sa valeur. Les louanges des ennemis sont suspectes; elles ne peuvent flatter un homme d'honneur que lorsqu'elles sont données après la cessation des hostilités.

Les flatteries des ennemis étaient un piége; dans quel but Napoléon avait vanté outre mesure le général Provera.

A Dieu ne plaise que l'on veuille comparer le héros de

> Éloge des grandes qualités militaires de Masséna.

Rivoli et de Zurich à un homme sans énergie et sans caractère. Masséna était éminemment noble et brillant au milieu du feu et du désordre des batailles : le bruit du canon lui éclaircissait les idées, lui donnait de l'esprit, de la pénétration et de la gaieté.

> Comparaison de la force de l'armée d'Italie au commencement et à la fin de la campagne.

On a fort exagéré le mauvais état de l'armée d'Italie : le mal avait été grand, mais il avait été en grande partie réparé pendant février, mars et avril. On a dit que l'armée n'avait que 25,000 hommes; elle était de 40,000 hommes sous les armes depuis le Var jusqu'à Gênes, et en outre la garde nationale de Gênes était dévouée, formée de la faction démocratique, et passionnément attachée à la France. Il y avait aussi à Gênes beaucoup de patriotes, d'Italiens réfugiés, qui furent formés en bataillons. Au moment de la reddition de Gênes, il s'y trouvait 12,000 Français sous les armes, 3,000 Italiens, Liguriens ou Sardes, qui ne suivirent pas l'armée : il y avait 6,000 hommes dans les hôpitaux; Suchet avait, à son arrivée à Savone, 10,000 hommes. C'étaient donc 25,000 hommes qui restaient sous les armes, de cette armée qui avait perdu en morts, blessés ou prisonniers, ou évacués sur la France, 17,000 hommes.

PLAN

DE

LA BATAILLE DE MARENGO

1ᵉʳ ET 2ᵉ MOMENT

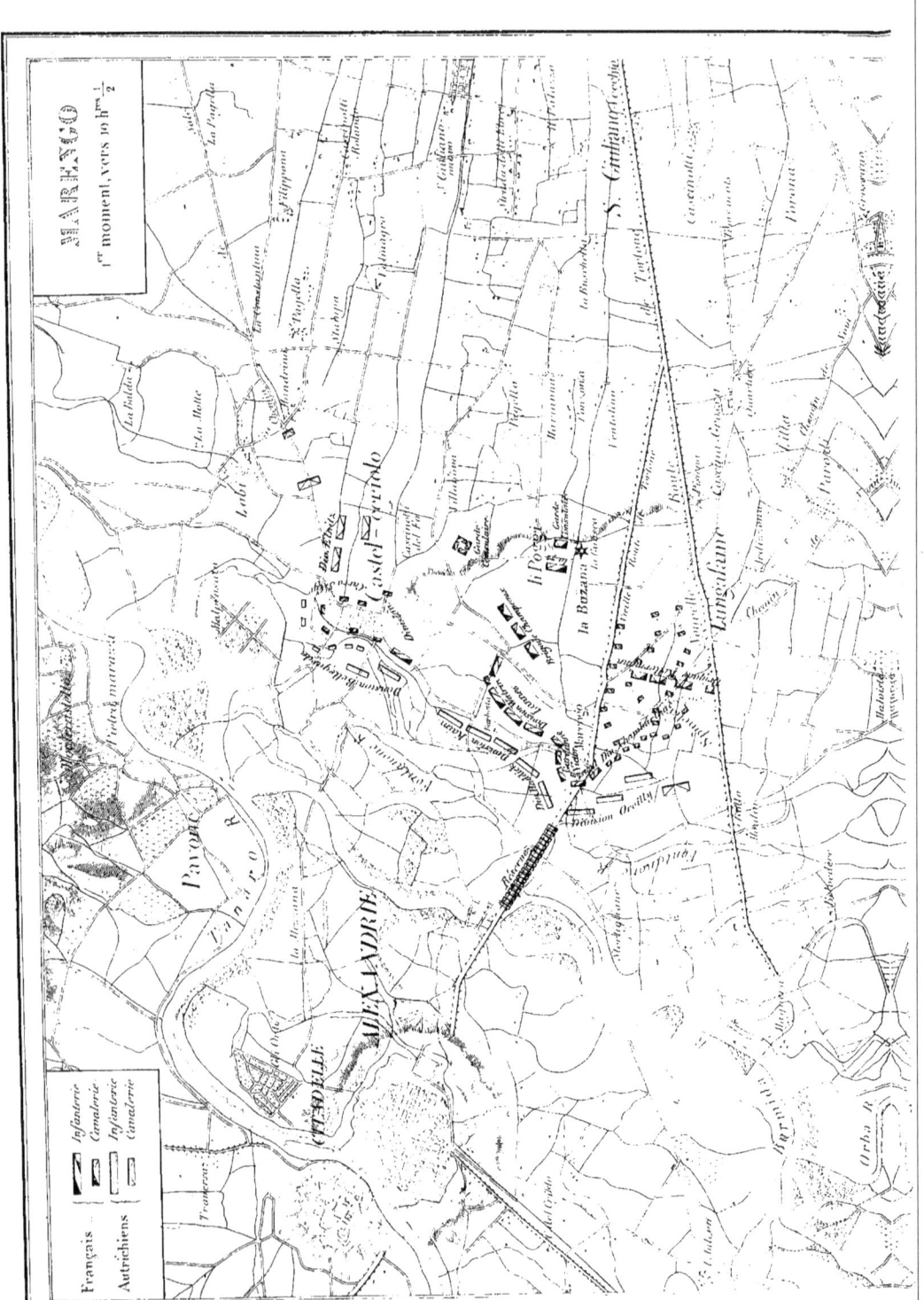

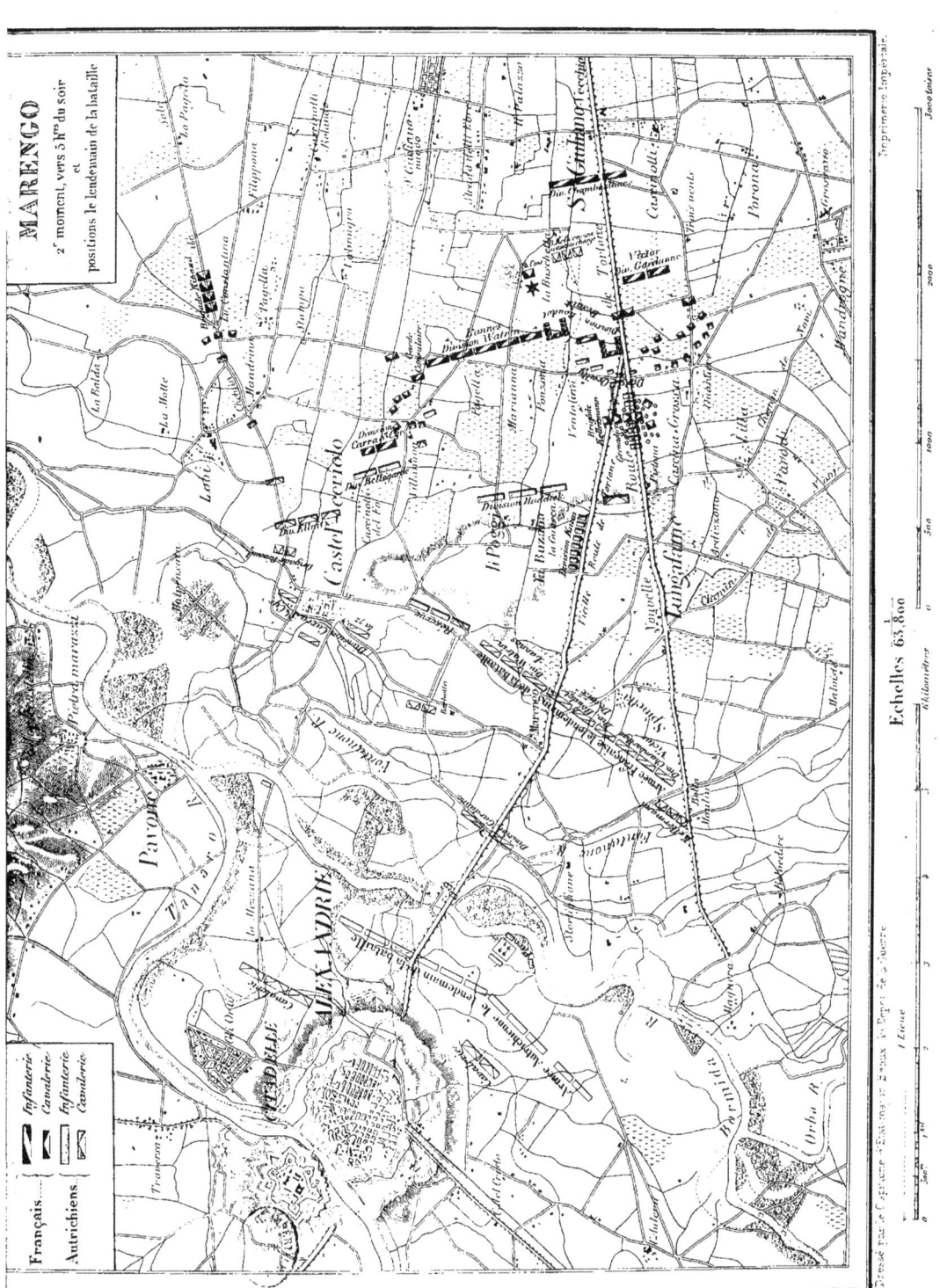

MARENGO.

(MAI-JUIN 1800.)

MARENGO[1].

I

Le 7 janvier 1800, un arrêté des Consuls ordonna la formation d'une armée de réserve. Un appel fut fait à tous les anciens soldats pour venir servir la patrie sous les ordres du Premier Consul. Une levée de 30,000 conscrits fut ordonnée pour recruter cette armée. Le général Berthier, ministre de la guerre, partit de Paris le 2 avril pour la commander; car les principes de la Constitution de l'an VIII ne permettaient pas au Premier Consul d'en prendre lui-même le commandement. La magistrature consulaire étant essentiellement civile, le principe de la division des pouvoirs et de la responsabilité des ministres ne voulait pas que le premier magistrat de la République commandât immédiatement en chef une armée; mais aucune disposition, comme aucun principe, ne s'opposait à ce qu'il y fût présent. Dans le fait, le Premier Consul commanda l'armée de réserve, et Berthier, son major général, eut le titre de général en chef.

Formation d'une armée dite de réserve, dont Berthier, sous la direction du Premier Consul, est le commandant nominal.

[1] Ce chapitre est reproduit ici d'après le texte du général Gourgaud. *Mémoires de Napoléon*, etc. t. VI. p. 196 à 247. édit. de 1830.

Aussitôt que l'on eut des nouvelles du commencement des hostilités en Italie et de la tournure que prenaient les opérations de l'ennemi, le Premier Consul jugea indispensable de marcher directement au secours de l'armée d'Italie; mais il préféra déboucher par le grand Saint-Bernard, afin de tomber sur les derrières de l'armée de Melas, enlever ses magasins, ses parcs, ses hôpitaux, et enfin lui présenter la bataille après l'avoir coupé de l'Autriche. La perte d'une seule bataille devait entraîner la perte totale de l'armée autrichienne et opérer la conquête de toute l'Italie. Un pareil plan exigeait pour son exécution de la célérité, un profond secret et beaucoup d'audace. Le secret était le plus difficile à conserver: comment tenir caché aux nombreux espions de l'Angleterre et de l'Autriche le mouvement de l'armée? Le moyen que le Premier Consul jugea le plus propre fut de le divulguer lui-même, d'y mettre une telle ostentation qu'il devînt un objet de raillerie pour l'ennemi, et de faire en sorte que celui-ci considérât toutes ces pompeuses annonces comme un moyen de faire une diversion aux opérations de l'armée autrichienne qui bloquait Gênes. Il était nécessaire de donner aux observateurs et aux espions un point de direction précis : on déclara donc par des messages au Corps législatif, au Sénat, et par des décrets, par la publication dans les journaux et enfin par les intimations de toute espèce, que le point de réunion de l'armée de réserve était Dijon; que le Premier Consul en passerait la revue, etc. Aussitôt tous les espions et les observateurs se dirigèrent sur cette ville : ils y virent, dans les premiers jours d'avril, un grand état-major sans armée, et dans le courant de ce mois, 5 à 6.000 conscrits et militaires retirés, dont même plusieurs, estropiés, consultaient plutôt leur zèle que leurs forces. Bientôt cette armée devint un objet de ridicule, et, lorsque le Premier Consul en passa lui-même la revue le 6 mai, on fut étonné de n'y voir que 7 à 8,000 hommes, la plupart n'étant pas même habillés. On s'étonna que le premier magistrat de la République quittât son palais pour passer une revue que pouvait faire un général de brigade. Ces doubles rapports allèrent par la Bretagne, Genève, Bâle, à Londres, à Vienne et en Italie : l'Europe fut pleine de caricatures; l'une d'elles représentait un enfant de douze ans et un invalide avec une jambe de bois; au bas on lisait : *Armée de réserve de Bonaparte*.

Cette prétendue armée est le sujet de plaisanteries et de caricatures.

Cependant la véritable armée s'était formée en route; sur divers points de rendez-vous les divisions s'étaient organisées. Ces lieux étaient isolés et n'avaient point de rapports entre eux. Les mesures conciliantes qui avaient été employées par le gouvernement consulaire pendant l'hiver, jointes à la rapidité des opérations militaires, avaient pacifié la Vendée et la chouannerie. Une grande partie des troupes qui composaient l'armée de réserve avaient été retirées de ce pays. Le Directoire avait senti le besoin d'avoir à Paris plusieurs régiments pour sa garde et pour comprimer les factieux; le gouvernement du Premier Consul étant éminemment national, la présence de ces troupes dans la capitale devenait tout à fait inutile; elles furent dirigées sur l'armée de réserve. Bon nombre de ces régiments n'avaient pas fait la désastreuse campagne de 1799, et avaient tout entier le sentiment de leur supériorité et de leur gloire. Le parc d'artillerie s'était formé avec des pièces, des caissons envoyés partiellement d'un grand nombre d'arsenaux et de places fortes. Le plus difficile à cacher était le mouvement des vivres indispensables pour une armée qui doit faire un passage de montagnes arides, et où l'on ne peut rien trouver : l'ordonnateur

La véritable armée de réserve est rassemblée secrètement.

Les approvisionnements nécessaires sont habilement dissimulés.

Lambert fit confectionner à Lyon 2 millions de rations de biscuit. On en expédia sur Toulon une centaine de mille pour être envoyées à Gênes; mais 1,800,000 rations furent dirigées sur Genève, embarquées sur le lac et débarquées à Villeneuve, au moment où l'armée y arrivait.

<small>Autres moyens employés pour entretenir l'illusion des ennemis.</small>

En même temps que l'on annonçait avec la plus grande ostentation la formation de l'armée de réserve, on faisait faire à la main de petits bulletins où, au milieu de beaucoup d'anecdotes scandaleuses sur le Premier Consul, on prouvait que l'armée de réserve n'existait pas et ne pouvait pas exister; que, au plus, on pourrait réunir 12 à 15,000 conscrits. On en donnait la preuve par les efforts qui avaient été faits, la campagne précédente, pour former les diverses armées qui avaient été battues en Italie, par ceux qu'on avait faits pour compléter cette formidable armée du Rhin. Enfin, disait-on, laisserait-on l'armée d'Italie si faible, si l'on avait pu la renforcer? L'ensemble de tous ces moyens de donner le change aux espions fut couronné du plus heureux succès. On disait à Paris, comme à Dijon, comme à Vienne : « Il n'y a point d'armée de réserve. »

<small>Railleries des Autrichiens, soigneusement abusés.</small>

Au quartier général de Melas, on ajoutait : « L'armée de réserve, dont on nous menace tant, est une bande de 7 à 8,000 conscrits ou invalides, avec laquelle on espère nous tromper pour nous faire quitter le siége de Gênes. Les Français comptent trop sur notre simplicité; ils voudraient nous faire réaliser la fable du chien qui quitte sa proie pour l'ombre. »

II

<small>Napoléon quitte Paris et se rend à Genève.</small>

Le 6 mai 1800, le Premier Consul partit de Paris: il se rendit à Dijon pour passer, comme nous venons de le dire, cette revue des militaires isolés et des conscrits qui s'y trouvaient. Il arriva à Genève le 8. Le fameux Necker, qui était dans cette ville, brigua l'honneur d'être présenté au Premier Consul de la République française: il s'entretint une heure avec lui, parla beaucoup du crédit public, de la moralité nécessaire à un ministre des finances. Il laissa percer dans tout son discours le désir et l'espoir d'arriver à la direction des finances de la France, et il ne connaissait pas même de quelle manière on faisait le service avec des obligations du trésor. Il loua beaucoup l'opération militaire qu'il voyait faire sous ses yeux. Le Premier Consul fut médiocrement satisfait de sa conversation.

Son entrevue avec Necker.

Le 13 mai, le Premier Consul passa, à Lausanne, la revue de la véritable avant-garde de l'armée de réserve. C'était le général Lannes qui la commandait; elle était composée de six vieux régiments d'élite parfaitement habillés, équipés et munis de tout. Elle se dirigea aussitôt sur Saint-Pierre; les divisions suivaient en échelons; cela formait une armée de 36,000 combattants, en qui l'on pouvait avoir confiance; elle avait un parc de quarante bouches à feu. Les généraux Victor, Loison, Watrin, Boudet, Chambarlhac, Murat, Monnier, commandaient dans cette armée.

Napoléon passe en revue, à Lausanne, les premiers corps de l'armée de réserve.

III

Le Premier Consul avait préféré le passage du grand Saint-Bernard à celui du mont Cenis : l'un n'était pas plus difficile que l'autre. Il y a de Lausanne à Saint-Pierre, village au pied du Saint-Bernard, un chemin praticable pour l'artillerie, et depuis le village de Saint-Remy à Aoste on trouve également

Pour quelles raisons Napoléon préfère le passage du Saint-Bernard à celui du mont Cenis.

un chemin praticable aux voitures. La difficulté ne consistait donc que dans la montée et dans la descente du Saint-Bernard. Cette difficulté était la même pour le passage du mont Cenis; mais, en passant par le Saint-Bernard, on avait l'avantage de laisser Turin sur sa droite et d'agir dans un pays plus couvert et moins connu, et où les mouvements seraient plus cachés que sur la grande communication de la Savoie, où l'ennemi devait nécessairement avoir beaucoup d'espions.

<small>Précautions prises pour effectuer le transport de l'artillerie dans la montagne.</small>

Le passage prompt de l'artillerie paraissait une chose impossible. On s'était pourvu d'un grand nombre de mulets; on avait fabriqué une grande quantité de petites caisses pour contenir les cartouches d'infanterie et les munitions des pièces. Ces caisses devaient être portées par les mulets, ainsi que des forges de campagne; de sorte que la difficulté réelle à vaincre était le transport des pièces. Mais on avait préparé à l'avance une centaine de troncs d'arbre, creusés de manière à pouvoir recevoir les pièces, qui y étaient fixées par les tourillons : à chaque bouche à feu ainsi disposée cent soldats devaient s'atteler; les affûts devaient être démontés et portés à dos de mulet. Toutes ces dispositions se firent avec tant d'intelligence par les généraux d'artillerie Gassendi et Marmont, que la marche de l'artillerie ne causa aucun retard. Les troupes mêmes se piquèrent d'honneur de ne point laisser leur artillerie en arrière et se chargèrent de la traîner. Pendant toute la durée du passage, la musique des régiments se faisait entendre; ce n'était que dans les pas difficiles que le pas de charge donnait une nouvelle vigueur aux soldats. Une division entière aima mieux, pour attendre son artillerie, bivouaquer sur le sommet de la montagne, au milieu de la neige et d'un froid excessif, que de descendre dans la plaine, quoiqu'elle en eût eu le temps avant la nuit. Deux demi-compagnies d'ouvriers d'artillerie avaient été établies dans les villages de Saint-Pierre et de Saint-Remy avec quelques forges de campagne, pour le démontage et le remontage de diverses voitures d'artillerie. On parvint à passer une centaine de caissons.

Le 16 mai, le Premier Consul alla coucher au couvent de Saint-Maurice, et toute l'armée passa le Saint-Bernard les 17, 18, 19 et 20 mai. Le Premier Consul passa lui-même le 20 : il montait, dans les plus mauvais pas, le mulet d'un habitant de Saint-Pierre, désigné par le prieur du couvent comme le mulet le plus sûr de tout le pays. Le guide du Premier Consul était un grand et vigoureux jeune homme de vingt-deux ans, qui s'entretint beaucoup avec lui, en s'abandonnant à cette confiance propre à son âge et à la simplicité des habitants des montagnes ; il confia au Premier Consul toutes ses peines, ainsi que les rêves de bonheur qu'il faisait pour l'avenir. Arrivé au couvent, le Premier Consul, qui jusque-là ne lui avait rien témoigné, écrivit un billet et le donna à ce paysan pour le remettre à son adresse : ce billet était un ordre [1] qui prescrivait diverses dispositions, qui eurent lieu immédiatement après le passage et qui réalisaient toutes les espérances du jeune paysan, telles que la bâtisse d'une maison, l'achat d'un terrain, etc. Quelque temps après son retour, l'étonnement du jeune montagnard fut bien grand de voir tant de monde s'empresser de satisfaire ses désirs et la fortune lui arriver de tous côtés.

Le Premier Consul s'arrêta une heure au couvent des hospitaliers, et opéra la descente à la ramasse, sur un glacier presque perpendiculaire. Le froid était encore vif. La descente du

[1] Voir la décision du Premier Consul en faveur de ce guide. *Correspondance* de *Napoléon Ier*, tome VII, page 253 de l'édition in-4°.

grand Saint-Bernard fut plus difficile pour les chevaux que ne l'avait été la montée; néanmoins on n'eut que peu d'accidents. Les moines du couvent étaient approvisionnés d'une grande quantité de vin, pain, fromages, et, en passant, chaque soldat recevait de ces bons religieux une forte ration.

<small>L'avant-garde arrive à Aoste et culbute un corps autrichien.</small>

Le 16 mai, le général Lannes, avec les 6ᵉ demi-brigade légère, 28ᵉ et 44ᵉ de ligne, 11ᵉ, 12ᵉ régiments de hussards, et 21ᵉ de chasseurs, arriva à Aoste, ville qui fut pour l'armée d'une grande ressource. Le 17, cette avant-garde arriva à Châtillon, où un corps autrichien de 4 à 5,000 hommes, que l'on avait cru suffisant pour défendre la vallée, était en position: il fut aussitôt attaqué et culbuté; on lui prit trois pièces et quelques centaines de prisonniers.

<small>L'armée se trouve arrêtée par le fort de Bard.</small>

L'armée française croyait avoir franchi tous les obstacles: elle suivait une vallée assez belle, où elle retrouvait des maisons, de la verdure et le printemps, lorsque tout à coup elle fut arrêtée par le canon du fort de Bard.

<small>Nécessité de trouver un autre passage.</small>

Ce fort, entre Aoste et Ivrée, est situé sur un mamelon conique et entre deux montagnes, à 25 toises l'une de l'autre: à son pied coule le torrent de la Dora, dont il ferme absolument la vallée; la route passe dans les fortifications de la ville de Bard, qui a une enceinte et est dominée par le feu du fort. Les officiers du génie attachés à l'avant-garde s'approchèrent pour reconnaître un passage, et firent le rapport qu'il n'en existait pas d'autre que celui de la ville. Le général Lannes ordonna, dans la nuit, une attaque pour tâter le fort: mais il était partout à l'abri d'un coup de main. Comme il arrive toujours en pareille circonstance, l'alarme se communiqua rapidement dans toute l'armée et reflua sur ses derrières. Des ordres même furent donnés pour arrêter le passage de l'artil-

<small>On découvre dans la montagne un sentier, impraticable à l'artillerie.</small>

lerie sur le Saint-Bernard; mais le Premier Consul, déjà arrivé à Aoste, se porta aussitôt devant Bard : il gravit, sur la montagne de gauche, le rocher Albaredo, qui domine à la fois et la ville et le fort, et bientôt reconnut la possibilité de s'emparer de la ville. Il n'y avait pas un moment à perdre. Le 25, à la nuit tombante, la 58ᵉ demi-brigade, conduite par le chef Dufour, escalada l'enceinte et s'empara de la ville, qui n'est séparée du fort que par le torrent de la Dora. Vainement toute la nuit il plut une grêle de mitraille, à une demi-portée de fusil, sur les Français qui étaient dans la ville : ils s'y maintinrent; et enfin, par considération pour les habitants, le feu du fort cessa.

Napoléon fait occuper la ville de Bard malgré le feu du fort.

L'infanterie et la cavalerie passèrent un à un par le sentier de la montagne de gauche, qu'avait gravi le Premier Consul et où jamais n'avait passé aucun cheval : c'était un sentier connu seulement des chevriers.

L'infanterie, et la cavalerie suivent le sentier de la montagne.

Les nuits suivantes, les officiers d'artillerie, avec une rare intelligence, et les canonniers, avec la plus grande intrépidité, firent passer leurs pièces par la ville. Toutes les précautions avaient été prises pour en cacher la connaissance au commandant du fort : le chemin avait été couvert de matelas et de fumier; les pièces, couvertes de branchages et de paille, étaient traînées à la bricole, dans le plus grand silence. On traversait ainsi un espace de plusieurs centaines de toises, à la portée de pistolet des batteries du fort. La garnison, ne se doutant de rien, faisait cependant des décharges de temps en temps, qui tuèrent ou blessèrent bon nombre de canonniers; mais cela ne ralentit en rien leur zèle. Le fort ne se rendit que dans les premiers jours de juin. On était alors parvenu, avec des peines extrêmes, à monter plusieurs pièces sur l'Albaredo.

L'artillerie, à la faveur de la nuit, et avec des précautions inouïes, parvient à passer sous les batteries ennemies.

d'où elles foudroyèrent les batteries du fort. S'il en eût fallu attendre la prise pour faire passer l'artillerie, tout l'espoir de la campagne eût été perdu.

<small>Napoléon n'ignorait pas l'existence du fort de Bard, mais il le croyait de peu d'importance.</small>

Cet obstacle fut plus considérable que celui du grand Saint-Bernard lui-même, et cependant ni l'un ni l'autre ne retardèrent d'un seul jour la marche de l'armée. Le Premier Consul connaissait bien l'existence du fort de Bard; mais tous les plans et tous les renseignements à ce sujet permettaient de le supposer facile à enlever. Cette difficulté, une fois surmontée, eut un effet avantageux.

<small>Le commandant du fort avertit Melas du défilé des Français et se flatte d'empêcher le passage de l'artillerie.</small>

L'officier autrichien qui commandait le fort expédia lettre sur lettre à Melas pour l'instruire qu'il voyait passer plus de 30,000 hommes, au moins 3 ou 4,000 chevaux, et un nombreux état-major; que ces masses se dirigeaient sur sa droite par un escalier dans le rocher Albaredo; mais qu'il promettait que ni un caisson ni une pièce d'artillerie ne pourraient passer; qu'il pouvait tenir un mois, et qu'ainsi, jusqu'à cette époque, il n'était pas probable que l'armée française osât se hasarder en plaine, n'ayant pas encore reçu son artillerie. Lors de la reddition du fort, tous les officiers de la garnison furent étrangement surpris d'apprendre que toute l'artillerie française avait passé de nuit, à 30 ou 40 toises de leurs remparts.

<small>Ce qui serait advenu si l'armée eût été complétement arrêtée par le fort de Bard.</small>

S'il eût été tout à fait impossible de faire passer l'artillerie par la ville de Bard, l'armée française aurait-elle repassé le grand Saint-Bernard? Non : elle aurait également débouché jusqu'à Ivrée, mouvement qui eût nécessairement rappelé Melas de Nice. Elle n'avait rien à craindre, même sans artillerie, dans les excellentes positions que lui offrait l'entrée des gorges, d'où, protégeant le siége du fort de Bard, elle en eût attendu la prise. Ce fort est tombé naturellement au pouvoir des Français le 1er juin; mais il est probable qu'il eût été pris plus tôt, s'il avait arrêté le passage de l'armée et qu'il en eût attiré tous les efforts, au lieu de ceux d'une brigade de conscrits commandée par le général Chabran, qui avait été laissée pour en faire le siège. Ce dernier corps avait passé par le petit Saint-Bernard.

Cependant, depuis le 12 mai, Melas avait fait refluer des troupes sur Turin et renforcé les divisions qui gardaient la vallée d'Aoste et celle du mont Cenis; lui-même, de sa personne, était arrivé le 22 à Turin. Le même jour, le général Turreau, qui commandait sur les Alpes, attaqua avec 3,000 hommes le mont Cenis, s'en empara, fit des prisonniers, et prit position entre Suse et Turin : diversion qui inquiéta Melas, et l'empêcha de porter tous ses efforts sur la Dora-Baltea.

Melas se replie sur Turin.

Le 24, le général Lannes, avec l'avant-garde, arriva devant Ivrée; il y trouva une division de 5 à 6,000 hommes. Depuis huit jours on avait commencé l'armement de cette place et de la citadelle; quinze bouches à feu étaient déjà en batterie; mais, sur cette division de 6,000 hommes, il y en avait 3,000 de cavalerie, qui n'étaient pas propres à la défense d'Ivrée, et l'infanterie était celle qui avait déjà été battue à Châtillon. La ville, attaquée avec la plus grande intrépidité, d'un côté par le général Lannes, et de l'autre par le général Watrin, fut bientôt enlevée ainsi que la citadelle, où l'on trouva de nombreux magasins de toute espèce. L'ennemi se retira derrière la Chiusella et prit position à Romano pour couvrir Turin, d'où il reçut des renforts considérables.

Lannes s'empare d'Ivrée.

Le 26, le général Lannes marcha contre l'ennemi, l'attaqua dans sa position et, après un combat fort chaud, le culbuta et

Il s'avance sur Chivasso et intercepte la navigation sur le Pô.

le rejeta en désordre sur Turin. L'avant-garde prit aussitôt la position de Chivasso, d'où elle intercepta le cours du Pô et s'empara d'un grand nombre de barques chargées de vivres, de blessés, et enfin de toute l'évacuation de Turin. Le Premier Consul passa, le 28 mai, la revue de l'avant-garde à Chivasso, harangua les troupes et distribua des éloges aux corps qui la composaient.

<small>Démonstrations de passage faites dans le but de masquer la marche sur Milan.</small>

Cependant on disposa les barques prises sur le Pô pour la construction d'un pont : cette menace produisit l'effet qu'on en attendait : Melas affaiblit les troupes qui couvraient Turin sur la rive gauche, et envoya ses principales forces pour s'opposer à la construction du pont. C'était ce que souhaitait le Premier Consul, afin de pouvoir opérer sur Milan sans être inquiété.

<small>Melas apprend avec terreur et confusion la présence de Napoléon à l'armée.</small>

Un parlementaire autrichien, choisi parmi les officiers de l'armée autrichienne, qui avait l'honneur de connaître le Premier Consul, fut envoyé aux avant-postes par le général Melas. Son étonnement fut extrême en voyant le Premier Consul si près de l'armée autrichienne; cette nouvelle, rapportée par cet officier à Melas, le remplit de terreur et de confusion. Toute l'armée de réserve, avec son artillerie, arriva à Ivrée les 26 et 27 mai.

IV

<small>Examen de trois partis que pouvait prendre Napoléon : marcher sur Turin, secourir Gênes, entrer à Milan.</small>

Le quartier général de l'armée autrichienne était à Turin ; mais la moitié des forces ennemies était devant Gênes, et l'autre moitié était supposée et était effectivement en chemin pour venir, par le col de Tende, renforcer les corps qui étaient à Turin. Dans cette circonstance, quel parti prendra le Premier Consul? Marchera-t-il sur Turin pour en chasser Melas, se réunir avec Turreau, et se trouver ainsi assuré de ses communications avec la France et avec ses arsenaux de Grenoble et de Briançon? Jettera-t-il un pont à Chivasso, profitant des barques que la fortune a fait tomber en son pouvoir, et se dirigera-t-il à tire-d'aile sur Gênes pour débloquer cette place importante? ou bien, laissant Melas sur ses derrières, passera-t-il la Sesia, le Tessin, pour se porter sur Milan et sur l'Adda, faire sa jonction avec le corps de Moncey, composé de 15,000 hommes, qui venait de l'armée du Rhin et qui avait débouché par le Saint-Gothard?

De ces trois partis, le premier était contraire aux vrais principes de la guerre, puisque Melas avait des forces assez considérables avec lui. L'armée française courait donc la chance de livrer une bataille, n'ayant pas de retraite assurée, le fort de Bard n'étant pas encore pris. D'ailleurs, si Melas abandonnait Turin et se portait sur Alexandrie, la campagne était manquée : chaque armée se trouvait dans une position naturelle, l'armée française appuyée au mont Blanc et au Dauphiné, et celle de Melas aurait eu sa gauche à Gênes et derrière elle les places de Mantoue, Plaisance et Milan.

Le deuxième parti ne paraissait pas praticable. Comment s'aventurer au milieu d'une armée aussi puissante que l'armée autrichienne, entre le Pô et Gênes, sans avoir aucune ligne d'opération, aucune retraite assurée?

Le troisième parti, au contraire, offrait tous les avantages. L'armée française maîtresse de Milan, on s'emparait de tous les magasins, de tous les dépôts, de tous les hôpitaux de l'armée ennemie : on se joignait à la gauche, que commandait le général Moncey : on avait une retraite assurée par le Simplon et le Saint-Gothard. Le Simplon conduisait sur le Valais et sur

Avantages qui résultaient de la possession de Milan.

Sion, où l'on avait dirigé tous les magasins de vivres pour l'armée. Le Saint-Gothard conduisait sur la Suisse, dont nous étions en possession depuis deux ans et que couvrait l'armée du Rhin, alors sur l'Iller. Dans cette position, le général français pouvait agir selon sa volonté. Melas marchait-il avec son armée réunie de Turin sur la Sesia et le Tessin? l'armée française pouvait lui livrer bataille avec l'immense avantage que, si elle était victorieuse, Melas, sans retraite, serait poursuivi et jeté en Savoie; et, dans le cas où l'armée française serait battue, elle se retirait par le Simplon et le Saint-Gothard. Si Melas, comme il était naturel de le supposer, se dirigeait sur Alexandrie pour s'y réunir à l'armée qui venait de Gênes, on pouvait espérer, en se portant à sa rencontre en passant le Pô, de le prévenir et de lui livrer bataille, l'armée française ayant ses derrières assurés sur le fleuve et Milan, le Simplon et le Saint-Gothard; tandis que l'armée autrichienne, ayant sa retraite coupée et n'ayant aucune communication avec Mantoue et l'Autriche, serait exposée à être jetée sur les montagnes de la Rivière du Ponent et entièrement détruite ou prise au pied des Alpes, au col de Tende et dans le comté de Nice. Enfin, en adoptant le troisième parti, si, une fois maître de Milan, il convenait au général français de laisser passer Melas et de rester entre le Pô, l'Adda et le Tessin, il avait ainsi, sans bataille, reconquis la Lombardie et le Piémont, les Alpes maritimes, la Rivière de Gênes et fait lever le blocus de cette ville ; c'étaient des résultats assez beaux.

<small>Occupation des débouchés du Simplon.</small>

Un corps de 2,000 Italiens réfugiés, commandé par le général Lechi, s'était porté, le 21 mai, de Châtillon sur la haute Sesia. Ce corps eut un combat avec la légion de Rohan, la battit et vint prendre position aux débouchés du Simplon.

dans la vallée de Domo-d'Ossola, afin d'assurer les communications de l'armée par le Simplon.

Le 27, le général Murat se dirigea sur Verceil et passa la Sesia.

Le 31 mai, le Premier Consul se porta rapidement sur le Tessin. Les corps d'observation que le général Melas avait laissés contre les débouchés de la Suisse et les divisions de cavalerie et d'artillerie qu'il n'avait pas menées avec lui au siége de Gênes se réunirent pour défendre le passage du fleuve et couvrir Milan. Le Tessin est extrêmement large et rapide. L'adjudant général Girard, officier du plus haut mérite et de la plus rare intrépidité, passa le premier le fleuve. Le combat fut chaud toute la journée sur la rive gauche. L'armée française n'avait pas de pont; elle passait sur quatre nacelles. Mais, comme le pays est très-coupé et boisé, et que l'on était favorisé par la position du Naviglio de Milan, la cavalerie ennemie ne s'engagea qu'avec répugnance sur un tel terrain.

Passage du Tessin.

Le 2 juin, le Premier Consul entra dans Milan; il fit aussitôt cerner la citadelle. Le général Lannes, avec l'avant-garde, s'était mis en marche forcée le 30, et, laissant un corps d'observation sur la gauche de la Dora-Baltea et une garnison dans Ivrée, il marcha en toute hâte sur Pavie, où il entra le 1ᵉʳ juin. Il y trouva des magasins considérables et deux cents bouches à feu, dont trente de campagne.

Entrée de Napoléon à Milan; prise de Pavie.

Cependant, le 4, la division Duhesme entra à Lodi; le 15, elle cerna Pizzighettone, et sa cavalerie légère occupa Crémone. L'alarme fut bientôt dans Mantoue, désapprovisionnée et sans garnison. Le corps de Moncey, composé de 15.000 hommes de l'armée du Rhin, arriva à Bellinzona le 31 mai.

Prise de Lodi, de Crémone. Mantoue menacée.

On se peindrait difficilement l'étonnement et l'enthousiasme des Milanais en voyant arriver l'armée française. Le Premier Consul marchait avec l'avant-garde, de sorte qu'une des premières personnes qui s'offrit aux regards des Milanais, que l'enthousiasme et la curiosité faisaient arriver par tous les chemins détournés au-devant de l'armée française, fut le général Bonaparte. Le peuple de Milan ne voulait pas le croire : on avait dit qu'il était mort dans la mer Rouge, et que c'était un de ses frères qui commandait l'armée française.

Du 2 au 8 juin, c'est-à-dire pendant six jours, le Premier Consul fut occupé à recevoir les députations et à se montrer aux peuples accourus de tous les points de la Lombardie pour voir leur libérateur. Le gouvernement de la république Cisalpine fut réorganisé; mais un grand nombre des plus chauds patriotes italiens gémissaient dans les cachots de l'Autriche. Le Premier Consul adressa à l'armée la proclamation suivante [1] :

« Soldats,

« Un de nos départements était au pouvoir de l'ennemi : la consternation était dans tout le midi de la France.

« La plus grande partie du territoire du peuple ligurien, le plus fidèle ami de la République, était envahie.

« La république Cisalpine, anéantie dès la campagne passée, était devenue le jouet du grotesque régime féodal.

« Soldats, vous marchez..... et déjà le territoire français est délivré! La joie et l'espérance succèdent, dans notre patrie, à la consternation et à la crainte.

« Vous rendrez la liberté et l'indépendance au peuple de Gênes; il sera pour toujours délivré de ses éternels ennemis.

---

[1] De Milan, le 17 prairial an VIII (6 juin 1800)

« Vous êtes dans la capitale de la Cisalpine. L'ennemi, épouvanté, n'aspire plus qu'à regagner les frontières. Vous lui avez enlevé ses hôpitaux, ses magasins, ses parcs de réserve. Le premier acte de la campagne est terminé.

« Des millions d'hommes, vous l'entendez tous les jours, vous adressent des actes de reconnaissance.

« Mais aura-t-on donc impunément violé le sol français? Laisserez-vous retourner dans ses foyers l'armée qui a porté l'alarme dans vos familles? Vous courez aux armes!...... Eh bien! marchez à sa rencontre, opposez-vous à sa retraite; arrachez-lui les lauriers dont elle s'est parée, et par là apprenez au monde que la malédiction du destin est sur les insensés qui osent insulter le territoire du grand peuple!

« Le résultat de tous nos efforts sera : gloire sans nuage et paix solide. »

« Le Premier Consul, BONAPARTE. »

V

Les 15,000 hommes que conduisait le général Moncey arrivaient lentement; leur marche ne se faisait que par régiment; ce retard fut nuisible; le Premier Consul passa la revue de ces troupes les 6 et 7 juin. Le 9, il partit pour se rendre à Pavie.

Jonction avec le corps de Moncey.

Le général Murat s'était porté, le 6 mai, devant Plaisance : l'ennemi y avait un pont et une tête de pont; Murat eut le bonheur de surprendre la tête de pont et de s'emparer de la presque totalité des bateaux. Le même jour il intercepta une dépêche du ministère de Vienne à M. de Melas; cette dépêche contenait des renseignements curieux sur la prétendue armée de ré-

Murat s'avance sur Plaisance; il intercepte une dépêche de Vienne ? qui niait l'existence de l'armée de réserve.

serve de Bonaparte. Elle n'existait pas, et l'on prescrivait à Melas de continuer avec vigueur ses opérations offensives en Provence. Le ministre espérait que Gênes aurait capitulé, et que l'armée anglaise serait arrivée. On lui mandait également qu'il fallait des succès; que l'armée française du Rhin était au cœur de l'Allemagne, et que des succès forceraient à la rappeler au secours de la Provence; que des mouvements qui avaient eu lieu à Paris avaient obligé le Premier Consul à retourner promptement de Genève en cette capitale; que la cour de Vienne mettait toute sa confiance dans les talents du général Melas et dans l'intrépidité de sa victorieuse armée d'Italie.

Situation de l'armée.

Le corps d'observation que nous avions sur la rive gauche de la Dora-Baltea, était tranquille, ainsi que la garnison d'Ivrée. Depuis le 1er juin, le fort de Bard était pris, et Ivrée se remplissait de toute espèce de munitions de guerre, de vivres, et des embarras de l'armée. Melas avait abandonné Turin, et paraissait se porter sur la rive droite du Pô.

Napoléon concentre ses forces à la Stradella dans le but de couper à Melas la route de Mantoue.

Le Premier Consul envoya la division Lapoype, du corps du général Moncey, pour border le Pô depuis Pavie jusqu'à la Dora-Baltea, et éclairer le mouvement de l'ennemi vis-à-vis de Plaisance, et résolut de se porter à la Stradella, sur la rive droite du Pô, afin de couper à Melas la route de Mantoue et l'obliger à recevoir une bataille, ayant sa ligne d'opération coupée, de débloquer à la fois Gênes et poursuivre l'ennemi en l'acculant aux Alpes. Le général Lannes, avec l'avant-garde, passa le Pô vis-à-vis de Pavie, à Belgiojoso, dans la journée du 6. Le 7, le général Murat passa le Pô à Nocetta, et s'empara de Plaisance, où il trouva des magasins considérables. Le lendemain il battit un corps autrichien qui était venu l'attaquer, et lui fit 2,000 prisonniers. Le général Murat eut l'ordre de se porter sur la Stradella pour s'y joindre à l'avant-garde; toute l'armée se réunissait sur ce point important.

Cependant, au milieu de si grands succès, et l'esprit livré aux plus belles espérances, on apprit une fâcheuse nouvelle : Gênes avait capitulé le 4, et les troupes autrichiennes du blocus revenaient à marches forcées se joindre à l'armée de Melas sur Alexandrie. Des réfugiés milanais, qui avaient été renfermés dans Gênes, donnèrent des détails sur les opérations de ce siége. Masséna, après la capitulation, avait commis la faute impardonnable de s'embarquer de sa personne sur un corsaire pour se rendre à Antibes. Une partie de son armée avait été également embarquée pour la même destination; seulement un corps de 8,500 hommes se dirigeait par terre. Les troupes avaient conservé leurs armes, munitions, etc. La capitulation ne pouvait pas être plus honorable; mais cette funeste disposition du général Masséna, d'autant moins excusable qu'il connaissait l'arrivée de l'armée du Premier Consul sur le Pô, annula tout ce que les conditions de la capitulation avaient d'avantageux. Si, d'après la capitulation, Masséna était sorti à la tête de toutes ses troupes (et il avait encore 12,000 hommes disponibles, armés, et son artillerie), et qu'arrivé à Voltri il eût repris ses opérations, il aurait contenu un pareil nombre de troupes autrichiennes; il eût été promptement joint par les troupes du général Suchet, qui étaient en marche sur Port-Maurice, et aurait alors manœuvré contre l'ennemi avec une vingtaine de mille hommes. Mais ces troupes sortirent sans leur général; elles se dirigèrent par la Rivière de Gênes : leur mouvement ne fut arrêté que lorsqu'elles furent rencontrées par le général Suchet. Trois ou quatre jours avaient été ainsi

Napoléon apprend la reddition de Gênes et les conditions de la capitulation.

perdus; ces troupes furent inutiles. La victoire de Marengo devait remédier à tout.

VI

<small>Engagement d'avant-garde sur la rive droite du Pô avec les troupes du général Ott.</small>

Le Premier Consul vit alors qu'il ne pouvait compter que sur ses propres forces et qu'il allait avoir affaire à toute l'armée. Le 8 au soir, les coureurs ennemis vinrent observer les Français qui avaient passé le Pô et étaient bivouaqués sur la rive droite; ils les crurent peu nombreux, et une avant-garde de 4 à 5,000 Autrichiens vint les attaquer; mais toute l'avant-garde et une partie de l'armée française avaient déjà passé. Le général Lannes mena battant cette avant-garde ennemie, et à la nuit il prit position devant l'armée autrichienne, qui occupait Montebello et Casteggio. Cette armée était commandée par le général Ott, le même qui avait commandé le blocus de Gênes. Ce corps était venu en trois marches. L'observation des feux des bivouacs, le rapport des prisonniers et des déserteurs, faisaient monter cette partie de l'armée autrichienne à trente bataillons, formant 18,000 hommes. Les grenadiers d'Ott, l'élite de l'armée autrichienne, en faisaient partie.

<small>Bataille de Montebello, gagnée par le général Lannes.</small>

Le général Lannes était en position, et, attendant à chaque instant des renforts, il n'avait pas intérêt d'attaquer; mais le général autrichien, à la pointe du jour, engagea la bataille. Le général Lannes n'avait avec lui que 8,000 hommes; mais la division Victor, qui avait passé le fleuve, n'était qu'à 3 lieues. La bataille fut sanglante; Lannes s'y couvrit de gloire; ses troupes firent des prodiges d'intrépidité. Sur le midi, l'arrivée de la division Victor décida entièrement de la victoire. Les Autrichiens se battirent en désespérés : ils étaient encore fiers des succès qu'ils avaient obtenus la campagne précédente; ils sentaient que leur position les mettait dans la nécessité d'être vainqueurs.

Le Premier Consul, à la première nouvelle de l'attaque de l'ennemi contre l'avant-garde française, était accouru sur le champ de bataille; mais, à son arrivée, la victoire était déjà décidée. Les ennemis avaient perdu 3,000 hommes tués et 6,000 prisonniers; le champ de bataille était tout jonché de morts. Le général Lannes était couvert de sang; les troupes, qui avaient le sentiment de s'être bien comportées, étaient exténuées de fatigue, mais ivres de joie. *La victoire est décidée avant l'arrivée de Napoléon sur le champ de bataille.*

Les 10, 11 et 12, le Premier Consul resta à la position de la Stradella, employant ce temps à réunir son armée, à assurer sa retraite par l'établissement de deux ponts sur le Pô, avec des têtes de pont. Plus rien ne le pressait; Gênes était tombée. Il envoya par des affidés, à travers les montagnes, l'ordre au général Suchet de marcher sur la Scrivia par le débouché du col de Cadibone. *Napoléon achève de réunir l'armée et de concerter ses opérations.*

L'ennemi avait une cavalerie formidable et une artillerie très-nombreuse. Ni l'une ni l'autre de ces armes n'avaient souffert, tandis que notre cavalerie et notre artillerie étaient très-inférieures en nombre; il était donc hasardeux de s'engager dans la plaine de Marengo. Si l'ennemi voulait rouvrir ses communications et regagner Mantoue, c'était par la Stradella qu'il fallait qu'il passât et qu'il marchât sur le ventre de l'armée française. Cette position de la Stradella semblait avoir été faite exprès pour l'armée française : la cavalerie ennemie ne pouvait rien contre elle, et la très-grande supériorité de son artillerie était moindre là que partout ailleurs. La droite de l'armée du Premier Consul s'appuyait au Pô et aux plaines *Avantages de la position de la Stradella, qui annule la supériorité des Autrichiens, en cavalerie.*

marécageuses et impraticables qui l'avoisinaient; le centre, placé sur la chaussée, était appuyé de gros villages ayant de grandes maisons en maçonnerie solide, et la gauche sur de belles hauteurs.

VII

Arrivée de Desaix au quartier général, ses entretiens avec Napoléon sur l'Égypte.

Dans la journée du 11, Desaix, qui revenait d'Égypte et qui avait fait la quarantaine à Toulon, arriva au quartier général de Montebello avec ses aides de camp Rapp et Savary. La nuit entière se passa en longues conférences entre le Premier Consul et Desaix sur tout ce qui s'était passé en Égypte depuis que le Premier Consul en était parti, sur les détails de la campagne de la haute Égypte, sur les négociations d'El-A'rych et la composition de la grande armée turque du grand vizir, enfin sur la bataille d'Héliopolis et la situation actuelle de l'armée française. « Comment, dit le Premier Consul, avez-vous pu, vous, Desaix, attacher votre nom à la capitulation d'El-A'rych? — Je l'ai fait, répondit Desaix; je le ferais encore, parce que le général en chef ne voulait plus rester en Égypte et que, dans une armée éloignée et hors de l'influence du gouvernement, les dispositions du général en chef équivalent à celles des cinq sixièmes de l'armée. J'ai toujours eu le plus grand mépris pour l'armée du grand vizir, que j'ai observée de près; j'ai écrit à Kleber que je me faisais fort de la repousser avec ma seule division. Si vous m'aviez laissé le commandement de l'armée d'Égypte et que vous eussiez emmené Kleber, je vous aurais conservé cette belle province, et vous n'eussiez jamais entendu parler de capitulation. Mais enfin les choses ont bien tourné, et Kleber, à Héliopolis, a réparé les fautes qu'il avait faites depuis six mois. »

Quels avaient été ses motifs pour consentir à la capitulation d'El-A'rych.

Desaix brûlait de se signaler. Son cœur était ulcéré des mauvais traitements que lui avait fait éprouver, à Livourne, l'amiral Keith; il avait soif de se venger. Le Premier Consul lui donna sur-le-champ le commandement de la division Boudet.

Desaix reçoit le commandement d'une division.

VIII

Melas avait son quartier général à Alexandrie; toute son armée y était réunie depuis deux jours : sa position était critique, parce qu'il avait perdu sa ligne d'opération. Plus il tardait à prendre un parti, plus sa position empirait, parce que, d'un côté, le corps de Suchet arrivait sur ses derrières, et que, d'un autre côté, l'armée du Premier Consul se fortifiait et se retranchait chaque jour davantage à sa position de la Stradella.

Situation critique de Melas.

Cependant le général Melas ne faisait aucun mouvement. Dans la situation où il se trouvait, il avait trois partis à prendre : le premier était de passer sur le ventre de l'armée du Premier Consul, l'armée autrichienne lui étant très-supérieure en nombre, de gagner Plaisance et de reprendre sa ligne d'opération sur Mantoue.

Il avait trois partis à prendre.

Le deuxième parti était de passer le Pô à Turin ou entre cette ville et l'embouchure de la Sesia, de se porter ensuite à grandes marches sur le Tessin, de le passer, et, arrivant à Milan avant l'armée du Premier Consul, de lui couper sa ligne et le jeter derrière l'Adda.

Le troisième parti était de se jeter d'Alexandrie sur Novi, de s'appuyer à Gênes et à l'escadre anglaise de l'amiral Keith, de ne point prendre l'offensive jusqu'à l'arrivée de l'armée anglaise, déjà réunie à Mahon. L'armée autrichienne était sûre de ne point manquer de vivres ni de munitions et même de recevoir des renforts, puisque, par sa droite, elle eût communiqué avec Florence et Bologne, qu'en Toscane il y avait une division napolitaine, et qu'en outre les communications par mer étaient en son pouvoir. De cette position, le général Melas pouvait, quand il le voulait, regagner Mantoue, en faisant transporter par mer, en Toscane, une grande partie de sa grosse artillerie.

<small>La retraite sur le Tessin lui était fermée.</small>

Le général Lapoype, qui était le long du Pô, avait l'ordre de se replier sur le Tessin dans le cas où l'ennemi se porterait sur la rive gauche; il y aurait été joint par 5 ou 6,000 hommes que pouvait réunir le général Moncey, qui commandait à Milan. Ces 10,000 hommes étaient plus que suffisants pour retarder le passage et donner le temps au Premier Consul de revenir par les deux ponts derrière le Tessin.

<small>Napoléon, inquiet de l'inaction de Melas, quitte Stradella pour aller à sa recherche.</small>

Le 12, dans l'après-midi, le Premier Consul, surpris de l'inaction du général Melas, conçut des inquiétudes, et craignit que l'armée autrichienne ne se fût portée sur Gênes ou sur le Tessin, ou bien qu'elle n'eût marché contre Suchet, pour l'écraser et revenir ensuite contre lui Premier Consul; il résolut donc de quitter la Stradella, et de se porter sur la Scrivia en forme d'une grande reconnaissance, afin de pouvoir agir selon le parti que prendrait l'ennemi. Le soir l'armée française [1] prit position sur la Scrivia; Tortone était cernée, le quartier

---

[1] Armée française, les 12 et 13 juin :

Lannes : divisions Watrin et Mainoni; aile droite à Castelnovo di Scrivia.

Desaix : divisions Boudet et Monnier; centre à Ponte-Curone.

Division Lapoype; ordre de rejoindre Desaix.

La cavalerie sous Murat, entre Ponte-Curone et Tortone, ayant une avant-garde au delà de Tortone, sous Kellermann.

Victor : divisions Gardanne et Chambarlhac; aile gauche en avant de Tortone, et soutenant l'avant-garde de Kellermann. (Note de l'éditeur de 1830.)

général fut placé à Voghera. Dans ce mouvement, on n'obtint aucune nouvelle de l'ennemi; on n'aperçut que quelques coureurs de cavalerie, qui n'indiquaient pas la présence d'une armée dans les plaines de Marengo. Le Premier Consul ne douta plus que l'armée autrichienne ne lui eût échappé.

Le 13, à la pointe du jour, il passa la Scrivia, et se porta à San-Giuliano, au milieu de l'immense plaine de Marengo. La cavalerie légère ne reconnut pas d'ennemi; il n'y eut plus aucun doute qu'il ne fût en pleine manœuvre, puisque, s'il eût voulu attendre l'armée française, il n'eût pas négligé le bon champ de bataille que lui offrait la plaine de Marengo, si avantageuse au développement de son immense cavalerie. Il parut probable que l'ennemi marchait sur Gênes.

Il se porte dans la plaine de Marengo sans y trouver l'ennemi.

Le Premier Consul, dans cette pensée, dirigea en toute hâte le corps de Desaix en forme d'avant-garde sur son extrême gauche, avec ordre d'observer la chaussée qui de Novi conduit à Alexandrie; il ordonna à la division Victor de se porter sur le village de Marengo, et d'envoyer des coureurs sur la Bormida pour s'assurer si l'ennemi n'y avait point de pont. Victor arriva à Marengo; il y trouva une arrière-garde de 3 à 4,000 Autrichiens; il l'attaqua, la mit en déroute, et s'empara du village. Ses coureurs arrivèrent sur la Bormida à la nuit tombante; ils mandèrent que l'ennemi n'y avait point de pont, et qu'il n'y avait qu'une simple garnison dans Alexandrie; ils ne donnèrent point de nouvelles de l'armée de Melas.

Il envoie sur différents points pour se renseigner sur les mouvements de Melas.

Le corps de Lannes bivouaqua diagonalement en arrière de Marengo sur la droite.

Le Premier Consul était fort inquiet. A la nuit, il résolut de se rendre à son quartier général de la veille, afin d'aller à la rencontre des nouvelles du général Moncey, du général

Inquiétudes de Napoléon; il reste sans nouvelles par suite d'un débordement de la Scrivia.

Lapoype et des agents qui avaient été envoyés du côté de Gênes et qui avaient rendez-vous à ce quartier général; mais la Scrivia était débordée. Ce torrent en peu d'heures grossit considérablement, et peu d'heures lui suffisent aussi pour se remettre à son premier état. Cela décida le Premier Consul à arrêter son quartier général à Torre dei Garoffoli, entre Tortone et Alexandrie. La nuit se passa dans cette situation.

<small>Perplexité du général Melas et de son conseil réuni à Alexandrie.</small>

Cependant la plus horrible confusion régnait dans Alexandrie depuis le combat de Montebello. Les plus sinistres pressentiments agitaient le conseil autrichien; il voyait l'armée autrichienne coupée de sa ligne d'opération, de ses dépôts, et placée entre l'armée du Premier Consul et celle du général Suchet, dont les avant-postes avaient passé les montagnes et commençaient à se faire sentir sur les derrières du flanc droit des Autrichiens. La plus grande irrésolution agitait les esprits.

<small>Incertitudes des Autrichiens.</small>

Après bien des hésitations, le 11, Melas se décida à faire un gros détachement sur Suchet, le reste de l'armée autrichienne restant couvert par la Bormida et la citadelle d'Alexandrie; mais, dans la nuit du 11 au 12, Melas apprit le mouvement du Premier Consul sur la Scrivia. Il rappela, le 12, son détachement, et passa tout le 13 et la nuit du 13 au 14 en délibération. Enfin, après de vives et orageuses discussions, le conseil de Melas décida que l'existence de l'armée de réserve lui avait été inconnue; que les ordres et les instructions du conseil aulique n'avaient mentionné que l'armée de Masséna; que la fâcheuse position où l'on se trouvait devait donc être attribuée au ministère, et non au général; que, dans cette circonstance imprévue, de braves soldats devaient faire leur devoir; qu'il fallait donc passer sur le ventre de l'armée du Pre-

<small>Ils prennent la résolution de se faire jour à travers l'armée française.</small>

mier Consul, et rouvrir ainsi les communications avec Vienne; que, si l'on réussissait, tout était gagné, puisqu'on était maître de la place de Gênes, et qu'en retournant très-vite sur Nice on exécuterait le plan d'opérations arrêté à Vienne, et qu'enfin, si l'on échouait et que l'on perdît la bataille, la position serait affreuse sans doute, mais que la responsabilité en tomberait tout entière sur le ministère.

Ce raisonnement fixa toutes les opinions; il n'y eut plus qu'un cri : «Aux armes! aux armes!» et chacun alla faire ses dispositions pour la bataille du lendemain.

Toutes les chances pour le succès de la bataille étaient en faveur de l'armée autrichienne : cette armée était très-nombreuse, sa cavalerie était au moins triple de celle de l'armée française. On ne savait pas positivement quelle était la force de celle-ci; mais l'armée autrichienne, malgré la perte éprouvée à la bataille de Montebello, malgré celles essuyées du côté de Gênes et du côté de Nice depuis la retraite, devait être encore bien supérieure à l'armée de réserve. (Voyez le tableau ci-après.)

La supériorité du nombre permettait à Melas d'espérer un succès.

TABLEAU FAISANT CONNAÎTRE LA COMPOSITION ET LA FORCE DE L'ARMÉE DE RÉSERVE AU 14 JUIN 1800.

BONAPARTE, PREMIER CONSUL.
COMMANDANT EN PERSONNE.

Alex. Berthier, général en chef.
Dupont, chef de l'état-major général.

Marescot, commandant le génie.
Marmont, commandant l'artillerie.

EN LIGNE A MARENGO.

LIEUTENANTS GÉNÉRAUX.	GÉNÉRAUX de division.	GÉNÉRAUX de brigade.	NOMBRE des bataillons ou escadrons.	NOMBRE d'hommes par division.
Victor...	Gardanne....	"	6	3,691
	Chambarlhac.	Herbin...... Rivaud......	9	5,987
Lannes...	Watrin......	Malher...... Gency....... Mainoni.....	12	5,083
Desaix...	Monnier.....	Carra-St-Cyr. Shilt.......	8	3,614
	Boudet......	Musnier..... Guenand.....	9	5,316
	Grenadiers et chasseurs de la garde du Consul, commandés par Soulès.........		1	800
	Total de l'infanterie...		**45**	**23,791**

CAVALERIE.

Murat...	Cés. Berthier, adjud¹ général.	Kellermann..	6	470
		Champeaux...	11	998
		"	10	800
		Rivaud......	8	759
		"	3	301
	Grenadiers et chasseurs de la garde du Consul, commandés par Bessières........		2	360
	Total de la cavalerie...		**40**	**3,688**
	Artillerie et génie..........			690

RÉCAPITULATION.

Infanterie............... 23,791 hommes.
Cavalerie............... 3,688
Artillerie et génie...... 690
               28,169

DEVANT LES PLACES ET EN POSITION SUR LES RIVES DU PÔ.

LIEUTENANTS GÉNÉRAUX.	GÉNÉRAUX de division.	GÉNÉRAUX de brigade.	NOMBRE des bataillons ou escadrons.	NOMBRE d'hommes par division.
Duhesme..	Loison......	Broussier.... Gobert......	9	5,364
	Lapoype.....	"	7	3,464
Moncey...	Lorge.......	Lechi.......	6	4,400
	Gilly.......	"	4	3,300
	Chabran.....	"	7	3,373
	Turreau.....	Davin.......	10	4,450
	Bethencourt.	"	1	695
	Total de l'infanterie...		**44**	**24,964**

CAVALERIE.

	Harville.....	Dumoulin....	4	382
	Chabran.....	"	1	130
	"	"	10	919
	Loison......	Broussier.... Gobert......	10	1,180
	Turreau.....	Kister......	6	700
	Total de la cavalerie...		**31**	**3,311**
	Artillerie et génie..........			1,400

RÉCAPITULATION.

Infanterie............... 24,964 hommes.
Cavalerie............... 3,311
Artillerie et génie...... 1,400
               29,676

RÉCAPITULATION GÉNÉRALE.

En ligne à Marengo........................... 28,169 hommes.
Devant les places............................ 29,676
              Total.................. 57,845

POSITIONS

OCCUPÉES EN ITALIE, LE JOUR DE LA BATAILLE DE MARENGO,

PAR LES ARMÉES

FRANÇAISE.

Le fort de Bard...... Ivrée............... Chivasso........... Crescentino......... Trino.............. Verceil.............	occupés par la division Chabran.
Devant Arona........	la division Bethencourt.
Devant le château de Milan.............	la division Gilly.
A Crema	la division Lorge.
A Brescia..........	la légion italique.
A Crémone......... Devant le château de Plaisance........... Devant Pizzighettone... A Castel San-Giovanni.	le lieutenant général Duhesme, avec la division Loison.
A Pavie	la division Lapoype.
A Sale	la brigade de cavalerie Rivaud.
A Torre-de-Garaffolo..	le quartier général de la division Monnier.
En avant de San-Giuliano...............	le lieutenant général Lannes, avec la division Watrin.
A Marengo...........	le lieutenant général Victor, avec les divisions Gardanne, Chambarlhac, et les brigades de cavalerie de Kellermann et Champeaux.
A Rivalta...........	le lieutenant général Desaix, avec la division Boudet.
A Cassino, Acqui, Spigno, Dego, et en avant de Savone	le général Masséna réuni avec le général Suchet.
A Bussolino, près Suse.	la division Turreau.

AUTRICHIENNE.

A Alexandrie........	le général en chef Melas, avec une armée de 45,000 hommes, composée des divisions d'Ott, d'Elsnitz, de Haddick et de Kaim.
Valence .... Casale .... Verrua............ Turin............. Ceva............. Coni.............. Savone............ Gênes............ Gavi.............. Tortone............ Bobbio............ Parme	occcupés par les troupes autrichiennes.
Mantoue...........	le général Vukassowich.
Peschiera..........	sa garnison.
Le haut Adige	Dedowich.
Vessona, sur les frontières du Tyrol....	le général Laudon.
Le château de Plaisance. Pizzighettone......... Le château de Milan .. Le fort d'Arona	occupés par les Autrichiens et assiégés ou masqués par les Français.

29.

Bataille de Marengo.

Le 14, à l'aube du jour, les Autrichiens défilèrent sur les trois ponts de la Bormida, et attaquèrent avec fureur le village de Marengo. La résistance fut opiniâtre et longue.

Le Premier Consul, instruit, par la vivacité de la canonnade, que l'armée autrichienne attaquait, expédia sur-le-champ l'ordre au général Desaix de revenir avec son corps sur San-Giuliano. Il était à une demi-marche de distance, sur la gauche.

Le Premier Consul arriva sur le champ de bataille à dix heures du matin, entre San-Giuliano et Marengo. L'ennemi avait enfin emporté Marengo; et la division Victor, après la plus vive résistance, ayant été forcée, s'était mise dans une complète déroute. La plaine sur la gauche était couverte de nos fuyards, qui répandaient partout l'alarme, et même plusieurs faisaient entendre ce cri funeste : « Tout est perdu ! »

Le corps du général Lannes, un peu en arrière de la droite de Marengo, était aux mains avec l'ennemi, qui, après la prise de ce village, se déployant sur sa gauche, se mettait en bataille devant notre droite, qu'elle débordait déjà. Le Premier Consul envoya aussitôt son bataillon de la garde consulaire, composé de 800 grenadiers, l'élite de l'armée, se placer à 500 toises sur la droite de Lannes, dans une bonne position, pour contenir l'ennemi. Le Premier Consul se porta lui-même, avec la 72ᵉ demi-brigade, au secours du corps de Lannes, et dirigea la division de réserve Carra-Saint-Cyr sur l'extrême droite, à Castel-Ceriolo, pour prendre en flanc toute la gauche de l'ennemi.

Cependant, au milieu de cette immense plaine, l'armée reconnaît le Premier Consul, entouré de son état-major et de 200 grenadiers à cheval, avec leurs bonnets à poil: ce seul aspect suffit pour rendre aux troupes l'espoir de la victoire : la confiance renaît, les fuyards se rallient sur San-Giuliano, en arrière de la gauche du général Lannes. Celui-ci, attaqué par une grande partie de l'armée ennemie, opérait sa retraite au milieu de cette vaste plaine avec un ordre et un sang-froid admirables. Ce corps mit trois heures pour faire en arrière trois quarts de lieue, exposé en entier au feu de mitraille de quatre-vingts bouches à feu, dans le temps que, par un mouvement inverse, Carra-Saint-Cyr marchait en avant sur l'extrême droite et tournait la gauche de l'ennemi.

Sur les trois heures après midi, le corps de Desaix arriva : le Premier Consul lui fit prendre position sur la chaussée, en avant de San-Giuliano.

Melas, qui croyait la victoire décidée, accablé de fatigue, repassa les ponts et rentra dans Alexandrie, laissant au général Zach, son chef d'état-major, le soin de poursuivre l'armée française. Celui-ci, croyant que la retraite de cette armée s'opérait sur la chaussée de Tortone, cherchait à arriver sur cette chaussée derrière San-Giuliano; mais, au commencement de l'action, le Premier Consul avait changé sa ligne de retraite, et l'avait dirigée entre Sale et Tortone, de sorte que la chaussée de Tortone n'était d'aucune importance pour l'armée française.

En opérant sa retraite, le corps de Lannes refusait constamment sa gauche, se dirigeant ainsi sur le nouveau point de retraite; et Carra-Saint-Cyr, qui était à l'extrémité de la droite, se trouvait presque sur la ligne de retraite, dans le temps que le général Zach croyait ces deux corps coupés.

Cependant la division Victor s'était ralliée et brûlait d'impatience d'en venir de nouveau aux mains. Toute la cavalerie de l'armée était massée en avant de San-Giuliano, sur la droite de Desaix, et en arrière de la gauche du général Lannes. Les boulets et les obus tombaient sur San-Giuliano; une colonne de 6,000 grenadiers de Zach en avait déjà gagné la gauche. Le Premier Consul envoya l'ordre au général Desaix de se précipiter, avec sa division toute fraîche, sur cette colonne ennemie. Desaix fit aussitôt ses dispositions pour exécuter cet ordre; mais, comme il marchait à la tête de 200 éclaireurs de la 9ᵉ légère, il fut frappé d'une balle au cœur, et tomba roide mort au moment où il venait d'ordonner la charge. Ce coup enleva au Premier Consul l'homme qu'il jugeait le plus digne de devenir son lieutenant.

<small>Mort de Desaix.</small>

Ce malheur ne dérangea en rien le mouvement, et le général Boudet fit passer facilement dans l'âme de ses soldats ce vif désir dont il était lui-même pénétré, de venger à l'instant un chef tant aimé. La 9ᵉ légère, qui, là, mérita le titre d'*incomparable*, se couvrit de gloire. En même temps le général Kellermann, avec 800 hommes, grosse cavalerie, faisait une charge intrépide sur le milieu du flanc gauche de la colonne: en moins d'une demi-heure ces 6,000 grenadiers furent enfoncés, culbutés, dispersés; ils disparurent.

Le général Zach et tout son état-major furent faits prisonniers.

<small>Déroute des Autrichiens.</small>

Le général Lannes marcha sur-le-champ en avant au pas de charge. Carra-Saint-Cyr, qui, à notre droite, se trouvait en potence sur le flanc gauche de l'ennemi, était beaucoup plus près des ponts sur la Bormida que l'ennemi lui-même. Dans un moment l'armée autrichienne fut dans la plus épouvantable confusion. 8 à 10,000 hommes de cavalerie qui couvraient la plaine, craignant que l'infanterie de Saint-Cyr n'arrivât au pont avant eux, se mirent en retraite au galop, en culbutant tout ce qui se trouvait sur leur passage. La division Victor se porta en toute hâte pour reprendre son champ de bataille au village de Marengo. L'armée ennemie était dans la plus horrible déroute; chacun ne pensait plus qu'à fuir. L'encombrement devint extrême sur les ponts de la Bormida, où la masse des fuyards était obligée de se resserrer, et à la nuit tout ce qui était resté sur la rive gauche tomba au pouvoir des troupes de la République.

IX

Il serait difficile de se peindre la confusion et le désespoir de l'armée autrichienne. D'un côté, l'armée française était sur les bords de la Bormida, et il était à croire qu'à la pointe du jour elle la passerait; d'un autre côté, le général Suchet, avec son armée, était sur ses derrières, dans la direction de sa droite.

<small>Situation désespérée de l'armée autrichienne.</small>

Où opérer sa retraite? En arrière, elle se trouverait acculée aux Alpes et aux frontières de France; sur la droite, vers Gênes, elle eût pu faire ce mouvement avant la bataille, mais elle ne pouvait plus espérer pouvoir le faire après sa défaite et pressée par l'armée victorieuse. Dans cette position désespérée, le général Melas résolut de donner toute la nuit pour rallier et faire reposer ses troupes, de profiter pour cela du rideau de la Bormida et de la protection de la citadelle d'Alexandrie, et ensuite, s'il le fallait, de repasser le Tanaro et de se maintenir ainsi dans cette position; que cependant on chercherait, en ouvrant des négociations, à sauver l'armée par une capitulation.

Melas demande une suspension d'armes.

Le 15, à la pointe du jour, un parlementaire autrichien vint proposer une suspension d'armes, ce qui donna lieu le même jour à la convention suivante, par laquelle la place de Gênes, toutes celles du Piémont, de la Lombardie, des Légations, furent remises à l'armée française, et l'armée autrichienne obtint ainsi la permission de retourner derrière Mantoue sans être prisonnière de guerre. Par là toute l'Italie fut conquise.

CONVENTION

ENTRE LES GÉNÉRAUX EN CHEF DES ARMÉES FRANÇAISE ET IMPÉRIALE.

Teneur de la convention.

« Art. Ier. Il y aura armistice et suspension d'hostilités entre l'armée de Sa Majesté Impériale et celle de la République française en Italie, jusqu'à la réponse de la cour de Vienne.

« II. L'armée de Sa Majesté Impériale occupera tous les pays compris entre le Mincio, la Fossa-Maestra et le Pô, c'est-à-dire Peschiera, Mantoue, Borgoforte et, depuis là, la rive gauche du Pô, et, à la rive droite, la ville et citadelle de Ferrare.

« III. L'armée de Sa Majesté Impériale occupera également la Toscane et Ancône.

« IV. L'armée française occupera le pays compris entre la Chiesa, l'Oglio et le Pô.

« V. Le pays entre la Chiesa et le Mincio ne sera occupé par aucune des deux armées. L'armée de Sa Majesté Impériale pourra tirer des vivres des pays qui faisaient partie du duché de Mantoue. L'armée française tirera des vivres des pays qui faisaient partie de la province de Brescia.

« VI. Les châteaux de Tortone, d'Alexandrie, de Milan, de Turin, de Pizzighettone, d'Arona, de Plaisance, seront remis à l'armée française, du 27 prairial au 1ᵉʳ messidor (du 16 juin au 20 du même mois).

« VII. La place de Coni, les châteaux de Ceva, Savone, la ville de Gênes, seront remis à l'armée française du 16 au 24 juin (du 27 prairial au 5 messidor).

« VIII. Le fort Urbain sera remis le 26 juin (7 messidor).

« IX. L'artillerie des places sera classée de la manière suivante : 1° toute l'artillerie des fonderies et calibres autrichiens appartiendra à l'armée autrichienne; 2° celle des fonderies et calibres italiens, piémontais et français à l'armée française; 3° les approvisionnements de bouche seront partagés; moitié sera à la disposition du commissaire ordonnateur de l'armée française, et moitié à celle du commissaire ordonnateur de l'armée autrichienne.

« X. Les garnisons sortiront avec les honneurs militaires et se rendront avec armes et bagages, par le plus court chemin, à Mantoue.

« XI. L'armée autrichienne se rendra à Mantoue, par Plaisance, en trois colonnes : la première, du 27 prairial au 1ᵉʳ messidor (du 16 au 20 juin); la seconde, du 1ᵉʳ messidor au 5 messidor (du 20 au 24 juin); la troisième, du 5 au 7 messidor (du 24 au 26 juin).

« XII. MM. le général Saint-Julien, de Schvertinck, de l'artillerie; de Brun, du génie; Telsiegé, commissaire des vivres, et les citoyens Dejean, conseiller d'état, et Daru, inspecteur des revues; l'adjudant général Léopold Stabenrath, et le chef de brigade d'artillerie Mossel, sont nommés commissaires à l'effet de pourvoir à l'exécution des articles de la présente convention, soit à la formation des inventaires, aux subsistances et aux transports, soit pour tout autre objet.

« XIII. Aucun individu ne pourra être maltraité pour raison de services rendus à l'armée autrichienne ou pour opinions politiques. Le général en chef de l'armée autrichienne fera relâcher les individus qui auraient été arrêtés dans la république Cisalpine pour opinions politiques et qui se trouveraient dans les forteresses sous son commandement.

« XIV. Quelle que soit la réponse de Vienne, aucune des deux armées ne pourra attaquer l'autre qu'en se prévenant dix jours d'avance.

« XV. Pendant la suspension d'armes, aucune armée ne fera des détachements pour l'Allemagne.

« Alexandrie, le 26 prairial an VIII de la République française (15 juin 1800).

« Signé ALEXANDRE BERTHIER;

« MELAS, général de cavalerie. »

<small>Cette convention sauvait l'armée autrichienne.</small>

Le général Melas agit conformément aux intérêts de son souverain, en sauvant le fond de l'armée autrichienne et rendant des places qui, mal approvisionnées, mal pourvues de garnisons, ne pouvaient pas faire de longues résistances et être d'ailleurs d'aucune utilité, l'armée étant détruite.

<small>Motifs qui décident Napoléon à traiter.</small>

De l'autre part, le Premier Consul considérait qu'une armée de 20,000 Anglais allait arriver à Gênes, ce qui, avec les 10,000 Autrichiens qui étaient restés dans cette place, formait une armée; que, sans aucune place forte en Italie, la position des Français était chanceuse; qu'ils avaient beaucoup souffert aux batailles de Montebello et de Marengo; que l'armée française de Gênes et celle de Suchet avaient également fait de grandes pertes, tant avant le siége que pendant sa durée, tant pendant les mouvements sur Nice qu'à la poursuite des Autrichiens; que le général Melas, en passant le Tanaro, était pour plusieurs jours à l'abri de toute attaque; qu'il pouvait donc parfaitement se rallier, se remettre, et que, une fois l'armée autrichienne réorganisée, il suffirait qu'il surprît une marche d'avance pour se dégager, soit en se jetant sur Gênes, soit en gagnant par une marche de nuit la Stradella; que sa grande supériorité en cavalerie lui donnait beaucoup d'avantages pour cacher ses mouvements, et qu'enfin, si l'armée autrichienne, perdant même son artillerie et ses bagages, parvenait à se dégager, il faudrait bien du temps et bien des peines pour reprendre tant de places fortes.

X

Le général Suchet avec son corps se dirigea sur Gênes, et entra le 24 juin dans cette ville, que lui remit le prince Hohenzollern, au grand déplaisir des Anglais, dont l'avant-garde, venant de Mahon, était arrivée à la vue du port pour prendre possession de cette place. Les places de Tortone, Alexandrie, Coni, Fenestrelles, Milan, Pizzighettone, Peschiera, Urbain et Ferrare, furent successivement remises à l'armée française avec toute leur artillerie. L'armée de Melas traversa la Stradella et Plaisance par divisions, et reprit sa position derrière Mantoue.

Exécution des stipulations de l'armistice.

La joie des Piémontais, des Génois, des Italiens, ne peut s'exprimer : ils se voyaient rendus à la liberté, sans passer par les horreurs d'une longue guerre, que déjà ils voyaient reportée sur leurs frontières, et sans éprouver les inconvénients de siéges de places fortes, toujours si désastreux pour les villes et les campagnes environnantes.

Joie des Italiens.

En France, cette nouvelle parut d'abord incroyable. Le pre-

Effet produit en France par la nouvelle de la bataille de Marengo.

mier courrier arrivé à Paris fut un courrier du commerce : il portait la nouvelle que l'armée française avait été battue; il était parti le 14 juin entre 10 heures et midi, au moment où le Premier Consul arrivait sur le champ de bataille. La joie n'en fut que plus grande quand on apprit la victoire remportée par le Premier Consul et tout ce que ses suites avaient d'avantageux pour la République. Les soldats de l'armée du Rhin furent honteux du peu qu'ils avaient fait, et une noble émulation les poussa à ne conclure d'armistice que lorsqu'ils seraient maîtres de toute la Bavière.

Les troupes anglaises entassées sur le rocher de Mahou furent en proie à de nombreuses maladies et perdirent beaucoup de soldats.

Délivrance des patriotes italiens prisonniers de l'Autriche.

Peu de jours après cette célèbre journée du 14 juin, tous les patriotes italiens sortirent des cachots de l'Autriche et entrèrent en triomphe dans la capitale de leur patrie, au milieu des acclamations de tous leurs compatriotes et des *Viva il liberatore dell' Italia!*

XI

Napoléon rétablit la république Cisalpine et reconstitue le gouvernement.

Le Premier Consul partit le 17 juin de Marengo et se rendit à Milan, où il arriva de nuit : il trouva la ville illuminée et dans la plus vive allégresse. Il déclara le rétablissement de la république Cisalpine; mais la constitution qui l'avait gérée étant susceptible de modification, il établit un gouvernement provisoire, qui laissait plus de facilités pour terminer, à la paix, l'organisation complète et définitive de cette république. Il chargea l'ordonnateur Petiet, qui avait été ministre de la guerre en France, de remplir les fonctions de ministre de France près la république Cisalpine, d'en diriger l'administration, et de pourvoir aux besoins de l'armée française, en surveillant et en s'opposant à tous les abus.

La république Ligurienne fut aussi réorganisée, et réacquit son indépendance.

Les Autrichiens, lorsqu'ils étaient maîtres du Piémont, n'y avaient pas rétabli le roi de Sardaigne, et avaient administré ce pays à leur profit. Ils avaient en cela différé de sentiment avec les Russes, qui auraient voulu le rétablissement du roi dans le Piémont. Ce prince, qui avait débarqué de la Sardaigne, était en Toscane, et n'avait pas eu la permission de se rendre à Turin. Le Premier Consul établit un gouvernement provisoire en Piémont, et nomma le général Jourdan ministre de la République française près de ce gouvernement. Il était chargé de le diriger et de concilier les intérêts des peuples du Piémont avec ceux de la République française. Ce général, dont la conduite avait été douteuse lors du 18 brumaire, fut reconnaissant de voir que le Premier Consul non-seulement avait oublié entièrement les événements passés, mais encore qu'il lui donnait une si haute marque de confiance. Il consacra tout son zèle au bien public.

Conduite de l'Autriche à l'égard du roi de Sardaigne.

Napoléon confie à Jourdan le gouvernement provisoire du Piémont.

Quoique le général Masséna eût commis une faute, en s'embarquant de Gênes, au lieu de conduire son armée par terre, il avait toutefois montré beaucoup de caractère et d'énergie; les services qu'il avait rendus dans les premières campagnes, et dernièrement à Zurich, parlaient aussi en sa faveur: le Premier Consul le nomma au commandement en chef de l'armée d'Italie.

Masséna reçoit le commandement de l'armée d'Italie.

Les affaires de la République française nécessitaient la présence du Premier Consul à Paris. Il partit le 5 messidor

Retour de Napoléon; son passage à Lyon.

(24 juin), passa à Turin et ne s'y arrêta que deux heures pour en visiter la citadelle; il traversa le mont Cenis et arriva à Lyon, où il s'arrêta pour donner une consolation à cette ville et poser la première pierre de la reconstruction de la place Bellecour. Cette cérémonie fut belle par le concours et l'enthousiasme d'un peuple immense. Il arriva à Paris le 13 messidor (2 juillet), au milieu de la nuit et sans être attendu; mais, aussitôt que le lendemain la nouvelle en fut répandue dans les divers quartiers de cette vaste capitale, toute la ville et les faubourgs accoururent dans les cours et les jardins du palais des Tuileries: les ouvriers quittaient leurs ateliers simultanément; toute la population se pressait sous les fenêtres, dans l'espoir de voir celui à qui la France devait tant. Dans le jardin, les cours et les quais, partout les acclamations de la joie se faisaient entendre. Le soir, riche ou pauvre, chacun à l'envi illumina sa maison. Ce fut un bien beau jour!

Manifestations enthousiastes dont il est l'objet à Paris.

ULM. — MOREAU.

ULM. — MOREAU[1].

I

La République française avait eu sur le Rhin trois armées pendant les campagnes de 1795, 1796 et 1797. L'une, désignée sous le nom d'*armée du Nord*, avait son quartier général à Amsterdam et était composée des troupes bataves, environ 20,000 hommes, et d'un pareil nombre de troupes françaises. Par les traités existant entre les deux républiques, celle de Hollande devait entretenir un corps de 25,000 Français pour protéger ce pays. Cette armée de 40 à 45,000 hommes était chargée de la garde des côtes de la Hollande, depuis l'Escaut jusqu'à l'Ems, et, du côté de terre, des frontières jusque vis-à-vis Wesel. La deuxième armée, sous le nom de *Sambre-et-Meuse*, avait son quartier général à Düsseldorf, bloquait Mayence et Ehrenbreitstein. La troisième, sous le nom d'*armée du Rhin*, avait son quartier général à Strasbourg; elle s'appuyait à la Suisse et formait le blocus de Philipsbourg.

Armées françaises opérant sur le Rhin de 1795 à 1797.

---

[1] Ce chapitre est reproduit ici d'après le texte de la dictée faite au général Gourgaud, *Mémoires de Napoléon*, etc. t. VI. p. 248 à 291. édit. de 1830.

Rôle
de l'armée du Nord.

L'armée du Nord n'était en réalité qu'une armée d'observation, qui n'avait plus pour but que de contenir les partisans de la Maison d'Orange, et de s'opposer aux tentatives que l'Angleterre pourrait faire pour débarquer des troupes en Hollande. La paix conclue à Bâle avec la Prusse, les Maisons de Saxe et de Hesse, avait rétabli la tranquillité dans tout le nord de l'Allemagne.

Les armées
de Sambre-et-Meuse
et du Rhin
avaient été battues
par le prince Charles
et forcées
à la retraite.

L'armée de Sambre-et-Meuse, nécessaire tant que la Prusse faisait partie de la coalition, était devenue inutile du moment que la République française n'avait plus à soutenir la guerre que contre l'Autriche et l'Allemagne méridionale. Dans la campagne de 1796, cette armée, commandée par Jourdan, marcha sur le Mein, s'empara de Wurtzbourg et prit position sur la Reidnitz, sa gauche appuyée au débouché de la Bohême par Egra, tandis que sa droite débouchait sur la vallée du Danube. L'armée du Rhin, commandée par Moreau, partit de Strasbourg, traversa les montagnes Noires et le Wurtemberg, passa le Lech et entra en Bavière. Pendant que ces deux armées manœuvraient sous le commandement de deux généraux indépendants l'un de l'autre, l'armée autrichienne, opposée à ces deux armées du Rhin et de Sambre-et-Meuse, était réunie sous le commandement unique de l'archiduc Charles. Elle se centralisa sur le Danube, à Ingolstadt et Ratisbonne, et se trouva placée entre les armées françaises, dont elle parvint à empêcher la jonction. L'archiduc battit Bernadotte qui commandait la droite de l'armée de Sambre-et-Meuse, l'accula sur Wurtzbourg, et enfin le rejeta au delà du Rhin. L'armée du Rhin resta spectatrice de cette marche de l'archiduc sur l'armée de Sambre-et-Meuse, et ce fut trop tard que Moreau ordonna à la division Desaix de passer sur la rive gauche du Danube pour secourir Jourdan. Ce défaut de résolution du général de l'armée du Rhin obligea bientôt cette même armée à se mettre en retraite; elle repassa le Rhin et reprit la première position sur la rive gauche. Ainsi l'armée autrichienne, en nombre très-inférieur aux armées françaises réunies, fit échouer, sans aucune bataille générale, le plan de campagne des Français, et reconquit toute l'Allemagne.

Le plan des Français était vicieux pour la défensive comme pour l'offensive. Du moment que l'on n'avait pour ennemi que l'Autriche, il ne fallait avoir qu'une seule armée, n'agissant que sur une seule ligne et conduite par une seule tête.

<small>Ces échecs étaient dus au plan de campagne.</small>

En 1799, la France était maîtresse de la Suisse. On forma deux armées : l'une appelée *armée du Rhin*, l'autre *armée d'Helvétie*. La première, qui prit ensuite le nom d'*armée du Danube*, sous le commandement de Jourdan, passa le Rhin, traversa les montagnes Noires, arriva à Stockach, où, ayant été battue par l'archiduc, elle fut obligée de repasser le Rhin, dans le temps même que l'armée d'Helvétie restait dans ses positions, maîtresse de toute la Suisse. On commit donc encore la même faute, d'avoir deux armées indépendantes au lieu d'une seule; et, lorsque Jourdan fut battu à Stockach, c'est sur la Suisse qu'il aurait dû se replier, et non sur Strasbourg et Brisach. Depuis, l'armée du Rhin fut chargée de la défense de la rive gauche du fleuve, vis-à-vis de Strasbourg, et l'armée d'Helvétie, qui devenait l'armée principale de la République, perdit une partie de la Suisse, et garda longtemps la Limmat; mais à Zurich, conduite par Masséna, et profitant de la faute que firent les alliés en se divisant aussi en deux armées, elle battit les Russes et reprit toute la Suisse.

<small>Campagne de 1799 par les armées d'Helvétie et du Rhin.</small>

II

État des armées au commencement de l'année 1800.

Au mois de janvier 1800, cette armée d'Helvétie était cantonnée en Suisse; celle du bas Rhin, sous le général Lecourbe, dans ses quartiers d'hiver, sur la rive gauche du Rhin; celle de Hollande, sous Brune, voyait s'embarquer la dernière division du duc d'York [1].

Revers de l'armée d'Italie atténués par un succès de Saint-Cyr.

L'armée d'Italie, battue à Genola, se ralliait en désordre sur les cols des Apennins; Coni capitulait; Gênes était menacée, mais le lieutenant général Saint-Cyr repoussa un des corps de l'armée autrichienne au delà de la Bocchetta, ce qui lui mérita un sabre d'honneur : ce fut la première récompense nationale que Napoléon décerna comme chef de l'état.

Elle entre en quartiers d'hiver.

Les deux armées entrèrent en quartiers d'hiver : les Autrichiens, sur les belles plaines du Piémont et du Montferrat; les Français, sur les revers de l'Apennin, de Gênes au Var. Ce pays, bloqué par mer depuis longtemps, sans communication avec la vallée du Pô, était épuisé. L'administration française, mal organisée, était confiée à des mains infidèles. La cavalerie, les charrois périrent de misère; les maladies contagieuses et la désertion désorganisèrent l'armée; enfin le mal empira au point que des corps entiers, tambour battant, drapeau déployé, abandonnèrent leurs positions et repassèrent le Var; ce

La misère et les privations désorganisent l'armée.

---

[1] Masséna, Brune, Lecourbe, Championnet, étaient attachés à la personne de Napoléon, mais fort ennemis de Sieyès; ils partageaient plus ou moins les opinions des jacobins du Manége : il devenait nécessaire de rompre tous les fils en changeant sans retard tous les généraux en chef. Si jamais l'armée devait donner de l'inquiétude, ce ne serait que par l'influence du parti exagéré et non pas celui des modérés, qui était alors en grande minorité. (Note de l'édition de 1830.)

CARTE

DE

LA BAVIÈRE OCCIDENTALE

CARTE Nº 1 POUR L'INTELLIGENCE D[...]

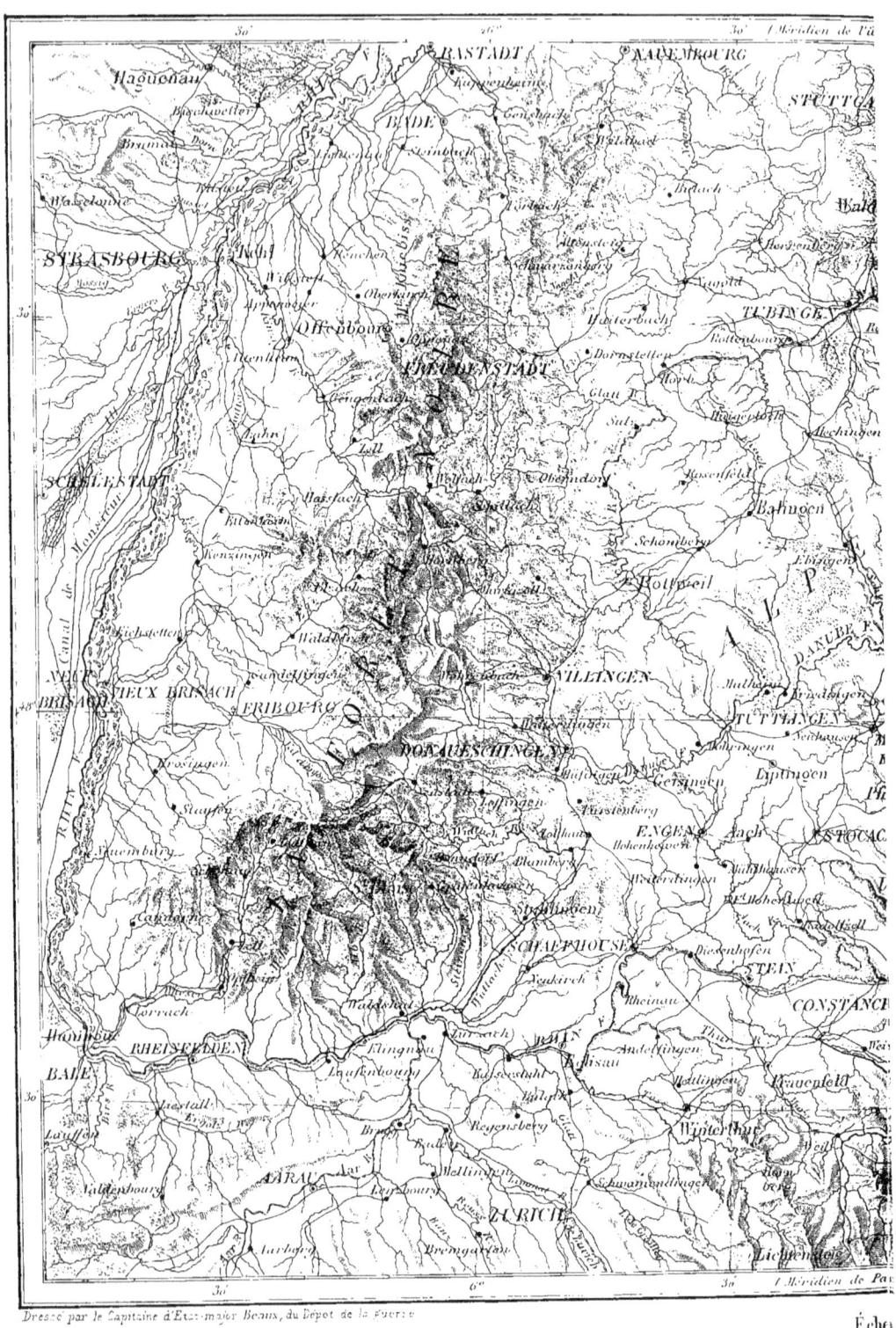

Dressé par le Capitaine d'État-major Beaux, du Dépôt de la Guerre.

CAMPAGNE DE MOREAU EN 1800. ULM.

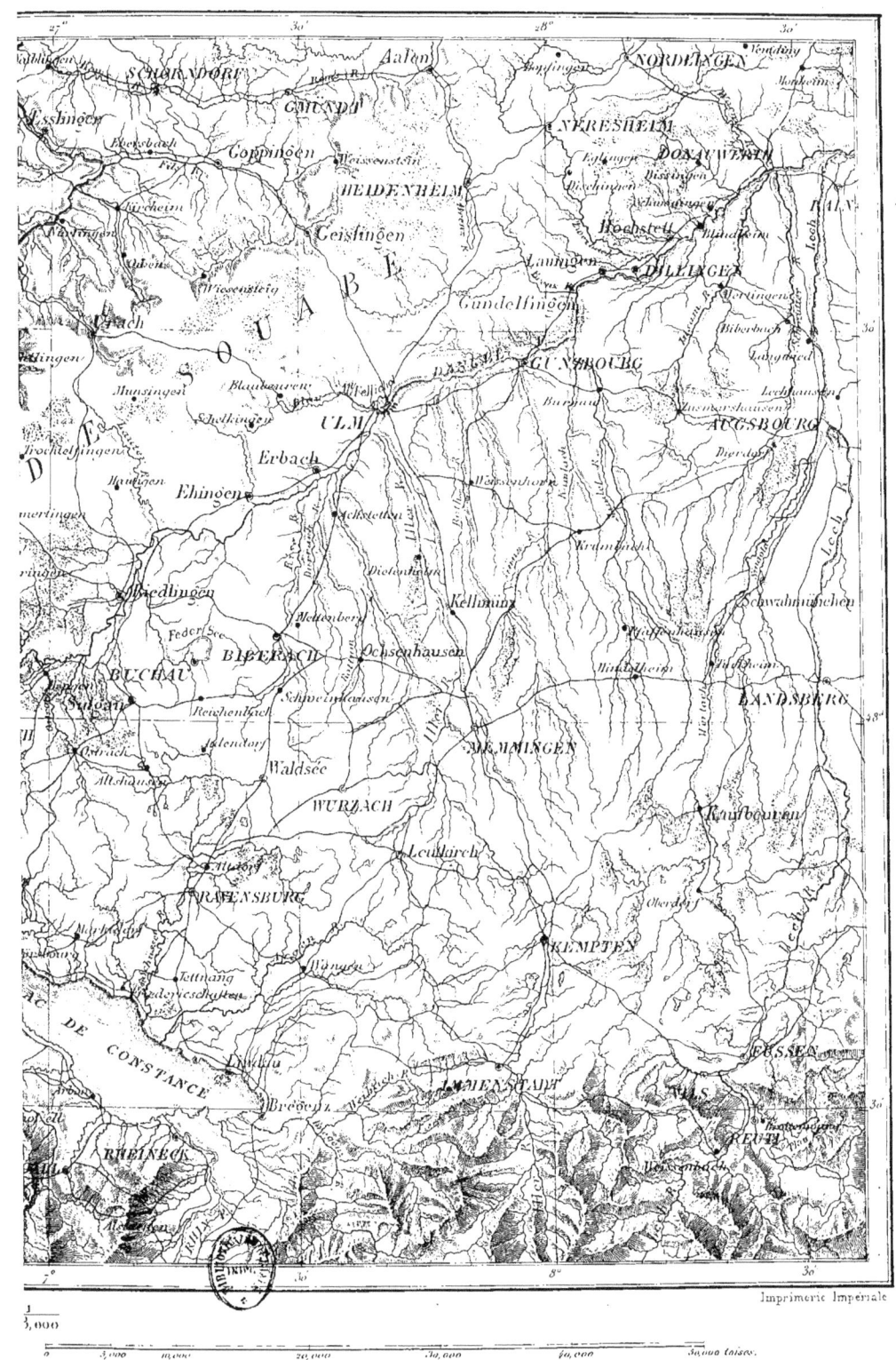

qui donna lieu à divers ordres du jour de Napoléon aux soldats d'Italie. Il leur disait :

« Soldats, les circonstances qui me retiennent à la tête du gouvernement m'empêchent de me trouver au milieu de vous. Vos besoins sont grands; toutes les mesures sont prises pour y pourvoir. La première qualité du soldat est la constance à supporter la fatigue et la privation; la valeur n'est que la seconde.

Proclamation de Napoléon à ce sujet.

« Plusieurs corps ont quitté leurs positions; il ont été sourds à la voix de leurs officiers : la 17ᵉ légère est de ce nombre. Sont-ils donc morts les braves de Castiglione, de Rivoli, de Neumarkt? Ils eussent péri plutôt que de quitter leurs drapeaux, et ils eussent ramené leurs jeunes camarades à l'honneur et au devoir.

« Soldats, vos distributions ne sont pas régulièrement faites, dites-vous. Qu'eussiez-vous fait, si comme les 4ᵉ et 22ᵉ légères, les 18ᵉ et 32ᵉ de ligne, vous vous fussiez trouvés au milieu du désert, sans pain ni eau, mangeant du cheval et du chameau? La victoire nous donnera du pain, disaient-elles; et vous, vous désertez vos drapeaux !

« Soldats d'Italie, un nouveau général vous commande; il fut toujours à l'avant-garde dans les plus beaux moments de votre gloire; entourez-le de votre confiance, il ramènera la victoire dans vos rangs. Je me ferai rendre un compte journalier de la conduite de tous les corps, et spécialement de la 17ᵉ légère et de la 63ᵉ de ligne; elles se ressouviendront de la confiance que j'avais en elles. »

Ces paroles magiques arrêtèrent le mal comme par enchantement : l'armée se réorganisa, les subsistances furent assurées, les déserteurs rejoignirent.

Bon effet que cette proclamation produit.

Masséna prend le commandement de l'armée d'Italie.

Napoléon rappela Masséna d'Helvétie et lui confia l'armée d'Italie; ce général, qui connaissait parfaitement les débouchés des Apennins, était plus propre que personne à cette guerre de chicane : il arriva le 10 février à son quartier général de Gênes.

Brune remplace Augereau à l'armée de Hollande.

Le général Brune, d'abord appelé au Conseil d'état, fut quelques semaines après envoyé sur la Loire pour commander l'armée de l'Ouest; le général Augereau le remplaça dans le commandement de la Hollande.

Proclamation du Premier Consul aux armées.

La proclamation suivante fut mise à l'ordre des armées [1].

« Soldats, en promettant la paix au peuple français, j'ai été votre organe. Je connais votre valeur : vous êtes les mêmes hommes qui conquirent la Hollande, le Rhin, l'Italie, et donnèrent la paix sous les murs de Vienne.

« Soldats, ce ne sont plus vos frontières qu'il faut défendre, ce sont les états ennemis qu'il faut envahir. Il n'est aucun de vous qui n'ait fait campagne, qui ne sache que la qualité la plus essentielle d'un soldat, c'est de savoir supporter les privations avec constance. Plusieurs années d'une mauvaise administration ne peuvent être réparées dans un jour.

« Premier magistrat de la République, il me sera doux de faire connaître à la nation entière les corps qui mériteront, par leur discipline et leur valeur, d'être proclamés les soutiens de la patrie.

« Soldats, lorsqu'il en sera temps je serai au milieu de vous, et l'Europe se souviendra que vous êtes de la race des braves. »

Napoléon réunit les armées d'Helvétie et du Rhin sous le commandement de Moreau.

Telle était la position des armées; le Premier Consul ordonna sur-le-champ la réunion de celles du Rhin et d'Helvétie

[1] 4 nivôse an VIII (25 décembre 1799).

en une seule, sous le nom d'*armée du Rhin*; il en donna le commandement au général Moreau, qui lui avait montré le dévouement le plus absolu dans la journée du 18 brumaire[1]. Les troupes françaises manquaient de tout, leur dénûment était extrême; tout l'hiver fut employé à recruter, habiller, solder cette armée. Un détachement de l'armée de Hollande fut dirigé sur Mayence, et bientôt l'armée du Rhin devint une des plus belles qu'ait jamais eues la République; elle comptait 150,000 hommes, et était formée de toutes les vieilles bandes.

III

Paul Ier était mécontent de la politique de l'Autriche et de l'Angleterre; l'élite de son armée avait péri en Italie sous Souwarof, en Suisse sous Korsakof, en Hollande sous Hermann. Les prétentions anciennes et nouvelles des Anglais sur la navigation des neutres l'indisposaient tous les jours davantage; le commerce des neutres, surtout celui des puissances de la Baltique, était troublé; des convois escortés par des bâtiments de guerre étaient insultés et soumis à des visites. D'un autre côté, les changements survenus dans les principes du gouvernement français depuis le 18 brumaire avaient neutralisé, suspendu sa haine contre la révolution : il estimait le caractère que le Premier Consul avait montré en Italie, en Égypte, et

Le czar Paul Ier, indisposé contre l'Angleterre, se retire de la coalition.

---

[1] Moreau était ennemi du Directoire, et surtout de la société du Manége; quoiqu'il n'eût eu que des revers dans la campagne qui venait de se terminer, qu'il eût alors moins de considération que les généraux qui venaient de sauver la Suisse à Zurich, et la Hollande à Alkmaer, en faisant capituler le fils du roi d'Angleterre, il avait une connaissance particulière du champ d'opérations de l'armée d'Allemagne; ce qui décida le Premier Consul à lui donner toute sa confiance, et à le mettre à la tête de l'armée. (Note de l'éditeur de 1830.)

qu'il déployait tous les jours. Ces dernières circonstances déterminèrent sa conduite, et s'il n'abandonna pas la coalition, du moins ordonna-t-il à ses armées de quitter le champ de bataille et de repasser la Vistule.

Efforts militaires de l'Autriche.

L'abandon de l'armée russe ne découragea pas l'Autriche; elle déploya tous ses moyens et mit deux grandes armées sur pied.

Son armée d'Italie sous les ordres de Melas.

L'une en Italie, forte de 140,000 hommes, sous les ordres du feld-maréchal Melas, fut destinée à prendre l'offensive, s'emparer de Gênes, de Nice et de Toulon. Sous les murs de cette place, elle devait être rejointe par l'armée anglaise, de 18,000 hommes, qui devaient se rassembler à Mahon, et par l'armée napolitaine, de 20,000 hommes. Willot était au quartier général de Melas pour insurger le midi de la République, où les Bourbons pensaient avoir des partisans.

Son armée d'Allemagne sous les ordres de Kray.

L'autre armée en Allemagne, commandée par le feld-maréchal Kray, forte de 120,000 hommes, y compris les troupes de l'empire et celles à la solde de l'Angleterre. Cette dernière armée était destinée à rester sur la défensive pour couvrir l'Allemagne. L'expérience de la campagne passée avait convaincu l'Autriche de toutes les difficultés attachées à la guerre de Suisse.

Emplacement des quatre corps composant cette dernière armée.

Le feld-maréchal Kray avait son quartier général à Donaueschingen, ses principaux magasins à Stockach, Engen, Mösskirch, Biberach. Son armée était composée de quatre corps.

Celui de droite, commandé par le feld-maréchal-lieutenant Sztàray, était sur le Mein.

Celui de gauche, sous les ordres du prince de Reuss, était en Tyrol.

Les deux autres corps étaient sur le Danube, tenant des avant-gardes : l'une sous le général Kienmayer, vis-à-vis de Kehl; l'autre sous les ordres du général-major Gyulai, dans le Brisgau; une troisième sous les ordres du prince Ferdinand, dans les villes forestières, aux environs de Bâle; une quatrième sous les ordres du prince de Vaudémont, vis-à-vis de Schaffhouse.

Dans ces circonstances, il devenait donc urgent que l'armée française du Rhin prît vigoureusement l'offensive; ses forces étaient presque doubles de celles de l'ennemi, tandis que l'armée autrichienne d'Italie était plus que double de l'armée française, qui, complétée à 40,000 hommes, gardait l'Apennin et les hauteurs de Gênes. Une armée de réserve de 35,000 hommes fut réunie sur la Saône pour se porter au soutien de l'armée d'Allemagne, si cela était nécessaire, déboucher par la Suisse sur le Pô et prendre l'armée autrichienne d'Italie à revers.

<small>Urgence de commencer les opérations en Allemagne</small>

Le cabinet de Vienne comptait que ses armées seraient, au milieu de l'été, au cœur de la Provence; et celui des Tuileries avait calculé que son armée du Rhin serait avant ce temps-là sur l'Inn.

IV

Le Premier Consul ordonna au général Moreau de prendre l'offensive et d'entrer en Allemagne, afin d'arrêter le mouvement de l'armée autrichienne d'Italie, qui déjà était arrivée sur Gênes. Toute l'armée du Rhin devait se réunir en Suisse et passer le Rhin à la hauteur de Schaffhouse; le mouvement de la gauche de l'armée sur sa droite devant se faire derrière le rideau du Rhin, et d'ailleurs, étant préparé beaucoup à

<small>Plan de campagne tracé par Napoléon à Moreau.</small>

l'avance, l'ennemi n'en aurait aucune connaissance. En jetant quatre ponts à la fois à la hauteur de Schaffhouse, toute l'armée française passerait en vingt-quatre heures, arriverait sur Stockach et culbuterait la gauche de l'ennemi, prendrait par derrière tous les Autrichiens placés entre la rive droite du Rhin et les défilés de la forêt Noire. En six ou sept jours de l'ouverture de la campagne, l'armée serait devant Ulm; ce qui pourrait s'échapper de l'armée autrichienne se rejetterait en Bohême. Ainsi, le premier mouvement de la campagne aurait eu pour résultat de séparer l'armée autrichienne d'Ulm, Philipsbourg et Ingolstadt, et de mettre en notre pouvoir le Wurtemberg, toute la Souabe et la Bavière. Ce plan d'opération [1] devait donner lieu à des événements plus ou moins décisifs, selon les chances de la fortune, l'audace et la rapidité des mouvements du général français.

Opposition et résistance de Moreau.

Le général Moreau était incapable d'exécuter et même de comprendre un pareil mouvement; il envoya le général Dessolle à Paris présenter un autre projet au ministre de la guerre. Suivant la routine des campagnes de 1796 et 1797, il proposait de passer le Rhin à Mayence, Strasbourg et Bâle.

Napoléon pense un moment à diriger en personne les opérations en Allemagne.

Le Premier Consul, fortement contrarié, pensa un moment à aller lui-même se mettre à la tête de cette armée; il calculait qu'il serait sous les murs de Vienne avant que l'armée autrichienne d'Italie fût devant Nice. Mais l'agitation intérieure de la République s'opposa à ce qu'il quittât sa capitale et s'en éloignât pour autant de temps. Le projet de Moreau fut modifié, et le général fut autorisé à exécuter un projet mitoyen.

Il se résout à modifier ses ordres.

[1] Voir le développement de ce plan de campagne et les instructions envoyées ensuite par le Premier Consul au général Moreau, *Correspondance de Napoléon I*". t. VI, p. 254 et 257. édit. de l'Imprimerie impériale.

qui consistait à faire passer le fleuve par sa gauche à Brisach, par son centre à Bâle, par sa droite au-dessus de Schaffhouse : il lui était surtout prescrit de n'avoir qu'une seule ligne d'opération; encore, dans l'exécution, ce dernier plan lui parut-il trop hardi, et il y fit des changements.

V

Moreau avait son quartier général à Bâle; son armée était composée de quatre corps d'infanterie, d'une réserve de grosse cavalerie et de deux divisions détachées, savoir :

Composition de l'armée du Rhin.

Le lieutenant général Sainte-Suzanne, commandant la gauche : les divisions Souham et Legrand; le lieutenant général Saint-Cyr, commandant le centre : les divisions Baraguey d'Hilliers et Ney; le général en chef, commandant la réserve : les divisions Delmas, Leclerc et Richepance; le lieutenant général Lecourbe, commandant la droite : les divisions Vandamme, Montrichard et Lorge.

Le général d'Hautpoul, commandant la réserve de grosse cavalerie; le général Eblé, l'artillerie.

Les corps détachés étaient commandés par les généraux Collaud et Moncey, en Suisse.

Le 25 avril, Sainte-Suzanne, commandant la gauche, passa le Rhin à Strasbourg; Saint-Cyr, avec le centre, le passa le même jour à Brisach; le général Moreau, à la tête d'un corps de réserve, passa le 27 à Bâle.

Passage du Rhin par la gauche et le centre.

Le corps de Sainte-Suzanne culbuta un corps ennemi de 12 à 15,000 hommes, qui était en position en avant d'Offenbourg; Saint-Cyr entra à Fribourg, que l'ennemi ne lui disputa pas; de là il se porta sur Saint-Blaise, où déjà la réserve

Premiers mouvements.

qui avait passé à Bâle, était arrivée. Richepance resta à Saint-Blaise; les deux autres divisions, remontant la rive droite du Rhin, se portèrent à l'embouchure de l'Alb. Le 26 et le 27, les trois divisions se réunirent sur la Wuttach; le 28, elles prirent position à Neukirch; Saint-Cyr se porta de Saint-Blaise sur la Wuttach à Stühlingen.

Cependant Moreau sentit la nécessité de rappeler Sainte-Suzanne, qui dut passer à Kehl le 27, pour venir, par la rive gauche du Rhin à Vieux-Brisach, passer de nouveau le fleuve, et se trouver en deuxième ligne du corps de Saint-Cyr: il marcha sur Fribourg, y traversa le Val-d'Enfer, et prit position à Neustadt.

La droite, sous Lecourbe, passe le Rhin quelques jours plus tard.

Telle était la position de l'armée du centre et de la gauche française, lorsque le 1er mai la droite, sous Lecourbe, passa le Rhin près de Stein, sans presque aucun obstacle, et se porta sur le fort Hohentwiel, qui capitula. Il avait quatre-vingts bouches à feu; ainsi, ce fut cinq jours après le signal de l'ouverture de la campagne que Lecourbe put entrer en opération. Le 2 mai, l'armée resta inactive dans ses positions, où elle se trouvait en bataille sur une ligne de quinze lieues obliques au Danube, depuis le fort Hohentwiel jusqu'à Neustadt.

VI

Position des Autrichiens à Engen et à Stockach.

Le feld-maréchal Kray eut ainsi le temps de réunir ses troupes; le 2 mai, il était en position avec 45,000 hommes en avant de la petite ville d'Engen, ayant sur sa gauche, à Stockach, à 6 lieues, le prince de Vaudémont, avec un corps de 12,000 hommes, liant sa position d'Engen avec le lac de Constance, gardant ses magasins, et assurant sa retraite sur Mösskirch. Le 3, à la pointe du jour, Lecourbe, avec ses trois divisions, se dirigea sur Stockach; Moreau, avec les trois divisions de la réserve, sur Engen; Saint-Cyr et Sainte-Suzanne, trop éloignés du champ de bataille, ne purent y arriver à temps. Lecourbe marcha sur trois colonnes : Vandamme, à la droite, tourna Stockach; Montrichard, au centre, entra au pas de charge dans la ville; le général Lorge, à la gauche, coupa avec une brigade la communication de Stockach avec Engen, et seconda avec son autre brigade l'attaque de la réserve. Le prince de Vaudémont fut mis en déroute; il se retira en toute hâte sur Mösskirch, laissant 3,000 prisonniers, cinq pièces de canon et des drapeaux au pouvoir de Lecourbe. Pendant ce temps les trois divisions de la réserve s'engagèrent avec les avant-gardes du feld-maréchal Kray sur un chemin d'Engen, aux approches de la rivière d'Ach. Le combat devint bientôt vif à Wetterdingen, à Mühlhausen; mais Moreau étendit bientôt sa ligne sur sa gauche; il fit attaquer par Richepance le mamelon de Hohenhewen. Celui-ci s'y consuma en vains efforts toute la journée. Les trois divisions de la réserve, avec la brigade de la division Lorge et la réserve de grosse cavalerie, formaient une force de 40,000 hommes, c'est-à-dire un peu moins que l'ennemi n'avait devant Engen. La victoire penchait en faveur des Autrichiens, lorsque Kray fut instruit de la défaite du prince de Vaudémont, des grands succès de Lecourbe et de l'arrivée de Saint-Cyr sur Hohenhewen; il battit en retraite. Saint-Cyr était parti le matin de Stühlingen; il avait remonté la rive droite de la Wuttach, et il fut arrêté au défilé de Zollhaus; à la nuit, sa brigade d'avant-garde, commandée par le général Roussel, occupa le plateau de Hohenhewen. La perte fut de 6 à 7,000 hommes de chaque côté; les Autrichiens

Combat de Stockach.

Bataille d'Engen.

Le général Kray bat en retraite sur le Danube.

perdirent en outre 4,000 prisonniers et quelques pièces de canon, la plupart pris par Lecourbe à Stockach.

<small>Bataille indécise de Mösskirch.</small>

Pendant la journée du 4, le feld-maréchal Kray joignit à Mösskirch le prince de Vaudémont et fut rejoint par la division que commandait l'archiduc Ferdinand; il ordonna l'évacuation de ses magasins et fit ses dispositions pour se porter sur le Danube, qu'il voulait passer sur le pont de Sigmaringen. Pendant cette journée l'armée française ne fit aucun mouvement; mais le général Lecourbe se porta de Stockach sur Mösskirch. Saint-Cyr, qui n'avait pas donné à Engen, se porta sur Liptingen: les trois divisions de la réserve marchèrent en deuxième ligne à l'appui de Lecourbe. Celui-ci marcha sur Mösskirch sur trois colonnes: Vandamme à la droite, sur Kloster-Wald; Montrichard au centre, appuyé par la réserve de grosse cavalerie; Lorge à la gauche, par Neuhausen: il couvrait ainsi un front de deux grandes lieues. La rencontre des troupes légères de l'ennemi ne tarda pas à lui indiquer la présence de l'armée. Bientôt les trois divisions furent aux mains contre toute l'armée autrichienne; elles étaient fort compromises, lorsque dans l'après-midi elles furent soutenues par trois divisions de réserve. Le combat devint fort chaud; les armées se maintinrent sur leur champ de bataille. Saint-Cyr eût décidé la victoire;

<small>La victoire eût été certaine si Saint-Cyr se fût trouvé sur le champ de bataille.</small>

mais il n'arriva à Liptingen que la nuit, encore éloigné du champ de bataille de plusieurs lieues. Pendant la nuit, Kray battit en retraite; la moitié de ses troupes avait passé le Danube à Sigmaringen, l'autre moitié était sur la rive droite, lorsque Saint-Cyr, qui avait suivi la rive droite du Danube, arriva le 6 sur les hauteurs qui dominent ce fleuve. Si Moreau eût marché de son côté à la suite de l'ennemi, une partie de l'armée autrichienne aurait été détruite. Mais Moreau ne connaissait pas le prix du temps; il le passait toujours, le lendemain des batailles, dans une fâcheuse indécision.

Quelques jours après la bataille de Mösskirch, Lecourbe se porta sur Wurzach et envoya ses flanqueurs au pied des montagnes du Tyrol. Saint-Cyr se porta sur Buchau; Moreau, avec la réserve, marcha en deuxième ligne; Sainte-Suzanne continua son mouvement par la rive gauche du Danube et se porta à Geisingen. Séparé de l'armée par le fleuve, Kray avait fait sa retraite sans être inquiété; se trouvant le 7 à Riedlingen, et ayant eu avis du mouvement décousu de la droite de l'armée sur le Tyrol et de celui de Sainte-Suzanne sur la rive gauche du Danube, il passa ce fleuve au pont de Riedlingen et se porta derrière Biberach, plaçant une avant-garde de 10,000 hommes sur la route de Buchau, et toute son armée derrière la Riss, la gauche à Ochsenhausen, la droite sur le plateau de Mettenberg. Le 9 mai, Saint-Cyr partit de Buchau, attaqua cette avant-garde, qui était séparée du corps de bataille par la Riss, la culbuta dans la rivière, lui fit 1,500 prisonniers et lui prit du canon; il la suivit sur la rive droite. Deux divisions de la réserve étaient survenues dans ces entrefaites, Kray se mit en route sur l'Iller; Lecourbe l'attaqua à Memmingen, lui fit 1,200 prisonniers et lui prit du canon; il se réfugia dans son camp d'Ulm.

Affaire de Biberach

Du 10 au 12 mai, l'armée française occupait les positions suivantes : la droite, sous Lecourbe, avait son quartier général à Memmingen; la réserve et le centre le long de l'Iller, jusqu'au Danube; le général Sainte-Suzanne sur la gauche du Danube, à une journée d'Ulm.

Positions occupées par l'armée française

L'armée autrichienne était toute réunie dans le camp retranché d'Ulm, hormis le corps du prince de Reuss, de 20,000 hommes,

L'armée autrichienne se retire dans le camp retranché d'Ulm;

qui était dans le Tyrol. Ulm avait une enceinte bastionnée : le Michelsberg, qui la domine, était occupé par des fortifications de campagne faites avec soin et armées d'une nombreuse artillerie ; sur la rive droite, de forts retranchements protégeaient deux ponts. De grands magasins de fourrages, vivres et munitions de guerre y étaient réunis. Le général autrichien pouvait manœuvrer sur les deux rives du Danube, protégeant à la fois la Souabe et la Bavière, couvrant la Bohême comme l'Autriche ; il recevait tous les jours des recrues, des vivres, et paraissait résolu à vouloir se maintenir dans cette position centrale, malgré l'infériorité bien constatée de ses forces et les échecs qu'il avait essuyés.

Moreau, pour le déposter, résolut de marcher en avant, la droite en tête. Lecourbe quitta Memmingen et s'approcha du Lech ; le quartier général passa la Günz ; Saint-Cyr, avec le centre le suivit en échelons, longeant le Danube ; Sainte-Suzanne s'approcha d'Ulm par la rive gauche ; la division Legrand prit position à Erbach sur le Danube, à 2 lieues de la place ; la division Souham, à la même distance, sur la Blau : ces deux divisions couvraient ainsi une ligne de deux lieues. Sainte-Suzanne n'avait aucun pont sur le Danube ; il affrontait avec son seul corps toute l'armée de Kray, qui s'était contenté d'envoyer le général Merveldt derrière le Lech, et continua à occuper en force toute la rive gauche du Danube, depuis Ulm jusqu'à l'embouchure du Lech, poussant des avant-gardes jusque sur la chaussée d'Augsbourg, où elles escarmouchaient avec les flanqueurs de gauche de l'armée française.

Le 16, à la pointe du jour, l'archiduc Ferdinand déboucha sur le général Legrand, ainsi qu'une autre colonne sur le général Souham. Les avant-postes des deux divisions françaises furent bientôt reployés, leurs communications coupées, le corps des divisions rejeté deux lieues en arrière; à mesure qu'elles reculaient, la distance qui les séparait s'augmentait. Sainte-Suzanne était percé: il ordonna au général Legrand d'abandonner le Danube, afin de se rapprocher de la division Souham. Ce mouvement de concentration, avantageux sous ce point de vue, avait le terrible inconvénient de l'éloigner de l'armée; mais Saint-Cyr, au bruit de la canonnade, rétrograda avec son arrière-garde, et plaça sur la rive droite du Danube des batteries qui battaient la route d'Ulm à Erbach, et donnèrent de l'inquiétude à l'archiduc. Il crut que toute l'armée allait passer ce fleuve et le couper; il se reploya sur Ulm. La perte du corps de Sainte-Suzanne fut considérable en tués et blessés, moindre cependant qu'elle n'aurait dû l'être, vu la fausse position où on l'avait abandonné: l'intrépidité des troupes, l'habileté du général, sauvèrent ce corps d'une destruction totale. *Le corps de Sainte-Suzanne, laissé sur la rive gauche du Danube, est battu et perd ses communications.*

Moreau, étonné de cet événement, contremanda la marche sur le Lech, ordonna à Saint-Cyr et à d'Hautpoul de passer le Danube à Erbach, pour soutenir Sainte-Suzanne, se porta lui-même sur l'Iller, et rappela Lecourbe; Sainte-Suzanne passa la Blau, de sorte que des onze divisions qui composaient son armée, cinq étaient sur la rive gauche et six étaient sur la rive droite du Danube, à cheval sur ce fleuve, occupant une ligne de quatorze lieues: il passa plusieurs jours dans cette position. *Moreau concentre ses forces; il les place partie sur la rive droite et partie sur la rive gauche du Danube.*

Attaquera-t-il Kray sur la rive gauche? repassera-t-il sur la rive droite? Il se décida de nouveau pour ce dernier parti. Lecourbe se porta sur Landsberg, où il arriva le 27 mai; le 28, *Son indécision; il repasse sur la rive droite du Danube et se met en mouvement.*

sur Augsbourg, où il passa le Lech. Saint-Cyr se porta sur la Günz; Sainte-Suzanne passa sur la rive droite du Danube, et prit position à cheval sur l'Iller. L'armée française se trouva en bataille, la gauche au Danube, la droite au Lech, occupant une ligne de 20 lieues. Le 24 mai, le feld-maréchal Kray fit passer une avant-garde sur la rive droite, qui attaqua à la fois les deux divisions de Sainte-Suzanne : le combat fut vif, il dura toute la journée, la perte de part et d'autre fut considérable; mais, le soir, les Autrichiens repassèrent le Danube.

Moreau, attaqué par Kray, change ses dispositions.

À cette nouvelle, le général Moreau changea encore de résolution : il arrêta son mouvement et se rapprocha du Danube. Lecourbe abandonna pour la deuxième fois le Lech. Mais le 4 juin le feld-maréchal Kray, ayant réuni une partie de ses forces, passa sur le pont d'Ulm et attaqua le corps de Sainte-Suzanne, conduit par Richepance. Sainte-Suzanne avait été prendre le commandement des troupes de Mayence, qui se trouvaient en position sur l'Iller. Richepance, environné par des forces supérieures, se reploya toute la journée : sa position devenait des plus critiques, lorsque le général Grenier (il avait remplacé Saint-Cyr, renvoyé de l'armée par Moreau) fit déboucher par le pont de Kellmünz, sur l'Iller, la division Ney : le combat se rétablit. Le général Moreau se concentra tout à fait sur l'Iller. C'était justement ce que voulait Kray, qui, trop faible pour faire tête à l'armée française, voulait l'empêcher de cheminer et la consumer dans des combats de détail.

Combat de Kirchberg.

Moreau concentre l'armée sur l'Iller.

Il fait une nouvelle démonstration contre Augsbourg; Lecourbe passe le Lech.

Après avoir séjourné plusieurs jours dans cette position, enhardi par l'attitude défensive de Kray, qui ne faisait aucun mouvement et restait dans son camp retranché, Moreau reprit pour la troisième fois son projet d'attaque sur la Bavière; il fit mine de passer le Lech. Lecourbe repassa de nouveau le Lech.

et les 10, 11 et 12 juin toute l'armée se rapprocha de cette rivière.

Ainsi, il y avait un mois que le combat de Biberach avait eu lieu, et l'armée était toujours dans la même position ; elle avait perdu ce temps en marches et contre-marches qui l'avaient compromise, et avaient donné lieu à des combats où les troupes françaises, en nombre inférieur, avaient perdu beaucoup de monde. L'arrière-garde de Lecourbe avait perdu 2,000 hommes, en évacuant Augsbourg, au combat de Schwabmünchen. Cette hésitation avait indisposé quelques généraux de l'armée. Moreau avait renvoyé Saint-Cyr, qu'il avait remplacé par le général Grenier ; il reprochait à ce général les lenteurs de sa marche à Engen, surtout à Mösskirch, et d'être mauvais camarade, de laisser écraser les divisions voisines lorsqu'il pouvait les secourir. De son côté, Saint-Cyr critiquait amèrement la conduite de son général en chef, et manifestait hautement la désapprobation des manœuvres qui avaient été faites depuis l'ouverture de la campagne. On voit dans les dépêches de Lecourbe plusieurs lettres pleines d'énergie et de plaintes sur ses lenteurs, ses incertitudes, ses hésitations, ses ordres et contre-ordres. Cela décida enfin le général en chef à se porter sur la rive gauche du Danube, en passant la rivière, du 19 au 20 juin, après être arrivé sur le fleuve à la hauteur d'Ulm.

Résultat négatif de ces marches et contre-marches.

Dissentiments entre Moreau et Saint-Cyr.

Plaintes de Lecourbe.

VII

Lecourbe, avec la droite, se porta vis-à-vis Hochstaett ; Moreau, avec la réserve, vis-à-vis Dillingen ; Grenier, avec le centre, à Günzbourg ; Richepance, avec la gauche, resta en observation sur l'Iller, vis-à-vis Ulm. Le 19, à la pointe du

Moreau se décide à effectuer le passage du Danube au-dessous d'Ulm.

jour, Lecourbe fit raccommoder le pont du Danube à Blindheim, fit passer son corps d'armée, se porta avec une division sur Schwenningen, en descendant à 2 lieues du côté de Donauwörth et environ 2 autres sur Lauingen, en remontant le Danube. A peine arrivée à Schwenningen, la division fut attaquée par une brigade de 4,000 hommes que commandait le général Devaux, qui avait son quartier général à Donauwörth. Le combat fut assez vif, mais ce corps fut défait; la moitié resta sur le champ de bataille et entre les mains des Français. Peu après, l'ennemi attaqua les divisions placées sur Lauingen : après un combat fort vif, il fut repoussé. Moreau, avec la réserve, passa au pont de Dillingen. Grenier voulut rétablir le pont de Günzbourg, mais il en fut empêché par le général Gyulai, ce qui l'obligea à aller passer au pont de Dillingen. Aussitôt que Kray apprit que le passage était effectué, il résolut de se retirer, ce qu'il fit sous la protection d'un corps de cavalerie, qu'il plaça sur la Brenz. Mais pendant les journées des 20, 21, 22 et 23, l'armée française resta immobile et ne fit rien. C'était perdre un temps précieux et qui, bien employé, pouvait devenir funeste à son ennemi. Le général autrichien en profita ; il passa par Neresheim, Nordlingen, et arriva sur la Warnitz le 23 au soir. Le général Richepance cerna Ulm avec son corps. L'armée se mit trop tard à la suite de l'armée autrichienne, dont elle n'atteignit que l'arrière-garde. La division Decaen fut dirigée sur Munich; après un léger combat contre le général Merveldt, elle entra dans cette capitale.

Les Autrichiens profitent de l'inaction de Moreau après cette opération.

Combat de Neubourg.

Lecourbe repassa sur la rive droite du Danube, se porta sur Rain et Neubourg. Kray était en position avec 25,000 hommes, en avant de cette ville, sur la rive droite du Danube.

CARTE

DE

LA BAVIÈRE ORIENTALE

CARTE N° 2 POUR L'INTELLIGENCE

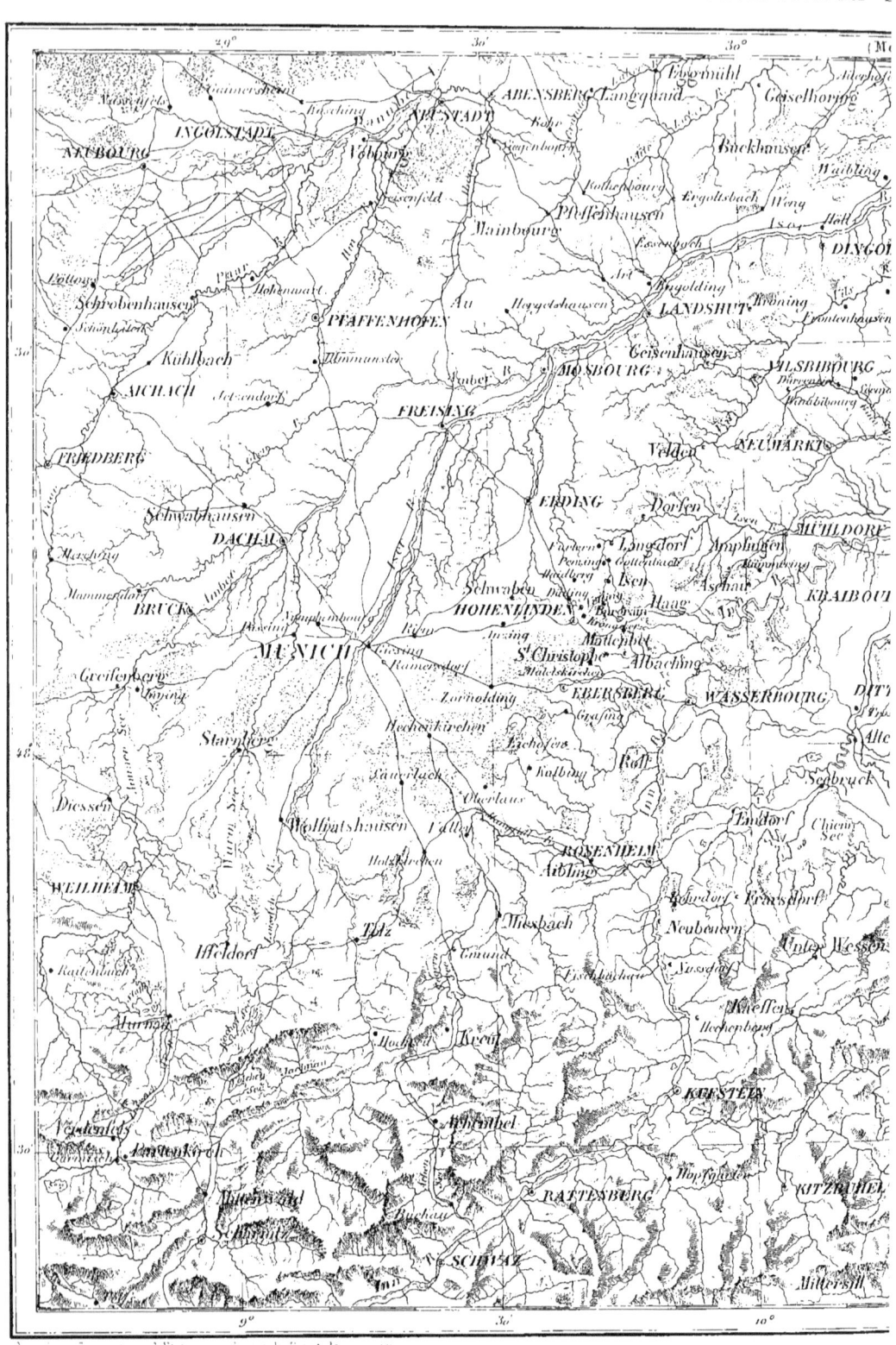

AGNE DE MOREAU EN 1800. ULM.

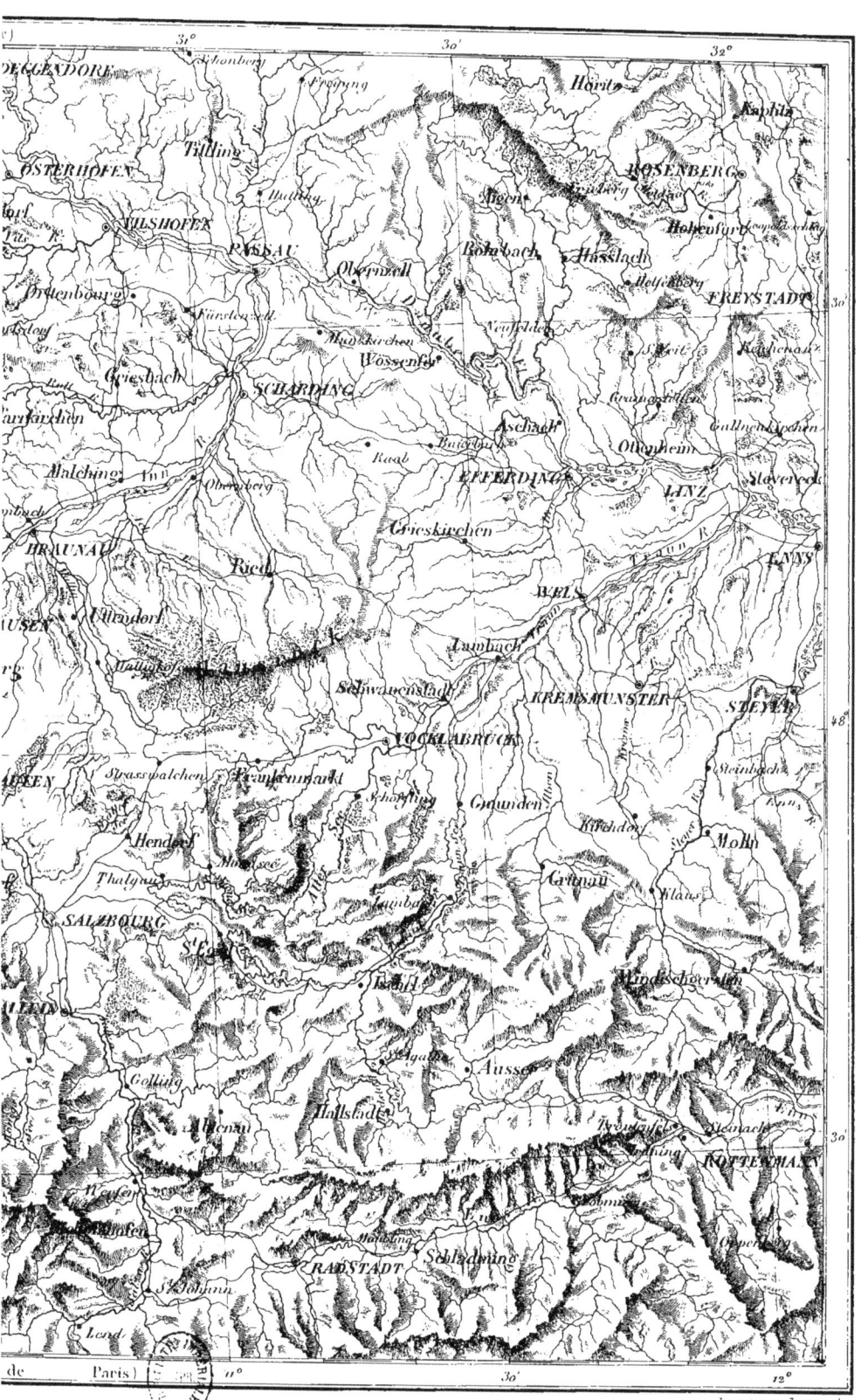

Montrichard, qui osa l'y attaquer, fut vivement repoussé et ramené pendant deux lieues. Lecourbe rétablit le combat avec la division Grandjean : la valeur des troupes et l'énergie du général remédièrent au mal, qui eût pu être beaucoup plus grand. Le champ de bataille resta à l'ennemi; mais dans la nuit il sentit qu'il n'était plus à temps de gagner le Lech et que le reste de l'armée française allait l'accabler; il repassa le Danube, se porta sur Ingolstadt, passa de nouveau le fleuve et porta son quartier général à Landshut, derrière l'Iser.

Le général Moreau entra à Augsbourg et y plaça son quartier général; il envoya sur Freising la division Leclerc, qui y entra après un combat très-vif contre l'avant-garde autrichienne.

Résultat de ce combat.

Dans ce temps Saint-Suzanne sortit de Mayence avec deux divisions réunies de ce côté, et il entra dans la Franconie, se rapprochant du Danube.

Cependant le prince de Reuss occupant toujours Feldkirch, Füssen et tous les débouchés du Tyrol, Lecourbe repassa le Lech avec 20,000 hommes et se porta sur trois colonnes, la gauche sur Scharnitz, le centre sur Füssen et la droite sur Feldkirch. Le 14 juillet, Molitor entra dans cette place; l'ennemi lui abandonna le camp retranché. Le prince de Reuss se retira derrière les défilés et les retranchements qui couvraient le Tyrol.

VIII

L'armistice fut conclu le 15 juillet, à Parsdorf. Les trois places d'Ingolstadt, Ulm, Philipsbourg, durent rester bloquées, mais approvisionnées jour par jour, pendant le temps de la suspension d'armes. Tout le Tyrol resta au pouvoir de l'Au-

Armistice de Parsdorf.

triche, et la ligne de démarcation passa par l'Iser, au pied des montagnes du Tyrol. Dès le 24 juin, le feld-maréchal Kray avait proposé de se conformer à l'armistice conclu à Marengo, dont il venait de recevoir la nouvelle. Le reste de juillet, août, septembre, octobre, novembre, les armées restèrent en présence et les hostilités ne recommencèrent qu'en novembre. L'armistice disait :

<small>Teneur de l'armistice.</small>

«Art. 1er. Il y aura armistice et suspension des hostilités entre l'armée de Sa Majesté Impériale et de ses alliés, en Allemagne, dans la Suisse, le Tyrol et les Grisons, et l'armée française dans les mêmes pays. La reprise des hostilités devra être annoncée respectivement douze jours d'avance.

«II. L'armée française occupera tout le pays qui est compris dans la ligne de démarcation suivante : cette ligne s'étend depuis Balzers, dans les Grisons, sur la rive droite du Rhin, jusqu'aux sources de l'Inn, dont elle comprend toute la vallée; de là aux sources du Lech, par le revers des montagnes du Vorarlberg, jusqu'à Reuti, le long de la rive gauche du Lech. L'armée autrichienne reste en possession de tous les passages qui conduisent à la rive droite du Lech; elle forme une ligne qui comprend Reuti, s'étend au delà de Seebach, près de Breittenwang, le long de la rive septentrionale du lac d'où sort le Seebach, s'élève sur la gauche, dans le Lechthal, jusqu'à la source de l'Ammer; de là, par les frontières du comté de Werdenfels, jusqu'à la Loisach. Elle s'étend jusqu'à la rive gauche de cette rivière, jusqu'à Kochelsee, qu'elle traverse, jusqu'au Walchensee, où elle coupe le lac de ce nom, et se prolonge le long de la rive septentrionale de la Jachenau, jusqu'à son embouchure dans l'Iser; et, traversant cette rivière, elle se dirige sur Kreut, sur le Tegernsee, au delà de la Mangfall.

près de Gmünd, et sur la rive gauche de celle-ci, au delà de Valley; de là, elle prend sa direction par Oberlaus, Kulbing, Eichofen, Grafing, Exing, Ebersberg, Maletskirchen, Hohenlinden, Kronacker, Vetting, Dading, Haidberg, Isen, Penzing, Gottenbach, le long de l'Isen, jusqu'à Furtern et Langdorf, où elle passe vers la source de la Vilz, qu'elle suit jusqu'à son embouchure dans le Danube, et ensuite sur la rive droite de la Vils jusqu'à Vilsbibourg, et au delà de cette rivière jusqu'à Binabibourg, où elle suit le cours de la Bina jusqu'à Dürreneich. Elle monte près de Seemanshausen, s'étend vers la source du Kollbach, en suit la rive gauche jusqu'à son embouchure dans la Vils, et, se portant sur la droite, vers la Vils, se prolonge jusqu'à son embouchure dans le Danube. La même ligne s'étend sur la rive droite du Danube jusqu'à Kehlheim, où elle passe le fleuve, et se prolonge sur la rive droite de l'Altmühl jusqu'à Pappenheim; elle se dirige ensuite par la ville de Weissenbourg, vers la Reidnitz, dont elle longe la rive gauche jusqu'au point où elle se jette dans le Mein, elle suit de là la rive gauche de cette dernière rivière jusqu'à son embouchure. La ligne de démarcation, sur la rive droite du Mein, entre cette rivière et Düsseldorf, ne s'étendra plus vers Mayence jusqu'à la Nidda. Dans le cas où les troupes françaises auraient fait, dans l'intervalle, des progrès de ce côté, elles conserveront ou reprendront la même ligne qu'elles occupent aujourd'hui, 15 juillet.

« III. L'armée impériale occupera de nouveau le haut et bas Engadin, c'est-à-dire la partie des Grisons dont les rivières se jettent dans l'Inn, et de la vallée de Sainte-Marie, dans l'Adige. La ligne de démarcation française s'étendra depuis Balzers, jusqu'au lac de Côme, par Coire, Tusis, Splugen,

Chiavenna, y compris le Luziensteig. La partie des Grisons située entre cette ligne et l'Engadin sera évacuée par les deux parties. Ce pays conservera sa forme actuelle de gouvernement.

« IV. Les places qui sont dans la ligne de démarcation, telles que Ulm, Ingolstadt, et Philipsbourg, lesquelles sont occupées par les impériaux, resteront, sous tous les rapports, dans l'état où elles auront été trouvées par les commissaires nommés à cet effet par les généraux en chef; la garnison n'en sera pas augmentée, et elles ne troubleront point la navigation sur les rivières et le passage sur les grandes routes. Le territoire de ces places fortes s'étend jusqu'à 2,000 toises des fortifications; elles s'approvisionneront tous les dix jours, et, pour ce qui regarde cet approvisionnement déterminé, elles ne seront pas censées comprises dans les pays occupés par l'armée française, laquelle, de son côté, ne pourra pas non plus empêcher les transports des munitions dans lesdites places.

« V. Le général commandant l'armée impériale est autorisé à envoyer dans chacune de ces places une personne chargée d'informer les commandants de la conduite qu'ils auront à tenir.

« VI. Il n'y aura pas de ponts sur les rivières qui séparent les deux armées, à moins que ces rivières ne soient coupées par la ligne de démarcation, et alors les ponts ne pourront être établis que derrière cette ligne, sans préjudice cependant des dispositions qui pourraient être faites à l'avenir pour l'utilité des armées et du commerce. Les chefs respectifs s'entendront sur cet article.

« VII. Partout où des rivières navigables séparent les deux armées, la navigation sera libre pour elles et pour les habitants. La même chose aura lieu pour les grandes routes comprises dans la ligne de démarcation, et cela pendant le temps de l'armistice.

« VIII. Les territoires de l'empire et des états autrichiens qui se trouvent dans la ligne de démarcation de l'armée française sont sous la sauvegarde de la loyauté et de la bonne foi. Les propriétés et les gouvernements actuels seront respectés, et aucun des habitants de ces contrées ne pourra être inquiété, soit pour services rendus à l'armée impériale, soit pour opinions politiques, soit pour avoir pris une part effective à la guerre.

« IX. La présente convention sera expédiée avec la plus grande célérité possible.

« X. Les avant-postes des deux armées ne communiqueront pas entre eux. »

PLAN DE CAMPAGNE.

PREMIÈRE REMARQUE.

1° Un plan de campagne doit avoir prévu tout ce que l'ennemi peut faire, et contenir en lui-même les moyens de le déjouer. La frontière d'Allemagne était, dans cette campagne, la frontière prédominante; la frontière de la Rivière de Gênes était la frontière secondaire. Effectivement, les événements qui auraient lieu en Italie n'auraient aucune action directe, immédiate et nécessaire sur les affaires du Rhin, tandis que les événements qui auraient lieu en Allemagne auraient une action nécessaire et immédiate sur l'Italie. En conséquence, le Premier Consul réunit toutes les forces de la République sur la frontière prédominante, savoir : l'armée d'Allemagne, qu'il renforça, l'armée de Hollande et du bas Rhin, l'armée de

Faute commise par l'Autriche en ne portant pas en Allemagne le principal effort des armées.

réserve, qu'il réunit sur la Saône, à portée d'entrer en Allemagne, si cela était nécessaire.

Le conseil aulique réunit sa principale armée sur la frontière secondaire, en Italie. Ce contre-sens, cette violation de ce grand principe, fut la véritable cause de la catastrophe des Autrichiens dans cette campagne.

Moreau ne comprit pas le plan de campagne que lui avait tracé Napoléon.

2° Le gouvernement avait ordonné au général Moreau de réunir son armée derrière le lac de Constance, par la Suisse ; de dérober cette marche à l'ennemi, en interdisant toute communication de la rive gauche à la rive droite du Rhin ; de jeter à la fin d'avril quatre ponts entre Schaffhouse, Stein et le lac de Constance ; de passer sur la rive droite du Danube avec toute son armée ; de se porter sur Stockach et Engen ; d'appuyer sa droite au Danube, sa gauche au lac de Constance ; de prendre à dos toutes les divisions ennemies qui se trouveraient en position sur les montagnes Noires et dans la vallée du Rhin, de les séparer de leurs magasins, de se porter ensuite sur Ulm avant l'ennemi. Moreau ne comprit pas ce plan ; il envoya le général Dessolle au ministre de la guerre, pour proposer de passer le Rhin à Mayence, Strasbourg et Bâle. Napoléon résolut alors de se mettre lui-même à la tête de cette armée ; mais les événements exigèrent qu'elle entrât en opération en avril, et les circonstances intérieures de la République ne lui permettant pas de quitter alors Paris, il se contenta de prescrire que l'armée du Rhin n'eût qu'une seule ligne d'opération.

DEUXIÈME REMARQUE.

MOREAU.

1° Sainte-Suzanne passa le Rhin à Kehl, Saint-Cyr à Neuf-

Brisach; ils devaient se joindre dans le Brisgau. Moreau en sentit le danger; il rappela Sainte-Suzanne sur la rive gauche, pour lui faire repasser le Rhin sur le pont de Neuf-Brisach : ce fut un faux mouvement et non pas une ruse de guerre. La marche de trente lieues de Vieux-Brisach à Bâle et Schaffhouse, par la rive droite du Rhin, étant fâcheuse, l'armée pressait son flanc droit au Rhin et son flanc gauche à l'ennemi; elle était dans un cul-de-sac, au milieu des ravins, des forêts et des défilés. Le feld-maréchal Kray fut ainsi prévenu où voulait aller son ennemi; il eut huit jours pour se concerter: aussi fut-il réuni en bataille à Engen et Stockach, et en mesure de couvrir ses magasins et Ulm avant le général français, qui cependant avait l'initiative du mouvement. Si Moreau eût débouché par le lac de Constance avec toute l'armée, il eût surpris, défait et pris la moitié de l'armée autrichienne; les débris n'auraient pu se rallier que sur le Necker : il fût arrivé à Ulm avant elle. Que de grands résultats ! La campagne eût été décidée dans les quinze premiers jours.

2° L'armée française était beaucoup plus forte que celle de l'ennemi dans un arrondissement de 15 lieues, et cependant l'ennemi fut supérieur en nombre sur le champ de bataille d'Engen. Moreau éparpilla son armée, et la compromit; il manœuvra par sa gauche pour se réunir à Saint-Cyr, qui était trop loin : il fit attaquer par Richepance seul le pic de Hohenhewen, qui était une position forte. Il eût dû tenir ses troupes réunies, et manœuvrer par sa droite, s'appuyer à Lecourbe, et couper la ligne de retraite de l'ennemi; là il n'eût été arrêté par aucune forte position.

3° Kray fit sa retraite, dans la nuit du 3 au 4, sur Mösskirch; il en était éloigné de 6 lieues. Lecourbe n'en était éloigné que de 3 lieues. Si celui-ci eût reçu l'ordre de marcher le 4, il eût coupé l'armée ennemie, l'eût attaquée en tête et en flanc, dans le temps que Saint-Cyr et la réserve eussent attaqué en queue; Kray eût été fort compromis; la bataille de Mösskirch n'eût pas eu lieu. Moreau est resté, le 4, oisif sans aucune raison. Cette fatale indécision remit en question, le lendemain, ce qui avait été décidé à Engen, et rendit inutile le sang versé sur ce champ de bataille.

Moreau fut encore, par sa faute, inférieur en force à Mösskirch.

4° Sainte-Suzanne était à Donaueschingen pendant la bataille d'Engen : il eût pu au moins se trouver à la bataille de Mösskirch : il n'y fut pas, non plus que Saint-Cyr. De sorte que les six divisions de Lecourbe et de la réserve s'y trouvèrent seules; ce qui faisait une force inférieure à celle de l'ennemi.

Inaction de Saint-Cyr.

5° La conduite de Saint-Cyr a donné lieu à des plaintes; il n'est arrivé que la nuit à Liptingen, à plusieurs lieues du champ de bataille.

Moreau pouvait détruire l'armée ennemie au passage du Danube.

6° Si Moreau eût marché le 6, à la pointe du jour, à la poursuite de l'ennemi, qu'il eût appuyé Saint-Cyr le 6, il eût détruit une partie de l'armée ennemie pendant qu'elle était occupée au passage du Danube; mais, le 6 comme le 4, Moreau resta inactif sur son champ de bataille.

Ce qu'il devait faire pour forcer Kray à quitter le camp retranché d'Ulm.

7° Que devait faire le général français pour déposter le feld-maréchal Kray de son camp retranché? Une seule chose : avoir une volonté, suivre un plan; car l'initiative était à lui; il était vainqueur, plus nombreux, et avait une meilleure armée. Le 14 mai, il eût dû passer l'Iller, se mettre en marche sur trois colonnes, ne pas occuper plus de 6 lieues de terrain, passer le Lech et arriver en deux jours, ou trois au plus, à Augsbourg. Le général autrichien eût aussitôt suivi le mouvement par la rive gauche du Danube, se fût porté par Neubourg, derrière le Lech, pour couvrir la Bavière et les États héréditaires; il ne se fût pas exposé à suivre l'armée française sur la rive droite, puisqu'il aurait fallu qu'il s'avançât sous les murs d'Augsbourg pour l'attendre, et que, faisant volte-face, elle l'aurait battu, coupé d'Ulm et rejeté dans les montagnes Noires. L'armée autrichienne pouvait avoir encore la prétention de combattre et de vaincre des divisions isolées, mais elle n'avait plus celle de lutter contre l'armée française réunie.

Les Français devaient être le 18 mai à Munich et maîtres de la Bavière. Kray se serait estimé fort heureux de regagner l'Inn à temps. On voit, par ses dépêches, qu'il juge parfaitement de l'irrésolution de son ennemi. Lorsque celui-ci poussa un corps sur Augsbourg, il écrivit : « L'armée française fait une démonstration sur la Bavière qui n'est pas sérieuse, puisque ses divisions sont en échelons jusqu'à l'Iller et que sa ligne est déjà fort étendue. » Il avait raison.

Le général autrichien avait deviné l'irrésolution de Moreau.

8° Moreau a trois fois, en quarante jours, réitéré les mêmes démonstrations, mais toutes les trois fois sans leur donner un caractère de vérité; il n'a réussi qu'à enhardir son rival, et lui a offert des occasions de battre des divisions isolées. En effet, l'armée française avait, dans ses manœuvres, la gauche sur Ulm et la droite à 20 lieues, menaçant la Bavière : c'était défier l'armée ennemie de la fortune. Pendant cette campagne, l'armée française, qui était plus nombreuse, a presque toujours été inférieure en nombre sur le champ de bataille. C'est ce qui arrive aux généraux qui sont irrésolus et agissent sans principes et sans plans. Les tâtonnements, les *mezzo termine*, perdent tout à la guerre.

Dans ses manœuvres Moreau exposait ses divisions à des échecs partiels

9° Le projet de passer sur la rive gauche du Danube, au-dessus d'Ulm, était périlleux et fort hasardeux. Si Kray et le

Le passage sur la rive gauche du Danube, bien que périlleux

prince de Reuss réunis eussent manœuvré la gauche au Danube, la droite au Tyrol, l'armée française pouvait être prise en flagrant délit et être fort compromise. Mais, puisque le général français était résolu à cette opération inutile et téméraire, il la fallait faire avec résolution et d'un seul trait: il fallait que, le passage ayant été surpris le 19, le 20 toute l'armée se trouvât sur la rive gauche, laissant seulement quelques colonnes mobiles en observation sur la rive droite, et qu'elle se portât droit sur Ulm et Nordlingen, afin d'attaquer en flanc l'armée autrichienne et de l'obliger, si Kray prenait le parti de la retraite, à recevoir la bataille, et de s'emparer de son camp retranché, si Kray se décidait à passer sur la rive droite pour marcher sur l'armée française. De cette manière, le général Moreau n'avait rien à redouter; son armée, supérieure comme elle l'était en forces et en moral, si elle perdait la rive droite, s'établissait sur la rive gauche : toutes les chances étaient pour elle; elle profitait de son initiative pour marcher réunie, surprendre l'armée autrichienne pendant ses mouvements, dans le temps qu'elle ne laissait rien exposé aux coups de l'initiative de l'ennemi. C'est l'avantage de toute armée qui marche toujours réunie. Qu'eût pu faire le général Richepance, qui était le plus près d'Ulm, si Kray et le prince de Reuss l'eussent attaqué avec 60,000 hommes, et que fût devenue l'armée si le corps de Richepance eût été défait, qu'elle eût perdu sa ligne d'opération sur la rive droite, en y éprouvant un si grand échec lorsqu'elle n'avait pas encore pris pied sur la rive gauche?

10° La marche du général Decaen sur Munich, celle de Lecourbe sur Neubourg, celle de Leclerc sur Freising, étaient des mouvements isolés où les troupes françaises se sont trouvées en nombre inférieur à celui de l'ennemi; elles y ont payé d'audace, atteint le point qu'elles voulaient occuper, ont obtenu peu de résultats et perdu autant que l'ennemi.

11° La marche rétrograde de Lecourbe sur le Vorarlberg était inutile; il fallait qu'il marchât sur Inspruck; il serait arrivé dix jours plus tôt avec moins de difficultés, en perdant moins de monde qu'il n'en a perdu à tous ces débouchés du Tyrol pour n'obtenir aucun résultat. La possession d'Inspruck était d'une tout autre importance : l'armée se fût alors trouvée en ligne sur l'Inn.

<small>Lecourbe aurait dû marcher sur Inspruck; avantage de la possession de cette ville.</small>

12° L'armistice ne remplit pas le but du gouvernement, qui voulait avoir les quatre places d'Ulm, Philipsbourg, Ingolstadt et Inspruck, pour bien assurer la position des armées.

<small>Insuffisance des stipulations de l'armistice.</small>

TROISIÈME REMARQUE.

KRAY.

1° Le feld-maréchal Kray compromit son armée en la tenant disséminée à l'approche de l'ouverture de la campagne; son quartier général à Donaueschingen et surtout ses magasins de Stockach, Engen, Mösskirch, étaient mal placés. Il agissait comme si la Suisse eût été neutre; son quartier général et ses magasins eussent alors été couverts par les défilés des montagnes Noires. Mais les Français étaient maîtres de la Suisse et de tout le cours du Rhin, de Constance à Bâle; ses magasins se trouvaient à une demi-journée d'eux et tout à fait aux avant-postes.

<small>Kray plaça mal son quartier général et ses magasins.</small>

2° Le feld-maréchal Kray a montré de l'habileté autour d'Ulm; il a obtenu un grand succès, puisque, avec une armée battue trois fois en un mois et fort inférieure, il a retenu pen-

<small>Il montra de l'habileté dans la défense du camp d'Ulm.</small>

dant quarante jours, sous le canon de son camp retranché, une armée supérieure et victorieuse : les marches, les manœuvres, les fortifications, n'ont pas d'autre but. Mais ce maréchal n'eût-il pas pu faire davantage? Lorsque Sainte-Suzanne, avec moins de 20,000 hommes, se trouvait, le 16 mai, séparé par le Danube du reste de l'armée, à une heure de marche de son camp retranché, pourquoi ne l'attaqua-t-il pas avec ses forces réunies? De si belles occasions sont rares : il fallait déboucher sur les deux divisions de Sainte-Suzanne avec 60,000 hommes et les détruire.

3° Lorsque, le 26 mai, l'armée française était disséminée sur une ligne de 20 lieues du Danube au Lech, pourquoi n'a-t-il pas débouché avec toutes ses forces sur les deux divisions Sainte-Suzanne et Richepance? Il ne les a attaquées qu'avec 16,000 hommes. Son attaque sur l'Iller, le 4 juin, fut faite avec trop de circonspection et avec trop peu de troupes : le prince de Reuss aurait dû y concourir en descendant du Tyrol avec toutes ses forces. Si le général autrichien eût profité de ses avantages, de l'indécision de son adversaire, de ses fausses manœuvres, il l'eût, malgré ses succès et sa supériorité, rejeté en Suisse.

DIPLOMATIE. — GUERRE.

(1800 ET 1801.)

DIPLOMATIE. — GUERRE[1].

I

Le lieutenant général comte de Saint-Julien arriva à Paris le 21 juillet 1800, porteur d'une lettre de l'empereur d'Allemagne au Premier Consul. Il s'annonça comme plénipotentiaire chargé de négocier, conclure et signer des préliminaires de paix. La lettre de l'empereur était précise; elle contenait des pouvoirs, car il y était dit : « Vous ajouterez foi à tout ce que vous dira de ma part le comte de Saint-Julien, et je ratifierai tout ce qu'il fera. » Le Premier Consul chargea M. de Talleyrand de négocier avec le plénipotentiaire autrichien; en peu de jours les préliminaires furent arrêtés et signés. Par ces préliminaires, il était convenu que la paix serait établie sur les conditions du traité de Campo-Formio; que l'Autriche recevrait en Italie les indemnités que ce traité lui accordait en Allemagne; que, jusqu'à la signature de la paix définitive, les armées des deux puissances resteraient, tant en Italie qu'en Allemagne, dans

Mission du comte de Saint-Julien à Paris.

Il signe des préliminaires de paix.

[1] Ce fragment est publié ici d'après la dictée faite au général Gourgaud, *Mémoires de Napoléon*, etc. t. III, p. 209-296, édit. de 1830.

leur situation actuelle; que la levée en masse des insurgés de la Toscane ne recevrait aucun accroissement, et qu'aucune troupe étrangère ne serait débarquée dans ce pays.

Il est désavoué, l'Autriche s'étant engagée à ne traiter de la paix que conjointement avec l'Angleterre.

Le rang élevé du plénipotentiaire, la lettre de l'empereur dont il était porteur, les instructions qu'il disait avoir, son ton d'assurance, tout portait à regarder la paix comme signée; mais en août on reçut des nouvelles de Vienne. Le comte de Saint-Julien était désavoué et rappelé; le baron de Thugut, ministre des affaires étrangères d'Autriche, faisait connaître que, par un traité conclu entre l'Angleterre et l'Autriche, cette dernière s'était engagée à ne traiter de la paix que conjointement avec l'Angleterre, et qu'ainsi l'empereur ne pouvait ratifier les préliminaires du comte de Saint-Julien, mais que ce monarque désirait la paix; que l'Angleterre la désirait également, comme le constatait la lettre de lord Minto, ministre anglais à Vienne, au baron de Thugut. Ce lord disait que l'Angleterre était prête à envoyer un plénipotentiaire pour traiter, conjointement avec le ministre autrichien, de la paix définitive entre ces deux puissances et la France.

Napoléon consent à traiter avec l'Angleterre sous la condition préalable d'un armistice naval.

Dans une telle circonstance, ce que la République avait de mieux à faire, c'était de recommencer les hostilités. Cependant le Premier Consul ne voulut négliger aucune des chances qui pouvaient rétablir la paix avec l'Autriche et l'Angleterre; et, pour parvenir à ce but, il consentit : 1° à oublier l'affront que venait de faire à la République le cabinet de Vienne, en désavouant les préliminaires qui avaient été signés par le comte de Saint-Julien; 2° à admettre des plénipotentiaires anglais et autrichiens au congrès; 3° à prolonger l'armistice existant entre la France et l'Allemagne, pourvu que, de son côté, l'Angleterre consentît à un armistice naval, puisqu'il n'était pas juste que la France traitât avec deux puissances alliées, étant en armistice avec l'une et en guerre avec l'autre.

II

Un courrier fut expédié à M. Otto, qui résidait à Londres comme commissaire français, chargé de l'échange des prisonniers. Le 24 août il adressa une note à lord Grenville, en lui faisant connaître que lord Minto ayant déclaré l'intention où était le gouvernement anglais de participer aux négociations qui allaient s'ouvrir avec l'Autriche pour le rétablissement de la paix définitive entre l'Autriche et la France, le Premier Consul consentait à admettre le ministre anglais aux négociations; mais que l'œuvre de la paix en devenait plus difficile; que, les intérêts à traiter étant plus compliqués et plus nombreux, les négociations en éprouveraient nécessairement des longueurs, et qu'il n'était pas conforme aux intérêts de la République que l'armistice conclu à Marengo et celui conclu à Parsdorf continuassent plus longtemps, à moins que, par compensation, on n'établît aussi un armistice naval.

Instructions envoyées en conséquence à M. Otto, à Londres.

Les dépêches de lord Minto n'étaient pas encore arrivées à Londres; lord Grenville, fort étonné de la note qu'il recevait, envoya le chef du *Transport-office* prier M. Otto de remettre les pièces qui y avaient donné lieu, ce qu'il fit aussitôt; mais peu après le cabinet de Saint-James reçut son courrier de Vienne. Lord Grenville répondit à M. Otto que l'idée d'un armistice applicable aux opérations navales était neuve dans l'histoire des nations. Du reste, il déclara qu'il était prêt à envoyer un plénipotentiaire au lieu qui lui serait désigné pour la tenue du congrès; il fit connaître que ce plénipotentiaire serait

Le cabinet anglais élude la proposition d'armistice, mais accepte l'ouverture de négociations.

son frère Thomas Grenville, et demanda les passe-ports nécessaires pour qu'il pût se rendre en France. C'était éluder la question. M. Otto, le 30 août, réclama une réponse catégorique avant le 3 septembre, vu que le 10 les hostilités devaient recommencer en Allemagne et en Italie. Lord Grenville, le 4 septembre, fit demander un projet par écrit, attendu qu'il avait peine à comprendre ce qu'on entendait par un armistice applicable aux opérations navales. M. Otto envoya le projet du gouvernement français rédigé. Les principales dispositions étaient celles-ci : 1° les vaisseaux de guerre et de commerce des deux nations jouiront d'une libre navigation, sans être soumis à aucune espèce de visite; 2° les escadres qui bloquent les ports de Toulon, Brest, Rochefort et Cadix, rentreront dans leurs ports respectifs; 3° les places de Malte, Alexandrie et Belle-Île en mer seront assimilées aux places d'Ulm, Philipsbourg et Ingolstadt; en conséquence, tous les vaisseaux français et neutres pourront y entrer librement.

Le 7 septembre M. Grenville répondit que Sa Majesté Britannique admettait le principe d'un armistice applicable aux opérations navales, quoique cela fût contraire aux intérêts de l'Angleterre; que c'était un sacrifice que cette puissance voulait faire en faveur de la paix et de son alliée l'Autriche, mais qu'aucun des articles du projet français n'était admissible; et il proposa d'établir les négociations sur un contre-projet qu'il envoya. Ce contre-projet portait : 1° les hostilités cesseront sur mer; 2° on accordera aux places de Malte, Alexandrie, Belle-Île des vivres pour quatorze jours à la fois, et d'après le nombre d'hommes qu'elles ont pour garnison; 3° le blocus de Brest et des autres ports français ou alliés sera levé; mais aucun des vaisseaux de guerre qui y sont n'en pourra sortir pendant toute la durée de l'armistice, et les escadres anglaises resteront à la vue de ces ports.

Le commissaire français répondit, le 16 septembre, que son gouvernement offrait le choix à Sa Majesté Britannique que les négociations s'ouvrissent à Lunéville, que les plénipotentiaires anglais et autrichiens fussent admis à traiter ensemble, et que, pendant ce temps-là, la guerre eût lieu sur terre comme sur mer; ou bien qu'il y eût armistice sur terre et sur mer; ou enfin qu'il y eût armistice avec l'Autriche, et qu'on ne traitât à Lunéville qu'avec elle; qu'on traitât à Londres ou à Paris avec l'Angleterre, et que l'on continuât à se battre sur mer. Il observait que l'armistice naval devait offrir à la France des compensations pour ce qu'elle perdait par la prolongation de l'armistice sur le continent, pendant lequel l'Autriche réorganisait ses armées et son matériel, en même temps que l'impression des victoires de Marengo et de Mösskirch s'effaçait du moral de ses soldats; que, pendant cette prolongation, le royaume de Naples, qui était en proie à toutes les dissensions et à toutes les calamités, se réorganisait et levait une armée; qu'enfin c'était à la faveur de l'armistice que des levées d'hommes se faisaient en Toscane et dans la marche d'Ancône.

Autres propositions du gouvernement français, la prolongation de l'armistice sur le continent lui étant préjudiciable.

Le vainqueur n'avait accordé au vaincu tous ces avantages que sur sa promesse formelle de conclure sans délai une paix séparée. Ceux que la France pouvait trouver dans le principe d'un armistice naval ne pouvaient consister dans l'approvisionnement des ports de la République, qui certes ne manquait pas de moyens intérieurs de circulation, mais bien dans le rétablissement de ses communications avec l'Égypte, Malte et l'Île de France. M. Grenville fit demander, le 20 septembre, de nouvelles explications, et M. Otto lui fit savoir le lendemain

Il se borne à stipuler la faculté d'approvisionner Malte et l'Île de France, et d'expédier six frégates en Égypte.

que le Premier Consul consentait à modifier son premier projet; que les escadres françaises ou alliées ne pourraient changer de position pendant la durée de l'armistice; qu'il ne serait autorisé avec Malte que les communications nécessaires pour fournir à la fois pour quinze jours de vivres, à raison de 10,000 rations par jour; que, Alexandrie n'étant pas bloquée par terre et ayant des vivres en assez grande abondance pour pouvoir en envoyer même à l'Angleterre, la France aurait la faculté d'expédier six frégates, qui, partant de Toulon, se rendraient à Alexandrie, et en reviendraient sans être visitées, et ayant à bord un officier anglais parlementaire.

L'armée d'Égypte eût été ainsi renforcée.

C'étaient là les deux seuls avantages que la République pût retirer d'une suspension d'armes maritime. Ces six frégates armées en flûte auraient pu porter 3,600 hommes de renfort; on n'y eût mis que le nombre de matelots strictement nécessaire pour leur navigation; elles auraient même pu porter quelques milliers de fusils et une bonne quantité de munitions de guerre et d'objets nécessaires à l'armée d'Égypte.

Conférences qui aboutissent à la rupture des négociations.

La négociation ainsi engagée, lord Grenville crut devoir autoriser M. Ammon, sous-secrétaire d'état, à conférer avec M. Otto, afin de voir s'il n'y aurait pas quelque moyen de conciliation. M. Ammon vit M. Otto et lui proposa l'évacuation de l'Égypte par l'armée française, comme une conséquence du traité d'El-A'rych, conclu le 24 janvier, et rompu le 18 mars, au reçu de la décision du gouvernement britannique, qui s'était refusé à reconnaître cette convention. Une telle proposition ne demandait aucune réponse; M. Ammon n'insista pas. Les deux

Les Anglais ne consentent pas à l'envoi de frégates à Alexandrie.

commissaires, après quelques jours de discussion, se mirent d'accord sur toutes les difficultés, excepté sur l'envoi de six frégates françaises à Alexandrie. Le 25 septembre M. Otto déclara que cet envoi de six frégates était le *sine qua non*; et le 9 octobre M. Ammon lui écrivit pour lui annoncer la rupture des négociations.

III

Dans les pourparlers qui avaient eu lieu, on n'avait pas tardé à s'apercevoir que le cabinet anglais ne voulait que gagner du temps, et que jamais il ne consentirait à faire à la République française aucun sacrifice, ou à lui accorder aucun avantage qui pût l'indemniser des pertes que lui faisait éprouver la prolongation de l'armistice avec l'empereur d'Allemagne. Les généraux en chef des armées du Rhin et d'Italie avaient donc reçu l'ordre de dénoncer l'armistice le 1ᵉʳ septembre et de reprendre sur-le-champ les hostilités. Brune avait remplacé, au commandement de l'armée d'Italie, Masséna, qui ne pouvait s'entendre avec le gouvernement de la république Cisalpine. Le général Moreau, qui commandait l'armée du Rhin, avait son quartier général à Nymphenbourg, maison de plaisance de l'électeur de Bavière, auprès de Munich. Le 19 septembre il commença les hostilités. Cependant le comte de Lehrbach, arrivé sur l'Inn, sollicitait vivement la continuation de l'armistice; il promettait que son maître allait sincèrement entamer des négociations pour la paix; et, comme garantie de la sincérité de ses dispositions, il consentait à remettre les trois places d'Ulm, Philipsbourg et Ingolstadt. En conséquence de ces propositions, une convention signée à Hohenlinden, le 20 septembre, prolongea l'armistice de quarante jours.

La mauvaise foi de la cour de Vienne était évidente; elle ne voulait que gagner la saison pluvieuse, afin d'avoir ensuite tout l'hiver pour rétablir ses armées. Mais la possession par l'armée française de ces trois places était regardée comme de la plus haute importance; elles assuraient cette armée en Allemagne, en lui donnant des points d'appui. D'ailleurs, si l'Autriche employait le temps de l'armistice à recruter et à rétablir ses armées, la France, de son côté, mettrait tout en œuvre pour lever de nouvelles armées; et les nombreuses populations de la Hollande, de la France et de l'Italie, permettraient de faire des efforts plus considérables que ceux que pouvait faire la Maison d'Autriche. Pendant ces quarante-cinq jours de trêve, l'armée d'Italie gagnerait la soumission de Rome, de Naples et de la Toscane, qui, n'étant pas comprises dans l'armistice, se trouvaient abandonnées à leur propres forces. La soumission de ces pays, qui pouvaient inquiéter les derrières et les flancs de l'armée, était également utile.

Le ministre Thugut, qui dirigeait le cabinet de Vienne, était sous l'influence anglaise. On lui reprochait des fautes politiques et des fautes militaires, qui avaient compromis et compromettaient encore l'existence de la monarchie. Sa politique avait mis obstacle au retour du pape, du grand-duc de Toscane et du roi de Sardaigne dans leurs états; ce qui avait achevé d'indisposer le czar. Ce ministre avait conclu avec le cabinet de Saint-James un traité de subsides, au moment où il était facile de prévoir que la Maison d'Autriche serait contrainte à faire une paix séparée. On attribuait à ses plans les désastres de la campagne, on le blâmait d'avoir fait de l'armée d'Italie l'armée principale; c'était sur le Rhin, disait-on, qu'il eût dû réunir les grandes forces de la monarchie. Il avait cherché en cela à complaire à l'Angleterre, qui voulait incendier Toulon, et par là faire tomber l'expédition d'Égypte; enfin, il venait de compromettre la majesté de son souverain, en le faisant aller à ses armées sur l'Inn, pour y donner lui-même l'ordre déshonorant de livrer les trois boulevards de l'Allemagne. Thugut fut renvoyé du ministère. Le comte de Cobenzl, le négociateur de Campo-Formio, fut élevé à la dignité de vice-chancelier d'État, qui, à Vienne, équivaut à celle de premier ministre. Tout ce qui pouvait faire espérer le rétablissement de la paix était fort populaire à Vienne et sanctionné par l'opinion publique.

Disgrâce de Thugut; il est remplacé par le comte de Cobenzl.

Le comte de Cobenzl s'annonçait comme l'homme de la paix, le partisan de la France; il se prévalait hautement de son titre de négociateur de Campo-Formio et de la confiance dont l'honorait le Premier Consul; c'est à cette même confiance qu'il devait le poste important qu'il occupait : l'état de 1756 allait renaître; ce temps de gloire, où Marie-Thérèse traîna la France après son char, est une des époques les plus brillantes de la monarchie autrichienne. Le comte de Cobenzl informa le cabinet des Tuileries que le comte de Lherbach allait se rendre à Lunéville. Peu après il fit connaître qu'il ne voulait s'en rapporter à personne pour une mission aussi importante, et partit de Vienne avec une nombreuse légation; mais il voyagea lentement. Arrivé à Lunéville, il saisit le prétexte que le plénipotentiaire français n'y était pas encore pour venir à Paris payer ses respects au premier magistrat de la République. Tout lui était bon pour gagner du temps. Il fut présenté aux Tuileries et traité de la manière la plus distinguée. Mais, interpellé le lendemain, par le ministre des affaires étrangères, de montrer ses pouvoirs, il balbutia. Il fut dès lors évident qu'il avait voulu amuser le cabinet français, et que sa cour, malgré le changement de ministère, persistait dans le même système. Le Premier Consul avait nommé Joseph Bonaparte plénipotentiaire

Cobenzl s'annonce comme un partisan de la France.

Il se rend à Paris et cherche à gagner du temps.

Napoléon ordonne que les négociations s'ouvrent sans délai.

au congrès de Lunéville, le comte de Laforest son secrétaire de légation, et le général Clarke commandant de Lunéville et du département de la Meurthe. Il exigea que les négociations s'ouvrissent sans délai. Les plénipotentiaires se rendirent à Lunéville, et le 6 novembre les pouvoirs furent échangés. Ceux du comte de Cobenzl étaient simples; ils furent admis.

Cobenzl oppose un échappement dilatoire.

Mais, à l'ouverture du protocole, ce ministre déclara qu'il ne pouvait traiter sans le concours du ministre anglais. Or un ministre anglais ne pouvait être reçu au congrès qu'autant qu'il adhérerait au principe de l'application de l'armistice aux opérations navales. Quelques courriers furent échangés entre Paris et Vienne; et aussitôt que la mauvaise foi du cabinet autrichien fut bien reconnue, les généraux en chef des armées de la République reçurent l'ordre de dénoncer l'armistice et de commencer aussitôt les hostilités; ce qui eut lieu le 17 novembre à l'armée d'Italie, et le 27 à celle du Rhin. Cependant les négociateurs continuèrent à se voir, signèrent tous les jours un protocole, et se donnèrent réciproquement des fêtes.

Napoléon fait recommencer les hostilités en Allemagne et en Italie.

IV

Politique de l'Autriche à l'égard du pape; elle le tient sous son influence.

L'évêque d'Imola, cardinal Chiaramonti, avait été placé par le sacré collège sur le siége de saint Pierre, à Venise, le 18 mars 1800. Mais la Maison d'Autriche, qui était alors maîtresse de toute l'Italie, avait suivi, à l'égard du pape, la même politique qu'envers le roi de Piémont; elle s'était constamment refusée à le remettre en possession de la ville de Rome, satisfaite de le tenir à Venise, sous son influence immédiate. Ce ne fut qu'après Marengo que le baron de Thugut, voyant qu'il perdait son influence en Italie, se hâta de diriger le pape sur Rome; mais Ancône, la Romagne, étaient restées au pouvoir de l'Autriche, qui y avait un corps de troupes.

L'armée de 20,000 Anglais, formée dans l'île de Mahon pour seconder les opérations de Melas en 1800, était enfin réunie dans cette île; mais les victoires des Français avaient déjoué ce plan. La convention de Marengo, par laquelle Gênes fut remise aux Français, laissait dans une inaction absolue cette armée anglaise. Le traité qui unissait l'Angleterre et l'Autriche, et par lequel ces deux puissances étaient convenues de ne faire la paix avec la France que conjointement, maintenait leur état d'alliance. L'Autriche demanda donc le secours de l'armée de Mahon pour son armée d'Italie; et il fut convenu qu'elle débarquerait en Toscane et occuperait Livourne; ce qui obligerait les Français à une diversion considérable. Dans la convention de Marengo il n'avait pas été question de la Toscane, mais il avait été stipulé que les Autrichiens conserveraient Ferrare et sa citadelle. L'autorité du grand-duc avait été rétablie dans ce pays, et le général autrichien Sommariva y commandait une division autrichienne et toutes les troupes toscanes.

Les deux mois d'août et de septembre, en entier, furent employés à former l'armée toscane, ainsi que celle du pape. Des officiers autrichiens commandaient les différents bataillons, les Anglais accordaient des subsides, et une partie des émigrés qui étaient dans le corps anglais destiné à agir contre la Provence, et à la tête desquels était Willot, furent placés dans l'armée toscane. L'état d'armistice où se trouvaient les armées françaises et autrichiennes, pendant le courant de juillet, août et septembre, ne permit pas aux Anglais d'opérer leur débarquement en Toscane, puisque cela serait devenu une cause certaine de rupture, et qu'on aurait alors cessé d'espérer la

L'Autriche demande le secours de l'armée anglaise réunie à Mahon, afin de continuer la guerre.

Cette armée est destinée à faire une diversion en Toscane.

L'Autriche emploie la durée de l'armistice à se préparer à la guerre.

paix. D'ailleurs, l'empereur avait grand intérêt à prolonger le plus possible la durée de l'armistice, pendant lequel ses armées se réorganisaient et perdaient le souvenir de leurs défaites en Italie et en Allemagne.

<small>La concentration de l'armée d'Italie sur le Pô amène un soulèvement de la Romagne et de la Toscane contre les Français.</small>

Le 7 septembre, Brune annonça la reprise des hostilités, et le 11 il porta son quartier général à Crémone; mais la suspension d'armes de Hohenlinden, du 20 septembre, s'étant étendue en Italie, le général Brune signa de son côté, le 29, l'armistice de Castiglione. Cependant la concentration de toute l'armée d'Italie sur la rive gauche du Pô avait nécessité le rappel sur Bologne de la division du général Pino, qui occupait la ligne du Rubicon. Dans cet état de choses, les troupes du pape, celles de Toscane, et les insurgés du Ferrarais, se répandirent dans la Romagne et établirent la communication entre Ferrare et la Toscane. Le général Dupont, instruit de cette invasion, repassa le Pô; les insurgés furent attaqués en Romagne, battus dans diverses directions par les généraux Pino et Ferrand, et poursuivis jusqu'auprès de Ferrare, d'Arezzo et des débouchés des Apennins. Les gardes nationales de Ravenne et des autres villes principales secondèrent les mouvements des troupes françaises et cisalpines.

<small>Les insurgés de la Romagne sont battus.</small>

<small>Expédition contre les levées en masse de la Toscane, protégées par l'Autriche.</small>

Cependant les insurgés se maintenaient toujours en Toscane. Cet état de choses dura jusqu'en octobre, où, persuadé que la cour de Vienne ne voulait pas sincèrement la paix, et voyant qu'il n'y avait plus rien à espérer pour une suspension d'armes navale, Brune somma le général Sommariva de faire désarmer la levée en masse de Toscane. Sur son refus, le 10 octobre, le général Dupont entra dans ce pays; le 15 il occupa Florence, et le 16 le général Clément entra à Livourne. Le général Monnier ne put réussir, le 18, à s'emparer d'Arezzo, foyer de l'insurrection; mais le lendemain, après une vive résistance, cette ville fut enlevée d'assaut. Presque tous les insurgés qui la défendaient furent passés au fil de l'épée. Le général Sommariva et les troupes autrichiennes se retirèrent sur Ancône. La levée en masse fut désarmée et dissoute, la Toscane entièrement conquise et soumise, et les marchandises anglaises confisquées partout où l'on en trouva. Dans cette expédition, de grandes dilapidations furent commises et donnèrent lieu à de vives réclamations.

Prise d'Arezzo et soumission de la Toscane.

Les otages toscans, qui étaient depuis un an en France, furent renvoyés dans leur patrie. Ils avaient été très-bien traités, et ne portèrent en Toscane que des sentiments favorables aux Français.

Cependant la cour de Naples continuait à réorganiser son armée; et dans le mois de novembre elle put envoyer, sous les ordres de M. Roger de Damas, une division de 8 à 10,000 hommes pour couvrir Rome conjointement avec le corps autrichien du général Sommariva. La plus grande anarchie régnait dans les états du pape; ils étaient livrés à toute espèce de désordres.

La cour de Naples s'allie avec l'Autriche.

V

Depuis cinq mois que la suspension d'armes existait, l'Autriche avait reçu de l'Angleterre 60 millions qu'elle avait bien employés. Elle comptait en ligne 280,000 hommes présents sous les armes, y compris les contingents de l'empire, du roi de Naples et de l'armée anglaise, savoir: 130,000 hommes en Allemagne, sous les ordres de l'archiduc Jean; l'insurrection mayençaise, le corps d'Albini et la division Simbschen, 20,000 hommes sur le Mein; les corps sur le Danube et l'Inn,

État des forces de l'Autriche en Italie et en Allemagne.

80,000 hommes; celui du prince de Reuss, dans le Tyrol, 20,000 hommes. 120,000 hommes étaient en Italie, sous les ordres du feld-maréchal Bellegarde, savoir : le corps de Davidowich, dans le Tyrol italien, 20,000; le corps cantonné derrière le Mincio, 70,000; dans Ancône et la Toscane, 10,000; les troupes napolitaines, l'insurrection Toscane, etc. 20,000. Une armée anglaise de 30,000 hommes, sous les ordres des généraux Abercromby et Pulteney, était dans la Méditerranée, embarquée sur des transports et prête à se porter partout.

<small>Total des troupes mises sur pied par la France.</small>

La France avait en ligne 175,000 hommes en Allemagne, savoir : l'armée gallo-batave, commandée par le général Augereau, 20,000 hommes; la grande armée d'Allemagne, commandée par le général Moreau, 140,000 hommes; l'armée des Grisons, commandée par le général Macdonald, 15,000. En Italie, elle avait 90,000 hommes sous le général Brune, et le corps d'observation du Midi, sous le général Murat, 10,000. L'effectif des armées de la République s'élevait à 500,000 hommes; mais 40,000 se trouvaient en Orient, à Malte et aux colonies, 45,000 étaient gendarmes, vétérans ou gardes-côtes, et l'on comptait 140,000 hommes en Hollande, sur les côtes, dans les garnisons de l'intérieur, aux dépôts ou aux hôpitaux.

<small>L'Autriche, déconcertée par la reprise des hostilités, se tient sur la défensive en Italie et prend l'offensive en Allemagne.</small>

La cour de Vienne fut consternée lorsqu'elle apprit que les généraux français avaient dénoncé les hostilités. Elle se flattait qu'ils ne voudraient pas entreprendre une campagne d'hiver dans un climat aussi âpre que celui de la haute Autriche. Le conseil aulique décida que l'armée d'Italie resterait sur la défensive, derrière le Mincio, la gauche appuyée à Mantoue, la droite à Peschiera; que l'armée d'Allemagne prendrait l'offensive et chasserait les Français au delà du Lech.

Le Premier Consul était résolu de marcher sur Vienne.

malgré la rigueur de la saison. Il voulait profiter des brouilleries qui s'étaient élevées entre la Russie et l'Angleterre ; le caractère inconstant de l'empereur Paul lui faisait craindre un changement pour la campagne prochaine. L'armée du Rhin, sous les ordres du général Moreau, était destinée à passer l'Inn et à marcher sur Vienne par la vallée du Danube. L'armée gallo-batave, commandée par le général Augereau, devait agir sur le Mein et la Reidnitz, tant pour combattre les insurgés de Westphalie conduits par le baron d'Albini, que pour servir de réserve dans tous les cas imprévus, donner de l'inquiétude à l'Autriche sur la Bohême, dans le temps que l'armée du Rhin passerait l'Inn, et assurer les derrières de la gauche de cette dernière armée. Elle était composée de toutes les troupes qu'on avait pu tirer de la Hollande, que la saison mettait à l'abri de toute invasion.

Napoléon veut profiter de la neutralité de la Russie et marcher sur Vienne; son plan d'opération en Allemagne.

C'était pour n'avoir pas ajouté foi à la force de l'armée de réserve que la Maison d'Autriche avait perdu l'Italie à Marengo : une nouvelle armée ayant des états-majors pour six divisions, quoique seulement de 15,000 hommes, fut réunie en juillet à Dijon, sous le nom d'armée de réserve. Le général Brune en eut le commandement. Plus tard, il passa au commandement de l'armée d'Italie et fut remplacé par le général Macdonald, qui, sur la fin d'août, se mit en marche, traversa la Suisse et se porta, avec l'armée de réserve, dans les Grisons, occupant le Vorarlberg par sa droite et l'Engadine par sa gauche. Tous les regards de l'Europe furent dirigés sur cette armée; on la crut destinée à porter quelque coup de Jarnac comme la première armée de réserve. On la supposa forte de 50,000 hommes; elle tint en échec deux corps d'armée autrichiens de 40,000 hommes.

Une petite armée de réserve réunie à Dijon excite l'inquiétude de l'Autriche.

Marche prescrite à l'armée d'Italie.

L'armée d'Italie, sous les ordres du général Brune, qui, ainsi qu'on l'a vu, avait remplacé dans le commandement le général Masséna, devait passer le Mincio et l'Adige et se porter sur les Alpes Noriques. Le corps d'armée commandé par le général Murat, qui avait d'abord porté le nom de *corps de grenadiers et éclaireurs*, ensuite de *troupes du camp d'Amiens*, de *grande armée de réserve*, prit enfin celui de *corps d'observation du Midi*. Il était destiné à servir de réserve à l'armée d'Italie et à flanquer sa droite.

Ensemble des armées françaises; leur excellente situation.

Deux grandes armées et deux petites allaient ainsi se diriger sur Vienne, formant un ensemble de 250,000 combattants présents sous les armes; une cinquième était en réserve, en Italie, pour s'opposer aux insurgés et aux Napolitains. Les troupes françaises étaient bien habillées, bien armées, munies d'une nombreuse artillerie, et dans la plus grande abondance. Jamais la République n'avait eu un état militaire aussi réellement redoutable: il avait été plus nombreux en 1793; mais alors la plupart des troupes étaient des recrues mal habillées, non aguerries, et une partie était employée dans la Vendée et dans l'intérieur.

VI

Armée gallo-batave sous les ordres d'Augereau.

L'armée gallo-batave était sous les ordres du général Augereau, qui avait le général Andréossy pour chef d'état-major. Le général Trelliard commandait la cavalerie, le général Macors l'artillerie. Cette armée était forte de deux divisions françaises, Barbou et Duhesme, et de la division hollandaise, Dumonceau: en tout 20,000 hommes. A la fin de novembre, le quartier général était à Francfort.

L'armée mayençaise, commandée par le baron d'Albini, était composée : 1° d'une division de 10,000 insurgés des états de l'électeur de Mayence et de l'évêché de Würtzbourg, troupes qui augmentaient ou diminuaient selon les circonstances et l'esprit public de ces contrées ; 2° d'une division autrichienne de 10,000 hommes, sous les ordres du général Simbschen. L'armée gallo-batave avait donc 20,000 hommes, mais 20,000 hommes de mauvaises troupes, devant elle. Son général dénonça, le 2 novembre, les hostilités pour le 24. Le baron d'Albini, qui était à Aschaffenbourg, voulut essayer, avant de se retirer, de surprendre le corps qui lui était opposé. Il passa le pont à deux heures du matin, mais, après un moment de succès, il fut repoussé. Le quartier général français arriva à Aschaffenbourg le 25 ; Albini se retira sur Fulda, Simbschen sur Schweinfurt ; la division Dumonceau entra dans Würtzbourg le 28, et cerna la garnison, qui se renferma dans la citadelle. L'armée de Simbschen, réduite à 13,000 hommes, prit une belle position à Burg-Ebrach pour couvrir Bamberg. Le 3 décembre Augereau se porta à sa rencontre. Le général Duhesme attaqua avec cette intrépidité dont il a donné tant de preuves, et, après une assez vive résistance, l'ennemi opéra sa retraite sur Forchheim. Le baron d'Albini resta sur la rive droite du Mein, entre Schweinfurt et Bamberg, afin d'agir en partisan. Le lendemain l'armée gallo-batave prit possession de Bamberg, passa la Reidnitz, et poussa des partis sur Ingolstadt, pour se mettre en communication avec les flanqueurs de la grande armée. Ce même jour, 3 décembre, l'armée du Rhin était victorieuse à Hohenlinden. Le général Klenau, avec une division de 10.000 hommes, qui n'avait pas donné à la bataille, fut envoyé sur le Danube pour couvrir la Bohême ; il

Ses opérations contre l'armée mayençaise commandée par le baron d'Albini.

se joignit, à Bamberg, au corps de Simbschen, et avec 20,000 hommes il marcha contre l'armée française pour la rejeter derrière la Reidnitz. Il attaqua la division Barbou dans le temps que Simbschen attaquait celle de Duhesme; le combat fut vif. Toute la journée du 18 décembre, les troupes françaises suppléèrent au nombre par leur intrépidité, et rendirent vaines toutes les tentatives de l'ennemi; elles se maintinrent, sur la rive droite de la Reidnitz, en possession de Nuremberg. Mais le 21, Klenau ayant continué son mouvement, le général Augereau repassa sans combat la Reidnitz. Sur ces entrefaites, le corps de Klenau ayant été rappelé en Bohême, l'armée gallo-batave rentra dans Nuremberg et reprit ses anciennes positions, où elle reçut la nouvelle de l'armistice de Steyer.

Elle occupe le pays situé entre le Rhin et la Bohême, et fait diversion en faveur de l'armée du Rhin.

Ainsi, avec 20,000 hommes, dont 8,000 Hollandais, le général Augereau occupa tout le pays entre le Rhin et la Bohême, et désarma l'insurrection mayençaise. Il contint, indépendamment du corps du général Simbschen, la division Klenau; ce qui affaiblit de 30,000 hommes l'armée de l'archiduc Jean, qui l'était aussi sur sa gauche de 20,000 hommes détachés dans le Tyrol, sous les ordres du général Hiller, pour s'opposer à l'armée des Grisons. Ce furent donc 50,000 hommes de moins que la grande armée française eut à combattre; au lieu de 130,000 hommes, l'archiduc Jean n'en opposa à Moreau que 80,000.

VII

Composition et force de l'armée du Rhin.

La grande armée du Rhin était divisée en quatre corps, chacun de trois divisions d'infanterie et d'une brigade de cavalerie; la grosse cavalerie formait une réserve. Le général Lecourbe commandait la droite, composée des divisions Montrichard, Gudin, Molitor; le général en chef commandait en personne la réserve, formée des divisions Grandjean (depuis Grouchy), Decaen, Richepance; le général Grenier commandait le centre, formé des divisions Ney, Legrand, Hardy (depuis Bastoul, depuis Bonet); le général Sainte-Suzanne commandait la gauche, formée des divisions Souham, Colaud, Delaborde; le général d'Hautpoul commandait toute la cavalerie, le général Eblé l'artillerie. L'effectif était de 150,000 hommes, y compris les garnisons et les hommes aux hôpitaux; 140,000 étaient disponibles et présents sous les armes. L'armée française était donc d'un tiers plus nombreuse que l'armée ennemie; elle était en outre fort supérieure par le moral et la qualité des troupes.

Les hostilités commencèrent le 28 novembre; l'armée marcha sur l'Inn. Le général Lecourbe laissa la division Molitor aux débouchés du Tyrol et se porta sur Rosenheim avec deux divisions. Les trois divisions de la réserve se dirigèrent par Ebersberg, savoir : le général Decaen sur Roth, le général Richepance sur Wasserbourg, le général Grandjean en réserve sur la chaussée de Mühldorf. Les trois divisions du centre marchèrent : celle de Ney en rasant la chaussée de Mühldorf, celle de Hardy en réserve, et celle de Legrand par la vallée de l'Isen. Le colonel Durosnel, avec un corps de flanqueurs fort de deux bataillons d'infanterie et de quelques escadrons, prit position à Vilsbibourg, en avant de Landshut; les trois divisions de la gauche, sous le lieutenant général Sainte-Suzanne, se concentrèrent entre l'Altmühl et le Danube. Moreau s'avançait ainsi sur l'Inn avec huit divisions en six colonnes, et laissant

Premières opérations : marche de l'armée française sur l'Inn ; quatre divisions sont laissées en observation

ses quatre autres divisions pour observer ses flancs, le Tyrol et le Danube.

L'armée prend position sur la rive gauche de l'Inn; étendue de la ligne qu'elle occupe.

Le 28 novembre, tous les avant-postes de l'ennemi furent reployés; Lecourbe entra à Rosenheim. Richepance rejeta sur la rive droite de l'Inn ou dans Wasserbourg tout ce qu'il rencontra; mais il échoua dans sa tentative pour enlever cette tête de pont. La division Legrand déposta, de Dorfen au débouché de l'Isen, une avant-garde de l'archiduc. Le lieutenant général Grenier prit position sur les hauteurs d'Ampfing. Ney à la droite, Hardy au centre, Legrand à la gauche, un peu en arrière; le camp avait 3,000 toises. Ces huit divisions de l'armée française garnissaient, sur la rive gauche de l'Inn, une étendue de 15 lieues, depuis Rosenheim jusqu'auprès de Mühldorf. Ampfing est à 15 lieues de Munich, dont l'Inn s'approche à 10 lieues. La gauche de l'armée française se trouvait donc prêter le flanc au fleuve pendant l'espace de 5 lieues. Il était bien délicat et fort dangereux d'en aborder ainsi le passage.

Dispositions faites par l'archiduc Jean, commandant l'armée autrichienne.

L'archiduc Jean avait porté son quartier général à Oetting: il avait chargé le corps de Condé, renforcé de quelques bataillons autrichiens, de défendre la rive droite depuis Rosenheim jusqu'à Kufstein, et de maintenir ses communications avec le général Hiller, qui était dans le Tyrol avec un corps de 20,000 hommes. Il avait placé le général Klenau avec 10,000 hommes à Ratisbonne, afin de soutenir l'armée mayençaise, insuffisante pour s'opposer à la marche d'Augereau. Son projet était, avec le reste de son armée (80,000 hommes), de déboucher par Wasserbourg, Kraybourg, Mühldorf, Oetting et Braunau, qui avaient de bonnes têtes de pont; de prendre l'offensive et d'attaquer l'armée française. Il passa l'Inn, fit un quart de conversion à droite sur la tête de pont de Mühldorf et se plaça en bataille, la gauche à Mühldorf, la droite à Landshut sur l'Iser. Le général Kienmayer, avec ses flanqueurs de droite, attaqua le colonel Durosnel, qui se retira derrière l'Iser. Le quartier général autrichien fut successivement porté à Eggenfelden et à Neumarkt, sur la Rott, à mi-chemin de Mühldorf à Landshut. L'armée de l'archiduc occupa, par ce mouvement, une ligne perpendiculaire sur l'extrême gauche de l'armée française; son extrême droite se trouva à Landshut, à 12 lieues de Munich, plus près de 3 lieues que la gauche française, qui en était à 15 lieues. C'était par sa droite qu'il voulait manœuvrer, débouchant par les vallées de l'Isen, de la Rott et de l'Iser.

Le 1er décembre, à la pointe du jour, l'archiduc déploya 60,000 hommes devant les hauteurs d'Ampfing et attaqua de front le lieutenant général Grenier, qui n'avait que 25,000 hommes, dans le temps qu'une autre de ses colonnes, débouchant par le pont de Kraybourg, se porta sur les hauteurs d'Aschau, en arrière et sur le flanc droit de Grenier. Le général Ney, d'abord forcé de céder au nombre, se reforma, remarcha en avant et enfonça huit bataillons; mais l'ennemi, continuant à déployer ses grandes forces et débouchant par la vallée de l'Isen, le lieutenant général Grenier fut contraint à la retraite. La division Grandjean, de la réserve, s'avança pour le soutenir. Grenier prit position à la nuit sur les hauteurs de Haag. L'alarme fut grande dans l'armée française. Le général en chef fut déconcerté : il était pris en flagrant délit; l'ennemi attaquait avec une forte masse ses divisions séparées et éparpillées. Le général Legrand, après avoir soutenu un combat très-vif dans la vallée de l'Isen, avait évacué Dorfen.

Il déconcerte Moreau par une attaque en masse sur la gauche de l'armée française.

Cette manœuvre de l'armée autrichienne était fort belle, et ce premier succès lui en promettait de bien importants. Mais l'archiduc ne sut pas tirer parti des circonstances; il n'attaqua pas avec vigueur le corps de Grenier, qui ne perdit que quelques centaines de prisonniers et deux pièces de canon. Le lendemain, 2 décembre, il ne fit que de petits mouvements, ne dépassa pas Haag, et donna le temps à l'armée française de se rallier et de revenir de son étonnement. Il paya cher cette faute, qui fut la première cause de la catastrophe du lendemain.

Moreau, ayant eu la journée du 2 pour se reconnaître, espéra avoir le temps de réunir son armée. Il envoya l'ordre à Sainte-Suzanne, qu'il avait mal à propos laissé sur le Danube, de se porter avec ses trois divisions sur Freising; elles ne pouvaient y être arrivées que le 5; à Lecourbe, de marcher toute la journée du 3 pour s'approcher sur la droite et prendre, à Ebersberg, les positions qu'occupait Richepance, afin de masquer le débouché de Wasserbourg; il ne pouvait y arriver que dans la journée du 4; à Richepance et à Decaen, de se porter au débouché de la forêt de Hohenlinden, au village de Mattenbett; ils devaient opérer ce mouvement dans la nuit pour y prévenir l'ennemi; le premier n'avait que 2 lieues à faire, le deuxième que 4. Le corps de Grenier prit position sur la gauche de Hohenlinden; la division Ney appuya sa droite à la chaussée, la division Hardy au centre, la division Legrand observa Langdorf et les débouchés de l'Isen; la division Grandjean, dont le général Grouchy avait pris le commandement, coupa la chaussée, appuyant la gauche à Hohenlinden et refusant la droite le long de la lisière du bois. Par ces dispositions, le général Moreau devait avoir, le 4, huit divisions en

Marginalia:
— L'archiduc Jean ne tire pas tout le parti possible de cette belle manœuvre.
— Moreau envoie à ses divisions disséminées l'ordre de se réunir à Hohenlinden.

ligne; le 5, il en aurait eu dix. Mais l'archiduc Jean, qui avait déjà commis cette grande faute de perdre la journée du 2, ne commit pas celle de perdre la journée du 3 : à la pointe du jour, il se mit en mouvement, et les dispositions du général français pour réunir son armée devinrent inutiles. Ni le corps de Lecourbe ni celui de Sainte-Suzanne ne purent assister à la bataille; la division Richepance et celle de Decaen combattirent désunies; elles arrivèrent trop tard, le 3, pour défendre l'entrée de la forêt de Hohenlinden.

L'archiduc attaque avant que cette concentration ait eu le temps de se faire.

L'armée autrichienne marcha au combat sur trois colonnes : la colonne de gauche, de 10,000 hommes, entre l'Inn et la chaussée de Munich, se dirigeant sur Albaching et Saint-Christophe; celle du centre, forte de 40,000 hommes, suivit la chaussée de Mühldorf à Munich, par Haag, vers Hohenlinden; le grand parc, les équipages, les embarras, suivirent cette route, la seule qui fût ferrée; la colonne de droite, forte de 25,000 hommes, commandée par le général Latour, devait marcher sur Burgrain; Kienmayer, qui, avec ses flanqueurs de droite, faisait partie de ce corps, devait se porter de Dorfen sur Schwaben, tourner tous les défilés et être en mesure de déboucher dans la plaine d'Anzing, où l'archiduc comptait camper le soir, et attendre le corps de Klenau, qui s'y rendait en remontant la rive droite de l'Iser.

Ordre de combat de l'armée autrichienne.

Les chemins étaient défoncés, comme ils le sont au mois de décembre; les colonnes de droite et de gauche cheminaient par des routes de traverse impraticables: la neige tombait à gros flocons. La colonne du centre, suivie par les parcs et les bagages, marchait sur la chaussée; elle devança bientôt les deux autres; sa tête pénétra sans obstacle dans la forêt. Richepance, qui la devait défendre à Mattenbett, n'était pas arrivé;

Bataille de Hohenlinden.

mais elle fut arrêtée au village de Hohenlinden, où s'appuyait la gauche de Ney et où était la division Grouchy. La ligne française, qui se croyait couverte, fut d'abord surprise; plusieurs bataillons furent rompus; il y eut du désordre. Ney accourut: le terrible pas de charge porta la mort et l'effroi dans une tête de colonne de grenadiers autrichiens; le général Spanocchi fut fait prisonnier. Dans ce moment, l'avant-garde de la droite autrichienne déboucha des hauteurs de Burgrain; Ney fut obligé d'accourir sur sa gauche pour y faire face: il eût été insuffisant, si le corps de Latour eût appuyé l'avant-garde: mais il en était éloigné de 2 lieues. Cependant les divisions Richepance et Decaen, qui auraient dû arriver avant le jour au débouché de la forêt, au village de Mattenbett, engagées, au milieu de la nuit, dans des chemins horribles et par un temps affreux, errèrent sur la lisière de la forêt une partie de la nuit. Richepance, qui marchait en tête, n'arriva qu'à sept heures du matin à Saint-Christophe, encore à 2 lieues de Mattenbett. Convaincu de l'importance du mouvement qu'il opérait, il activa sa marche avec sa première brigade, laissant fort en arrière la deuxième. Lorsque la colonne autrichienne de gauche atteignit le village de Saint-Christophe, elle le coupa de cette deuxième brigade: le général Drouet, qui la commandait, se déploya.

La position de Richepance devenait affreuse; il était à mi-chemin de Saint-Christophe à Mattenbett; il se décida à continuer son mouvement, afin d'occuper le débouché de la forêt, si l'ennemi n'y était pas encore, ou de retarder sa marche et de concourir à l'attaque générale, en se jetant sur son flanc, si déjà, comme tout semblait l'annoncer, l'archiduc avait pénétré dans la forêt. Arrivé au village de Mattenbett avec la 8e, la 48ᵉ de ligne et le 1ᵉʳ de chasseurs, il se trouva sur les derrières des parcs et de toute l'artillerie ennemie, qui avaient défilé. Il traversa le village, et se mit en bataille sur les hauteurs. Huit escadrons de cavalerie ennemie, qui formaient l'arrière-garde, se déployèrent : la canonnade s'engagea ; le 1ᵉʳ de chasseurs chargea et fut ramené. La situation du général Richepance était toujours très-critique ; il ne tarda pas à être instruit qu'il ne devait pas compter sur Drouet, qui était arrêté par des forces considérables, et n'avait aucune nouvelle de Decaen. Dans cette horrible position, il prit conseil de son désespoir : il laissa le général Walther avec la cavalerie pour contenir les cuirassiers ennemis, et, à la tête des 48ᵉ et 8ᵉ de ligne, il entra dans la forêt de Hohenlinden. Trois bataillons de grenadiers hongrois, qui composaient l'escorte des parcs, se formèrent : ils s'avancèrent à la baïonnette contre Richepance, qu'ils prenaient pour un partisan. La 48ᵉ les culbuta. Ce petit combat décida de toute la journée. Le désordre et l'alarme se mirent dans le convoi ; les charretiers coupèrent leurs traits et se sauvèrent, abandonnant quatre-vingt-sept pièces de canon et 300 voitures. Le désordre de la queue se communiqua à la tête. Ces colonnes, profondément entrées dans les défilés, se désorganisèrent ; elles étaient frappées des désastres de la campagne d'été, et d'ailleurs composées d'un grand nombre de recrues. Ney et Richepance se réunirent. L'archiduc Jean fit sa retraite en désordre et en toute hâte sur Haag, avec les débris de son corps.

Le général Decaen avait dégagé le général Drouet. Il avait contenu, avec une de ses brigades, la colonne de gauche de l'ennemi à Saint-Christophe, et s'était porté dans la forêt avec la seconde brigade, pour achever la déroute des bataillons

Combat à l'extrême gauche contre les divisions autrichiennes de Baillet-Latour et Kienmayer.

qui s'y étaient réfugiés. Il ne restait plus de l'armée autrichienne que la colonne de droite, commandée par le général Latour, qui fût entière; elle s'était réunie avec Kienmayer, qui avait débouché sur sa droite par la vallée de l'Isen, ignorant ce qui s'était passé au centre. Elle marcha contre le lieutenant général Grenier, qui avait dans la main les divisions Legrand et Bastoul et la cavalerie du général d'Hautpoul. Le combat fut fort opiniâtre: le général Legrand rejeta le corps de Kienmayer dans le défilé de Langdorf, sur l'Isen; le général Latour fut repoussé et perdit du canon; il se mit en retraite et abandonna le champ de bataille aussitôt qu'il fut instruit du désastre du principal corps de son armée. La gauche de l'armée autrichienne repassa l'Inn sur le pont de Wasserbourg, le centre sur les ponts de Kraybourg et de Mühldorf, la droite sur le pont d'Oetting. Le général Klenau, qui s'était mis en mouvement pour s'approcher de l'Inn, se reporta sur le Danube pour couvrir la Bohème, menacer et combattre l'armée gallo-batave. Le soir de la bataille, le quartier général de l'armée française fut porté à Haag.

<small>Une partie seulement de l'armée française prend part à la bataille.</small>

Dans cette journée, qui décida du sort de la campagne, six divisions françaises, la moitié de l'armée, combattirent seules contre presque toute l'armée autrichienne. Les forces se trouvèrent à peu près égales sur le champ de bataille, 70,000 hommes de chaque côté; mais il était impossible à l'archiduc Jean d'avoir plus de troupes réunies, et Moreau pouvait en avoir le double. La perte de l'armée française fut de 10,000 hommes tués, blessés ou prisonniers, soit au combat de Dorfen, soit à celui d'Ampfing, soit à la bataille. Celle de l'ennemi fut de 25,000 hommes, sans compter les déserteurs; 7,000 prisonniers, parmi lesquels 2 généraux, cent

<small>Pertes éprouvées par les deux armées.</small>

pièces de canon et une immense quantité de voitures, furent les trophées de cette journée.

VIII

Lecourbe, qui n'était pas arrivé à temps pour prendre part à la bataille, se reporta sur Rosenheim; il n'en était qu'à peu de lieues. Decaen marcha sur la tête de pont de Wasserbourg, qu'il bloqua étroitement; Grouchy resta en réserve à Haag; Richepance se porta à Rämmering, vis-à-vis du pont de Kraybourg; Grenier, avec ses trois divisions, passa l'Isen et se dirigea sur la Rott, à la poursuite de Latour et de Kienmayer, qui s'étaient retirés sur le bas Inn. Le général Kienmayer occupa les retranchements de Mühldorf, sur la gauche de l'Inn; le général Baillet-Latour s'établit derrière Wasserbourg et Riesch, sur la route de Rosenheim à Salzbourg.

Mouvements de l'armée après la bataille de Hohenlinden.

Le 9 décembre, six jours après la bataille, Lecourbe jeta un pont à 2 lieues au-dessus de Rosenheim, au village de Neubeuern, descendit la rive droite avec les divisions Montrichard et Gudin, se porta vis-à-vis de Rosenheim, où le corps de Condé, qui avait été complété à 12,000 hommes par des bataillons autrichiens, se trouvait en position en avant de Rohrdorf, appuyant la droite à l'Inn, vis-à-vis de Rosenheim, la gauche au lac de Chiemsee. La division Gudin manœuvra sur Endorf, pour tourner cette gauche; ce qui décida la retraite de ce corps derrière l'Alz. Les divisions Decaen et Grouchy, qui avaient passé l'Inn au pont qu'avait jeté Lecourbe, arrivèrent en ligne au milieu de la journée; Decaen prit la gauche de la ligne, Grouchy resta en réserve. Lecourbe continua à suivre l'ennemi par la route de Seebruck, Traunstein et Teisendorf; Grouchy

Passage de l'Inn et de la Salza.

suivit son mouvement. Richepance et Decaen marchèrent d'abord sur la grande route de Wasserbourg, et par un à-droite se portèrent sur Laufen, où ils passèrent la Salza le 14. Richepance avait jeté un pont de bateaux vis-à-vis de Rosenheim, et passé l'Inn dans la journée du 11. Grenier entra dans la tête de pont de Wasserbourg, que l'ennemi évacua, passa l'Inn et se dirigea sur Altenmarkt. Les parcs, la réserve de cavalerie, les deux divisions de la gauche passèrent sur le pont de Mühldorf, dans les journées des 10, 11 et 12; car, aussitôt que l'ennemi vit que la barrière de l'Inn était forcée, il en abandonna en toute hâte les rives, pour se concentrer entre l'Enns et Vienne.

Prise de Salzbourg; combats divers.

Le 13, Lecourbe se porta à Seebruck, passa l'Alz et s'avança aux portes de Salzbourg. Il rencontra vis-à-vis de Salzbourg l'arrière-garde ennemie, forte de 20,000 hommes, la plus grande partie cavalerie, l'attaqua et fut repoussé avec perte de 2,000 hommes, et obligé de se replier sur la rive gauche de la Saal. Les Autrichiens se disposaient à le suivre; mais le général Decaen ayant passé la Salza à Laufen, Moreau marcha sur Salzbourg par la rive droite; ce qui obligea l'ennemi à abandonner cette rivière et à se retirer en hâte pour couvrir la capitale. Le 15, le général Decaen entra dans Salzbourg; le général Richepance, de Laufen, se dirigea, le 16, sur Endorf, et gagna, par une grande marche, la chaussée de Vienne. Le lieutenant général Grenier marcha sur la chaussée de Braunau et de Ried. Lecourbe, continuant à former la droite, s'avança par les montagnes. Le 17, Richepance rencontra à Frankenmarkt l'arrière-garde de l'archiduc; il se battit toute la soirée. Le 18, on se battit aussi à Schwanedstadt. L'arrière-garde ennemie n'avait fait qu'une lieue et demie dans cette journée, et prétendait passer la nuit dans cette position; mais elle fut attaquée avec la plus grande impétuosité et culbutée; elle perdit 200 prisonniers. Le 19, le général Decaen, ayant pris l'avant-garde, attaqua le général Kienmayer à Lambach, le culbuta, fit prisonnier le général Mecséry et 1,200 hommes. Les bagages, les parcs eurent beaucoup de peine à passer le pont, et furent longtemps exposés au feu des batteries françaises. L'ennemi fut poussé avec une telle activité qu'il n'eut pas le temps de brûler le pont, qui était en bois et déjà couvert d'artifices. La division Decaen se porta dans la nuit sur Wels, où elle atteignit un corps ennemi qui se retirait sur Linz, et fit quelques centaines de prisonniers; la division Richepance passa la Traun à Lambach et marcha sur Kremsmünster, où Lecourbe et Decaen arrivèrent dans la soirée du 20. La division Grouchy et le grand quartier général se portèrent à Wels; le corps de Grenier, après avoir passé la Salza à Laufen et à Burghausen, et bloqué Braunau par la division Ney, arriva à Eggelsberg. Le prince Charles venait de prendre le commandement de l'armée : l'opinion des peuples et du soldat l'appelait à grands cris au secours de la monarchie, mais il était trop tard.

Pendant ce temps, le général Decaen battait à Kremsmünster l'arrière-garde, commandée par le prince de Schwarzenberg, et lui faisait un millier de prisonniers. Le 21, il entra à Steyer, le général Grouchy à Enns. L'armée passa l'Enns le même jour; les avant-postes furent placés sur l'Ips et l'Erlaf: la cavalerie légère s'avança jusqu'à Mölk. Le grand quartier général fut établi à Kremsmünster.

Le 25 décembre 1800, on signa une suspension d'armes: elle était conçue en ces termes :

  « Art. Ier. La ligne de démarcation entre la portion de l'armée

<small>Armistice de Steyer</small>

gallo-batave en Allemagne, sous les ordres du général Augereau, dans les cercles de Westphalie, du Haut-Rhin et de Franconie jusqu'à Baiersdorf, sera déterminée particulièrement entre ce général et celui de l'armée impériale et royale qui lui est opposée. De Baiersdorf, cette ligne passe à Erlangen, Nuremberg, Neumarkt, Parsberg, Laber, Stadtamhof et Ratisbonne, où elle passe le Danube, dont elle longe la rive droite jusqu'à l'Erlaf, qu'elle remonte jusqu'à sa source; passe à Marckgaming, Kogelsbach, Gossling, Hamerau, Mendling, Leopoldstein, Eisenärr, Vordernberg et Leoben ; suit la rive gauche de la Mühr jusqu'au point où cette rivière coupe la route de Salzbourg à Klagenfurt, qu'elle suit jusqu'à Spital, remonte la chaussée de Vérone par Lienz et Brixen jusqu'à Botzen, de là passe à Meran, Glurens et Sainte-Marie, et arrive par Bormio dans la Valteline, où elle se lie avec l'armée d'Italie.

« II. La carte d'Allemagne par Chauchard servira de règle dans les discussions qui pourraient s'élever sur la ligne de démarcation ci-dessus.

« III. Sur les rivières qui sépareront les deux armées, la section ou la conservation des ponts sera réglée par des arrangements particuliers, suivant que cela sera jugé utile, soit pour le besoin des armées, soit pour ceux du commerce; les généraux en chef des armées respectives s'entendront sur ces objets, ou en délégueront le droit aux généraux commandant les troupes sur ces points. La navigation des rivières restera libre, tant pour les armées que pour le pays.

« IV. L'armée française non-seulement occupera exclusivement tous les points de la ligne de démarcation ci-dessus déterminée; mais encore, pour mettre un intervalle continu entre les deux armées, la ligne des avant-postes de l'armée impériale et royale sera, dans toute son étendue, à l'exception du Danube, à un mille d'Allemagne au moins de distance de celle de l'armée française.

« V. A l'exception des sauvegardes ou gardes de police, qui seront laissées ou envoyées dans le Tyrol par les deux armées respectives et en nombre égal, mais qui sera le moindre possible (ce qui sera réglé par une convention particulière), il ne pourra rester aucune troupe de S. M. l'Empereur dans l'enceinte de la ligne de démarcation. Celles qui se trouvent en ce moment dans les Grisons, le Tyrol et la Carinthie, devront se retirer immédiatement par la route de Klagenfurt sur Bruck, pour rejoindre l'armée impériale d'Allemagne, sans qu'aucune puisse être dirigée sur l'Italie. Elles se mettront en route des points où elles sont, aussitôt l'avis donné de la présente convention, et leur marche sera réglée sur le pied d'une poste et demie d'Allemagne par jour. Le général en chef de l'armée française du Rhin est autorisé à s'assurer de l'exécution de cet article par des délégués chargés de suivre la marche des armées impériales jusqu'à Bruck. Les troupes impériales qui pourraient avoir à se retirer du haut Palatinat, de la Souabe ou de la Franconie, se dirigeront par le chemin le plus court au delà de la ligne de démarcation. L'exécution de cet article ne pourra être retardée sous aucun prétexte au delà du temps nécessaire, eu égard aux distances.

« VI. Les forts de Kufstein, Scharnitz, et tous les autres points de fortifications permanentes dans le Tyrol, seront remis en dépôt à l'armée française, pour être rendus, dans le même état où ils se trouvent, à la conclusion et ratification de la paix, si elle suit cet armistice sans reprise d'hostilités. Les débouchés de Finstermünz, Nauders et autres fortifications de campagne dans le Tyrol seront remis à la disposition de l'armée française.

« VII. Les magasins appartenant dans ce pays à l'armée impériale seront laissés à sa disposition.

« VIII. La forteresse de Wurtzbourg, en Franconie, et la place de Braunau, dans le cercle de Bavière, seront également remises à l'armée française, pour être rendues aux mêmes conditions que les forts de Kufstein et Scharnitz.

« IX. Les troupes, tant de l'empire que de Sa Majesté Impériale et Royale, qui occupent les places les évacueront, savoir : la garnison de Wurtzbourg, le 6 janvier 1801 (16 nivôse an IX); celle de Braunau, le 4 janvier (14 nivôse), et celle des forts du Tyrol, le 8 janvier (18 nivôse).

« X. Toutes les garnisons sortiront avec les honneurs de la guerre, et se rendront avec armes et bagages, par le plus court chemin, à l'armée impériale. Il ne pourra rien être distrait par elles de l'artillerie, munitions de guerre et de bouche et approvisionnements en tout genre de ces places, à l'exception des subsistances nécessaires pour leur route jusqu'au delà de la ligne de démarcation.

« XI. Des délégués seront respectivement nommés pour constater l'état des places dont il s'agit, mais sans que le retard qui serait apporté à cette mission puisse en entraîner dans l'évacuation.

« XII. Les levées extraordinaires ordonnées dans le Tyrol seront immédiatement licenciées, et les habitants renvoyés dans leurs foyers. L'ordre et l'exécution de ce licenciement ne pourront être retardés sous aucun prétexte.

« XIII. Le général en chef de l'armée du Rhin voulant, de son côté, donner à Son Altesse l'archiduc Charles une preuve non équivoque des motifs qui l'ont déterminé à demander l'évacuation du Tyrol, déclare qu'à l'exception des forts de Kufstein, Scharnitz, Finstermünz, il se bornera à avoir dans le Tyrol les sauvegardes ou gardes de police déterminées dans l'article V, pour assurer les communications. Il donnera en même temps aux habitants du Tyrol toutes les facilités qui seront en son pouvoir pour leurs subsistances, et l'armée française ne s'immiscera en rien dans le gouvernement de ce pays.

« XIV. La portion du territoire de l'empire et des états de sa Majesté Impériale dans le Tyrol est mise sous la sauvegarde de l'armée française, pour le maintien du respect des propriétés et des formes actuelles du gouvernement des peuples. Les habitants de ce pays ne seront point inquiétés pour raison de services rendus à l'armée impériale, ni pour opinions politiques, ni pour avoir pris une part active à la guerre.

« XV. Au moyen des dispositions ci-dessus, il y aura entre l'armée gallo-batave, en Allemagne, celle du Rhin, et l'armée de Sa Majesté Impériale et de ses alliés dans l'empire germanique, un armistice et suspension d'armes qui ne pourra être moindre de trente jours. A l'expiration de ce délai, les hostilités ne pourront recommencer qu'après quinze jours d'avertissement, comptés de l'heure où la signification de rupture sera parvenue, et l'armistice sera prolongé indéfiniment jusqu'à cet avis de rupture.

« XVI. Aucun corps ni détachement, tant de l'armée du Rhin que de celle de Sa Majesté Impériale, en Allemagne, ne pourront être envoyés aux armées respectives en Italie, tant qu'il n'y aura pas d'armistice entre les armées française et impériale dans ce pays. L'inexécution de cet article sera regardée comme une rupture immédiate de l'armistice.

« XVII. Le général en chef de l'armée du Rhin fera parvenir le plus promptement possible la présente convention aux généraux en chef de l'armée gallo-batave, des Grisons et de l'armée d'Italie, avec la plus pressante invitation, particulièrement au général en chef de l'armée d'Italie, de conclure de son côté une suspension d'armes. Il sera donné en même temps toute facilité pour le passage des officiers et courriers que Son Altesse Royale l'archiduc Charles croira devoir envoyer, soit dans les places à évacuer, soit dans le Tyrol, et en général dans le pays compris dans la ligne de démarcation durant l'armistice.

« A Steyer, le 25 décembre 1800 (4 nivôse an IX).

« Signé V. F. Lahorie, le comte de Grün.

« Wairother-de-Vetal. »

<small>Les états héréditaires d'Autriche sont évacués après la paix de Lunéville.</small>

L'armée resta dans ses positions jusqu'à la ratification de la paix de Lunéville, signée le 9 février 1801. Elle évacua, en exécution de ce traité, les états héréditaires, dans les dix jours qui suivirent la ratification, et l'empire dans l'espace de trente jours après l'échange desdites ratifications.

IX

OBSERVATIONS.

PLAN DE CAMPAGNE.

<small>Avantages du plan de campagne adopté par Napoléon et de la disposition des armées.</small>

Le plan de campagne adopté par le Premier Consul réunissait tous les avantages. Les armées d'Allemagne et d'Italie étaient chacune dans une seule main; l'armée gallo-batave devait être indépendante, parce qu'elle n'était qu'un corps d'observation, qui ne devait pas se laisser séparer de la France, et devait toujours se tenir en arrière de la gauche de la grande armée, pour permettre au général Moreau de concentrer toutes ses divisions et de réunir d'assez grandes forces pour pouvoir manœuvrer, indépendamment des bons ou mauvais succès de ce corps d'observation.

L'armée des Grisons, deuxième armée de réserve, menaçait à la fois le Tyrol allemand et italien. Elle fixa toute l'attention des généraux Hiller et Davidowich, et permit au général Moreau d'attirer à lui sa droite, et au général Brune d'attirer à lui sa gauche. Il importait aussi qu'elle fût indépendante, parce qu'elle devait réaccorder les armées d'Allemagne et d'Italie, menacer la gauche de l'armée de l'archiduc, et la droite de celle du maréchal Bellegarde.

<small>Rôle de l'armée des Grisons.</small>

Ces deux corps d'observation, qui n'étaient ensemble que de 35,000 hommes, occupèrent l'armée mayençaise et les corps de Simbschen, Klenau, Reuss et Davidowich, 70,000 hommes, lorsque, par un effet opposé, ils permirent aux deux grandes armées françaises qui étaient destinées à entrer dans les états héréditaires de tenir réunies toutes leurs forces.

<small>Des forces ennemies considérables se trouvèrent ainsi neutralisées.</small>

AUGEREAU.

Le général Augereau a rempli le rôle qui lui avait été assigné. Ses instructions lui ordonnaient de se tenir toujours en arrière, afin de ne pas s'exposer à être attaqué par un détachement de l'armée de l'archiduc. Au reste, son combat de Burg-Ebrach, le 3 décembre, jour même de la bataille de Hohenlinden, est fort honorable, ainsi que les combats qu'il a soutenus plus tard en avant de Nuremberg, où il a eu à lutter contre des forces supérieures. Mais, s'il se fût mieux pénétré du rôle qu'il

<small>La conduite d'Augereau fut conforme à ses instructions et digne d'approbation.</small>

avait à remplir, il eût évité des engagements, ce qui lui devenait facile en ne passant pas la Reidnitz. Cependant son ardeur a été utile, puisqu'elle a obligé l'archiduc à détacher le corps de Klenau pour soutenir l'armée mayençaise.

MOREAU.

<small>Critique de la marche de Moreau sur l'Inn; comment devait être effectuée une opération de cette nature.</small>

La marche du général Moreau sur l'Inn est défectueuse: il ne devait pas aborder cette rivière sur six points et sur une ligne de 15 à 20 lieues. Lorsque l'armée qui vous est opposée est couverte par un fleuve sur lequel elle a plusieurs têtes de pont, il ne faut pas l'aborder de front; cette disposition dissémine votre armée et vous expose à être coupé. Il faut s'approcher de la rivière que vous voulez passer par des colonnes en échelons, de sorte qu'il n'y ait qu'une seule colonne, la plus avancée, que l'ennemi puisse attaquer sans prêter lui-même le flanc. Pendant ce temps vos troupes légères borderont la rive, et, lorsque vous serez fixé sur le point où vous voulez passer, point qui doit toujours être éloigné de l'échelon de tête, pour mieux tromper votre ennemi, vous vous y porterez rapidement et jetterez votre pont. L'observation de ce principe était très-importante sur l'Inn, le général français ayant fait de Munich son point de pivot. Or il n'y a de Munich à l'endroit le plus près de cette rivière que 10 lieues; elle court obliquement, en s'éloignant toujours davantage de cette capitale, de sorte que, lorsque l'on veut jeter un pont plus bas, on prête le flanc à l'ennemi. Aussi le général Grenier se trouva-t-il fort exposé dans le combat du 1er décembre; il fut obligé de lutter deux jours un contre trois.

<small>Il fallait occuper en force les hauteurs d'Ampfing.</small>

Si le général français voulait occuper les hauteurs d'Ampfing, et il ne le pouvait faire qu'avec toute son armée, il fallait qu'il y réunit les trois divisions de Grenier, les trois divisions de la réserve et la cavalerie du général d'Hautpoul, plaçant Lecourbe en échelons sur la droite. Ainsi rangée, l'armée française n'aurait couru aucun risque; elle eût battu et précipité dans l'Inn l'archiduc. Avec une armée qui eût été même supérieure en nombre, les dispositions prises eussent été dangereuses. C'est de Landshut qu'il faut partir pour marcher sur l'Inn.

Pendant que le sort de la campagne se décidait aux champs d'Ampfing et de Hohenlinden, les trois divisions de Sainte-Suzanne et les trois divisions de Lecourbe, c'est-à-dire la moitié de l'armée, n'étaient pas sur le champ de bataille. A quoi bon avoir des troupes lorsqu'on n'a pas l'art de s'en servir dans les occasions importantes? L'armée française était de 140,000 hommes sur le champ d'opération; celle de l'archiduc de 80,000 hommes, parce qu'elle était affaiblie des deux détachements qu'elle avait faits contre l'armée gallo-batave et celle des Grisons. Néanmoins l'armée autrichienne se trouva égale en nombre sur le champ de Hohenlinden et triple au combat d'Ampfing.

Moreau ne tint pas ses troupes réunies : la moitié de l'armée resta éloignée des champs de bataille.

La bataille de Hohenlinden a été une rencontre heureuse; le sort de la campagne y a été joué sans aucune combinaison. L'ennemi a eu plus de chances de succès que les Français, et cependant ceux-ci étaient tellement supérieurs en nombre et en qualité que, menés sagement et conformément aux règles, ils n'eussent eu aucune chance contre eux. On a dit que Moreau avait ordonné la marche de Richepance et de Decaen sur Mattenbett pour prendre en flanc l'ennemi; cela n'est pas exact : tous les mouvements de l'armée française pendant la journée du 3 étaient défensifs. Moreau avait intérêt à rester le 3 sur la

Il n'y eut aucune combinaison de Moreau à Hohenlinden; il se tenait sur la défensive, attendant ses renforts.

défensive, puisque le 4 le général Lecourbe devait arriver sur le champ de bataille, et que le 5 il devait recevoir un autre puissant renfort, celui de Sainte-Suzanne. Le but de ce mouvement de Decaen et de Richepance était d'empêcher l'ennemi de déboucher dans la forêt pendant la journée du 3 ; il était purement défensif.

Pourquoi les divisions Decaen et Richepance ne pouvaient avoir pour but d'attaquer le flanc gauche des Autrichiens.

Si la manœuvre de ces deux divisions avait eu pour but de tomber sur le flanc gauche de l'ennemi, elle eût été contraire à la règle, qui veut que l'on ne fasse pas de gros détachements la veille d'une bataille. L'armée française n'avait de réunies que six divisions ; c'était beaucoup hasarder que d'en détacher deux la veille de l'action. Il était possible que ce détachement ne rencontrât pas les ennemis, parce que ceux-ci auraient manœuvré sur leur droite ou auraient déjà emporté Hohenlinden avant son arrivée à Mattenbett. Dans ce cas, les divisions Richepance et Decaen, isolées, n'eussent été d'aucun secours aux quatre autres, qui eussent été rejetées au delà de l'Iser, ce qui eût entraîné la perte de ces deux divisions détachées.

Elles eussent été exposées à un grand désastre.

Si l'archiduc eût fait marcher en avant son échelon de droite, et ne fût entré dans la forêt que lorsque le général Latour aurait été aux prises avec le lieutenant général Grenier, il n'eût trouvé à Hohenlinden que la division Grouchy. Il se fût emparé de la forêt, eût coupé l'armée par le centre, et tourné la droite de Grenier, qu'il eût jetée au delà de l'Iser ; les deux divisions Richepance et Decaen, isolées dans des pays difficiles, au milieu des glaces et des boues, eussent été acculées à l'Inn ; un grand désastre eût frappé l'armée française. C'était mal jouer que d'en courir les chances ; Moreau était trop prudent pour s'exposer à un pareil hasard.

DIPLOMATIE. — GUERRE. 313

Le mouvement de Richepance et de Decaen devait s'achever dans la nuit; mais il eût fallu que ces deux divisions marchassent réunies. Elles étaient au contraire séparées et fort éloignées l'une de l'autre, dans des pays sans chemins et en décembre; elles errèrent toute la nuit. A sept heures du matin, le 3, lorsque Richepance, avec la première brigade, arriva en avant de Saint-Christophe, il se trouva coupé de sa deuxième brigade; l'ennemi s'était placé à Saint-Christophe. Ce général devait-il poursuivre sa marche ou rétrograder au secours de sa seconde brigade? Cette question ne peut être douteuse, il devait rétrograder. Il l'eût dégagée, se fût joint au général Decaen, et eût pu dès lors marcher en avant avec de grandes forces. Il devait s'attendre à trouver au village de Mattenbett une des colonnes de l'archiduc fort supérieure à lui. Quel espoir pouvait-il avoir? Il eût été attaqué en tête et en queue, ayant l'Inn sur son flanc droit. Dans sa position, les règles de la guerre voulaient qu'il marchât réuni, non-seulement avec sa deuxième brigade, mais même avec la division Decaen. 20,000 hommes ont toujours des moyens d'influer sur la fortune; et au pis aller, surtout en décembre, ils ont toujours le temps de gagner la nuit et de se tirer d'affaire. Le général Richepance fit donc une imprudence; cette imprudence lui réussit, et c'est à elle que doit spécialement être attribué le succès de la bataille, car, de part et d'autre, il n'a tenu à rien: et le sort de deux grandes armées a été décidé par le choc de quelques bataillons.

Les règles de la guerre voulaient que Richepance marchât réuni avec la division Decaen.

Il fit une imprudence qui décida la victoire.

ARCHIDUC JEAN.

L'archiduc Jean a eu tort de prendre l'offensive et de passer l'Inn. Son armée était trop démoralisée: elle avait trop de re-

L'archiduc Jean eut tort de prendre l'offensive.

crues; enfin elle avait à combattre des forces trop considérables, et opérait dans une saison où tous les avantages sont pour celui qui reste sur la défensive.

Il ne déploya pas assez de vigueur au combat d'Ampfing.

Il a fort bien engagé le combat du 1ᵉʳ décembre, mais il n'y a pas mis de vigueur; il a passé toute la journée à se déployer. Ces mouvements exigent beaucoup de temps, et les jours sont bien courts en décembre; ce n'était pas le cas de parader. Il fallait attaquer par la gauche et par le centre, par la droite en colonnes et au pas de charge, tête baissée. En profitant ainsi de sa grande supériorité, il eût entamé et mis en déroute les divisions Ney et Hardy.

Il commit la faute de laisser à Moreau le temps de réunir ses forces.

Il eût dû, dès le lendemain, pousser les Français l'épée dans les reins et à grandes journées; il fit la faute de se reposer, ce qui donna le temps à Moreau de se rasseoir et de réunir ses forces. Son mouvement avait complétement surpris l'armée française; elle était disséminée; il ne fallait pas lui donner le temps de respirer et de se reconnaître. Mais, à moins que l'archiduc n'eût eu le bonheur de remporter un grand avantage, l'armée française, rejetée au delà de l'Iser, s'y fût ralliée, et n'eût pas moins fini par le battre complétement.

Ses dispositions à Hohenlinden furent bonnes, mais mal exécutées.

Ses dispositions pour la bataille de Hohenlinden sont fort bien entendues; mais il a commis des fautes dans l'exécution. La nature de son mouvement voulait que son armée marchât en échelons, la droite en avant; que la droite, commandée par le général Latour, et les flanqueurs du général Kienmayer, fussent réunis et aux mains avec le corps du lieutenant général Grenier, avant que le centre entrât dans la forêt. Pendant ce mouvement, l'archiduc devait se tenir en bataille avec le centre, à hauteur de Mattenbett, faisant fouiller la forêt par une division, pour favoriser la marche du général Latour. Les trois divisions de Grenier, commandées par Legrand, Bastoul et Ney, étant occupées par Latour, l'archiduc n'eût trouvé à Hohenlinden que Grouchy, qui ne pouvait pas tenir une demi-heure. Au lieu de cela, il marcha le centre en avant, sans faire attention que sa droite et sa gauche, qui s'avançaient par des chemins de traverse, dans des pays couverts de glaces, ne pouvaient pas le suivre; de sorte qu'il se trouva seul engagé dans une forêt, où la supériorité du nombre est de peu d'importance. Cependant il repoussa, mit en désordre la division Grouchy; mais le général Latour était à deux lieues en arrière. Ney, qui n'avait personne devant lui, accourut au soutien de Grouchy: et lorsque, plusieurs heures après, les ailes de l'archiduc arrivèrent à sa hauteur, il était trop tard. Il était contraire à l'usage de la guerre d'engager sans utilité plus de troupes que le terrain ne permettait d'en déployer, et surtout de faire entrer ses parcs et sa grosse artillerie dans un défilé dont il n'avait pas l'extrémité opposée. En effet, ils l'ont embarrassé pour opérer sa retraite, et il les a perdus. Il aurait dû les laisser en position, au village de Mattenbett, sous une escorte convenable, jusqu'à ce qu'il fût maître du débouché de la forêt.

Ces fautes d'exécution font présumer que l'armée de l'archiduc était mal organisée. Mais la pensée de la bataille était bonne; il eût réussi le 2 décembre, il eût encore réussi le 3, sans ces fautes d'exécution.

On a voulu persuader que la marche de l'armée française sur Ampfing et sa retraite sur Hohenlinden étaient une ruse de guerre : cela ne mérite aucune réfutation sérieuse. Si le général Moreau eût médité cette marche, il eût tenu à portée les six divisions de Lecourbe et de Sainte-Suzanne; il eût tenu réunis Richepance et Decaen dans un même camp; il

La bataille de Hohenlinden eut lieu en dehors de toute combinaison militaire.

eût, etc. Sans doute la bataille de Hohenlinden fut très-glorieuse pour le général Moreau, pour les généraux, pour les officiers, pour les troupes françaises. C'est une des plus décisives de la guerre ; mais elle ne doit être attribuée à aucune manœuvre, à aucune combinaison, à aucun génie militaire.

DERNIÈRE OBSERVATION.

<small>La lenteur de Lecourbe à passer l'Inn priva Moreau d'une partie des résultats de la victoire de Hohenlinden.</small>

Le général Lecourbe, qui formait la droite, n'avait pas donné à la bataille ; il eût dû jeter un pont sur l'Inn, et passer cette rivière au plus tard le 5. Toute l'armée eût dû se trouver, dans la journée du 6, sur la rive droite ; elle n'y a été que le 12. Le quartier général, qui eût pu arriver le 12 à Steyer, n'y a été que le 22. Cette perte de sept jours a permis à l'archiduc de se rallier, de prendre position derrière l'Alz et la Salza, d'organiser une bonne arrière-garde et de défendre le terrain pied à pied jusqu'à l'Enns. Sans cette lenteur impardonnable, Moreau eût évité plusieurs combats, pris une quantité énorme de bagages, de prisonniers isolés, et coupé des divisions non ralliées. Il était beaucoup plus près de Salzbourg, le lendemain de la bataille de Hohenlinden, que l'archiduc, qui s'était retiré par le bas Inn ; en marchant avec activité et dans la vraie direction, Moreau l'eût acculé au Danube, et fût arrivé à Vienne avant les débris de son armée.

<small>L'échec de Lecourbe devant Salzbourg vint du manque de cavalerie à l'avant-garde.</small>

Le petit échec qu'a essuyé Lecourbe devant Salzbourg et la résistance de l'ennemi dans la plaine de Vocklabruck proviennent du peu de cavalerie qui se trouvait à l'avant-garde. C'était cependant le cas d'y faire marcher la réserve du général d'Hautpoul, et non de la tenir en arrière. C'est à la cavalerie à poursuivre la victoire et à empêcher l'ennemi battu de se rallier.

X

L'armée des Grisons avait attiré l'attention du cabinet de Vienne; elle le devait spécialement à sa première dénomination d'*armée de réserve*. Melas et son état-major avaient reproché au conseil aulique de s'être laissé tromper sur la formation, la marche de la première armée de réserve, qui avait coupé les derrières de l'armée autrichienne et lui avait enlevé à Marengo toute l'Italie. On s'occupa donc avec une scrupuleuse attention de connaître la force et d'éclairer la marche de cette deuxième armée de réserve. La première avait été jugée trop faible: la deuxième fut supposée trop forte. Le gouvernement français employa tous les moyens pour induire en erreur les agents autrichiens. On donna pour chef à cette armée le général Macdonald, connu par sa campagne de Naples et par la bataille de la Trebbia. Elle fut composée de plusieurs divisions, et l'on persuada facilement qu'elle était de 40,000 hommes, lorsqu'elle n'était réellement que de 15,000. On y envoya des corps de volontaires de Paris, dont la levée avait fixé l'attention des oisifs, et qui étaient composés de jeunes gens de famille. Sous le rapport des opérations purement militaires, cette armée était inutile, et eût rendu plus de services si l'on n'en eût formé qu'une seule division, que l'on aurait mise sous les ordres de Moreau ou de Brune. Mais le souvenir de la première était tel chez les Autrichiens qu'ils pensèrent que cette seconde armée était destinée à manœuvrer comme l'autre et à tomber sur leurs derrières, soit en Italie, soit en Allemagne. Dans la crainte qu'elle leur inspirait, ils placèrent un corps considérable dans les débouchés du Tyrol et de la Valteline, afin de la tenir

L'armée des Grisons, sous le nom d'*armée de réserve*, impose aux Autrichiens plutôt par son nom que par sa force réelle.

en respect, soit qu'elle voulût se diriger sur l'Allemagne ou sur l'Italie. Elle produisit donc le bon effet, pendant une partie de novembre et de décembre, de paralyser près de 40,000 ennemis, tant de l'armée d'Allemagne que de celle d'Italie. Ainsi l'on peut dire que cette deuxième armée de réserve contribua au succès des armées françaises en Allemagne bien plus par son nom que par sa force réelle.

<small>Après Hohenlinden elle reçoit l'ordre de passer le Splugen et d'opérer en Italie; Macdonald opère ce mouvement avec lenteur.</small>

La bataille de Hohenlinden ayant entièrement décidé des affaires d'Allemagne, l'armée des Grisons reçut ordre d'opérer en Italie, de descendre dans la Valteline, et de se porter au cœur du Tyrol, en débouchant sur la grande chaussée à Botzen. Le général Macdonald exécuta lentement cette opération et n'y mit que peu de résolution; soit qu'il vît avec peine le général Brune, avec qui il était mal, à la tête d'une aussi belle armée que celle d'Italie; soit qu'une expédition de cette nature ne fût pas dans le caractère de ce général. Conduite par Masséna, Lecourbe ou Ney, une semblable opération aurait eu les plus grands résultats. Le passage du Splugen offrait sans doute quelques difficultés; mais l'hiver n'est pas la saison la plus défavorable pour le passage des montagnes élevées. Alors la neige y est ferme, le temps bien établi, et l'on n'a rien à craindre des avalanches, véritable et unique danger à redouter sur les Alpes. En décembre, il y a sur ces hautes montagnes de très-belles journées d'un froid sec pendant lequel règne un grand calme dans l'air.

<small>L'armée des Grisons ne participe en rien aux succès de l'armée d'Italie.</small>

Ce ne fut que le 6 décembre que l'armée des Grisons passa enfin le Splugen et arriva à Chiavenna. Mais, au lieu de se diriger, par le haut Engadin, sur Botzen, cette armée vint se mettre en deuxième ligne derrière la gauche de l'armée d'Italie. Elle ne fit aucun effet et ne participa en rien au succès de la campagne; car le corps de Baraguey d'Hilliers, détaché dans le haut Engadin, était trop faible. Il fut arrêté dans sa marche par l'ennemi, et ne pénétra à Botzen que le 9 janvier, c'est-à-dire quatorze jours après les combats qui avaient été livrés par l'armée d'Italie sur le Mincio, et six jours après le passage de l'Adige par cette armée. Le général Macdonald arriva à Trente le 7 janvier, lorsque déjà l'ennemi en était chassé par la gauche de l'armée d'Italie, qui se portait sur Roveredo, sous les ordres de Moncey et de Rochambeau. L'armistice de Trévise, conclu le 16 janvier 1801, par l'armée d'Italie, comprit également l'armée des Grisons; elle prit position dans le Tyrol italien; son quartier général resta à Trente.

Dans le courant de novembre 1800, le général Brune, qui commandait l'armée française en Italie, dénonça l'armistice au général Bellegarde, et les hostilités commencèrent le 22 novembre. La rivière de la Chiesa, jusqu'à son embouchure dans l'Oglio, et cette dernière, depuis ce point jusqu'à son embouchure dans le Pô, formaient la ligne de l'armée française. Cette armée était très-belle et très-nombreuse; elle était composée de l'armée de réserve et de l'ancienne armée d'Italie réunies. Pendant cinq mois qu'elle s'était rétablie dans les belles plaines de la Lombardie, elle avait été renforcée considérablement, tant par des recrues venant de France que par de nombreuses troupes italiennes. Le général Moncey commandait la gauche, Suchet le centre, Dupont la droite, Delmas l'avant-garde, et Michaud la réserve; Davout commandait la cavalerie, et Marmont l'artillerie, qui avait deux cents bouches à feu bien attelées et approvisionnées. Chacun de ces corps était composé de deux divisions, ce qui faisait un total de dix divisions d'infanterie et deux de cavalerie. Une brigade de l'avant-

Reprise des hostilités en Italie.

État de l'armée d'Italie.

garde était détachée au quartier général, et portait le titre de *réserve du quartier général;* ainsi l'avant-garde était de trois brigades.

<small>Total des forces placées sous les ordres de Brune.</small>

Le général Miollis commandait en Toscane; il avait sous ses ordres 5 à 6,000 hommes, dont la plus grande partie était des troupes italiennes. Soult commandait en Piémont: il avait 6 ou 7,000 hommes, la plupart Italiens. Dulauloy commandait en Ligurie, et Lapoype dans la Cisalpine. Le général en chef Brune avait près de 100,000 hommes sous ses ordres; il lui en restait, réunis sur le champ de bataille, plus de 80,000. L'armée des Grisons, que commandait Macdonald, occupait des corps autrichiens dans l'Engadine et dans la Valteline. Cette armée peut donc être comptée comme faisant partie de celle d'Italie. Elle augmentait la force de celle-ci de 15,000 hommes: c'était donc à peu près 100,000 hommes présents sous les armes qui agissaient sur le Mincio et l'Adige.

<small>Circonspection du général Brune.</small>

Lors de la reprise des hostilités, le 22 novembre, le général Brune restait sur la défensive; il attendait sa droite, qui, sous les ordres de Dupont, était en Toscane. Elle passa le Pô à Sacca le 24, vint se placer derrière l'Oglio, ayant son avant-garde à Marcaria. L'ennemi restait également sur la défensive. Quelque ordre que reçût Brune d'agir avec vigueur, il hésitait à prendre l'offensive.

<small>Position de l'armée autrichienne, dont le but est de défendre la ligne du Mincio.</small>

Le général Bellegarde, qui commandait l'armée autrichienne, n'était pas un général redoutable. Il avait pour instruction de défendre la ligne du Mincio. La Maison d'Autriche attachait de l'importance à conserver cette rivière, tant pour communiquer avec Mantoue qu'afin de l'avoir pour limite à la paix. L'armée autrichienne, forte de 60 à 70,000 hommes, avait sa gauche appuyée au Pô; elle était soutenue par Mantoue, et couverte par le lac, sur lequel il y avait des chaloupes armées. La droite s'appuyait à Peschiera et au lac de Garda, dont une nombreuse flottille lui assurait la possession. Un corps détaché était dans le Tyrol, occupant les positions du mont Tonal et celles opposées aux débouchés de l'Engadine et de la Valteline. Le Mincio, qui, de Peschiera à Mantoue, a 20 milles, ou 7 petites lieues de cours, est guéable en plusieurs endroits dans les temps de sécheresse; mais, dans la saison où l'on se trouvait, il ne l'est nulle part. Le général autrichien avait d'ailleurs fermé toutes les prises d'eau qui appauvrissent cette rivière. Toutefois c'était une faible barrière; elle n'a pas plus d'une vingtaine de toises de largeur, et ses deux rives se dominent alternativement. Le point de Monzambano domine la rive gauche, ainsi que celui de Molino-della-Volta; les positions de Salionze et de Valeggio, sur la rive gauche, ont un grand commandement sur la droite. Le général Bellegarde avait fait occuper fortement les hauteurs de Valeggio; il y avait fait rétablir un reste de château fort antique qui pouvait servir de réduit; il commande toute la campagne sur les deux rives. Borghetto avait été fortifié, et était, comme tête de pont, sous la protection de Valeggio. L'enceinte de la petite ville de Goito avait été rétablie, et sa défense augmentée par les eaux. Bellegarde avait aussi fait élever quatre redoutes fraisées et palissadées sur les hauteurs de Salionze; elles étaient aussi rapprochées que possible de Valeggio. Lorsqu'il eut pourvu à ses principales défenses sur la rive gauche, il les étendit sur la rive droite. Il fit occuper les hauteurs de la Volta, position qui domine tout le pays par de forts ouvrages; mais ils étaient à près d'une lieue du Mincio et à une et demie de Goito et de Valeggio. Ainsi, sur un espace de 15 milles, le général autrichien avait cinq

Travaux de défense exécutés et points fortifiés sur cette ligne par le général Bellegarde.

points fortement retranchés : Peschiera, Salionze, Valeggio, la Volta et Goito.

<small>Mouvement de l'armée française sur le Mincio.</small>

Le 18 décembre l'armée française passa la Chiesa: le quartier général se porta à Carpenedolo. Les 19 et 21, toute l'armée marcha sur le Mincio en quatre colonnes: la droite, sous les ordres de Dupont, se dirigea sur l'extrémité du lac de Mantoue; le centre, conduit par Suchet, marcha sur la Volta; l'avant-garde, ayant pour but de masquer Peschiera, se porta sur Ponti; la réserve et l'aile gauche se dirigèrent sur Monzambano. Dupont, à l'aile droite, rejeta, avec sa division de droite, la garnison de Mantoue au delà du lac. La deuxième division (Watrin) chassa l'ennemi dans Goito. Suchet, au centre, marcha sur la Volta avec circonspection. Il s'attendait à un mouvement de l'armée autrichienne pour soutenir la tête de sa ligne. Mais l'ennemi ne fit contenance nulle part; il craignait probablement d'être coupé du Mincio; il abandonna ses positions. La belle hauteur de Monzambano, qui commande le Mincio,

<small>Elle s'empare de toute la rive droite, à l'exception de Goito et de Borghetto.</small>

ne fut pas disputée. Les Français s'emparèrent de toutes les positions sur la rive droite, excepté de Goito et de la tête de pont de Borghetto. Lorsque l'ennemi s'était aperçu qu'il avait affaire à toute l'armée française, il avait craint un engagement général, et il s'était replié sur la rive gauche du Mincio, ne conservant sur la droite que Goito et Borghetto. Le résultat des pertes des Autrichiens sur toute la ligne fut de 5 à 600 hommes prisonniers. Le quartier général des Français fut placé à Monzambano.

<small>La disposition des rives du Mincio permettait d'effectuer le passage le jour même.</small>

Il fallait, le jour même, jeter des ponts sur le Mincio, le franchir et poursuivre l'ennemi. Une rivière d'aussi peu de largeur est un léger obstacle lorsqu'on a une position qui domine la rive opposée, et que de là la mitraille des batteries dépasse au loin l'autre rive. A Monzambano, au moulin de la Volta, l'artillerie peut battre l'autre rive à une grande distance, sans que l'ennemi puisse trouver une position avantageuse pour l'établissement de ses batteries. Alors le passage n'est réellement rien; l'ennemi ne peut pas même voir le Mincio, qui, semblable à un fossé de fortification, couvre les batteries de toute attaque.

Dans la guerre de siége, comme dans celle de campagne, c'est le canon qui joue le principal rôle; il a fait une révolution totale. Les hauts remparts en maçonnerie ont dû être abandonnés pour les feux rasants, et recouverts par des masses de terre. L'usage de se retrancher chaque jour, en établissant un camp, et de se trouver en sûreté derrière de mauvais pieux plantés à côté les uns des autres, a dû être aussi abandonné.

Principes pour le passage d'une rivière en présence et sous le feu de l'ennemi.

Du moment où l'on est maître d'une position qui domine la rive opposée, si elle a assez d'étendue pour que l'on puisse y placer un bon nombre de pièces de canon, on acquiert bien des facilités pour le passage de la rivière. Cependant, si la rivière a de 200 à 500 toises de large, l'avantage est bien moindre; parce que votre mitraille n'arrivant plus sur l'autre rive, et l'éloignement permettant à l'ennemi de se défiler facilement, les troupes qui défendent le passage ont la faculté de s'enterrer dans des boyaux qui les mettent à l'abri du feu de la rive opposée. Si les grenadiers chargés de passer pour protéger la construction du pont parviennent à surmonter cet obstacle, ils sont écrasés par la mitraille de l'ennemi, qui, placé à 200 toises du débouché du pont est à portée de faire un feu très-meurtrier, et est cependant éloigné de 4 ou 500 toises des batteries de l'armée qui veut passer; de sorte que l'avantage du canon est tout entier pour lui. Aussi, dans ce cas, le passage n'est-il possible que lorsqu'on parvient à surprendre complétement l'ennemi, et qu'on est favorisé par une île intermédiaire, ou par un rentrant très-prononcé, qui permet d'établir des batteries croisant leurs feux sur la gorge. Cette île ou ce rentrant forme alors une tête de pont naturelle, et donne tout l'avantage de l'artillerie à l'armée qui attaque.

Quand une rivière a moins de 60 toises, les troupes qui sont jetées sur l'autre bord, protégées par une grande supériorité d'artillerie et par le grand commandement que doit avoir la rive où elle est placée, se trouvent avoir tant d'avantages, que, pour peu que la rivière forme un rentrant, il est impossible d'empêcher l'établissement du pont. Dans ce cas, les plus habiles généraux se sont contentés, lorsqu'ils ont pu prévoir le projet de leur ennemi, et arriver avec leur armée sur le point de passage, de s'opposer au passage du pont, qui est un vrai défilé, en se plaçant en demi-cercle alentour, et en se défilant du feu de la rive opposée, à 3 ou 400 toises de ses hauteurs. C'est la manœuvre que fit Vendôme pour empêcher Eugène de profiter de son pont de Cassano.

<small>Brune passe le Mincio à deux endroits différents; un seul point de passage eût été préférable.</small>

Le général français décida de passer le Mincio le 24 décembre, et il choisit pour points de passage ceux de Monzambano et de Molino-della-Volta, distants de deux lieues l'un de l'autre. Sur ces deux points, le Mincio n'étant rien, il ne faut considérer que le plan général de la bataille. Était-il à propos de se diviser entre Monzambano et Molino? L'ennemi occupait la hauteur de Valeggio et la tête de pont de Borghetto. La jonction des troupes qui auraient effectué les deux passages pouvait donc éprouver des obstacles et être incertaine. L'ennemi pouvait lui-même sortir par Borghetto, et mettre de la confusion dans l'une de ces attaques. Ainsi il était plus conforme aux règles de la guerre de passer sur un seul point, afin d'être sûr d'avoir toujours ses troupes réunies. Dans ce cas, lequel des deux passages fallait-il préférer?

Celui de Monzambano avait l'avantage d'être plus près de Vérone; la position était beaucoup meilleure. L'armée ayant donc passé à Monzambano, sur trois points éloignés l'un de l'autre de 2 à 300 toises, ne devait point avoir d'inquiétude pour sa retraite, parce que sa droite et sa gauche étaient constamment appuyées au Mincio et flanquées par les batteries qu'on pouvait établir sur la rive droite. Mais Bellegarde, qui l'avait parfaitement senti, avait occupé, par une forte redoute, les deux points de Valeggio et de Salionze. Ces deux points, situés au coude du Mincio, forment, avec le point de passage, un triangle équilatéral de 3,000 toises de côté. L'armée autrichienne venant à appuyer sa gauche à Valeggio, sa droite à Salionze, se trouvait occuper la corde, et sa droite et sa gauche étaient parfaitement appuyées. Elle ne pouvait pas être tournée; mais sa ligne de bataille était de 3,000 toises. Brune ne pouvait donc espérer que de percer son centre, opération souvent difficile et qui exige une grande vigueur et beaucoup de troupes réunies.

Étude des avantages et des dangers que présentait le passage à Monzambano et à Molino-della-Volta.

Le point de Molino-della-Volta était moins avantageux. Si l'on eût été battu, il y aurait eu plus de difficultés pour la retraite; car Pozzolo domine la rive droite. Mais, dans cette position, l'ennemi n'aurait pas eu l'avantage d'avoir ses ailes appuyées par des ouvrages de fortification.

En faisant un passage à Monzambano, le général français trouvait sur sa droite les hauteurs de Valeggio, qui étaient fortement retranchées, et, sur sa gauche, celles de Salionze, occupées également par de bons ouvrages. L'armée française, en voulant déboucher, se trouvait dans un rentrant, en butte aux feux convergents de l'artillerie ennemie, et ayant devant elle l'armée autrichienne, appuyée par sa droite et sa gauche à ces deux fortes positions. D'un autre côté, le corps qui passait à la Volta avait sa droite à une lieue et demie de Goito, place fortifiée sur la rive droite, et, à une lieue sur sa gauche, Borghetto et Valeggio.

Il fut cependant résolu que l'aile droite passerait à la Volta, tandis que le reste de l'armée passerait à Monzambano.

Passage du Mincio par le général Dupont à Molino-della-Volta.

Le général Dupont, arrivé à Molino-della-Volta à la pointe du jour, construisit des ponts et fit passer ses divisions. Il s'empara du village de Pozzolo, où il établit sa droite; et sa gauche, appuyée au Mincio, fut placée vis-à-vis de Molino, et protégée par le feu de l'artillerie des hauteurs de la rive droite, qui dominent toute la plaine. Une digue augmentait encore la force de cette gauche. Lors du passage, l'ennemi était peu nombreux.

Brune reste sur la rive droite et Dupont persiste à se maintenir sur la rive gauche.

Sur les dix heures, le général Dupont apprit que le passage que le général Brune devait effectuer devant Monzambano était remis au lendemain. Le général Dupont aurait dû sur-le-champ faire repasser sur la rive droite la masse de ses troupes, en ne laissant sur la rive gauche que quelques bataillons pour y établir une tête de pont, sous la protection de ses batteries. D'ailleurs la position était telle que l'ennemi ne pouvait approcher jusqu'au pont. Cette opération aurait eu tout l'avantage d'une fausse attaque, aurait partagé l'attention de l'ennemi. On aurait pu, à la pointe du jour, avoir forcé la ligne de Valeggio à Salionze, avant que toute l'armée ennemie y eût été réunie. Le général Dupont resta cependant dans sa position sur la rive gauche. Bellegarde, profitant de l'avantage que lui donnait son camp retranché de Valeggio et de Salionze, mar-

Il est attaqué par Bellegarde.

cha avec ses réserves contre l'aile droite. On se battit sur ce point avec beaucoup d'opiniâtreté; les généraux Suchet et Davout accoururent au secours du général Dupont, et un combat très-sanglant, où les troupes déployèrent la plus grande valeur, eut lieu sur ce point, entre 20 à 25,000 Français et 40 à 45,000 Autrichiens, dans l'arrondissement d'une armée qui, sur un champ de bataille de 30 lieues carrées, avait 80,000 Français contre 60,000 Autrichiens. C'est au village de Pozzolo que se passa l'action la plus vive; la gauche, protégée par le feu de l'artillerie de la rive droite et par la digue, était plus difficile à attaquer. Pozzolo, pris et repris alternativement par les Autrichiens et par les Français, resta enfin à ces derniers. Mais il leur en coûta bien cher : ils y perdirent l'élite de trois divisions, et éprouvèrent au moins autant de mal que l'ennemi.

<small>Bataille de Pozzolo.</small>

La bravoure des Français fut mal employée, et le sang de ces braves ne servit qu'à réparer les fautes du général en chef et celles qu'avait causées l'ambition inconsidérée de ses lieutenants généraux. Le général en chef, dont le quartier général était à deux lieues du champ de bataille, laissa se battre toute son aile droite, qu'il savait avoir passé sur la rive gauche, sans faire aucune disposition pour la secourir. Une telle conduite n'a besoin d'aucun commentaire. Il est impossible d'expliquer comment Brune, qui savait que sa droite avait passé et était aux mains avec l'ennemi, ne se porta pas à son secours, n'y dirigea pas ses pontons pour y construire un autre pont. Pourquoi du moins, puisqu'il avait adopté le plan de passer sur deux points, ne choisit-il pas Monzambano, en profitant du mouvement où était l'armée autrichienne, pour s'emparer de Salionze, Valeggio et tomber sur les derrières des ennemis? Suchet et Davout ne vinrent au secours de Dupont que de

<small>Conduite inexplicable de Brune, qui ne fait aucun mouvement pour secourir Dupont.</small>

leur propre mouvement, ne prenant conseil que de la force des événements.

Passage du Mincio par Brune à Monzambano.

Le 25, le général Marmont plaça ses batteries de réserve sur les hauteurs de Monzambano, pour protéger la construction des ponts; c'était bien inutile. L'ennemi n'avait garde de venir se placer dans un rentrant de 3,000 toises de corde, pour disputer le passage d'une rivière de 20 toises, commandée par une hauteur, vis-à-vis de laquelle son artillerie, quelque nombreuse qu'elle fût, n'aurait pas pu se maintenir plus d'un quart d'heure en batterie. Le passage effectué, Delmas avec l'avant-garde marcha sur Valeggio, Moncey avec la division Boudet, Michaud avec la réserve, le soutinrent. Suchet resta en réserve devant Borghetto, et Dupont avec l'aile droite resta à Pozzolo. Les troupes eurent à souffrir des feux croisés de Valeggio et de Sa-

Bellegarde se met en retraite sur l'Adige.

lionze; mais le général autrichien avait déjà calculé sa retraite: considérant la rivière comme passée, et après l'affront qu'il avait reçu la veille, malgré l'immense supériorité de ses forces, il cherchait à gagner l'Adige. Il avait seulement conservé des garnisons dans les ouvrages de Salionze et de Valeggio, afin de pouvoir opérer sûrement sa retraite et évacuer tous ses blessés. Brune lui en laissa le temps. Dans la journée du 25, il ne dépassa pas Salionze et Valeggio, c'est-à-dire qu'il fit 3,000 toises. Le lendemain les redoutes de Salionze furent cernées, et l'on y prit quelques pièces de canon et 1,200 hommes. Il faut croire que c'est par une faute de l'état-major autrichien que ces garnisons n'ont pas reçu l'ordre de se retirer sur Peschiera. Il est difficile toutefois de justifier la conduite de ce général.

Inutilité de l'attaque de Borghetto.

Les Français firent une attaque inutile en voulant enlever Borghetto; la brave 72e demi-brigade, qui en fut chargée, y perdit l'élite de ses soldats. Il suffisait de canonner vivement ce poste et d'y jeter des obus; car on ne peut pas entrer dans Borghetto si l'on n'est pas maître de Valeggio; et une fois maître de ce dernier point, tout ce qui est dans Borghetto est pris. Effectivement, peu après l'attaque de la 72ᵉ, la garnison de Borghetto se rendit prisonnière; mais on avait sacrifié en pure perte 4 à 500 hommes de cette brave demi-brigade

XI

Les jours suivants l'armée se porta en avant, la gauche à Castelnovo, la droite entre Legnago et Vérone. Elle avait envoyé un détachement pour masquer Mantoue; et deux régiments avaient été placés sur les bords du lac de Garda, pour couper toute communication, par le Mincio, entre Mantoue et Peschiera, que devait investir la division Dombrowski.

L'armée française passa l'Adige le 1ᵉʳ janvier, c'est-à-dire six jours après le passage du Mincio; un général habile l'eût passé le lendemain. Cette opération se fit à Bussolengo sans éprouver aucun obstacle. Dans cette saison le bas Adige est presque impraticable. Le lendemain l'ennemi évacua Vérone, laissant une garnison dans le château. La division Rochambeau s'était portée de Lodrone sur l'Adige, par Riva, Torbole et Mori. Ce mouvement avait obligé les Autrichiens d'évacuer la Corona. Le 6 janvier, ils furent chassés des hauteurs de Caldiero; les Français entrèrent à Vicence. Le corps de Moncey était à Roveredo. Le 11 l'armée française passa la Brenta devant Fontaniva. Pendant ces mouvements, le corps d'armée d'observation du Midi entrait en Italie; le 13 il arriva à Milan. D'un autre côté, Macdonald, avec l'armée des Grisons, était entré à Trente le 7 janvier, avait poursuivi les Autrichiens dans la vallée de la Brenta, et dès le 9 il se trouvait en communication avec l'armée d'Italie, par Roveredo. L'armée autrichienne, au contraire, s'affaiblissait de plus en plus. Inférieure d'un tiers, dès l'ouverture de la campagne, à l'armée française, elle avait depuis éprouvé de grandes pertes. Le combat de Pozzolo lui avait coûté beaucoup de morts et de blessés, et ses pertes en prisonniers s'élevaient de 5 à 6,000 hommes. Les garnisons qu'elle avait laissées dans Mantoue, Peschiera, Vérone, Ferrare, Porto-Legnago, l'avaient beaucoup réduite. Toutes ces pertes la mettaient hors d'état de tenir aucune ligne devant l'armée française. L'Adige une fois passé, l'armée autrichienne fut obligée d'envoyer une partie de ses forces pour garder les débouchés du Tyrol; et ces troupes se trouvèrent occupées par l'armée des Grisons, qui arrivait en ligne. Le général Baraguey d'Hilliers était à Botzen. A tous ces motifs de découragement se joignit la nouvelle de l'arrivée de l'armée du Rhin aux portes de Vienne. En un mot, il fallait que l'armée autrichienne fût bien faible et bien découragée, puisqu'elle ne garda pas les hauteurs de Caldiero, et laissa franchir à l'armée française tous les points qu'elle lui pouvait disputer. Aussitôt que cette dernière eut passé la Brenta, le général Bellegarde renouvela la demande d'un armistice.

Le général Marmont et le colonel Sebastiani furent chargés par le général en chef de le négocier. Les ordres les plus positifs du Premier Consul portaient de n'en faire aucun, que lorsque l'armée française serait sur l'Isonzo, afin de bien couper l'armée autrichienne de Venise; ce qui l'eût obligée de laisser une forte garnison dans cette ville, dont les habitants n'étaient pas bien disposés pour les Autrichiens. Cette circonstance pouvait procurer de nouveaux avantages à l'armée française. Mais le Premier Consul avait insisté surtout pour ne rien conclure avant qu'on eût la place de Mantoue. Le général français montra, dans cette négociation, peu de caractère, et il signa le 16 janvier l'armistice à Trévise.

Brune renonça de lui-même à demander Mantoue; c'était la seule question politique. Il se contenta d'obtenir Peschiera, Porto-Legnago, Ferrare, etc. Les garnisons n'en étaient pas prisonnières de guerre; elles emmenaient avec elles leur artillerie et la moitié des vivres, des approvisionnements de ces places. La flottille de Peschiera, qui appartenait de droit à l'armée française, ne fut pas même livrée.

<small>Il n'exige pas la cession de Mantoue, politiquement importante.</small>

La convention de Trévise porta le cachet de la faiblesse des négociateurs qui la conclurent. Il est évident que toutes les conditions étaient à l'avantage de l'Autriche. Par suite des succès que l'armée française avait obtenus, et en raison de sa supériorité numérique et morale, Peschiera, Ferrare, etc. étaient des places prises; c'étaient donc des garnisons formant un total de 5 à 6,000 hommes, de l'artillerie, des vivres et une flottille que l'on rendait à des ennemis vaincus. La seule place qui pût tenir assez longtemps pour aider l'Autriche à soutenir une nouvelle campagne était Mantoue, et non-seulement cette place restait au pouvoir des ennemis, mais on lui accordait un arrondissement de 800 toises, et la faculté de recevoir des approvisionnements au delà de ceux nécessaires à la garnison et aux habitants.

<small>L'armistice de Trévise était tout à l'avantage de l'Autriche.</small>

Au mécontentement que le Premier Consul avait éprouvé de toutes les fautes militaires commises dans cette campagne, se joignit celui de voir ses ordres transgressés, les négociations compromises et sa position en Italie incertaine. Il fit sur-le-

<small>Napoléon désavoue la convention de Trévise et exige la remise de Mantoue, avec menace de recommencer les hostilités.</small>

42.

champ connaître à Brune qu'il désavouait la convention de Trévise, lui enjoignant d'annoncer que les hostilités allaient recommencer, à moins qu'on ne remît Mantoue. Le Premier Consul fit faire la même déclaration au comte de Cobenzl à Lunéville. Ce ministre, qui commençait enfin à être persuadé de la nécessité de traiter de bonne foi, et dont l'orgueil avait plié devant la catastrophe qui menaçait son maître, signa le 26 janvier l'ordre de livrer Mantoue à l'armée française; ce qui eut lieu le 17 février. A cette condition l'armistice fut maintenu. Pendant les négociations, le château de Vérone avait capitulé, et sa garnison, de 1,700 hommes, avait été prise.

Cette campagne d'Italie donna la mesure de la capacité de Brune, et le Premier Consul ne l'employa plus dans des commandements importants. Ce général, qui avait montré la plus brillante bravoure et beaucoup de décision à la tête d'une brigade, ne paraissait pas fait pour commander en chef.

Néanmoins les Français avaient toujours été victorieux dans cette campagne; toutes les places fortes d'Italie étaient entre leurs mains. Ils étaient maîtres du Tyrol et des trois quarts de la terre ferme du territoire de Venise, puisque la ligne de démarcation de l'armée française suivait la gauche de la Livenza, depuis Sacile jusqu'à la mer, la crête des montagnes entre la Piave et le torrent de Zelline, et redescendait la Drave jusqu'à Lintz, où elle rencontrait la ligne de l'armistice d'Allemagne.

XII

Le général Miollis, qui était resté en Toscane, commandait un corps de 5 à 6,000 hommes de toutes armes: la majorité de ces troupes était des troupes italiennes. Les garnisons qu'il était obligé de mettre à Livourne, à Lucques, au château de Florence et sur divers autres points ne lui laissaient de disponible qu'un corps de 3,500 à 4,000 hommes. Le général de Damas, avec une force de 16,000 hommes, dont 8,000 Napolitains, était venu prendre position sur les confins de la Toscane, après avoir traversé les états du pape. Il devait combiner ses opérations, dans la Romagne et le Ferrarais, avec des troupes d'insurgés chassés de Toscane par la garde nationale de Bologne et par une colonne mobile qu'avait envoyée le général Brune sur la droite du Pô. La retraite de l'armée autrichienne, qui successivement avait été obligée de passer le Pô, le Mincio, l'Adige, la Brenta, avait déconcerté tous les projets des ennemis sur la rive droite du Pô. Le général Miollis, établi à Florence, maintenait le bon ordre dans l'intérieur, et les batteries élevées à Livourne tenaient en respect les bâtiments anglais. Les Autrichiens, qui s'étaient montrés en Toscane, s'étaient retirés, partie sur Venise pour en renforcer la garnison, et partie sur Ancône.

Le 14 janvier, le général Miollis, instruit qu'une division de 5 à 6,000 hommes du corps de Damas s'était portée sur Sienne, dont elle avait insurgé la population, sentit la nécessité de frapper un coup qui prévînt et arrêtât les insurrections prêtes à éclater sur plusieurs autres points. Il profita de la faute que venait de commettre le général de Damas, officier sans talent ni mérite militaire, de détacher aussi loin de lui une partie de ses forces, et marcha contre ce corps avec 3,000 hommes. Le général Miollis rencontra les Napolitains et les insurgés en avant de Sienne, les culbuta aussitôt sur cette ville, dont il força les portes à coups de canon et de hache; il passa au fil de l'épée tout ce qu'il y rencontra les armes à la main. Il

Miollis réprime une insurrection que les Napolitains avaient excitée à Sienne.

fit poursuivre plusieurs jours les restes de ces bandes et les rejeta au delà de la Toscane, dont il rétablit ainsi et maintint la tranquillité.

Cependant de nouvelles forces étaient parties de Naples pour venir renforcer l'armée du général de Damas.

<small>Murat, à la tête d'une armée d'observation, entre en Italie et prend possession d'Ancône.</small>

Le général Murat, commandant en chef la troisième armée de réserve, qui venait de prendre la dénomination d'*armée d'observation d'Italie*, et dont le quartier général était à Genève dans les premiers jours de janvier, passa le petit Saint-Bernard, le mont Genèvre, le mont Cenis, et arriva le 13 janvier à Milan. Cette armée continua sa route sur Florence; elle était composée des divisions Turreau et Mathieu, et d'une division de cavalerie. Un des articles de la convention de Trévise portait que la place d'Ancône serait remise à l'armée française. Le général Murat, en conséquence, eut ordre de prendre possession de cette place, de chasser les troupes napolitaines des états du pape et de les menacer, même dans l'intérieur du royaume de Naples. Ce général, arrivé à Florence le 20 janvier, expédia le général Paulet, avec une brigade de 3,000 hommes de toutes armes, pour prendre possession d'Ancône et de ses forts. Ce dernier passa à Cesena le 23 janvier, et le 27 il prit possession des forts et de la ville d'Ancône. Cependant le

<small>Égards qu'il témoigne au pape et au nom de Napoléon.</small>

Premier Consul avait ordonné qu'on eût pour le pape les plus grands égards. Le général Murat avait même écrit de Florence, le 24 janvier, au cardinal premier ministre de Sa Sainteté, pour l'informer des intentions du Premier Consul et de l'entrée de l'armée d'observation dans les états du Saint-Père, afin d'occuper Ancône, d'après la convention du 16, et de rendre à Sa Sainteté le libre gouvernement de ses états, en obligeant les Napolitains à évacuer le château Saint-Ange ainsi que le territoire de Rome. Il prévint aussi le cardinal qu'il avait ordre de ne s'approcher de Rome que dans le cas où Sa Sainteté le jugerait nécessaire.

Dès son arrivée en Toscane, le général français avait écrit à M. de Damas pour lui demander les motifs de son mouvement offensif en Toscane, et lui signifier qu'il eût à évacuer sur-le-champ le territoire romain. M. de Damas lui avait répondu, de Viterbe, que les opérations du corps sous ses ordres avaient toujours dû se combiner avec celles de l'armée du général Bellegarde; que le général Miollis ayant attaqué son avant-garde à Sienne, à 26 milles de son corps d'armée, il allait se retirer sur Rome, imitant le mouvement de l'armée autrichienne sur la Brenta; mais que, puisqu'un armistice avait été conclu avec les Autrichiens, les troupes qu'il commandait, étant celles d'une cour alliée de l'Empereur, se trouvaient aussi en armistice avec les Français.

Le général Murat lui répondit sur-le-champ que l'armistice conclu avec l'armée autrichienne ne concernait en rien l'armée napolitaine; qu'il était donc nécessaire qu'elle évacuât le château Saint-Ange et les états du pape; que la considération du Premier Consul pour l'empereur de Russie pouvait seule protéger le roi de Naples; mais que ni l'armistice ni le cabinet de Vienne ne pouvaient en rien le protéger. En même temps le général Murat mit sa petite armée en mouvement. Les deux divisions d'infanterie furent dirigées le 28 janvier, par la route d'Arezzo, sur Perugia et Fuligno, où elles arrivèrent le 4 février. Le général Paulet eut ordre de se rendre d'Ancône, avec deux bataillons, à Fuligno, en passant par Macerata et Tolentino. Pendant ces mouvements, l'artillerie, qui se dirigeait sur Florence par le débouché de Pistoja, eut ordre de continuer sa

Il somme le comte de Damas d'évacuer le territoire romain; celui-ci se prétend compris dans l'armistice de Trévise.

Murat refuse d'accéder à cette prétention; il se met en mouvement et refoule les Napolitains sous les murs de Rome.

route par Bologne et Ancône. Ainsi le corps d'observation marchait sans son artillerie ; faute qui ne peut jamais être excusée que lorsque les chemins par où passe l'armée sont absolument impraticables au canon. Or celui de Bologne à Florence n'est pas dans ce cas, les voitures peuvent y passer. Aussitôt que l'armée napolitaine fut instruite de la marche du corps d'observation, elle se replia en toute hâte sous les murs de Rome.

La conduite des Français à Ancône excite la reconnaissance du pape.

Le général Paulet, dès son arrivée à Ancône, y avait fait rétablir les autorités et placer les couleurs du pape : ce qui excita la reconnaissance de ce pontife, qui se hâta de faire écrire au général Murat, par le cardinal Consalvi, le 31 janvier, pour lui exprimer le vif sentiment dont il était pénétré pour le Premier Consul, « auquel, dit-il, est attachée la tranquillité de la religion, ainsi que le bonheur de l'Europe. »

Armistice de Fuligno, accordé à l'armée napolitaine par considération pour la Russie.

Le 9 février, l'armée française était placée sur la Nera, jusqu'à son embouchure dans le Tibre et jusqu'aux confins des états du roi de Naples. Enfin, après quelques pourparlers, le général Murat consentit, par égard pour la Russie, à signer le 18 février, à Fuligno, un armistice de trente jours, entre son corps d'armée et les troupes napolitaines. D'après cet armistice, elles durent évacuer Rome et les états du pape. Le 1ᵉʳ mars, à la suite de l'arrivée à Naples du colonel Beaumont, aide de camp du général Murat, l'embargo fut mis sur tous les bâtiments anglais qui se trouvaient dans les ports de ce royaume. Tous les Anglais en furent expulsés, et l'armée napolitaine

Traité de paix conclu à Florence avec la cour de Naples.

rentra sur son territoire. Le 28 mars suivant, un traité de paix fut signé à Florence, entre la République française et la cour de Naples, par le citoyen Alquier et le chevalier Micheroux. D'après l'un des articles, un corps français pouvait, sur la demande du roi de Naples, être mis à sa disposition pour garantir ce royaume des attaques des Anglais et des Turcs. En vertu de ce même article, le général Soult fut envoyé le 2 avril, avec un corps de 10 à 12,000 hommes, pour occuper Otrante, Brindisi, Tarente et tout le bout de la presqu'île, afin d'établir des communications plus faciles avec l'armée d'Égypte. Ce corps arriva à sa destination vers le 25 avril. Dans le courant de ce mois, la Toscane fut remise au roi d'Étrurie, conformément au traité de Lunéville et à celui conclu entre la France et l'Espagne.

Cependant les Anglais occupaient encore l'île d'Elbe. Le 1er mai le colonel Marietti, parti de Bastia avec 600 hommes, débarqua près de Marciana, dans cette île, pour en prendre possession, d'après le traité conclu avec le roi de Naples. Le lendemain il entra à Porto-Longone, après avoir chassé un rassemblement considérable de paysans insurgés, d'Anglais et de déserteurs. Il fut joint dans cette place le même jour par le général de division Turreau, qui s'était embarqué à Piombino avec un bataillon français et 300 Polonais. Ces troupes réunies marchèrent aussitôt pour cerner Porto-Ferrajo, qui fut sommé de se rendre. Ainsi toute la partie de l'île cédée par le traité de Florence fut remise au pouvoir des Français.

<small>Expédition dirigée contre l'île d'Elbe pour en chasser les Anglais.</small>

NEUTRES.

NEUTRES[1].

I

Le droit des gens, dans les siècles de barbarie, était le même sur terre que sur mer. Les individus des nations ennemies étaient faits prisonniers, soit qu'ils eussent été pris les armes à la main, soit qu'ils fussent de simples habitants; et ils ne sortaient d'esclavage qu'en payant une rançon. Les propriétés mobilières et même foncières étaient confisquées en tout ou en partie. La civilisation s'est fait sentir rapidement, et a entièrement changé le droit des gens dans la guerre de terre, sans avoir eu le même effet dans celle de mer; de sorte que, comme s'il y avait deux raisons et deux justices, les choses sont réglées par deux droits différents. Le droit des gens, dans la guerre de terre, n'entraîne plus le dépouillement des particuliers ni un changement dans l'état des personnes. La guerre n'a action que sur le gouvernement. Ainsi les propriétés ne changent pas de mains, les magasins de marchandises restent intacts, les personnes restent libres. Sont seulement considérés comme prisonniers de guerre, les individus pris les armes à la main et faisant partie de corps militaires. Ce changement a beaucoup

Progrès successifs dans l'application du droit des gens à l'état et aux biens des personnes pendant la guerre sur terre.

---

[1] Ce chapitre est reproduit ici d'après le texte du général Gourgaud, *Mémoires de Napoléon*, etc. t. III. p. 297-366. édit. de 1830.

diminué les maux de la guerre; il a rendu la conquête d'une nation plus facile, la guerre moins sanglante et moins désastreuse. Une province conquise prête serment, et, si le vainqueur l'exige, donne des otages, rend les armes; les contributions se perçoivent au profit du vainqueur, qui, s'il le juge nécessaire, établit une contribution extraordinaire, soit pour pourvoir à l'entretien de son armée, soit pour s'indemniser lui-même des dépenses que lui a causées la guerre. Mais cette contribution n'a aucun rapport avec la valeur des marchandises en magasins, c'est seulement une augmentation proportionnelle plus ou moins forte de la contribution ordinaire. Rarement cette contribution équivaut à une année de celles que perçoit le prince, et elle est imposée sur l'universalité de l'état; de sorte qu'elle n'entraîne jamais la ruine d'aucun particulier.

<small>Ces progrès ne sont pas adoptés pour la guerre maritime.</small>

Le droit des gens qui régit la guerre maritime est resté dans toute sa barbarie; les propriétés des particuliers sont confisquées; les individus non combattants sont faits prisonniers. Lorsque deux nations sont en guerre, tous les bâtiments de l'une ou de l'autre naviguant sur les mers ou existant dans les ports sont susceptibles d'être confisqués, et les individus à bord de ces bâtiments sont faits prisonniers de guerre. Ainsi, par une

<small>Contradiction de la législation à cet égard.</small>

contradiction évidente, un bâtiment anglais (dans l'hypothèse d'une guerre entre la France et l'Angleterre) qui se trouvera dans le port de Nantes, par exemple, au moment de la déclaration de guerre, sera confisqué; les hommes à bord seront prisonniers de guerre, quoique non combattants et simples citoyens; tandis qu'un magasin de marchandises anglaises, appartenant à des Anglais, existant dans la même ville, ne sera ni séquestré ni confisqué, et que les négociants anglais voyageant en France ne seront point prisonniers de guerre, et recevront leur itinéraire et les passe-ports nécessaires pour quitter le territoire. Un bâtiment anglais naviguant et saisi par un vaisseau français sera confisqué, quoique sa cargaison appartienne à des particuliers; les individus trouvés à bord de ce bâtiment seront prisonniers de guerre, quoique non combattants; et un convoi de cent charrettes de marchandises, appartenant à des Anglais et traversant la France, au moment de la rupture entre les deux puissances, ne sera pas saisi.

Dans la guerre de terre, les propriétés, même territoriales, que possèdent des sujets étrangers, ne sont point soumises à la confiscation; elles le sont tout au plus au séquestre. Les lois qui régissent la guerre de terre sont donc plus conformes à la civilisation et au bien-être des particuliers; et il est à désirer qu'un temps vienne où les mêmes idées libérales s'étendent sur la guerre de mer, et que les armées navales de deux puissances puissent se battre sans donner lieu à la confiscation des navires marchands et sans faire constituer prisonniers de guerre les simples matelots du commerce ou les passagers non militaires. Le commerce se ferait alors, sur mer, entre les nations belligérantes, comme il se fait sur terre au milieu des batailles que se livrent les armées.

Espoir que le droit maritime s'amendera, dans un sens favorable à la civilisation et au commerce.

II

La mer est le domaine de toutes les nations, elle s'étend sur les trois quarts du globe et établit un lien entre les divers peuples. Un bâtiment chargé de marchandises, naviguant sur les mers, est soumis aux lois civiles et criminelles de son souverain, comme s'il était dans l'intérieur de ses états. Un bâtiment qui navigue peut être considéré comme une colonie flot-

D'où dérive le droit de visite; comment il doit être appliqué.

tante, dans ce sens que toutes les nations sont également souveraines sur les mers. Si les navires de commerce des puissances en guerre pouvaient naviguer librement, il n'y aurait, à plus forte raison, aucune enquête à exercer sur les neutres. Mais, comme il est passé en principe que les bâtiments de commerce des puissances belligérantes sont susceptibles d'être confisqués, il a dû en résulter le droit, pour tous les bâtiments de guerre belligérants, de s'assurer du pavillon du bâtiment neutre qu'ils rencontrent; car, s'il était ennemi, ils auraient le droit de le confisquer. De là le droit de visite, que toutes les puissances ont reconnu par divers traités; de là, pour les bâtiments belligérants, celui d'envoyer leurs chaloupes à bord des bâtiments neutres de commerce pour demander à voir leurs papiers et à s'assurer ainsi de leur pavillon. Tous les traités ont voulu que ce droit s'exerçât avec tous les égards possibles; que le bâtiment armé se tînt hors de la portée de canon, et que deux ou trois hommes seulement pussent débarquer sur le navire visité, afin que rien n'eût l'air de la force et de la violence. Il a été reconnu qu'un bâtiment appartient à la puissance dont il porte le pavillon, lorsqu'il est muni de passe-ports et d'expéditions en règle, et lorsque le capitaine et la moitié de l'équipage sont des nationaux. Toutes les puissances se sont engagées, par les divers traités, à défendre à leurs sujets neutres de faire, avec les puissances en guerre, le commerce de contrebande, et elles ont désigné sous ce nom le commerce des munitions de guerre, telles que poudre, boulets, bombes, fusils, selles, brides, cuirasses, etc. Tout bâtiment ayant de ces objets à bord est censé avoir transgressé les ordres de son souverain, puisque ce dernier s'est engagé à défendre ce commerce à ses sujets; et ces objets de contrebande sont confisqués.

La visite faite par les bâtiments croiseurs ne fut donc plus une simple visite pour s'assurer du pavillon, et le croiseur exerça, au nom même du souverain dont le pavillon couvrait le bâtiment visité, un nouveau droit de visite, pour s'assurer si ce bâtiment ne contenait pas des effets de contrebande. Les hommes de la nation ennemie, mais seulement les hommes de guerre, furent assimilés aux objets de contrebande. Ainsi cette inspection ne fut pas une dérogation au principe que le pavillon couvre la marchandise.

<small>Le droit de visite ne détruit pas le principe que le pavillon couvre la marchandise.</small>

Bientôt il s'offrit un troisième cas : des bâtiments neutres se présentèrent pour entrer dans des places assiégées et qui étaient bloquées par des escadres ennemies. Ces bâtiments neutres ne portaient pas des munitions de guerre, mais des vivres, des bois, des vins et d'autres marchandises, qui pouvaient être utiles à la place assiégée et prolonger sa défense. Après de longues discussions entre les puissances, elles sont convenues par divers traités que, dans le cas où une place serait réellement bloquée, de manière qu'il y eût danger évident pour un bâtiment de tenter d'y entrer, le commandant du blocus pourrait interdire au bâtiment neutre l'entrée de cette place, et le confisquer, si, malgré cette défense, il employait la force ou la ruse pour s'y introduire.

<small>L'entrée d'une place assiégée est interdite lorsqu'il y a blocus réel.</small>

Ainsi les lois maritimes sont basées sur ces principes : 1° le pavillon couvre la marchandise; 2° un bâtiment neutre peut être visité par un bâtiment belligérant, pour s'assurer de son pavillon et de son chargement, dans ce sens qu'il n'a pas de contrebande; 3° la contrebande est restreinte aux munitions de guerre; 4° des bâtiments neutres peuvent être empêchés d'entrer dans une place, si elle est assiégée, pourvu que le blocus soit réel et qu'il y ait danger évident en y entrant. Ces

<small>Principes du droit maritime des neutres.</small>

principes forment le droit maritime des neutres, parce que les différents gouvernements se sont librement, et par des traités, engagés à les observer et à les faire observer par leurs sujets. Les diverses puissances maritimes, la Hollande, le Portugal, l'Espagne, la France, l'Angleterre, la Suède, le Danemark et la Russie, ont à plusieurs époques et successivement contracté l'une avec l'autre ces engagements, qui ont été proclamés aux traités généraux de pacification, tels que ceux de Westphalie, en 1649, et d'Utrecht, en 1712.

III

Prétentions contraires à ces principes émises par l'Angleterre en 1778.

L'Angleterre, dans la guerre d'Amérique, en 1778, prétendit, 1° que les marchandises propres à construire les vaisseaux, telles que bois, chanvre, goudron, etc. étaient de contrebande; 2° qu'un bâtiment neutre avait bien le droit d'aller d'un port ami dans un port ennemi, mais qu'il ne pouvait pas trafiquer d'un port ennemi à un port ennemi; 3° que les bâtiments neutres ne pouvaient pas naviguer de la colonie à la métropole ennemie; 4° que les puissances neutres n'avaient pas le droit de faire convoyer par des bâtiments de guerre leurs bâtiments de commerce, ou que dans ce cas ils n'étaient pas affranchis de la visite.

Elles sont vivement réfutées par les puissances neutres.

Aucune puissance indépendante ne voulut reconnaître ces injustes prétentions. En effet, la mer étant le domaine de toutes les nations, aucune n'a le droit de régler la législation de ce qui s'y passe. Si les visites sont permises sur un bâtiment qui arbore un pavillon neutre, c'est parce que le souverain l'a permis lui-même par ses traités. Si les marchandises de guerre sont contrebande, c'est parce que les traités l'ont réglé ainsi. Si les puissances belligérantes peuvent les saisir, c'est parce que le souverain dont le pavillon est arboré sur le bâtiment neutre s'est lui-même engagé à ne point autoriser ce genre de commerce. «Mais vous ne pouvez pas étendre la liste des objets de contrebande à votre volonté, disait-on aux Anglais; et aucune puissance neutre ne s'est engagée à défendre le commerce des munitions navales, telles que bois, chanvre, goudron, etc.

« Quant à la deuxième prétention, elle est contraire, ajoutait-on, à l'usage reçu. Vous ne devez vous ingérer dans les opérations de commerce des neutres que pour vous assurer du pavillon et qu'il n'y a pas de contrebande. Vous n'avez pas le droit de savoir ce que fait un bâtiment neutre, puisque en pleine mer ce bâtiment est chez lui, et en droit hors de votre puissance. Il n'est pas couvert par les batteries de son pays, mais il l'est par la puissance morale de son souverain.

« La troisième prétention n'est pas plus fondée. L'état de guerre ne peut avoir aucune influence sur les neutres; ils doivent donc pouvoir faire en guerre ce qu'ils peuvent faire pendant la paix. Or, dans l'état de paix, vous n'avez pas le droit d'empêcher, et vous ne trouveriez pas mauvais qu'ils fissent le commerce des colonies avec la métropole. Si les bâtiments étrangers sont empêchés de faire ce commerce, ils ne le sont pas d'après le droit des gens, mais par une loi municipale; et, toutes les fois qu'une puissance a voulu permettre à des étrangers le commerce de ses colonies, personne n'a eu le droit de s'y opposer. »

Quant à la quatrième prétention, on répondait que, comme le droit de visite n'existait que pour s'assurer du pavillon et de la contrebande, un bâtiment armé, commissionné par le souverain, constatait bien mieux le pavillon et la cargaison des bâtiments marchands de son convoi, ainsi que les règlements relatifs à la contrebande arrêtés par son maître, que ne le faisait la visite des papiers d'un navire marchand; qu'il résulterait de la prétention dont il s'agit qu'un convoi escorté par une flotte de huit ou dix vaisseaux de 74 d'une puissance neutre serait soumis à la visite d'un brick ou d'un corsaire d'une puissance belligérante.

En 1778, la France fait adopter un règlement sur cette question; il obtient l'adhésion des puissances neutres.

Lors de la guerre d'Amérique (1778), M. de Castries, ministre de la marine de France, fit adopter un règlement relatif au commerce des neutres. Ce règlement fut dressé d'après l'esprit du traité d'Utrecht et des droits des neutres. On y proclama les quatre principes ci-dessus énoncés, et l'on y déclara qu'il aurait son exécution pendant six mois, après lesquels il cesserait d'avoir lieu envers les nations neutres qui n'auraient pas fait reconnaître leurs droits par l'Angleterre. Cette conduite était juste et politique; elle satisfit toutes les puissances neutres, et jeta un nouveau jour sur cette question.

Une injuste prétention de l'Angleterre amène la guerre entre cette puissance et la Hollande.

Les Hollandais, qui faisaient alors le plus grand commerce, chicanés par les croiseurs anglais et les décisions de l'amirauté de Londres, firent escorter leurs convois par des bâtiments de guerre. L'Angleterre avança cet étrange principe, que les neutres ne pouvaient escorter leurs convois marchands, ou que du moins cela ne pouvait les dispenser d'être visités. Un convoi, escorté par plusieurs bâtiments de guerre hollandais, fut attaqué, pris et conduit dans les ports anglais. Cet événement remplit la Hollande d'indignation. Peu de temps après, elle se joignit à la France et à l'Espagne, et déclara la guerre à l'Angleterre.

Catherine, impératrice de Russie, prit fait et cause dans ces grandes questions. La dignité de son pavillon, l'intérêt de son empire, dont le commerce consistait principalement en marchandises propres à des constructions navales, lui firent prendre la résolution de se constituer, avec la Suède et le Danemark, en neutralité armée. Ces puissances déclarèrent qu'elles feraient la guerre à la puissance belligérante qui violerait ces principes : 1° que le pavillon couvre la marchandise (la contrebande exceptée); 2° que la visite d'un bâtiment neutre par un bâtiment de guerre doit se faire avec tous les égards possibles; 3° que les munitions de guerre, canons, poudre, boulets, etc. seulement, sont objets de contrebande; 4° que chaque puissance a le droit de convoyer ses bâtiments marchands, et que, dans ce cas, la déclaration du commandant du bâtiment de guerre est suffisante pour justifier le pavillon et la cargaison des bâtiments convoyés; 5° enfin, qu'un port n'est bloqué par une escadre que lorsqu'il y a danger évident d'y entrer; mais qu'un bâtiment neutre ne pourrait être empêché d'entrer dans un port précédemment bloqué par une force qui ne serait plus présente devant le port au moment où le bâtiment se présenterait, quelle que fût la cause de l'éloignement de la force qui bloquait, soit qu'elle provînt des vents ou du besoin de se réapprovisionner.

La Russie prend l'initiative d'une ligue des puissances du Nord pour faire respecter les principes de la neutralité.

Cette neutralité du Nord fut signifiée aux puissances belligérantes le 15 août 1780. La France et l'Espagne, dont elle consacrait les principes, s'empressèrent d'y adhérer. L'Angleterre seule témoigna son extrême déplaisir; mais, n'osant pas braver la nouvelle confédération, elle se contenta de se relâcher dans l'exécution de toutes ses prétentions, et ne donna lieu à aucune plainte de la part des puissances neutres confédérées. Ainsi, par cette non-mise à exécution de ses prin-

La France et l'Espagne adhèrent à cette ligue, qui oblige l'Angleterre à se soumettre.

cipes, elle y renonça réellement. Quinze mois après, la paix de 1783 mit fin à la guerre maritime.

IV

Après la révolution, l'Angleterre veut profiter de l'affaiblissement de la France pour établir sa domination maritime.

La guerre entre la France et l'Angleterre commença en 1793. L'Angleterre devint bientôt l'âme de la première coalition. Dans le temps que les armées autrichiennes, prussiennes, espagnoles et piémontaises, envahissaient nos frontières, elle employait tous les moyens pour arriver à la ruine de nos colonies. La prise de Toulon, où notre escadre fut brûlée, le soulèvement des provinces de l'Ouest, où périt un si grand nombre de marins, anéantirent notre marine. L'Angleterre alors ne mit plus de bornes à son ambition. Désormais prépondérante sur mer et sans rivale, elle crut le moment arrivé où elle pourrait, sans danger, proclamer l'asservissement des mers. Elle reprit

Elle affirme, en les exagérant, ses anciennes prétentions.

les prétentions auxquelles elle avait tacitement renoncé dans la guerre de 1780, savoir : 1° que les marchandises propres à la construction des vaisseaux sont de contrebande; 2° que les neutres n'ont pas le droit de faire convoyer leurs bâtiments de commerce, ou du moins que la déclaration du commandant de l'escorte n'ôte pas le droit de visite; 3° qu'une place est bloquée, non-seulement par la présence d'une escadre, mais même lorsque l'escadre est éloignée de devant le port par les tempêtes ou par le besoin de faire de l'eau, etc. Elle alla plus loin, et mit en avant ces trois nouvelles prétentions : 1° que le pavillon ne couvre pas la marchandise, que la marchandise et la propriété ennemies sont confiscables sur un bâtiment neutre; 2° qu'un bâtiment neutre n'a pas le droit de faire le commerce de la colonie avec la métropole; 3° qu'un bâtiment neutre peut bien entrer dans un port ennemi, mais non pas aller d'un port ennemi à un port ennemi.

Le gouvernement d'Amérique, voyant la puissance maritime de la France anéantie, et craignant pour lui l'influence du parti français, qui se composait des hommes les plus exagérés, jugea nécessaire à sa conservation de se rapprocher de l'Angleterre, et reconnut tout ce que cette puissance voulut lui prescrire pour nuire au commerce français. Les altercations entre la France et les États-Unis furent vives. Les envoyés de la République française, Genet, Adet, Fauchet, réclamèrent fortement l'exécution du traité de 1778; mais ils eurent peu de succès. En conséquence, diverses mesures législatives, analogues à celles des Américains, furent prises en France; diverses affaires de mer eurent lieu, et les choses s'aigrirent à un tel point que la France était comme en guerre avec l'Amérique. Cependant la première de ces deux nations sortit enfin triomphante de la lutte qui menaçait son existence; l'ordre et un gouvernement régulier firent disparaître l'anarchie. Les Américains éprouvèrent alors le besoin de se rapprocher de la France. Le président lui-même sentait toute la raison qu'avait cette puissance de réclamer contre le traité qu'il avait conclu avec l'Angleterre; et au fond de son cœur il rougissait d'un acte que la force des circonstances l'avait seule porté à signer. MM. Pinkeney, Marshall et Gerry, chargés des pleins pouvoirs du gouvernement américain, arrivèrent à Paris à la fin de 1797. Tout faisait espérer un prompt rapprochement entre les deux républiques; mais la question restait tout entière indécise. Le traité de 1794 et l'abandon des droits des neutres lésaient essentiellement les intérêts de la France; et l'on ne pouvait espérer de faire revenir les États-Unis à l'exécution

Les États-Unis sont forcés un moment de se prononcer pour l'Angleterre contre la France.

Après la guerre de l'Indépendance ils paraissent disposés à une alliance avec la République française.

du traité de 1778, à ce qu'ils devaient à la France et à eux-mêmes, qu'en opérant un changement dans leur organisation intérieure.

<small>Fautes commises par le Directoire; il cherche, en refusant toute négociation, à provoquer une crise en faveur du parti démocratique américain.</small>

Par suite des événements de la révolution, le parti fédéraliste l'avait emporté dans ce pays, mais le parti démocratique était cependant le plus nombreux. Le Directoire pensa lui donner plus de force en refusant de recevoir deux des plénipotentiaires américains, parce qu'ils tenaient au parti fédéraliste, et en ne reconnaissant que le troisième, qui était du parti opposé. Il déclara d'ailleurs ne pouvoir entrer dans aucune négociation tant que l'Amérique n'aurait pas fait réparation des griefs dont la République française avait à se plaindre. Le 18 janvier 1798, il sollicita une loi des Conseils portant que la neutralité d'un bâtiment ne se déterminerait pas par son pavillon, mais par la nature de sa cargaison; et que tout bâtiment chargé, en tout ou en partie, de marchandises anglaises, pourrait être confisqué. La loi était juste envers l'Amérique, dans

<small>Il abandonne les principes de la neutralité pour ruiner le commerce américain.</small>

ce sens qu'elle n'était que la représaille du traité que cette puissance avait signé avec l'Angleterre en 1794; mais elle n'en était pas moins impolitique et déplacée; elle était subversive de tous les droits des neutres. C'était déclarer que le pavillon ne couvrait plus la marchandise, ou autrement, proclamer que les mers appartenaient au plus fort. C'était agir dans le sens et conformément à l'intérêt de l'Angleterre, qui vit avec une secrète joie la France elle-même proclamer ses principes et autoriser son usurpation. Sans doute les Américains n'étaient plus que les facteurs de l'Angleterre; mais des lois municipales, réglementaires du commerce en France avec les Américains, auraient détruit un ordre de choses contraire aux intérêts de la France: la République aurait pu déclarer tout au plus que les marchandises anglaises seraient marchandises de contrebande pour les pavillons qui auraient reconnu les nouvelles prétentions de l'Angleterre.

Le résultat de cette loi fut désastreux pour les Américains. Les corsaires français firent de nombreuses prises, et, aux termes de la loi, toutes étaient bonnes, car il suffisait qu'un navire américain eût quelques tonneaux de marchandises anglaises à son bord pour que toute la cargaison fût confiscable.

Dans le même temps, comme s'il n'y avait pas déjà assez de causes d'irritation et de désunion entre les deux pays, le Directoire fit demander aux envoyés américains un emprunt de 48 millions de francs, se fondant sur celui que les États-Unis avaient fait autrefois à la France pour se soustraire au joug de l'Angleterre. Les agents d'intrigues dont le ministère des relations extérieures était rempli à cette époque insinuèrent qu'on se désisterait de l'emprunt pour une somme de 1.200,000 fr. qui devait se partager entre le directeur Barras et le ministre Talleyrand.

Après ces mesures hostiles, il demande un prêt aux États-Unis.

Ces nouvelles arrivèrent en Amérique dans le mois de mars; le président en informa la chambre le 4 avril. Tous les esprits se rallièrent autour de lui, on crut même l'indépendance de l'Amérique menacée. Toutes les gazettes, toutes les nouvelles étaient pleines des préparatifs qui se faisaient en France pour l'expédition d'Égypte; et, soit que le gouvernement américain craignît réellement une invasion, soit qu'il feignît de le croire pour donner plus de mouvement aux esprits et renforcer le parti fédéraliste, il fit proposer le commandement de l'armée de défense au général Washington. Le 26 mai un acte du congrès autorisa le président à enjoindre aux commandants des vaisseaux de guerre américains de s'emparer de tout vais-

Impression produite en Amérique par les actes du Directoire; les États-Unis se préparent à la lutte

seau qui serait trouvé près des côtes et dont l'intention serait de commettre des déprédations sur les navires appartenant à des citoyens des États-Unis, et de reprendre ceux de ces vaisseaux qui auraient été capturés. Le 9 juin un nouveau bill suspendit toutes les relations commerciales avec la France. Le 25 un troisième bill déclara nuls les traités de 1778 et la convention consulaire du 4 novembre 1788, portant que les États-Unis sont délivrés et exonérés des stipulations desdits traités. Ce bill fut motivé, 1° sur ce que la République française avait itérativement violé les traités conclus avec les États-Unis, au grand détriment des citoyens de ce pays, en confisquant, par exemple, des marchandises ennemies à bord des bâtiments américains, tandis qu'il était convenu que le bâtiment sauverait la cargaison; en équipant des corsaires, contre les droits de la neutralité, dans les ports de l'Union; en traitant les matelots américains trouvés à bord des navires ennemis comme des pirates, etc. 2° sur ce que la France, malgré le désir des États-Unis d'entamer une négociation amicale, et au lieu de réparer le dommage causé par tant d'injustices, osait, d'un ton hautain, demander un tribut, en forme de prêt ou autrement. Vers la fin du mois de juillet, le dernier plénipotentiaire américain, M. de Gerry, qui était resté jusqu'alors à Paris, partit pour l'Amérique.

Exposé de leurs griefs.

La France venait d'être humiliée; la deuxième coalition s'était emparée de l'Italie et avait attaqué la Hollande. Le gouvernement français fit faire quelques démarches par son ministre en Hollande, M. Pichon, près de l'envoyé américain auprès de cette puissance. Des ouvertures furent faites au président des États-Unis, M. Adams. Celui-ci annonçant, à l'ouverture du congrès, les tentatives faites par le gouvernement français pour rouvrir les négociations, disait que, bien que le désir du gou-

Après les revers de 1798, le Directoire fait les premières avances d'un raccommodement.

vernement des États-Unis fût de ne pas rompre entièrement avec la France, il était cependant impossible d'y envoyer de nouveaux plénipotentiaires sans dégrader la nation américaine, jusqu'à ce que le gouvernement français eût donné les assurances convenables que le droit sacré des ambassadeurs serait respecté. Il termina son discours en recommandant de faire de grands préparatifs pour la guerre. Mais la nation américaine était loin de partager les opinions de M. Adams sur la guerre avec la France. Le président céda à l'opinion générale, et, le 25 février 1799, nomma ministres plénipotentiaires près la République française, pour terminer tous les différends entre les deux puissances, MM. Ellsworth, Henry et Murray. Ils débarquèrent en France au commencement de 1800.

Les États-Unis envoient des plénipotentiaires à Paris.

La mort de Washington, qui eut lieu le 15 décembre 1799, fournit au Premier Consul une occasion de faire connaître ses sentiments pour les États-Unis d'Amérique. Il porta le deuil de ce grand citoyen et le fit porter à toute l'armée par l'ordre du jour suivant, en date du 9 février 1800 :

Napoléon saisit le prétexte de la mort de Washington pour faire connaître ses sentiments aux États-Unis.

« Washington est mort! Ce grand homme s'est battu contre la tyrannie; il a consolidé la liberté de sa patrie. Sa mémoire sera toujours chère au peuple français, comme à tous les hommes libres des deux mondes, et spécialement aux soldats français, qui, comme lui et les soldats américains, se battent pour l'égalité, la liberté. »

Le Premier Consul ordonna en outre que, pendant six jours, des crêpes noirs seraient suspendus à tous les drapeaux et guidons de la République. Le 9 février une cérémonie eut lieu à Paris, au Champ de Mars. On y porta en grande pompe les trophées conquis par l'armée d'Orient; on y rendit un nouvel hommage au héros américain, dont M. de Fontanes prononça

Honneurs rendus en France à la mémoire de ce grand citoyen.

45.

l'oraison funèbre devant toutes les autorités civiles et militaires de la capitale. Ces circonstances ne laissèrent plus aucun doute dans l'esprit des envoyés des États-Unis sur le succès de leur négociation.

V

<small>Les puissances du Nord restent fidèles aux principes de la neutralité.</small>

Le traité de 1794, entre l'Angleterre et l'Amérique, avait été un vrai triomphe pour l'Angleterre; mais il avait été désapprouvé par les puissances neutres de l'Europe. En toute occasion le Danemark, la Suède, la Russie proclamaient avec affectation les principes de la neutralité armée de 1780.

<small>Attentat des Anglais contre des frégates danoises escortant un convoi de marchandises.</small>

Le 4 juillet 1798 la frégate suédoise *la Troya*, escortant un convoi, fut rencontrée par une escadre anglaise, qui l'obligea de se rendre à Margate avec les navires qu'elle accompagnait. Aussitôt que le roi de Suède en fut informé il donna ordre au commandant du convoi de se rendre à sa destination. Mais, quelque temps après, un deuxième convoi, sorti des ports de Suède sous l'escorte d'une frégate, *la Hulla Fersen*, commandée par M. de Cederstrom, éprouva le même sort que la première. Le roi de Suède fit traduire devant un conseil de guerre les deux officiers commandant les frégates d'escorte: M. de Cederstrom fut condamné à mort.

<small>L'état du continent encourage les prétentions de l'Angleterre.</small>

A la même époque, un vaisseau anglais s'empara d'un navire suédois et le conduisit à Elseneur; mais bientôt, bloqué dans ce port par plusieurs frégates danoises, il fut obligé de rendre sa prise. Pendant les deux années suivantes, les esprits s'aigrirent encore. La destruction de l'escadre française à Aboukir, les malheurs de la France dans la campagne de 1799, accrurent la superbe anglaise.

A la fin de décembre 1799, la frégate danoise *la Haufenen*, capitaine Van Dockum, escortait des bâtiments marchands de cette nation, et entrait dans le détroit, lorsqu'elle fut rencontrée par plusieurs frégates anglaises. L'une d'elles envoya un canot pour faire connaître au capitaine danois qu'on allait visiter son convoi. Celui-ci répondit que ce convoi était de sa nation, qu'il était sous son escorte, qu'il en garantissait le pavillon et le chargement, et qu'il ne souffrirait pas qu'on le visitât. Aussitôt un canot anglais se dirigea sur un navire du convoi pour le visiter. La frégate danoise fit feu, blessa un Anglais et s'empara du canot; mais le capitaine Van Dockum le relâcha sur la menace des Anglais de commencer aussitôt les hostilités. Le convoi fut conduit à Gibraltar.

<small>Autre attentat contre un navire danois qui fait résistance.</small>

Dans une note par laquelle M. Merry, envoyé anglais à Copenhague, demanda, le 10 avril 1800, le désaveu, l'excuse et la réparation qu'était en droit d'attendre le gouvernement britannique, il dit : « Le droit de visiter et d'examiner les vaisseaux marchands en pleine mer, de quelque nation qu'ils soient et quelle que soit leur cargaison ou destination, le gouvernement britannique le regarde comme le droit incontestable de toute nation en guerre, droit qui est fondé sur celui des gens et qui a été généralement admis et reconnu. »

<small>L'Angleterre demande réparation en la fondant sur son droit absolu de visite.</small>

A cette note, M. Bernstorff, ministre de Danemark, répondit que le droit de faire visiter les bâtiments convoyés n'avait été reconnu par aucune puissance maritime indépendante, et qu'elles ne pourraient le faire sans avilir leur propre pavillon; que le droit conventionnel de visiter un bâtiment marchand neutre avait été attribué aux puissances belligérantes, seulement pour s'assurer de la sincérité du pavillon; que cette vérité était bien mieux constatée quand c'était un bâtiment de guerre de la nation neutre qui le certifiait; que, s'il en était autrement,

<small>Réponse du ministre de Danemark, conforme aux principes de neutralité.</small>

il s'ensuivrait que les plus grandes escadres escortant un convoi seraient soumises à l'affront de le laisser visiter par un brick ou même par un corsaire. Il termina en disant que le capitaine danois qui avait repoussé une violence à laquelle il ne devait pas s'attendre n'avait fait que son devoir.

Affaire de la frégate danoise la Freya

La frégate danoise *la Freya*, escortant un convoi marchand, se trouva, le 25 juillet 1800, à l'entrée de la Manche, en présence de quatre frégates anglaises, sur les onze heures du matin. L'une d'elles envoya à bord de la frégate danoise un officier pour demander où elle allait et prévenir qu'il allait visiter le convoi. Le capitaine Krapp répondit que son convoi était danois; il montra à l'officier anglais les papiers et les certificats qui constataient sa mission, et fit connaître qu'il s'opposerait à toute visite. Alors une frégate anglaise se dirigea sur le convoi, qui reçut ordre de se rallier à *la Freya*. En même temps une autre frégate s'approcha de cette dernière et tira sur un bâtiment marchand. Le danois répondit à son feu, mais de façon que le boulet passât par-dessus la frégate anglaise. Sur les huit heures, le commodore anglais arriva avec son vaisseau près de *la Freya*, et réitéra la demande de visiter le convoi sans aucune opposition. Sur le refus du capitaine Krapp, une chaloupe anglaise se dirigea sur le vaisseau marchand le plus voisin. Le capitaine danois donna ordre de tirer sur la chaloupe; alors le commodore anglais, qui prenait en flanc *la Freya* lui envoya toute sa bordée. Cette dernière riposta, se battit une heure contre les quatre frégates anglaises, et, perdant l'espoir de vaincre des forces si supérieures, amena son pavillon. Elle avait reçu trente boulets dans sa coque et un grand nombre dans ses mâts et agrès. Elle fut conduite avec le convoi aux Dunes, où on la fit mouiller à côté du vaisseau amiral. Les Anglais firent hisser, à bord de *la Freya*, le pavillon danois, et y mirent une garde de soldats anglais sans armes.

Cependant les esprits étaient fort aigris. Le Danemark, la Suède, la Russie, armaient leurs escadres et annonçaient hautement l'intention de soutenir leurs droits par les armes. Lord Withworth fut envoyé à Copenhague, où il arriva le 11 juillet, avec les pouvoirs nécessaires pour aviser à un moyen d'accommodement. Ce négociateur fut appuyé par une flotte de vingt-cinq vaisseaux de ligne, sous les ordres de l'amiral Dikinson, qui parut le 19 août devant le Sund. Tout était en armes sur la côte de Danemark; on s'attendait à chaque instant au commencement des hostilités; mais les flottes alliées de la Suède et de la Russie n'étaient pas prêtes. Ces puissances avaient espéré que des menaces seraient suffisantes. Comme elles n'avaient pas prévu une attaque si subite, aucun traité n'avait été contracté entre elles à ce sujet. Après de longues conférences, lord Withworth et le comte de Bernstorff signèrent une convention le 31 août. Il y fut stipulé : 1° que le droit de visiter les bâtiments allant sans convoi était renvoyé à une discussion ultérieure; 2° que Sa Majesté Danoise, pour éviter les événements pareils à celui de la frégate *la Freya*, se dispenserait de convoyer aucun de ses bâtiments marchands, jusqu'à ce que des explications ultérieures sur cet objet eussent pu effectuer une convention définitive; 3° que *la Freya* et le convoi seraient relâchés; que la frégate trouverait, dans les ports de Sa Majesté Britannique, tout ce dont elle aurait besoin pour se réparer, et ce suivant l'usage entre les puissances amies et alliées.

<small>Les hostilités sont sur le point d'éclater. Mission de lord Withworth à Copenhague.</small>

<small>Convention signée entre l'Angleterre et le Danemark.</small>

On voit que l'Angleterre et le Danemark cherchaient également à gagner du temps. Par cette convention, faite sous le

<small>Elle n'est qu'un moyen de gagner du temps.</small>

canon d'une flotte anglaise supérieure, le Danemark échappa au danger imminent qui le menaçait. Il ne reconnut aucune des prétentions de l'Angleterre; seulement il sacrifia son juste ressentiment et les réparations qu'il était en droit de demander pour les outrages faits à son pavillon.

<small>Attitude de la Russie.</small>

Aussitôt que l'empereur de Russie, Paul Ier, fut informé de l'entrée d'une flotte anglaise dans la Baltique avec des intentions hostiles, il fit mettre le séquestre sur tous les bâtiments anglais qui se trouvaient dans ses ports; il y en avait plusieurs centaines. Il fit délivrer à tous les capitaines des navires qui partaient des ports russes une déclaration portant que la visite de tout bâtiment russe par un bâtiment anglais serait considérée comme une déclaration de guerre.

VI

<small>Négociations de Mortfontaine avec les plénipotentiaires américains.</small>

Le Premier Consul nomma, pour traiter avec les ministres des États-Unis, les conseillers d'état Joseph Bonaparte, Rœderer et Fleurieu. Les conférences eurent lieu successivement à Paris et à Mortfontaine; on éprouva beaucoup de difficultés. Les deux républiques avaient-elles été en guerre ou en paix? Ni l'une ni l'autre n'avaient fait de déclaration de guerre, mais le gouvernement américain avait, par le bill du 7 juillet 1798, déclaré les États-Unis exonérés des droits que la France avait acquis par le traité du 6 février 1778. Les envoyés ne voulaient pas revenir sur ce bill; cependant on ne peut perdre des droits acquis par des traités que de deux manières, par son propre consentement ou par l'effet de la guerre. Les Américains demandaient à être indemnisés de toutes les pertes que leur avaient fait éprouver les corsaires français et, en dernier lieu, la loi du 18 janvier 1798. Ils convenaient que, de leur côté, ils dédommageraient le commerce français de celles qu'il avait essuyées. Mais la balance de ces indemnités était de beaucoup à l'avantage de l'Amérique. Les plénipotentiaires français firent aux ministres américains le dilemme suivant : « Nous sommes en guerre ou en paix. Si nous sommes en paix et que notre état actuel ne soit qu'un état de mésintelligence, la France doit liquider tout le tort que ses corsaires vous auront fait. Vous avez évidemment perdu plus que nous, nous devons solder la différence. Mais alors les choses doivent être établies comme elles étaient auparavant et nous devons jouir de tous les priviléges dont nous jouissions en 1778. Si au contraire nous sommes en état de guerre, vous n'avez pas droit d'exiger des indemnités pour vos pertes, tout comme nous n'avons pas le droit d'exiger les priviléges des traités que la guerre a rompus. » Les ministres américains se trouvèrent fort embarrassés. Après de longues discussions, on adopta le *mezzo-termine* de déclarer qu'une convention ultérieure statuerait sur l'une ou l'autre de ces situations.

Cette difficulté une fois écartée, il ne restait plus qu'à stipuler pour l'avenir, et l'on aborda franchement les principes des droits des neutres. L'aigreur qui existait entre les puissances du Nord et l'Angleterre, les divers combats qui avaient déjà eu lieu, plusieurs causes qui avaient influé sur le caractère de l'empereur Paul, la victoire de Marengo, qui avait changé la face de l'Europe, tout faisait sentir de quelle utilité, pour les affaires générales, serait une déclaration claire et libérale des principes du droit maritime.

Il fut expressément reconnu dans le nouveau traité : 1° que le pavillon couvre la marchandise; 2° que les objets de contrebande ne doivent s'entendre que des munitions de guerre, canons, fusils, poudre, boulets, cuirasses, selles, etc. 3° que la visite qui serait faite d'un navire neutre, pour s'assurer de son pavillon et des objets de contrebande, ne pourrait avoir lieu que hors de la portée du canon du bâtiment de guerre visitant; que deux ou trois hommes au plus monteraient à bord du neutre; que, dans aucun cas, on ne pourrait obliger le navire neutre d'envoyer à bord du bâtiment visitant; que chaque bâtiment serait porteur d'un certificat qui justifierait de son pavillon; que l'aspect seul de ce certificat serait suffisant; qu'un bâtiment qui porterait de la contrebande ne serait soumis qu'à la confiscation de cette contrebande; qu'aucun bâtiment convoyé ne serait soumis à la visite; que la déclaration du commandant de l'escorte du convoi suffirait; que le droit de blocus ne devait s'appliquer qu'aux places réellement bloquées, où l'on ne peut entrer sans un danger évident, et non à celles qui sont censées bloquées par des croisières; que les propriétés ennemies étaient couvertes par le pavillon neutre, tout comme les marchandises neutres trouvées à bord des bâtiments ennemis suivaient le sort de ces bâtiments, excepté toutefois pendant les deux premiers mois après la déclaration de guerre; que les vaisseaux et corsaires des deux nations seraient traités, dans les ports respectifs, comme ceux de la nation la plus favorisée.

Fête donnée à cette occasion; Napoléon y assiste.

Ce traité fut signé par les ministres plénipotentiaires des deux puissances à Paris, le 30 septembre 1800. Le 3 octobre suivant M. Joseph Bonaparte, président de la commission chargée de la négociation, donna une fête, dans sa terre de Mortfontaine, aux envoyés américains; le Premier Consul y assista. Des emblèmes ingénieux, des inscriptions heureuses rappelaient les principaux événements de la guerre de l'indépendance américaine; partout on voyait réunies les armes des deux républiques. Pendant le dîner, le Premier Consul porta le toast suivant : « Aux mânes des Français et des Américains morts sur le champ de bataille pour l'indépendance du Nouveau Monde. » Celui-ci fut porté par le consul Cambacérès : « Au successeur de Washington. » Et le consul Lebrun porta le sien ainsi : « A l'union de l'Amérique avec les puissances du Nord pour faire respecter la liberté des mers. » Le lendemain, 4 octobre, les ministres américains prirent congé du Premier Consul. On remarqua dans leur discours la phrase suivante : « Qu'ils espéraient que la convention signée le 30 septembre serait la base d'une amitié durable entre la France et l'Amérique, et que les ministres américains n'omettraient rien pour concourir à ce but. » Le Premier Consul répondit « que les différends qui avaient existé étaient terminés; qu'il n'en devait pas plus rester de trace que de démêlés de famille; que les principes libéraux consacrés dans la convention du 30 septembre, sur l'article de la navigation, devaient être la base du rapprochement des deux républiques comme ils l'étaient de leurs intérêts; et qu'il devenait, dans les circonstances présentes, plus important que jamais pour les deux nations d'y adhérer. »

Témoignages d'entente cordiale échangés entre le gouvernement français et les ministres américains.

Le traité fut ratifié, le 18 février 1801, par le président des États-Unis, qui en supprima l'article 2, ainsi conçu :

« Les ministres plénipotentiaires des deux parties ne pouvant pour le présent s'accorder relativement au traité d'alliance du 6 février 1778, au traité d'amitié et de commerce de la même date et à la convention en date du 4 novembre 1788, non plus que relativement aux indemnités mutuellement dues ou réclamées, les parties négocieront ultérieurement sur ces objets

Le président des États-Unis, en ratifiant le traité, supprime l'article qui réservait le débat de certaines questions.

dans un temps convenable; et, jusqu'à ce qu'elles se soient accordées sur ces points, lesdits traités et convention n'auront point d'effet, et les relations des deux nations seront réglées ainsi qu'il suit, etc. »

<small>Cette suppression ne contrariait pas les vues de Napoléon.</small>

La suppression de cet article faisait cesser à la fois les priviléges qu'avait la France par le traité de 1778, et annulait les justes réclamations que pouvait faire l'Amérique pour des torts éprouvés en temps de paix. C'était justement ce que le Premier Consul s'était proposé en établissant ces deux objets l'un comme la balance de l'autre. Sans cela, il eût été impossible de satisfaire le commerce des États-Unis, et de lui faire oublier les pertes qu'il avait éprouvées. La ratification que donna le Premier Consul le 31 juillet 1801 portait que, bien entendu, la suppression de l'article 2 annulait toute espèce de réclamation d'indemnités, etc.

<small>Il eût été facile de ne pas déroger aux usages qui veulent que la ratification ne modifie en rien le traité.</small>

Il n'est pas d'usage de faire des modifications aux ratifications. Rien n'est plus contraire au but de tout traité de paix, qui est de rétablir la bonne harmonie. Les ratifications doivent toujours être pures et simples ; le traité doit y être transcrit sans qu'il y soit opéré de changement, afin d'éviter d'embrouiller les questions. Si cet événement avait pu être prévu, les plénipotentiaires auraient fait deux copies, l'une avec l'article 2 et l'autre sans cet article : tout alors aurait été suivant les règles.

VII

<small>Le czar Paul Ier, après les revers de ses armées, est prêt à se détacher de la coalition ; ses griefs contre l'Angleterre et l'Autriche.</small>

L'empereur Paul avait succédé à l'impératrice Catherine II. Ennemi jusqu'au délire de la révolution française, ce que sa mère s'était contentée de promettre il l'avait effectué : il avait pris part à la deuxième coalition. Le général Souwarof, à la tête de 60,000 Russes, s'avança en Italie, tandis qu'une autre armée russe entrait en Suisse et qu'un corps de 15,000 hommes était mis par le czar à la disposition du duc d'York pour conquérir la Hollande. C'était tout ce que l'empire russe avait de troupes disponibles. Vainqueur aux batailles de Cassano, de la Trebbia, de Novi, Souwarof avait perdu la moitié de son armée dans le Saint-Gothard et dans les différentes vallées de la Suisse, après la bataille de Zurich, où Korsakof avait été pris. Paul sentit alors toute l'imprudence de sa conduite, et en 1800 Souwarof retourna en Russie, ramenant avec lui à peine le quart de son armée. L'empereur Paul se plaignait amèrement d'avoir perdu l'élite de ses troupes, qui n'avaient été secondées ni par les Autrichiens ni par les Anglais. Il reprochait au cabinet de Vienne de s'être refusé, après la conquête du Piémont, à remettre sur son trône le roi de Sardaigne, de n'être point animé d'idées grandes et généreuses, mais de se laisser entièrement dominer par des vues de calcul et d'intérêt. Il se plaignait aussi de ce que les Anglais, maîtres de Malte, au lieu de rétablir l'ordre de Saint-Jean et de restituer cette île aux chevaliers, se l'étaient appropriée.

Le Premier Consul ne négligeait rien pour faire fructifier ces germes de mécontentement. Peu après la bataille de Marengo, il trouva le moyen de flatter l'imagination vive et impétueuse du czar en lui envoyant l'épée que le pape Léon X avait donnée à L'Isle-Adam comme un témoignage de sa satisfaction pour avoir défendu Rhodes contre les infidèles.

<small>Napoléon s'applique à plaire au czar.</small>

8 à 10,000 soldats russes avaient été faits prisonniers en Italie, à Zurich, en Hollande; le Premier Consul proposa leur échange aux Anglais et aux Autrichiens. Les uns et les autres refusèrent : les Autrichiens, parce qu'ils avaient encore beau-

<small>Il propose à l'Angleterre et à l'Autriche d'échanger les prisonniers russes.</small>

coup de leurs prisonniers en France; et les Anglais, quoiqu'ils eussent un grand nombre de prisonniers français, parce que, suivant eux, cette proposition était contraire à leurs principes. « Quoi! disait-on au cabinet de Saint-James, vous refusez d'échanger même les Russes qui ont été pris en Hollande en combattant dans vos propres rangs sous le duc d'York! Comment! disait-on au cabinet de Vienne, vous ne voulez pas rendre à leur patrie ces hommes du Nord à qui vous devez les victoires de la Trebbia, de Novi, vos conquêtes en Italie, et qui ont laissé chez vous une foule de Français qu'ils ont faits prisonniers! Tant d'injustice m'indigne, dit le Premier Consul. Eh bien! je les rendrai au czar sans échange: il verra l'estime que je fais des braves. » Les officiers russes prisonniers reçurent sur-le-champ des épées et les troupes de cette nation furent réunies à Aix-la-Chapelle, où bientôt elles furent habillées complétement à neuf et armées de belles armes de nos manufactures. Un général russe fut chargé de les organiser en bataillons, en régiments. Ce coup retentit à la fois à Londres et à Saint-Pétersbourg.

Attaqué par tant de points différents, Paul s'exalta et porta tout le feu de son imagination, toute l'ardeur de ses vœux, vers la France. Il expédia un courrier au Premier Consul avec une lettre, où il disait : « Citoyen Premier Consul, je ne vous écris point pour entrer en discussion sur les droits de l'homme ou du citoyen: chaque pays se gouverne comme il l'entend. Partout où je vois à la tête d'un pays un homme qui sait gouverner et se battre, mon cœur se porte vers lui. Je vous écris pour vous faire connaître le mécontentement que j'ai contre l'Angleterre, qui viole tous les droits des nations et qui n'est jamais guidée que par son égoïsme et son intérêt. Je veux m'unir avec vous pour mettre un terme aux injustices de ce gouvernement. »

Au commencement de décembre 1800, le général Sprengporten, Finlandais, qui avait passé au service de la Russie et qui de cœur était attaché à la France, arriva à Paris. Il portait des lettres de l'empereur Paul; il était chargé de prendre le commandement des prisonniers russes et de les ramener dans leur patrie. Tous les officiers de cette nation qui retournaient en Russie se louaient sans cesse des bons traitements et des égards qu'ils avaient reçus en France, surtout depuis l'arrivée du Premier Consul. Bientôt la correspondance entre l'empereur Paul et ce dernier devint journalière; ils traitaient directement des plus grands intérêts et des moyens d'humilier la puissance anglaise. Le général Sprengporten n'était pas chargé de traiter de la paix, il n'en avait pas les pouvoirs. Il n'était pas non plus ambassadeur, la paix n'existait pas. C'était donc une mission extraordinaire, ce qui permit d'accorder sans conséquence à ce général toutes les distinctions propres à flatter le souverain qui l'avait envoyé.

Mission du général Sprengporten à Paris; entente de la France et de la Russie.

VIII

L'expédition de l'amiral Dikinson et la convention préalable de Copenhague, qui en avait été la suite, avaient déconcerté le projet des trois puissances maritimes du Nord d'opposer une ligue à la tyrannie des Anglais. Ceux-ci continuaient de violer tous les droits des neutres; ils disaient que, puisqu'ils avaient pu attaquer, prendre et conduire en Angleterre la frégate *la Freya* avec son convoi, sans que, malgré cet événement, le Danemark eût cessé d'être allié et ami de l'Angleterre, la con-

Les Anglais profitent de la soumission momentanée du Danemark pour continuer leurs violations du droit des neutres.

duite de la croisière anglaise avait été légitime, et que le Danemark avait, par cela même, reconnu le principe qu'il ne pouvait convoyer ses bâtiments. Néanmoins cette dernière puissance était loin d'approuver l'insolence des prétentions de l'Angleterre. Prise isolément et au dépourvu, elle avait cédé; mais elle espérait qu'à la faveur des glaces qui allaient fermer le Sund et la Baltique, elle pourrait, agissant de concert avec la Suède et la Russie, faire reconnaître les droits des puissances neutres.

<small>Indignation des puissances neutres.</small>

La Suède était indignée de la conduite du cabinet de Saint-James; quant à la Russie, nous avons déjà fait connaître ses motifs de haine contre les Anglais. Le traité du 30 septembre, entre la France et l'Amérique, venait de proclamer de nouveau les principes de l'indépendance des mers; l'hiver était arrivé: le czar se déclara ouvertement pour ces principes que, dès le 15 août, il avait proposé aux puissances du Nord de reconnaître.

<small>Le czar se déclare contre l'Angleterre.</small>

Le 17 novembre 1800, l'empereur Paul ordonna par un ukase que tous les effets et marchandises anglaises qui étaient arrêtés dans ses états par suite de l'embargo qu'il avait mis sur les navires de cette nation fussent réunis en une masse pour liquider tout ce qui serait dû aux Russes par les Anglais. Il nomma une commission de négociants, qu'il chargea de cette opération. Les équipages des bâtiments furent considérés comme prisonniers de guerre, et envoyés dans l'intérieur de l'empire.

<small>Quadruple alliance des puissances du Nord pour soutenir les droits de la neutralité.</small>

Enfin, le 16 décembre, une convention fut signée entre la Russie, la Suède et le Danemark pour soutenir les droits de la neutralité; peu après la Prusse y adhéra. Cette convention fut appelée *la quadruple alliance*. Ses principales dispositions sont: 1° le pavillon couvre la marchandise; 2° tout bâtiment convoyé ne peut être visité; 3° ne peuvent être considérés comme effets de contrebande que les munitions de guerre, telles que canons, etc. 4° le droit de blocus ne peut être appliqué qu'à un port réellement bloqué; 5° tout bâtiment neutre doit avoir son capitaine et la moitié de son équipage de la nation dont il porte le pavillon; 6° les bâtiments de guerre de chacune des puissances contractantes protégeront et convoieront les bâtiments de commerce des deux autres; 7° une escadre combinée sera réunie dans la Baltique pour assurer l'exécution de cette convention.

Le 17 décembre le gouvernement anglais ordonna la course sur les bâtiments russes; et, le 14 janvier 1801, en représailles de la convention du 16 décembre 1800, qu'il appelait attentatoire à ses droits, il ordonna un embargo général sur tous les bâtiments appartenant aux trois puissances qui avaient signé la convention. *Représailles ordonnées par l'Angleterre contre les puissances signataires.*

Aussitôt qu'elle avait été ratifiée, l'empereur Paul avait expédié un officier au Premier Consul pour la lui faire connaître. Cet officier lui fut présenté à la Malmaison le 20 janvier 1801, et lui remit les lettres de son souverain. Le même jour parut un arrêté des consuls qui défendit la course sur les bâtiments russes. Il n'y fut pas question des bâtiments danois et suédois, parce que la France était en paix avec ces puissances. *Napoléon défend la course contre les navires russes.*

Le 12 février la cour de Berlin fait connaître au gouvernement anglais qu'elle accède à la convention des puissances du Nord. Elle le somme de révoquer et de lever l'embargo mis, en Angleterre, sur les bâtiments danois et suédois, en haine d'un principe général, distinguant ce qui est relatif à ces deux puissances de ce qui est relatif à la Russie seule. *La cour de Berlin adresse une sommation à l'Angleterre.*

Le ministre de Suède en Angleterre remet, le 4 mars, au cabinet britannique une note dans laquelle il donne connaissance du traité du 16 décembre 1800. Il s'étonne de l'assertion *La Suède réclame contre l'interprétation hostile faite par l'Angleterre du traité de quadruple alliance.*

de l'Angleterre, que la Suède et les puissances du Nord veulent innover, tandis qu'elles ne soutiennent que les droits établis et reconnus par toutes les puissances dans les traités antérieurs, et notamment par l'Angleterre elle-même, dans ceux de 1780, 1783 et 1794. Une convention pareille lia la Suède et le Danemark; l'Angleterre ne protesta pas et même resta spectatrice des préparatifs de guerre de ces puissances pour soutenir ce traité. Elle ne prétendit pas alors que ce traité et ces préparatifs fussent un acte d'hostilité; aujourd'hui elle se conduit autrement; mais cette différence ne vient pas de ce que les puissances ont ajouté à leurs demandes; elle n'est que la suite d'un principe maritime que l'Angleterre a adopté et voudrait faire adopter dans la présente guerre. Ainsi une puissance qui s'est vantée d'avoir pris les armes pour la liberté de l'Europe médite aujourd'hui l'asservissement des mers.

Récapitulation des griefs de la Suède.

Sa Majesté Suédoise récapitule les offenses impunies que les commandants des escadres anglaises se sont permises, même dans les ports de la Suède, les visites inquisitoriales que les croiseurs anglais ont fait subir aux navires suédois, l'arrestation des convois en 1798, l'outrage fait au pavillon suédois devant Barcelone, et le déni de justice dont se sont rendus coupables les tribunaux anglais. Sa Majesté Suédoise ne cherche pas à se venger, elle ne cherche qu'à assurer le respect dû à son pavillon. Cependant, en représailles de l'embargo mis par les Anglais, elle en a fait mettre un sur les navires de ceux-ci dans ses ports. Elle le lèvera lorsque le gouvernement anglais donnera satisfaction sur l'arrestation des convois en 1798, sur l'affaire devant Barcelone, et enfin sur l'embargo du 14 janvier 1801.

La teneur de la convention du 16 décembre fait assez voir

qu'il n'est question, pour la Suède, que des droits des neutres, et qu'elle reste étrangère à toute autre querelle. Le ministre suédois termine en demandant ses passe-ports.

La Suède n'avait d'autre but que de défendre les droits des neutres.

Lord Hawkesbury répondit à cette note que Sa Majesté Britannique avait proclamé plusieurs fois son droit invariable de défendre les principes maritimes qu'une expérience de plusieurs années avait fait connaître comme les meilleurs pour garantir les droits des puissances belligérantes. Rétablir les principes de 1780 est un acte d'hostilité dans ce temps-ci. L'embargo sur les bâtiments suédois sera maintenu tant que Sa Majesté Suédoise continuera à faire partie d'une confédération tendante à établir un système de droits incompatible avec la dignité, l'indépendance de la couronne d'Angleterre, les droits et l'intérêt de ses peuples. L'on voit, par cette réponse de lord Hawkesbury, que le droit que réclame l'Angleterre est postérieur au traité de 1780. Il eût donc fallu qu'il citât les traités par lesquels, depuis cette époque, les puissances ont reconnu les nouveaux principes de la Grande-Bretagne sur les neutres.

Réponse du cabinet anglais; il persiste à trouver un caractère hostile à la confédération des neutres.

IX

La guerre se trouvait ainsi déclarée entre l'Angleterre, d'une part, la Russie, la Suède, le Danemark, de l'autre. Les glaces rendaient la Baltique impraticable : des expéditions anglaises furent envoyées pour s'emparer des colonies danoises et suédoises dans les Indes occidentales. Dans le courant de mars 1800 les îles de Sainte-Croix, Saint-Thomas, Saint-Bartholomé, tombèrent sous la domination britannique.

Guerre entre l'Angleterre et les puissances du Nord.

Le 29 mars, le prince de Hesse, commandant les troupes danoises, entra dans Hambourg, afin d'intercepter l'Elbe au

Hambourg est occupé par les Danois.

47.

commerce anglais. Dans la proclamation de ce général, le Danemark se fonde sur la nécessité de prendre tous les moyens qui peuvent nuire à l'Angleterre, et l'obliger à respecter enfin les droits des nations et surtout ceux des neutres.

La Prusse entre dans le Hanovre.

De son côté, le cabinet de Berlin fit prendre possession du Hanovre, et ferma ainsi aux Anglais les bouches de l'Ems et du Weser. Le général prussien, dans son manifeste, motive cette mesure sur les outrages dont les Anglais abreuvent constamment les nations neutres, sur les pertes qu'ils leur font supporter, enfin sur les nouveaux droits maritimes que l'Angleterre prétend faire reconnaître.

Les ports de la Baltique et de la mer du Nord sont fermés à l'Angleterre.

Une convention eut lieu, le 3 avril, entre la régence et les ministres prussiens, par laquelle l'armée hanovrienne fut licenciée, et les places livrées aux troupes prussiennes. La régence s'engageait, de plus, à obéir aux autorités de cette nation. Ainsi le roi d'Angleterre avait perdu ses états de Hanovre; mais, ce qui était d'une plus grande conséquence pour lui, la Baltique, l'Elbe, le Weser, l'Ems, lui étaient fermés comme la Hollande, la France et l'Espagne. C'était un coup terrible porté au commerce des Anglais, et dont les effets étaient tels, que sa prorogation seule les eût obligés de renoncer à leur système.

Efforts des puissances neutres pour réunir une flotte capable de résister aux Anglais.

Cependant les puissances maritimes du Nord armaient avec activité. Douze vaisseaux de ligne russes étaient mouillés à Revel, sept vaisseaux suédois étaient prêts à Carlscrona; ce qui, joint à un pareil nombre de vaisseaux danois, eût formé une flotte combinée de vingt-deux à vingt-quatre vaisseaux de ligne, qui aurait été successivement augmentée, les trois puissances pouvant la porter jusqu'à trente-six et quarante vaisseaux.

Quelque grandes que fussent les forces navales de l'Angleterre, une pareille flotte était respectable. L'Angleterre était obligée d'avoir une escadre dans la Méditerranée pour empêcher la France d'envoyer des forces en Égypte et pour protéger le commerce anglais. Le désastre d'Aboukir était en partie réparé, et il y avait en rade à Toulon une escadre de plusieurs vaisseaux. Les Anglais étaient également forcés d'avoir une escadre devant Cadix pour l'opposer aux vaisseaux espagnols et empêcher les divisions françaises de passer le détroit. Une flotte française et espagnole était dans Brest. Il leur fallait, en outre, une escadre devant le Texel ; mais, au commencement d'avril, les flottes russe, danoise et suédoise, n'étaient pas encore réunies, quoiqu'elles eussent pu l'être au commencement de mars. C'est sur ce retard que le gouvernement anglais basa son plan d'opérations pour attaquer successivement les trois puissances maritimes de la Baltique, en portant d'abord tous ses efforts sur le Danemark, et obligeant cette puissance à renoncer à la convention du 16 décembre 1800 et à recevoir les vaisseaux anglais dans ses ports.

Situation critique de l'Angleterre, obligée de disséminer ses forces au Nord et dans la Méditerranée.

L'Angleterre se décide à porter tous ses efforts contre le Danemark.

X

Une flotte anglaise, forte de cinquante voiles, dont dix-sept vaisseaux de ligne, sous le commandement des amiraux Parker et Nelson, partit d'Yarmouth le 12 mars ; elle avait 10,000 hommes de troupes de débarquement. Le 15 elle essuya une violente tempête, qui la dispersa. Un vaisseau de 74, *l'Invincible*, fut jeté sur un banc, le Hammont-Bank, et périt corps et biens. Le 20 mars la flotte fut signalée dans le Cattegat. Le même jour une frégate conduisit à Elseneur le commissaire Vansittart, chargé, conjointement avec M. Drumond, de remettre l'ultimatum du gouvernement anglais. Le 24 ils revinrent à bord de la flotte et donnèrent des nouvelles de tout ce

Envoi d'une flotte anglaise sous le commandement des amiraux Parker et Nelson.

qui se passait à Copenhague et dans la Baltique. La flotte russe était encore à Revel et la flotte suédoise à Carlscrona. Les Anglais craignaient leur réunion. Le cabinet anglais avait donné pour instructions à l'amiral Parker de détacher le Danemark de l'alliance des deux puissances en agissant par la crainte ou par l'effet d'un bombardement. Le Danemark ainsi neutralisé, la flotte combinée se trouvait de beaucoup diminuée, et les Anglais avaient l'entrée libre de la Baltique. Il paraît que le conseil hésita sur la question de savoir s'il devait passer le Sund ou le grand Belt. Le Sund, entre Cronembourg et la côte suédoise, a 2,300 toises, la plus grande profondeur est à 1.500 toises des batteries d'Elseneur et à 800 de la côte de Suède. Si donc les deux côtes avaient été également armées, les vaisseaux anglais auraient été obligés de passer à la distance de 1,100 toises de ces batteries. A Elseneur et à Cronembourg on comptait plus de cent pièces ou mortiers en batterie. On conçoit les dommages qu'une escadre doit éprouver dans un pareil passage, tant par la perte des mâts, vergues, que par les accidents des bombes. D'un autre côté le passage par les Belts était très-difficile, et les officiers opposés à ce projet annonçaient que l'escadre danoise pouvait alors sortir de Copenhague pour aller se joindre aux flottes française et hollandaise.

Cependant l'amiral Parker se décida pour ce passage, et, le 26 mai, toute la flotte fit voile pour le grand Belt. Mais quelques bâtiments légers, qui éclairaient la flotte, ayant touché sur les roches, elle revint le même jour à son ancrage. L'amiral prit alors la résolution de passer par le Sund; et, après s'être assuré des intentions qu'avait le commandant de Cronembourg de défendre le passage, la flotte, profitant d'un vent favorable, se dirigea le 30 dans le Sund. La flottille de bombardes s'approcha d'Elseneur pour faire diversion, en bombardant la ville et le château; mais bientôt la flotte, s'étant aperçue que les batteries de la Suède ne tiraient pas, appuya sur cette côte et passa le détroit hors de la portée des batteries danoises, qui firent pleuvoir une grêle de bombes et de boulets. Tous les projectiles tombèrent à plus de cent toises de la flotte, qui ne perdit pas un seul homme. *Ils réussissent à passer en longeant la côte de Suède.*

Les Suédois, pour se justifier de la déloyauté de leur conduite, ont allégué que, pendant l'hiver, il n'avait pas été possible d'élever des batteries, ni même d'augmenter celle de six canons qui existait; que, d'ailleurs, le Danemark n'avait pas paru le désirer, dans la crainte probablement que la Suède ne fît de nouveau valoir ses anciennes prétentions, en voulant prendre la moitié du droit que le Danemark perçoit sur tous les bâtiments qui passent le détroit. Leur nombre est annuellement de 10 à 12,000; ce qui rapporte à cette puissance de 2,500,000 francs à 3 millions. On voit combien ces raisons sont futiles. Il ne fallait que peu de jours pour placer une centaine de bouches à feu en batterie; les préparatifs que l'Angleterre faisait depuis plusieurs mois pour cette expédition, et, en dernier lieu, la station de plusieurs jours de la flotte dans le Cattegat, avaient donné à la Suède bien au delà du temps qu'il lui fallait. *Pour quelles raisons les Suédois n'étaient pas en état d'arrêter la flotte anglaise.*

Le même jour, 30 mars, la flotte mouilla entre l'île de Huen et Copenhague. Aussitôt les amiraux anglais et les principaux officiers s'embarquèrent dans un schooner pour reconnaître la position des Danois. *Celle-ci mouille près de l'île de Huen.*

Lorsque l'on a passé le Sund, on n'est pas encore dans la Baltique. A 10 lieues d'Elseneur est Copenhague. Sur la droite de ce port se trouve l'île d'Amager, et, à 2 lieues de cette île, *L'entrée de la Baltique est défendue par les Danois; leurs dispositions.*

en avant, est le rocher de Saltholm. Il faut passer dans ce détroit, entre Saltholm et Copenhague, pour entrer dans la Baltique. Cette passe est encore divisée en deux canaux par un banc appelé le *Middle-Ground*, qui est situé vis-à-vis Copenhague; le canal royal est celui qui passe sous les murs de cette ville. La passe entre l'île d'Amager et Saltholm n'est bonne que pour des vaisseaux de 74; ceux à trois ponts la franchissent difficilement et sont même obligés de s'alléger d'une partie de leur artillerie. Les Danois avaient placé leur ligne d'embossage entre le banc et la ville, afin de s'opposer au mouillage des bombardes et chaloupes canonnières qui auraient pu passer au-dessus du banc. Les Danois croyaient ainsi mettre Copenhague à l'abri du bombardement.

Aspect redoutable que présente la ligne d'embossage des vaisseaux danois protégeant les passes de Copenhague.

La nuit du 30 fut employée par les Anglais à sonder le banc, et, le 31, les amiraux montèrent sur une frégate avec les officiers d'artillerie afin de reconnaître de nouveau la ligne ennemie et l'emplacement pour le mouillage des bombardes. Il fut reconnu que, si l'on pouvait détruire la ligne d'embossage, des bombardes pourraient se placer pour bombarder le port et la ville; mais que, tant que la ligne d'embossage existerait, cela serait impossible. La difficulté pour attaquer cette ligne était très-grande. On en était séparé par le banc de Middle-Ground, et le peu d'eau qui restait au-dessus de ce banc ne permettait pas aux vaisseaux de haut bord de le franchir. Il n'y avait donc de possibilité qu'en le doublant et venant ensuite, en le rasant par tribord, se placer entre lui et la ligne danoise, opération fort hasardeuse, 1° car on ne connaissait pas bien le gisement et la longueur du banc, et l'on n'avait que des pilotes anglais qui n'avaient navigué dans ces mers qu'avec des bâtiments de commerce. On sait d'ailleurs que les pilotes les plus habiles ne peuvent se guider, en pareille circonstance, que par les bouées; mais les Danois, avec raison, les avaient ôtées ou mal placées exprès; 2° les vaisseaux anglais, en doublant le banc, étaient exposés à tout le feu des Danois, jusqu'à ce qu'ils eussent pris leur ligne de bataille; 3° chaque vaisseau désemparé serait un vaisseau perdu, parce qu'il s'échouerait sur le banc, et cela sous le feu de la ligne et des batteries danoises.

Les personnes les plus prudentes croyaient qu'il ne fallait pas entreprendre une attaque qui pouvait entraîner la ruine de la flotte. Nelson pensa différemment et fit adopter le projet d'attaquer la ligne d'embossage et de s'emparer des batteries de la Couronne au moyen de 900 hommes de troupes. Appuyé à ces îles, le bombardement de Copenhague devenait facile, et le Danemark pouvait être considéré comme soumis. Le commandant en chef, ayant approuvé cette attaque, détacha, le 1er avril, Nelson avec douze vaisseaux de ligne et toutes les frégates et bombardes. Celui-ci mouilla le soir à Draco-Pointe, près du banc qui le séparait de la ligne ennemie, et si près d'elle que les mortiers de l'île d'Amager, qui tirèrent quelques coups, envoyèrent leurs bombes au milieu de l'escadre mouillée. Le 2, les circonstances du temps étant favorables, l'escadre anglaise doubla le banc, et, le rangeant à tribord, vint prendre la ligne entre lui et les Danois. Un vaisseau anglais de 74 toucha avant d'avoir doublé le banc, et deux autres s'échouèrent après l'avoir doublé. Ces trois vaisseaux, dans cette position, étaient exposés au feu de la ligne ennemie, qui leur envoya bon nombre de boulets.

La ligne d'embossage des Danois était appuyée, à sa gauche, aux batteries de la Couronne, îles factices à 600 toises de Copenhague, armées de 70 bouches à feu et défendues par 1,500

Nelson fait adopter l'avis de forcer la ligne des Danois.

Il effectue cette opération.

Comment était disposée la ligne d'embossage des Danois.

hommes d'élite, et sa droite se prolongeait sur l'île d'Amager. Pour défendre l'entrée du port, sur la gauche des Trois-Couronnes on avait placé quatre vaisseaux de ligne, dont deux entièrement armés et équipés. Le but de la ligne d'embossage étant de garantir le port et la ville d'un bombardement et de rester maître de toute la rade comprise entre le Middle-Ground et la ville, cette ligne avait été placée le plus près possible du banc. Sa droite était très en avant de l'île d'Amager; la ligne entière avait plus de 3,000 toises d'étendue et était formée par vingt bâtiments. C'étaient de vieux vaisseaux rasés, ne portant que la moitié de leur artillerie, ou des frégates et autres bâtiments installés en batteries flottantes, portant une douzaine de canons. Pour l'effet qu'elle devait produire, cette ligne était suffisamment forte et parfaitement placée; aucune bombarde ou chaloupe canonnière ne pouvait l'approcher. Pour les raisons ci-dessus énoncées, les Danois ne craignaient pas d'être attaqués par les vaisseaux de haut bord. Lors donc qu'ils virent la manœuvre de Nelson et qu'ils prévirent ce qu'il allait entreprendre, leur étonnement fut grand. Ils comprirent que leur ligne n'était pas assez forte et qu'il aurait fallu la former, non de carcasses de bâtiments, mais, au contraire, des meilleurs vaisseaux de leur escadre; qu'elle avait trop d'étendue pour le nombre de bâtiments qui y étaient employés; qu'enfin la droite n'était pas suffisamment appuyée; que, s'ils eussent rapproché cette ligne de Copenhague, elle n'eût eu que 1,500 à 1,800 toises; qu'alors la droite aurait pu être soutenue par de fortes batteries élevées sur l'île d'Amager, qui auraient battu en avant de la droite et flanqué toute la ligne. Il est probable que, dans ce cas, Nelson eût échoué dans son attaque, car il lui aurait été impossible de passer entre la ligne et la terre, ainsi garnie de ca-

Les Danois sont surpris par la manœuvre de Nelson, qu'ils n'avaient pas prévue.

nons. Mais il était trop tard, ces réflexions étaient inutiles, et les Danois ne songèrent plus qu'à se défendre avec vigueur. Les premiers succès qu'ils obtinrent en voyant échouer trois des plus forts vaisseaux ennemis leur permettaient de concevoir les plus hautes espérances. Le manque de ces trois vaisseaux obligea Nelson, pour ne point trop disséminer ses forces, à dégarnir son extrême droite. Dès lors le principal objet de son attaque, qui était la prise des Trois-Couronnes, se trouva abandonné.

Aussitôt que Nelson eut doublé le banc, il s'approcha jusqu'à 100 toises de la ligne d'embossage, et, se trouvant par quatre brasses d'eau, ses pilotes mouillèrent. La canonnade était engagée avec une extrême vigueur. Les Danois montrèrent la plus grande intrépidité: mais les forces des Anglais étaient doubles en canons.

Bataille navale de Copenhague.

Une ligne d'embossage présente une force immobile contre une force mobile : elle ne peut donc surmonter ce désavantage qu'en tirant appui des batteries de terre, surtout pour les flancs. Mais, ainsi qu'on l'a dit plus haut, les Danois n'avaient pas flanqué leur droite.

Les Anglais appuyèrent donc sur la droite et sur le centre, qui n'étaient pas flanqués, en éteignirent le feu et obligèrent cette partie de la ligne d'amener après une vive résistance de plus de quatre heures. La gauche de la ligne, étant bien soutenue par les batteries de la Couronne, resta entière. Une division de frégates, espérant à elle seule remplacer les vaisseaux qui avaient dû attaquer ces batteries, osa s'engager avec elles, comme si elle était soutenue par le feu des vaisseaux. Mais elle souffrit considérablement, et, malgré tous ses efforts, fut obligée de renoncer à cette entreprise et de s'éloigner.

L'amiral Parker, qui était resté avec l'autre partie de la flotte au dehors du banc, voyant la vive résistance des Danois, comprit que la plupart des bâtiments anglais seraient dégréés par suite d'un combat aussi opiniâtre; qu'ils ne pourraient plus manœuvrer, et s'échoueraient tous sur le banc, ce qui eut lieu en partie. Il fit le signal de cesser le combat et de prendre une position en arrière; mais cela même était très-difficile. Nelson aima mieux continuer l'action. Il ne tarda pas à être convaincu de la sagesse du signal de l'amiral, et il se décida enfin à lever l'ancre et à s'éloigner du combat. Mais, voyant qu'une partie de la ligne danoise était réduite, il eut l'idée, avant de prendre ce parti extrême, d'envoyer un parlementaire proposer un arrangement. Il écrivit, à cet effet, une lettre adressée « aux braves frères des Anglais, les Danois, » et conçue en ces termes : « Le vice-amiral Nelson a ordre de ménager le Danemark, ainsi il ne doit pas résister plus longtemps. La ligne de défense qui couvrait ses rivages a amené au pavillon anglais. Cessez donc le feu, qu'il puisse prendre possession de ses prises, ou il les fera sauter en l'air avec leurs équipages qui les ont si noblement défendues. Les braves Danois sont les frères et ne seront jamais les ennemis des Anglais. » Le prince de Danemark, qui était au bord de la mer, reçut ce billet, et, pour avoir des éclaircissements à ce sujet, il envoya l'adjudant général Lindholm auprès de Nelson, avec qui il conclut une suspension d'armes. Le feu cessa bientôt partout, et les Danois blessés furent remis sur le rivage. Cette suspension avait à peine eu lieu que trois vaisseaux anglais, y compris celui que montait Nelson, s'échouèrent sur le banc. Ils furent en perdition, et ils n'auraient jamais pu s'en relever si les batteries avaient continué le feu. Ils durent donc leur salut à cet armistice.

Cet événement sauva l'escadre anglaise. Nelson se rendit le 4 avril à terre. Il traversa la ville au milieu des cris et des menaces de toute la populace; et, après plusieurs conférences avec le prince régent, on signa la convention suivante : « Il y aura un armistice de trois mois et demi entre les Anglais et le Danemark, mais uniquement pour la ville de Copenhague et le Sund. L'escadre anglaise, maîtresse d'aller où elle voudra, est obligée de se tenir à la distance d'une lieue des côtes du Danemark, depuis sa capitale jusqu'au Sund. La rupture de l'armistice devra être dénoncée quinze jours avant la reprise des hostilités. Il y aura *statu quo* parfait sur tous les autres rapports, en sorte que rien n'empêche l'escadre de l'amiral Parker de se porter vers quelque autre point des possessions danoises, vers les côtes du Jutland, vers celles de la Norwége ; que la flotte anglaise qui doit être entrée dans l'Elbe peut attaquer la forteresse danoise de Glükstadt; que le Danemark continue à occuper Hambourg et Lubeck, etc. »

<small>Convention qui établit un armistice et laisse aux Anglais la libre disposition de leurs forces dans la Baltique.</small>

Les Anglais perdirent, dans cette bataille, 943 hommes tués ou blessés. Deux de leurs vaisseaux furent tellement maltraités, qu'il ne fut plus possible de les réparer; l'amiral Parker fut obligé de les renvoyer en Angleterre. La perte des Danois fut évaluée un peu plus haut que celle des Anglais. La partie de la ligne d'embossage qui tomba au pouvoir de ces derniers fut brûlée, au grand déplaisir des officiers anglais, dont cela lésait les intérêts. Lors de la signature de l'armistice, les bombardes et chaloupes canonnières étaient en position de prendre une ligne pour bombarder la ville.

<small>Pertes réciproques des Anglais et des Danois.</small>

XI

La confédération des puissances du Nord est dissoute par la mort de Paul Ier.

L'événement de Copenhague ne remplit pas entièrement les intentions du gouvernement britannique : il avait espéré détacher et soumettre le Danemark, et il n'était parvenu qu'à lui faire signer un armistice qui paralysait les forces danoises pendant quatorze semaines. L'escadre suédoise et l'escadre russe s'armaient avec la plus grande activité et présentaient des forces considérables. Mais l'appareil militaire était désormais devenu inutile : la confédération des puissances du Nord se trouvait dissoute par la mort de l'empereur Paul, qui en était à la fois l'auteur, le chef et l'âme. Paul Ier avait été assassiné dans la nuit du 23 au 24 mars, et la nouvelle de sa mort arriva à Copenhague au moment où l'armistice venait d'être signé !

L'Angleterre soupçonnée de connivence avec les assassins du czar.

Lord Withworth était ambassadeur à sa cour ; il était fort lié avec le comte de Pahlen, le général Benningsen, les Sabow, les Orlof et autres personnes authentiquement reconnues pour être les auteurs et acteurs de cet horrible parricide. Ce monarque avait indisposé contre lui, par un caractère irritable et très-susceptible, une partie de la noblesse russe. La haine de la révolution française avait été le caractère distinctif de son règne. Il considérait comme une des causes de cette révolution la familiarité du souverain et des princes français, et la suppression de l'étiquette à la cour. Il établit donc à la sienne une étiquette très-sévère ; il exigea des marques de respect peu conformes à nos mœurs et qui révoltaient généralement. Être habillé d'un frac, avoir un chapeau rond, ne point descendre de voiture quand le czar ou un des princes de sa maison passait dans les rues ou promenades, enfin la moindre violation

des moindres détails de son étiquette excitait toute son animadversion, et, par cela seul, on était jacobin. Depuis qu'il s'était rapproché du Premier Consul, il était revenu sur une partie de ces idées; et il est probable que, s'il eût vécu encore quelques années, il eût reconquis l'opinion et l'amour de sa cour, qu'il s'était aliénée. Les Anglais, mécontents et même extrêmement irrités du changement qui s'était opéré en lui depuis un an, n'oublièrent rien pour encourager ses ennemis intérieurs. Ils parvinrent à accréditer l'opinion qu'il était fou, et enfin nouèrent une conspiration pour attenter à sa vie. L'opinion générale est que. . . . .
. . . . (*Lacune dans le texte.*)

La veille de sa mort, Paul, étant à souper avec sa maîtresse et son favori, reçut une dépêche où on lui détaillait toute la trame de la conspiration; il la mit dans sa poche, en ajournant la lecture au lendemain. Dans la nuit il périt.

<small>Paul Ier avait été averti du complot tramé contre lui.</small>

L'exécution de cet attentat n'éprouva aucun obstacle : Pahlen avait tout crédit au palais; il passait pour le favori et le ministre de confiance du souverain. Il se présente à deux heures du matin à la porte de l'appartement de l'empereur, accompagné de Benningsen, Subow et Orlof. Un cosaque affidé, qui était à la porte de sa chambre, fit des difficultés pour les laisser pénétrer chez lui; ils le massacrèrent aussitôt. L'empereur s'éveilla au bruit et se jeta sur son épée; mais les conjurés se précipitèrent sur lui, le renversèrent et l'étranglèrent : Benningsen fut celui qui lui donna le dernier coup; il marcha sur son cadavre. L'impératrice, femme de Paul, quoiqu'elle eût beaucoup à se plaindre des galanteries de son mari, témoigna une vraie et sincère affliction; et tous ceux qui avaient pris part à cet assassinat furent constamment dans sa disgrâce. . . . .

<small>Détails sur l'assassinat de Paul Ier.</small>

Bien des années après, le général Benningsen commandait encore.

<small>Effet produit par cet événement en Europe.</small>

Quoi qu'il en soit, cet horrible événement glaça d'horreur toute l'Europe, qui fut surtout scandalisée de l'affreuse franchise avec laquelle les Russes en donnaient des détails dans toutes les cours. Il changea la position de l'Angleterre et les affaires du monde.

<small>La Russie se rapproche de l'Angleterre et traite avec elle.</small>

Les embarras d'un nouveau règne donnèrent une autre direction à la politique de la cour de Russie. Dès le 5 avril, les matelots anglais qui avaient été faits prisonniers de guerre par suite de l'embargo, et envoyés dans l'intérieur de l'empire, furent rappelés. La commission qui avait été chargée de la liquidation des sommes dues par le commerce anglais fut dissoute. Le comte Pahlen, qui continua à être le principal ministre, fit connaître aux amiraux anglais, le 20 avril, que la Russie accédait à toutes les demandes du cabinet anglais: que l'intention de son maître était que, d'après la proposition du gouvernement britannique de terminer le différend à l'amiable par une convention, on cessât toute hostilité jusqu'à la réponse de Londres. Le désir d'une prompte paix avec l'Angleterre fut hautement manifesté, et tout annonça le triomphe de cette puissance. Après l'armistice de Copenhague, l'amiral Parker s'était porté vers l'île de Huen pour observer les flottes russe et suédoise. Mais la déclaration du comte de Pahlen le rassura à cet égard; et il revint à son mouillage de Kiöge, après avoir fait connaître à la Suède qu'il laisserait passer librement ses bâtiments de commerce.

<small>L'Angleterre effectue la dissolution de la confédération des puissances neutres.</small>

Le Danemark cependant continuait à se mettre en état de défense. Sa flotte restait tout entière et n'avait éprouvé aucune perte; elle consistait en seize vaisseaux de guerre. Les détails de cet armement et les travaux nécessaires pour mettre les batteries de la Couronne et celles de l'île d'Amager dans le meilleur état de défense occupaient entièrement le prince royal. Mais à Londres et à Berlin les négociations étaient dans la plus grande activité, et lord Saint-Helens était parti d'Angleterre, le 4 mai, pour Saint-Pétersbourg. Bientôt l'Elbe fut ouvert au commerce anglais. Le 20 mai Hambourg fut évacué par les Danois et le Hanovre par les Prussiens.

Nelson avait succédé à l'amiral Parker dans le commandement de l'escadre, et, dès le 8 mai, il s'était porté vers la Suède, et avait écrit à l'amiral suédois que, s'il sortait de Carlscrona avec la flotte, il l'attaquerait. Il s'était ensuite dirigé avec une partie de l'escadre sur Revel, où il arriva le 12. Il espérait y rencontrer l'escadre russe, mais elle avait quitté ce port dès le 9. Il n'est pas douteux que, si Nelson eût trouvé la flotte russe dans ce port, dont les batteries étaient en très-mauvais état, il ne l'eût attaquée et détruite. Le 16, Nelson quitta Revel, et se réunit à toute sa flotte sur les côtes de Suède. Cette puissance ouvrit ses ports aux Anglais le 19 mai. L'embargo sur leurs bâtiments fut levé en Russie le 20 mai. La Prusse se trouvait déjà en communication avec l'Angleterre depuis le 16. Cependant lord Saint-Helens était arrivé à Saint-Pétersbourg le 29 mai; le 17 juin il signa le fameux traité qui mit fin aux différends survenus entre les puissances maritimes du Nord et l'Angleterre. Le 15, le comte de Bernstorff, ambassadeur extraordinaire de la cour de Copenhague, était arrivé à Londres pour y traiter des intérêts de son souverain, et le 17 le Danemark leva l'embargo sur les navires anglais.

Ainsi, trois mois après la mort de Paul, la confédération du Nord fut dissoute et le triomphe de l'Angleterre assuré.

Soumission de la Suède et du Danemark.

Mission de Duroc à Saint-Pétersbourg ; langage qu'il tient inutilement à la Russie.

Le Premier Consul avait envoyé son aide de camp Duroc à Saint-Pétersbourg, où il était arrivé le 24 mai; il avait été parfaitement accueilli et reçu avec toute espèce de protestations de bienveillance. Il avait cherché à faire comprendre la conséquence qui résulterait pour l'honneur et l'indépendance des nations, et pour la prospérité future des puissances de la Baltique, du moindre acte de faiblesse, acte que la circonstance ne pourrait justifier. « L'Angleterre, disait-il, avait en Égypte la plus grande partie de ses forces de terre et avait besoin de plusieurs escadres pour les couvrir et empêcher celles de Brest, de Cadix, de Toulon, d'aller porter des secours à l'armée française d'Orient. Il fallait que l'Angleterre eût une escadre de quarante à cinquante vaisseaux pour observer Brest et plus de vingt-cinq vaisseaux dans la Méditerranée; en outre, elle devait tenir des forces considérables devant Cadix et le Texel. » Il ajoutait « que la Russie, la Suède et le Danemark pouvaient lui opposer plus de trente-six vaisseaux de haut bord bien armés; que le combat de Copenhague n'avait eu pour résultat que la destruction de quelques carcasses, mais n'avait en rien diminué la puissance des Danois; que même, loin de changer leurs dispositions, il n'avait fait que porter l'irritation au dernier point; que les glaces allaient obliger les Anglais à quitter la Baltique; que, pendant l'hiver, il serait possible d'arriver à une pacification générale; que, si la cour de Russie était décidée, comme il paraissait par les démarches déjà faites, à conclure la paix, il fallait au moins ne faire que des sacrifices temporaires, mais se garder d'altérer en rien les principes reconnus sur les droits des neutres et l'indépendance des mers; que déjà le Danemark, menacé par une escadre nombreuse et luttant seul contre elle, avait, au mois d'août de l'année dernière, consenti à ne point convoyer ses bâtiments jusqu'à ce que cette affaire eût été discutée; que la Russie pourrait suivre la même marche, gagner du temps en concluant des préliminaires et en renonçant au droit de convoyer, jusqu'à ce qu'on eût trouvé des moyens définitifs de conciliation. »

Ces raisonnements, exprimés dans plusieurs notes, avaient paru faire de l'effet sur le jeune empereur; mais il était lui-même sous l'influence d'un parti qui avait commis un grand crime, et qui, pour faire diversion, voulait, à quelque prix que ce fût, faire jouir la Baltique des bienfaits de la paix, afin de rendre plus odieuse la mémoire de leur victime et donner le change à l'opinion.

Le nouveau czar reste sous la domination du parti anglais.

L'Europe vit avec étonnement le traité ignominieux que signa la Russie et que, par contre, durent adopter le Danemark et la Suède. Il équivalait à une déclaration de l'esclavage des mers et à la proclamation de la souveraineté du parlement britannique. Ce traité fut tel, que l'Angleterre n'avait rien à souhaiter de plus et qu'une puissance du troisième ordre eût rougi de le signer. Il causa d'autant plus de surprise que l'Angleterre, dans l'embarras où elle se trouvait, se fût contentée de toute autre convention qui l'en eût tirée. Enfin la Russie eut la honte, qui lui sera éternellement reprochée, d'avoir consenti la première au déshonneur de son pavillon. Il y fut dit : 1° que le pavillon ne couvrait plus la marchandise, que la propriété ennemie était confiscable sur un bâtiment neutre; 2° que les bâtiments neutres convoyés seraient également soumis à la visite des croiseurs ennemis, hormis par les corsaires et les armateurs; ce qui, loin d'être une concession faite par l'Angleterre, était dans ses intérêts et demandé par elle; car

Sentiments de l'Europe contre le traité dans lequel l'Angleterre fait prévaloir ses principes maritimes.

les Français, étant inférieurs en force, ne parcouraient plus les mers qu'avec des corsaires.

<small>Satisfaction illusoire donnée par l'Angleterre à la Russie.</small>

Ainsi l'empereur Alexandre consentit à ce qu'une de ses escadres de cinq à six vaisseaux de 74, escortant un convoi, fût détournée de sa route, perdît plusieurs heures et souffrît qu'un brick anglais lui enlevât une partie de ses bâtiments convoyés. Le droit de blocus se trouva seul bien défini; les Anglais attachaient peu d'importance à empêcher les neutres d'entrer dans un port lorsqu'ils avaient le droit de les arrêter partout en déclarant que la cargaison appartenait en tout ou en partie à un négociant ennemi. La Russie voulut faire valoir comme une concession en sa faveur que les munitions navales n'étaient pas comprises parmi les objets de contrebande. Mais il n'y a plus de contrebande lorsque tout peut le devenir par la suspicion du propriétaire, et tout est contrebande quand le pavillon ne couvre plus la marchandise.

<small>Quels sont les véritables principes du droit des neutres.</small>

Nous avons dit dans ce chapitre que les principes du droit des neutres sont : 1° que le pavillon couvre la marchandise; 2° que le droit de visite ne consiste qu'à s'assurer du pavillon et qu'il n'y a point d'objets de contrebande; 3° que les objets de contrebande sont les seules munitions de guerre; 4° que tout bâtiment marchand convoyé par un bâtiment de guerre ne peut être visité; 5° que le droit de blocus ne peut s'entendre que des ports réellement bloqués. Nous avons ajouté que ces principes avaient été défendus par tous les jurisconsultes et par toutes les puissances, et reconnus dans tous les traités. Nous avons prouvé qu'ils étaient en vigueur en 1780 et furent respectés par les Anglais; qu'ils l'étaient encore en 1800 et furent l'objet de la quadruple alliance, signée le 16 décembre de cette année. Aujourd'hui il est vrai de dire que la Russie, la Suède, le Danemark, ont reconnu des principes différents.

Nous verrons, dans la guerre qui suivit la rupture du traité d'Amiens, que l'Angleterre alla plus loin et que ce dernier principe, qu'elle avait reconnu, elle le méconnaissait en établissant celui du blocus appelé *blocus sur le papier*.

<small>L'Angleterre établit le *blocus sur le papier*.</small>

La Russie, la Suède et le Danemark, ont déclaré, par le traité du 17 janvier 1801, que les mers appartenaient à l'Angleterre, et par là ils ont autorisé la France, partie belligérante, à ne reconnaître aucun principe de neutralité sur les mers. Ainsi, dans le temps même où les propriétés particulières et les hommes non combattants sont respectés dans les guerres de terre, on poursuit, dans les guerres de mer, les propriétés des particuliers, non-seulement sous le pavillon ennemi, mais encore sous le pavillon neutre; ce qui donne lieu de penser que, si l'Angleterre seule eût été législateur dans les guerres de terre, elle eût établi les mêmes lois qu'elle a établies dans les guerres de mer. L'Europe serait alors retombée dans la barbarie, et les propriétés particulières auraient été saisies comme les propriétés publiques.

<small>Les principes émis par l'Angleterre ont pour conséquence le retour à la barbarie.</small>

NOTES

SUR

LE PRÉCIS DES ÉVÉNEMENTS MILITAIRES,

OU ESSAIS HISTORIQUES

SUR LES CAMPAGNES DE 1799 A 1814.

NOTES

SUR

LE PRÉCIS DES ÉVÉNEMENTS MILITAIRES,

OU ESSAIS HISTORIQUES

SUR LES CAMPAGNES DE 1799 A 1814 [1].

Cet ouvrage est écrit avec facilité; il justifie son titre. Sa lecture a été l'objet d'un grand nombre d'observations. Dans les quatre notes que nous mettons ici, nous ne traiterons que de ce qui est relatif, 1° à la politique de Pitt; 2° au général Moreau; 3° à l'armistice naval; 4° aux différentes assertions sur les guerres d'Égypte.

PREMIÈRE NOTE.

POLITIQUE DE PITT.

(Campagne de 1800; t. I, p. 1.)

« .. ....Ce célèbre ministre, fidèle aux principes de la vieille politique insulaire, n'admettait aucune garantie tant que la France conserverait avec la Belgique et la disposition des ressources maritimes de la Hollande une situation toujours hostile contre l'Angleterre.

Depuis la cession des Pays-Bas à la France, consentie par la Maison d'Autriche au traité de Campo-Formio, le but de la guerre échappait au gouvernement anglais; tous ses efforts tendaient à le ressaisir. M. Pitt était

---

[1] Par le général Mathieu-Dumas. Paris. 1816-1826. 19 vol. in-8°.

convaincu que, pour arracher aux Français cette belle conquête, il fallait épuiser les ressources de la France et la consumer en portant dans son sein une guerre que la fureur des partis comprimés et l'indignation des puissances humiliées devaient lui rendre à jamais funeste si elle en devenait le théâtre.

La conquête de l'Italie et tous les avantages remportés par les alliés pendant la campagne de 1799 ne suffisaient plus pour remettre en question la rétrocession de la Belgique, parce que ces avantages étaient balancés sur le Rhin par la victoire de Zurich, et dans le Nord par le mauvais succès de l'expédition sur les côtes de Hollande.

La continuation de la guerre était donc invariablement résolue par le ministère anglais avant les ouvertures faites par Bonaparte. Elles donnèrent lieu à de vifs débats dans le parlement; les principaux orateurs du parti de l'opposition remontèrent jusqu'aux premières causes de la guerre. Ils en attribuèrent l'explosion, les malheurs, la perpétuité, à ceux qui voulaient établir l'immutabilité des gouvernements et l'aliénation irrévocable de la souveraineté comme base fondamentale d'un pacte social pour le maintien duquel toutes les puissances devraient être à jamais solidaires.

MM. Erskine, Fox et Sheridan, se distinguèrent dans cette discussion mémorable; ils opposèrent à la doctrine des gouvernements de l'Europe moderne les plus forts arguments que purent leur fournir les principes du droit naturel et du droit politique, l'esprit et la marche du siècle, les exemples tirés de leur propre histoire, le changement de système en France, qu'ils trouvaient favorable au rétablissement de la paix..... »

1° Le ministre anglais a-t-il pu se refuser aux ouvertures que lui a faites le Premier Consul en 1800 sans se rendre responsable des malheurs de la guerre? Le refus était-il politique et conforme à l'intérêt de l'Angleterre? La guerre était-elle alors à désirer pour la France? Quels étaient dans cette circonstance les intérêts de Napoléon? Pitt se refusa à entrer en négociation dans l'espérance qu'en continuant la guerre il obligerait la France à rappeler les princes de la Maison de Bourbon et à rétrocéder la Belgique à la Maison d'Autriche. Si ces deux prétentions étaient légitimes et justes, il a pu en justice se refuser à la paix; mais, si l'une et l'autre sont illégitimes et injustes, il a rendu son pays responsable de tous les malheurs de la guerre. Or la République avait été reconnue par toute l'Europe; l'Angleterre elle-même l'avait reconnue en chargeant, en 1796, lord Malmesbury de ses pouvoirs pour traiter avec le Directoire. Ce plénipotentiaire s'était rendu successivement à Paris et à Lille; il avait négocié avec Charles Lacroix, Le Tourneur et Maret, ministres du Directoire. D'ailleurs la guerre n'avait pas pour but le retour des Bourbons. Les provinces de la Belgique avaient été cédées par l'empereur d'Autriche au traité de Campo-Formio, en 1797; l'Angleterre avait reconnu leur réunion à la France par les négociations de lord Malmesbury à Lille. Elles faisaient légitimement partie de la République; vouloir les en séparer, c'était vouloir usurper, déchirer, démembrer un état reconnu. Ces deux prétentions étaient injustes et illégitimes.

2° Cette politique du ministre Pitt était-elle bien conforme à l'intérêt de l'Angleterre? Pouvait-il raisonnablement se flatter d'obtenir la Belgique par le résultat de la continuation de la guerre? N'eût-il pas été plus sage de donner la paix au monde en s'assurant des avantages réels et très-considérables qu'il pouvait obtenir? Les rois de Sardaigne et de Naples, le grand-duc de Toscane, le pape, eussent été rétablis et consolidés sur leurs trônes; le Milanais eût été assuré à la Maison d'Autriche; les troupes françaises eussent évacué la Hollande, la Suisse et Gênes; l'influence anglaise eût pu s'établir dans ces pays; l'Égypte eût été restituée au Grand Seigneur, l'île de Malte au grand maître; Ceylan, le cap de Bonne-Espérance, eussent consolidé la puissance anglaise aux deux Indes. Quel magnifique résultat de la campagne de 1799! Ces avantages étaient certains, et les espérances auxquelles on les sacrifiait étaient-elles au moins probables? En 1799, la coalition avait été victorieuse en Italie, mais battue en Suisse, en Hollande et en Orient. La France venait de changer son gouvernement. A cinq personnes, divisées et peu habiles, succédait un homme dont les connaissances et les talents militaires n'étaient pas douteux: il avait été élevé par l'assentiment de la nation. A son nom seul la Vendée s'était déjà soumise. Les armées de la Russie étaient en marche pour repasser la Vistule; lord Grenville lui-même convenait que, quand le Premier Consul voudrait céder la Belgique, le peuple français en masse s'y opposerait : ainsi l'objet de la guerre était populaire en France. Les cours de Berlin, de Vienne et de Londres se trompèrent en 1792 : les circonstances étaient si nouvelles! Mais, en 1800, les hommes d'état d'Angleterre étaient-ils excusables de tomber dans la même erreur? Il était donc probable que la campagne de 1800 serait favorable à la France, que cette puissance reprendrait l'Italie, et que si, enfin, contre toute probabilité, le succès de la campagne était douteux, il ne remplirait pas du moins le but que se proposait le ministère anglais; il lui faudrait donc continuer pendant plusieurs années d'immenses subsides, car il ne pouvait espérer d'arracher la Belgique à la France que par la réunion de la Russie et de la Prusse, ou du moins d'une de ces deux puissances, à la coalition. Or ce résultat politique ne pouvait pas être obtenu par la campagne de 1800; il ne fallait donc pas courir les chances de cette campagne.

3° L'intérêt de la République était l'opposé de celui de l'Angleterre : si elle eût fait la paix dans cette circonstance, elle l'eût faite après une campagne malheureuse, elle eût rétrogradé par l'effet d'une seule campagne: cela eût été un déshonneur, et un encouragement aux puissances de se coaliser de nouveau contre elle. Toutes les chances de la campagne de 1800 lui étaient favorables : les armées russes quittaient le théâtre de la guerre; la Vendée, pacifiée, rendait disponible une nouvelle armée; les factions étaient comprimées dans l'intérieur et la confiance était entière dans le chef de l'état. La République ne devait faire la paix qu'après avoir rétabli l'équilibre de l'Italie: elle ne pouvait, sans compromettre ses destins, signer une paix moins avantageuse que celle de Campo-Formio.

A cette époque la paix eût perdu la République : la guerre lui était nécessaire pour maintenir l'énergie et l'unité dans l'état, qui était mal organisé; le peuple eût exigé une grande réduction dans l'impôt et le licenciement d'une partie de l'armée, de sorte qu'après deux ans de paix la France se fût présentée avec un grand désavantage sur le champ de bataille.

4° Napoléon avait alors besoin de guerre : les campagnes d'Italie, la paix de Campo-Formio, les campagnes d'Égypte, la journée du 18 brumaire, l'opinion unanime du peuple pour l'élever à la suprême magistrature, l'avaient sans doute placé bien haut; mais un traité de paix qui eût dérogé à celui de Campo-Formio et eût annulé toutes ses créations d'Italie eût flétri les imaginations et lui eût ôté ce qui lui était nécessaire pour terminer la Révolution, établir un système définitif et permanent; il le sentait. Il attendait avec impatience la réponse du cabinet de Londres. Cette réponse le remplit d'une secrète satisfaction. Plus les Grenville et les Chatham se complaisaient à outrager la révolution et à montrer ce mépris qui est l'apanage héréditaire de l'oligarchie, plus ils servaient les intérêts secrets de Napoléon, qui dit à son ministre : « Cette réponse ne pouvait pas nous être plus favorable. » Il pressentait dès lors qu'avec des politiques si passionnés il n'éprouverait pas d'obstacles à remplir ses hautes destinées. Pitt, si distingué d'ailleurs par ses talents parlementaires et ses connaissances de l'administration intérieure, était dans la plus parfaite ignorance de ce qu'on appelle politique; en général, les Anglais n'entendent rien aux affaires du continent, surtout à celles de France.

La gloire de la France a été portée au plus haut point; toute l'Europe lui était soumise, et le ministère anglais a été obligé, peu de mois après s'être permis des déclamations si injurieuses au peuple et à la nation française, de signer la paix d'Amiens. La France, reconnue maîtresse de toute l'Italie, a fait une paix plus avantageuse que celle de Campo-Formio, puisqu'elle y a gagné le Piémont et la Toscane; et il a fallu le poignard d'un fanatique qui fît tomber le commandement de l'armée d'Orient entre les mains d'un homme, distingué sous bien des points de vue, mais absolument dépourvu de talent et de génie militaires, pour que l'Égypte ne fût pas à jamais réunie à la France.

Car il n'est pas un militaire anglais, turc ou français, qui ne convienne que l'armée d'Abercromby eût été battue et détruite si Kleber eût vécu. Déjà la Porte avait montré des dispositions favorables pour faire la paix, indépendamment de l'Égypte. De quel poids un jeune fanatique de vingt-quatre ans, sur la foi d'un passage douteux du Coran, a-t-il pesé dans la balance du monde!

DEUXIÈME NOTE.

MOREAU.

(Campagne de 1800: t. I, p. 87.)

« ... Mais le nom de Moreau était plus populaire, et la nation l'eût préféré. Si la dictature l'avait séduit, ou si la noble et secrète ambition de se faire le Monck des Français l'avait excité, il aurait pu, bien avant cette époque, faire intervenir l'armée et devancer son rival: il avait plus que lui l'affection du soldat : on le connaissait davantage. Il avait eu partout de grands succès, en Flandre, en Allemagne et en Italie, où sa retraite devant Souwarof ne l'illustra pas moins que celle qu'il avait faite devant l'archiduc. Moreau n'avait pas la résolution d'esprit nécessaire pour de telles entreprises; il crut, en secondant l'élévation du Premier Consul, se réserver le rôle de généralissime, qui lui convenait mieux; mais ce partage parut trop inégal à ce brillant et farouche amant de la gloire, qui se montra toujours jaloux de ses moindres faveurs, et n'en connut jamais le véritable prix. . . . . "

(Page 82.)

"Son plan de campagne ne fut point d'abord adopté par le gouvernement; il voulait agir par son aile droite, et se borner à observer le Saint-Gothard et les principaux passages du haut Valais jusqu'aux Grisons. Il pensait que les premiers mouvements de l'armée de réserve suffiraient pour dégager Masséna; qu'il ne fallait rien entreprendre de plus jusqu'à ce que l'offensive contre le général Kray eût pleinement réussi, et qu'on l'eût mis hors d'état de tenir campagne; que jusque-là il fallait bien se garder d'affaiblir l'aile droite de l'armée du Rhin, et qu'on devait, au contraire, la soutenir en portant en avant, à la naissance des plus hautes vallées, aux débouchés de l'Engadine et du Vorarlberg, une partie de l'armée de réserve, et qu'elle s'y trouverait également bien placée pour fermer l'entrée de la Suisse du côté du Tyrol, si le général Kray tentait d'y opérer une diversion, ou pour prendre à revers la nouvelle ligne d'opération du général Melas en Lombardie, et couvrir d'autant mieux celle de l'armée française du Rhin, agissant dans le bassin du Danube.

Bonaparte, au contraire, ne songeait qu'à reconquérir l'Italie et ses premiers trophées. Il avait, à la vérité, porté d'abord sur l'armée de Moreau toutes les ressources disponibles et le plus à portée, pour la mettre plus promptement en état d'agir, pendant qu'il rassemblait avec peine, à de grandes distances, le personnel, le matériel et le grand nombre de chevaux nécessaires pour son expédition: mais il considérait cette grande armée du Rhin comme une masse qui devait seulement paralyser les principales forces de l'Autriche, après que les premiers mouvements auraient rompu tout concert entre l'armée impériale d'Allemagne et celle d'Italie. Il suffisait donc au Premier Consul que la Suisse fût bien gardée et la chaîne des Alpes rendue impénétrable; Moreau devait rester en observation et détacher toute son aile droite pour renforcer l'armée de réserve dans les plaines de la Lombardie, afin que lui seul pût frapper les grands coups sur le théâtre où il lui convenait de remporter d'éclatantes victoires. »

Le général Moreau n'a jamais commandé en Flandre, ni en Hollande; il a fait les campagnes de 1794 et 1795 sous les ordres des généraux Pichegru et Jourdan, comme Souham, Taponier, Michaud, etc. il commanda en chef pour la première fois au mois de mai 1796, à l'armée du Rhin; il passa ce fleuve au mois de juillet. Napoléon était alors maître de toute l'Italie.

La campagne en Allemagne de 1796 ne fait honneur ni aux talents militaires de ceux qui en ont conçu le plan, ni au général qui en a eu la principale direction et qui a commandé la principale armée : 1° il passa sur la rive droite du Danube et du Lech, après la bataille de Neresheim, le 11 août, tandis qu'en marchant devant lui sur l'Altmühl, par la rive gauche du Danube, il se fût joint en trois marches avec l'armée de Sambre-et-Meuse, qui était sur la Reidnitz, et eût par ce mouvement décidé de la campagne; 2° il resta inactif six semaines, pendant août et septembre, en Bavière, alors que l'archiduc battait l'armée de Sambre-et-Meuse et la rejetait au delà du Rhin; 3° il laissa assiéger Kehl pendant plusieurs mois par une armée inférieure, à la vue de la sienne, et il le laissa prendre.

Dans la campagne de 1799 il servit d'abord en Italie, sous Scherer, comme général de division; il y montra autant de bravoure que d'habileté à la tête d'une ou de deux divisions; mais, appelé au commandement en chef de cette même armée, à la fin d'avril, par le rappel de Scherer, il ne fit que des fautes. Il ne montra pas plus de connaissance du grand art de la guerre qu'il n'en avait montré dans la campagne de 1796. 1° Il se fit battre à Cassano par Souwarof; il y perdit la plus grande partie de son artillerie; il laissa cerner et prendre la division Serurier. 2° Il fit sa retraite sur le Tessin, tandis qu'il eût dû la faire sur la rive droite du Pô, par le pont de Plaisance, afin de se réunir à l'armée de Naples, que commandait Macdonald, et qui était en marche pour s'approcher du Pô : cette réunion faite, il était maître de l'Italie. 3° Du Tessin il fit sa retraite sur Turin, laissant Souwarof maître de se porter sur Gênes et de le couper entièrement de l'armée de Naples : il s'aperçut à temps de cette faute et revint en toute hâte, par la rive droite du Pô, sur Alexandrie; mais quelques jours après il commit la même faute en marchant sur Coni et abandonnant entièrement l'armée de Naples et les hauteurs de Gênes. 4° Pendant qu'il marchait à l'ouest, Macdonald arrivait avec l'armée de Naples sur la Spezia; au lieu d'opérer sa jonction avec ce général sur Gênes, derrière l'Apennin, et de déboucher, réunis, par la Bocchetta, pour faire lever le siége de Mantoue, Moreau prescrivit à Macdonald de passer l'Apennin et d'entrer dans la vallée du Pô pour opérer sa jonction sur Tortone; il arriva ce qui devait arriver : l'armée de Naples seule eut à supporter tous les efforts de l'ennemi aux champs de la Trebbia, et l'Italie alors fut véritablement perdue.

En 1799, Moreau ne jouissait d'aucun crédit ni dans l'armée ni dans la nation. Sa conduite en fructidor 1797 l'avait discrédité dans tous les partis; il avait gardé pour lui les papiers trouvés dans le fourgon de Klinglin, papiers qui prouvaient les correspondances de Pichegru avec le duc d'Enghien et les Autrichiens, ainsi que les trames des factions de l'intérieur, pendant que Pichegru, masqué par la réputation qu'il avait acquise en Hollande, exerçait une grande influence sur la législature. Moreau trahit son serment et viola ses devoirs envers son gouvernement en lui dérobant la connaissance de papiers d'une si haute importance et auxquels pouvait être attaché le salut de la République. Si c'était son amitié pour Pichegru qui le portait à ce coupable ménagement, il fallait alors ne pas communiquer ces papiers au moment où leur connaissance n'était plus utile à l'état, puisque après la journée du 18 fructidor le parti était abattu et Pichegru dans les fers. La proclamation de Moreau à l'armée et sa lettre à Barthélemy[1] furent un coup mortel qui priva Pichegru et ses malheureux compagnons de la seule consolation qui reste aux malheureux, l'intérêt public.

Moreau n'avait aucun système, ni sur la politique, ni sur le militaire; il était excellent soldat, brave de sa personne, capable de bien remuer sur un champ de bataille une petite armée, mais absolument étranger aux connaissances de la grande tactique. S'il se fût mêlé dans quelques intrigues pour faire un 18 brumaire, il eût échoué; il se serait perdu ainsi que le parti qui se serait attaché à lui. Lorsqu'au mois de novembre 1799 le Corps législatif donna un dîner à Napoléon, un grand nombre de députés ne voulurent point y assister, parce que Moreau devait y occuper un rang distingué et qu'ils ne voulaient rendre aucun témoignage de considération au général qui avait trahi la République en fructidor. Ce fut dans cette circonstance que ces deux généraux se virent pour la première fois. Quelques jours avant le 18 brumaire, pressentant qu'il se tramait quelques changements, Moreau se mit à la disposition de Napoléon et lui dit qu'il suffisait de le prévenir une heure d'avance, qu'il

---

[1] Voir cette lettre, t. II. p. 94.

viendrait à cheval près de lui avec ses officiers et ses pistolets, sans autre condition. Il ne fut pas dans le secret du 18 brumaire. Il se rendit, le 18, à la pointe du jour, chez Napoléon, comme un grand nombre d'autres généraux et officiers qu'on avait prévenus dans la nuit, et sur l'attachement desquels on avait droit de compter.

Le 18 brumaire, à midi, après que Napoléon eut pris le commandement de la 17ᵉ division militaire et des troupes qui étaient à Paris, il donna celui des Tuileries à Lannes, celui de Saint-Cloud à Murat, celui de la chaussée de Paris à Saint-Cloud à Serurier, celui de Versailles à Macdonald, et celui du Luxembourg à Moreau. 400 hommes de la 96ᵉ furent destinés à marcher sous ses ordres pour garder ce palais; ils s'y refusèrent, disant qu'ils ne voulaient pas marcher sous les ordres d'un général qui n'était pas patriote. Napoléon dut s'y rendre lui-même et les haranguer pour lever ces difficultés[1].

Après brumaire, les jacobins continuèrent à remuer et à chercher des appuis dans les armées de Hollande et d'Helvétie. Masséna était plus propre que personne pour commander dans la Rivière de Gênes, où il n'y avait pas un sentier qu'il ne connût. Brune, qui commandait en Hollande, fut envoyé dans la Vendée: on rompit ainsi toutes les trames qui pouvaient exister dans ces armées. D'ailleurs le Premier Consul n'eut jamais qu'à se louer de Moreau jusqu'au moment de son mariage, qui eut lieu pendant l'armistice de Parsdorf, en juillet 1800.

Ce serait avoir des idées bien fausses de l'état de l'esprit public alors que de supposer qu'il y eût eu aucun partage dans l'autorité. La République était une; Napoléon, premier magis-

[1] Voir ci-dessus, page 22.

trat, était l'homme de la France; il était tout. Les autorités constituées, le Sénat, le Tribunat, le Corps législatif, avaient leur influence; tout individu qui n'exerçait pas d'influence sur ces corps n'était rien. Moreau ne commandait pas d'armée; elles étaient toutes entre les mains d'hommes d'une faction opposée. Masséna, qui venait de sauver la France à Zurich; Brune, qui venait de battre le duc d'York et de sauver la Hollande, jouissaient alors d'une plus grande réputation. Moreau, qui, à la tache de fructidor, joignit celle des défaites de Cassano et de la Trebbia, auxquelles on attribuait la perte de l'Italie, était peu en faveur; mais c'est justement parce qu'il était alors peu accrédité que le danger ne pouvait venir, s'il y en avait du côté des armées, que de la part du parti opposé, que le gouvernement consulaire accorda une grande confiance à ce général et lui confia une armée de 140,000 hommes, dont le commandement s'étendit de la Suisse aux bords du Mein.

Il n'y eut aucune discussion sur le plan de campagne de 1800 entre Moreau et le ministre de la guerre. Napoléon, en considérant la position de la France, reconnut que, des deux frontières sur lesquelles on allait se battre, celle d'Allemagne, celle d'Italie, la première était la frontière prédominante [1]. En effet, si l'armée de la République eût été battue sur le Rhin et victorieuse en Italie, l'armée autrichienne eût pu entrer en Alsace, en Franche-Comté ou en Belgique, et poursuivre ses succès sans que l'armée française, victorieuse en Italie, pût opérer aucune diversion capable de l'arrêter, puisque, pour s'asseoir dans la vallée du Pô, il lui fallait prendre Alexandrie, Tortone et Mantoue, ce qui exigeait une campagne entière; toute diversion qu'elle eût voulu opérer sur la Suisse eût été

[1] Voir ci-dessus, page 251.

sans effet. Du dernier col des Alpes on peut entrer en Italie sans obstacle ; mais des plaines d'Italie on eût trouvé à tous les pas des positions si on eût voulu pénétrer dans la Suisse. Si l'armée française était victorieuse sur la frontière prédominante, tandis que celle sur la frontière secondaire d'Italie serait battue, tout ce qu'on pouvait craindre était la prise de Gênes, une invasion en Provence ou peut-être le siége de Toulon ; mais un détachement de l'armée d'Allemagne qui descendrait de Suisse dans la vallée du Pô arrêterait court l'armée ennemie victorieuse en Italie et en Provence. Il conclut de là qu'il ne fallait pas envoyer à l'armée d'Italie au delà de ce qui était nécessaire pour la porter à 40,000 hommes, et qu'il fallait réunir toutes les forces de la République à portée de la frontière prédominante ; en effet, 140,000 hommes furent réunis depuis la Suisse jusqu'à Mayence, et une deuxième armée, celle de réserve, fut réunie entre la Saône et le Jura en deuxième ligne. L'intention du Premier Consul était de se rendre, au mois de mai, en Allemagne avec ces deux armées réunies et de porter d'un trait la guerre sur l'Inn ; mais les événements arrivés à Gênes au commencement d'avril le décidèrent à faire commencer les hostilités sur le Rhin, lorsque l'armée de réserve se réunissait à peine. Le succès sur cette frontière n'était pas douteux ; tous les efforts de l'Autriche avaient été dirigés sur l'Italie. Le maréchal Kray avait une armée très-inférieure, en nombre et surtout en qualité, à l'armée française, puisqu'il avait beaucoup de troupes de l'empire.

Le plan de campagne que le Premier Consul dicta au ministre de la guerre, et que celui-ci envoya à Moreau, fut le suivant : réunir les quatre corps d'armée par des mouvements masqués sur la rive gauche du Rhin, entre Schaffhouse et

Stein : jeter quatre ponts sur le Rhin et passer à la fois dans le même jour sur la rive droite, de manière à se mettre en bataille la gauche au Rhin et la droite au Danube; acculer le maréchal Kray dans les défilés de la forêt Noire et dans la vallée du Rhin; saisir tous ses magasins, empêcher ses divisions de se rallier; arriver avant lui sur Ulm, lui couper la retraite de l'Inn et ne laisser à ses débris, pour tout refuge, que la Bohême. Ce mouvement eût en quinze jours décidé de la campagne : il ne pouvait y avoir aucune circonstance plus favorable, car il ne fut jamais un meilleur rideau qu'une rivière aussi large que le Rhin pour masquer des mouvements ; le succès était infaillible. Moreau ne le comprenait pas ; il voulait que la gauche débouchât par Mayence, ce à quoi le Premier Consul ne voulut pas consentir. Mais, les circonstances de la République ne lui ayant pas permis de se rendre à l'armée, il dit alors à son ministre qu'il était impossible d'obliger un général en chef à exécuter un plan qu'il n'entendait pas; qu'il fallait donc laisser Moreau diriger ses colonnes à sa volonté, pourvu qu'il n'eût qu'une seule ligne d'opération et ne manœuvrât que sur la rive droite du Danube.

Moreau ouvrit la campagne, sa gauche commandée par Sainte-Suzanne, par le pont de Kehl; Saint-Cyr passa le pont de Neuf-Brisach ; la réserve passa à Bâle, et Lecourbe, cinq jours après, passa à Stein. A peine Sainte-Suzanne eut-il passé, que Moreau s'aperçut que ce corps était compromis ; il le fit repasser à Neuf-Brisach. Cette ouverture de campagne est contraire aux premières notions de la guerre; il fit manœuvrer son armée dans le cul-de-sac du Rhin, dans le défilé des montagnes Noires, devant une armée qui était en position. Moreau manœuvra comme si la Suisse eût été occupée par l'ennemi, ou eût été neutre; il ne sentit pas le parti que l'on pouvait tirer de cette importante possession, en débouchant par le lac de Constance. Le général Kray, ainsi prévenu, réunit ses troupes à Stockach et à Engen, avant l'armée française; il n'éprouva aucun mal; il eût été perdu sans ressource si Moreau eût pu comprendre qu'il fallait que toute son armée débouchât par où déboucha Lecourbe. Le détail d'opérations si mal conduites faisait souvent dire au Premier Consul : « Que voulez-vous ? ils n'en savent pas davantage ; ils ne connaissent pas les secrets de l'art, ni les ressources de la grande tactique ! »

Nous n'avons pas besoin de réfuter l'assertion que le Premier Consul voulait déboucher des montagnes de la Suisse en Italie, sans prendre l'offensive sur le Rhin ; cela est trop absurde. Bien loin de là, il ne croyait pas que la diversion par le Saint-Gothard fût possible, si, au préalable, on n'avait battu et rejeté l'armée autrichienne au delà du Lech ; car l'opération de l'armée de réserve eût été une insigne folie si, au moment où elle fût arrivée sur le Pô, l'armée autrichienne d'Allemagne eût pris l'offensive et battu l'armée française. S'il eût voulu à toute force, et conduit par la passion, prendre d'abord l'Italie, qui l'eût empêché de laisser l'armée d'Helvétie dans la situation où elle se trouvait en janvier 1800, et d'envoyer à Gênes les 40,000 hommes dont il la renforçait, ce qui aurait permis à Masséna de s'avancer sur le Pô ? Napoléon savait bien que l'Italie n'était pas la conséquence d'une victoire en Allemagne, que c'était le corollaire des succès obtenus sur la frontière prédominante.

Rewbell, ayant eu occasion d'entretenir le Premier Consul en février 1800, lui dit : « Vous réunissez une belle armée sur le Rhin ; vous avez là toutes les troupes de la France : ne craignez-vous pas les inconvénients de mettre tant de troupes dans une seule main? Cette considération politique m'a toujours fait maintenir les deux armées de Rhin-et-Moselle et de Sambre-et-Meuse. Peut-être cet inconvénient est-il moindre vis-à-vis de vous, que le soldat regarde comme le premier général? Cependant, croyez-moi, allez à cette armée vous-même, sans cela vous en éprouverez de grands inconvénients. Je sais que Moreau n'est pas dangereux; mais les factieux, les intrigants de ce pays-ci, quand ils s'attachent à un homme, suppléent à tout. »

Pendant l'armistice de Pasdorf, Moreau, ayant fait un voyage à Paris, descendit aux Tuileries; il n'était pas attendu. Comme il était avec le Premier Consul, le ministre de la guerre Carnot arriva de Versailles avec une paire de pistolets couverts de diamants d'un très-haut prix: ils étaient destinés pour le Premier Consul, qui les prit et les remit à Moreau en disant : « Ils viennent fort à propos. » Cette scène n'était pas arrangée, cette générosité frappa le ministre.

L'Impératrice Joséphine maria Moreau avec mademoiselle Hulot, créole de l'île de France. Cette demoiselle avait une mère ambitieuse; elle dominait sa fille et bientôt domina son gendre. Elle changea son caractère; ce ne fut plus le même homme : il se mêla dans les intrigues: sa maison fut le rendez-vous de tous les malveillants; non-seulement il s'opposa, mais il conspira contre le rétablissement du culte et contre le concordat en 1801 : il tourna en ridicule la Légion d'honneur. Plusieurs fois le Premier Consul voulut ignorer ces inadvertances; mais enfin il dit : « Je m'en lave les mains, qu'il se casse le nez contre les piliers du palais des Tuileries. » Cette conduite de Moreau était contraire à son caractère : il était Breton, détestait les Anglais, avait les chouans en horreur, une grande répugnance pour la noblesse; c'était un homme incapable d'une grande contention de tête; il était naturellement loyal et bon vivant. La nature ne l'avait pas fait pour les premiers rôles; s'il eût fait un autre mariage, il eût été maréchal, duc, eût fait les campagnes de la grande armée, eût acquis une nouvelle gloire, et, si sa destinée était de tomber sur le champ de bataille, il eût été frappé par un boulet russe, prussien ou autrichien; il ne devait pas mourir par un boulet français.

Au mois d'octobre 1813, lorsque plusieurs corps de l'armée française descendirent de Dresde vis-à-vis Wittenberg et passèrent l'Elbe, un courrier du quartier général de l'armée de Bohême, se rendant en Angleterre, fut intercepté, et tous les papiers de Moreau furent pris. Le général Rapatel, son aide de camp et son compatriote, renvoyait à madame Moreau ses papiers; elle était très-bourboniste: elle lui reprochait dans toutes ses lettres son éloignement pour les Bourbons, son laisser-aller, ses préjugés révolutionnaires, son défaut d'intrigue, et lui donnait des conseils sur la manière dont il devait se faire valoir à la cour de Russie et d'Autriche. Moreau répondait à toutes : « Vous êtes folle avec vos Bourbons..... Au surplus, vous connaissez mes sentiments; quant à moi, je ne demande pas mieux que de les aider, mais, au fond de mon cœur, je vous assure que je crois cet ordre de choses fini à jamais, etc. »

La première pensée de l'Empereur fut de faire imprimer cette correspondance; mais il se reprochait d'avoir laissé exister des phrases dans un bulletin relatif à la mort de ce général : il lui semblait que des mots de regret qu'il avait prononcés en apprenant cette nouvelle eussent dû être recueillis de préférence; il jugea inconvenant de troubler sa cendre en dévoilant des sentiments secrets, écrits d'abandon à sa femme et dans une correspondance confidentielle.

Moreau avait rendu des services; il avait de belles pages dans l'histoire de la guerre de la révolution. Ses opinions politiques avaient toujours été fort sages, et quelquefois Napoléon a laissé percer des regrets de sa fin déplorable..... « *Ses femmes l'ont perdu!* »

TROISIÈME NOTE.

ARMISTICE NAVAL.

(Campagne de 1801; t. I, p. 8.)

« Tant que Bonaparte avait pu se flatter de dicter la paix continentale sans l'accession de l'Angleterre, il avait évité de faire des ouvertures dont la cour de Londres n'eût pas manqué de se prévaloir; mais, aussitôt que la note de lord Minto, qui avait exigé le refus de la ratification des préliminaires de M. de Saint-Julien, eût été transmise par le baron de Thugut au gouvernement français, le Premier Consul fit expédier à M. Otto, employé à Londres comme commissaire pour l'échange des prisonniers, des pleins pouvoirs pour négocier un armistice naval. Cette mission délicate ne pouvait être confiée à un agent plus sage et plus capable de la remplir.

C'était une idée nouvelle, une forme de procéder tout à fait inusitée que le ministère anglais n'avait pas prévue et dont il fut embarrassé. Lord Grenville ne voulut d'abord traiter avec M. Otto que par l'intermédiaire de commissaires secrets, et parut craindre l'éclat des ouvertures et l'effet qu'il eût pu produire sur l'opinion et sur les fonds publics. La demande d'un armistice naval, appuyée du motif spécieux de vouloir traiter d'une manière entièrement semblable avec les deux cours alliées, cachait l'arrière-pensée de Bonaparte : comme son but était de secourir et de conserver les places de Malte et d'Alexandrie, il voulait les assimiler à celles d'Ulm et d'Ingolstadt.....

Bonaparte persista à faire de l'armistice naval la condition *sine qua non* de l'admission du plénipotentiaire anglais, et fixa pour terme fatal, après lequel il refuserait lui-même d'y consentir, le 11 septembre, jour de la reprise des hostilités en Allemagne et en Italie. M. Otto présenta, le 5 septembre, un projet dont les articles 2 et 4 stipulaient la libre navigation des bâtiments de guerre et de commerce sans qu'ils pussent être visités, et l'admission des vaisseaux neutres dans les ports de Malte, d'Alexandrie et de Belle-Île. »

(Page 12.)

« Nous avons cru devoir rapporter avec quelques détails cette première négociation pour la paix générale entre le cabinet de Londres et le Premier Consul; elle fut conduite par lord Grenville avec beaucoup de circonspection, mais avec le désir de la voir échouer. M. de Talleyrand, qui en espérait une meilleure issue, y mit beaucoup d'adresse. On y vit à découvert cette politique impérieuse et tranchante de Bonaparte, qui lui réussit longtemps, mais qui le perdit. Il y avait donc une assez grande différence entre les deux projets d'armistice naval pour rallumer la guerre. Le fol espoir de conserver les résultats incertains d'une expédition avortée, et cette colonie d'Égypte qu'il regardait comme son plus beau trophée, devait-il l'emporter sur les intérêts de la France, l'affranchissement du commerce et le repos de l'Europe? »

La France avait fait des propositions de paix au mois de janvier 1800 : ses démarches loyales et conciliatrices avaient été repoussées; mais six mois s'étaient à peine écoulés que lord Grenville était obligé de chanter la palinodie. Lord Minto, ambassadeur à Vienne, remit une note dans laquelle il témoigna le désir du cabinet de Saint-James d'entrer en négociation de paix avec la France conjointement avec l'Autriche. Cette ouverture n'était pas sincère; l'Angleterre ne voulait intervenir dans les négociations que pour les faire traîner en longueur et y trouver des prétextes pour rattacher la Russie à la coalition. En effet, si l'Angleterre voulait la paix, qui l'empêchait de conclure directement en autorisant l'Autriche à conclure *directement* de son côté?

En se présentant à Lunéville et faisant cause commune avec la cour de Vienne, elle voulait donc sacrifier une partie de ses conquêtes d'outre-mer pour racheter les pays conquis par la France en Allemagne et en Italie? L'égoïsme de la politique insulaire était trop connu pour que l'on pût se bercer de pareilles illusions. La paix était facile à conclure avec l'Autriche : il y avait un antécédent auquel on pouvait se rapporter, le traité de Campo-Formio. La paix avec l'Angleterre était au contraire hérissée de difficultés : le dernier état de choses était le traité de 1783, et depuis ce temps le monde avait changé. Admettre un négociateur anglais à Lunéville, c'était lui mettre en mains la navette et les fils pour tramer une nouvelle coalition.

Cependant le cabinet des Tuileries, pour mieux se convaincre de la vérité de ses conjectures, proposa d'abord d'ouvrir les négociations de Lunéville avec les ministres d'Autriche et d'Angleterre, à condition toutefois que, pendant ce temps, les hostilités continueraient sur terre et sur mer, ce qui était conforme à l'usage de tous les temps. Les traités de Westphalie, d'Utrecht, d'Aix-la-Chapelle, etc. avaient été conclus ainsi. La supériorité des armées françaises était trop constatée pour que les intrigues de l'Angleterre pussent retarder la marche des négociations; chaque victoire aurait été un puissant stimulant qui aurait forcé les coalisés à en finir : aussi cette proposition fut-elle rejetée. On proposa alors d'admettre les plénipotentiaires à Lunéville, de continuer l'armistice sur terre à condition qu'il serait étendu à la mer, afin que les puissances alliées fussent toutes les deux sur le même pied en état d'armistice. Était-il en effet convenable que, tandis que l'Autriche exigeait, pour continuer à négocier, la prolongation de la suspension d'armes, l'Angleterre obtînt d'être admise au congrès sans cesser les hostilités? Si le ministère anglais était sincère dans ses protestations, quel inconvénient pouvait-il trouver à faire quelques légers sacrifices qui indemnisassent la France du tort qu'elle éprouvait par la prolongation de l'armistice sur terre? Et enfin, si on se refusait à cette deuxième proposition, on devait mettre en avant celle de traiter séparément et à la fois avec l'Autriche et l'Angleterre : avec l'Autriche en prolongeant l'armistice, avec l'Angleterre en continuant les hostilités.

Le ministre anglais montra beaucoup d'étonnement et se récria sur l'étrange proposition d'un armistice naval : elle était nouvelle dans l'histoire des deux peuples, mais enfin il admit le principe. Le comte Otto, qui était à Londres, suivit les négociations avec lord Grenville; il ne tarda pas à s'apercevoir qu'en adoptant le principe l'Angleterre voulait se refuser aux conséquences et rédiger les conditions de cet armistice de manière à ce qu'il n'offrît aucun avantage à la France. Les trois places allemandes bloquées recevaient des vivres; l'Angleterre consentit à ce que l'on en fît entrer dans les trois places bloquées de Belle-Île, de Malte et d'Alexandrie; mais Belle-Île et Alexandrie n'avaient pas besoin de vivres, elles pouvaient au contraire en fournir à l'Angleterre. Le seul avantage que la France pût tirer d'un armistice naval était que les relations commerciales fussent rétablies de tous ses ports avec toutes ses colonies; l'Angleterre s'y refusait pour Malte et l'Égypte. La France proposa enfin pour ultimatum que, pour tenir lieu de la levée du blocus d'Alexandrie, six frégates armées en flûte pussent y pénétrer comme parlementaires : c'était un secours de 4,000 hommes qu'on pourrait ainsi faire passer à l'armée d'Égypte, bien faible avantage pour compenser ceux qu'obtenait l'Autriche par la prolongation de l'armistice, qui lui permettait d'employer les nombreux subsides que lui payait l'Angleterre pour lever des troupes et accroître ses moyens de résistance.

C'était cependant un spectacle assez satisfaisant pour un vrai Français que celui des changements qui s'étaient opérés en si peu de mois, en janvier et en février 1800. La France sollicitait la paix, lord Grenville y répondait par un torrent d'injures, se permettant les plus étranges insinuations; il désirait que les princes de cette race de rois remontassent sur le trône de France; il exhortait le Premier Consul à constater par des preuves la légitimité de son gouvernement; et aujourd'hui c'était le même lord Grenville qui sollicitait comme une grâce d'être admis à traiter avec la République; il proposait même d'acheter cette grâce par des concessions navales.

Les négociations pour un armistice naval furent rompues: les places d'Ulm, de Philipsbourg, d'Ingolstadt, furent livrées par l'empereur à la France, pour prix d'une prolongation de trêve de six semaines. Peu de mois après, la paix de Lunéville sauva la Maison d'Autriche et rétablit le calme sur le continent, et enfin, peu après, le ministère signa les préliminaires de Londres, par lesquels l'oligarchie anglaise, confondue, reconnut la République française démocratique, non-seulement accrue des provinces belges, mais encore du Piémont, de Gênes et de toute l'Italie. Et cependant de combien de millions ne s'était pas accrue la dette anglaise! Tel fut le résultat de la politique passionnée de Pitt.

QUATRIÈME NOTE.
ÉGYPTE.
(Campagne de 1800; t. II, p. 106.)

« . . . . . Ses talents (Kleber), qui n'étaient inférieurs à aucune élévation, avaient excité la jalousie de Bonaparte. La fermeté et l'indépendance de ses opinions avaient refroidi leurs communications et bientôt éteint toute confiance entre eux : aussi n'en trouve-t-on aucune trace, ni dans l'instruction de Bonaparte à Kleber, ni dans la lettre de celui-ci au Directoire républicain, dont il ne croyait pas la chute si prochaine. »

(Page 128.)

« Ne voit-on pas, dans le testament militaire et politique du conquérant de l'Égypte, la conviction secrète et même l'aveu d'une vérité que sans doute il ne s'était jamais dissimulée, et que le général Kleber se hâta de dévoiler pour l'intérêt de sa propre gloire? C'est que, sans l'appui mutuel des forces de terre et de mer, aucune expédition lointaine ne peut avoir un succès durable, un véritable résultat; aucun établissement colonial ne peut être soutenu, et bien moins encore au milieu d'une population immense et toute armée, d'une nation dont l'éternelle inimitié est un sentiment inséparable de la croyance religieuse, et chez laquelle, au sein même de la paix et de la possession la moins contestée, ne pouvant changer la religion ni faire concevoir à ces peuples d'autres lois que celles qu'il a consacrées, ne pouvant adopter leurs mœurs et leurs coutumes, on ne parviendrait jamais à associer les vainqueurs aux vaincus.

La perte irréparable de la flotte française avait décidé du sort d'une armée qui ne pouvait plus être recrutée ni secourue par la métropole; elle devait périr par ses propres succès. Ainsi donc, dès son entrée dans le Delta, Bonaparte dut, comme à la porte de l'*Enfer* de Dante, laisser toute espérance. Après ce désastre, qui rallia tous les Musulmans, releva leur courage et doubla les difficultés, il ne put douter un instant du dénoûment funeste qui l'attendait: inévitable écueil de sa fortune et de sa gloire. Mais aussi quelle force et quelle habileté ne mit-il pas à soutenir le dévouement de ses soldats! Quelle activité dans ses opérations! Et faut-il s'étonner si, ne pouvant partager l'espoir et les illusions qu'il prodiguait, après avoir usé la moitié de ses moyens, il ait saisi, après ses revers de Syrie et sa victoire d'Aboukir, le seul instant propice pour fuir sa perte certaine et tenter d'autres hasards et de plus hautes destinées?

Le départ de Bonaparte fut un coup de foudre et jeta l'inquiétude dans tous les esprits. Il fut d'abord vivement regretté; mais la réputation de Kleber, digne en tout de la confiance générale, ses ménagements pour la vie du soldat, dissipèrent cette espèce de terreur, calmèrent bientôt les agitations et rallièrent toutes les opinions. Les Égyptiens, frappés d'étonnement par les résultats de la bataille d'Aboukir, se regardaient comme destinés à vivre désormais sous la domination française; ils n'osaient plus croire qu'il fût jamais possible de les chasser des bords du Nil. Les Mameluks, toujours errants dans la haute Égypte, n'étaient pas détruits. Mourad-Bey, qui venait de voir anéantir en un seul jour toutes les espérances qu'il caressait depuis longtemps, avait repris tristement le chemin de Girgeh. Ibrahim-Bey était à Gaza avec environ 2,000 des siens; il attendait impatiemment le grand vizir, dont 30,000 hommes de sa grande armée étaient déjà arrivés devant Saint-Jean-d'Acre. Mais ces masses nombreuses, entravées par une immense quantité de bagages, s'avançaient lentement. »

(Page 152.)

« ....Il avait à choisir entre le général Menou, vieil et brave officier, mais tout neuf au commandement, et le général Reynier, dont les talents, éprouvés à l'armée du Rhin, dont il avait été chef d'état-major, inspiraient plus de confiance. La passion dicta ce choix de Bonaparte: le secret orgueil, la vaine satisfaction de faire prédominer ce qu'il appelait son parti, l'emportèrent sur le salut de l'armée, sur l'intérêt même de sa gloire..... »

(Page 171.)

« ....Quels qu'aient été les motifs qui déterminèrent Bonaparte à l'entreprendre; il se mêla de grandes vues à l'esprit aventureux qui l'entraîna toujours hors des routes ordinaires et au delà des bornes de la raison. Ni la situation dans laquelle il laissait l'intérieur de la France, ni l'état de la marine, ne pouvaient lui permettre d'espérer les secours sans lesquels la colonie et le fondateur devaient nécessairement périr; ils eussent été, comme au temps des croisades, tôt ou tard dévorés par le climat ou par des peuples à demi barbares, que le fer ne pouvait soumettre et qu'aucun lien religieux ni politique ne pouvait unir au vainqueur. Mais frapper au cœur le commerce de l'Angleterre en attirant en Égypte celui de l'Orient, rouvrir la route des trésors de l'ancien monde, dédommager la France de la perte de ses colonies occidentales par de nouveaux et nombreux établissements sur les côtes de l'Afrique, rendre au berceau des sciences et des arts sa première splendeur, explorer un pays si riche de grands souvenirs, aller marquer sa place entre les plus illustres conquérants, quels plus brillants prestiges séduisirent jamais les favoris de la fortune? »

(Campagne de 1802 : t. I, p. 97.)

« ....La sortie de l'amiral Ganteaume fut une résolution aussi audacieuse que l'entreprise de la conduire à Alexandrie était téméraire. C'était hasarder de livrer aux Anglais la meilleure partie de ce qui restait de la marine française; mais ce secours pouvait sauver la colonie d'Égypte et déterminer la paix maritime. Si l'escadre échappait à la flotte anglaise de la Manche, elle devait, en entrant dans la Méditerranée, rencontrer celle de l'amiral Keith, et, si elle parvenait à l'éviter, il n'était pas probable que les escadres de Warren et de Bickerton, qui croisaient ou à l'ouverture du détroit, ou dans le canal de Malte et dans la mer de Libye, ne coupassent sa route avant l'atterrage à la côte d'Égypte. Il fallait donc autant de bonheur que d'habileté pour remplir cette glorieuse mission; l'un et l'autre ne manquèrent pas à l'amiral français. Son escadre, dispersée, se trouva tout entière réunie au cap de Gata le 10 février, dix-huit jours après la sortie de Brest, sans que les Anglais en eussent eu connaissance. L'amiral Harvey, qui commandait la flotte de la Manche en l'absence de l'amiral Cornwallis, fut informé de la sortie de l'escadre de Brest par la frégate qui avait combattu contre *la Bravoure*; mais, ne pouvant croire que Ganteaume eût osé se hasarder à entrer en Méditerranée pour y naviguer au milieu des trois flottes ennemies (environ trente vaisseaux de ligne et cinquante frégates ou moindres bâtiments), il ne doutait pas que l'escadre, dérobée à sa vigilance pendant les derniers coups de vent, n'eût fait voile pour les Indes occidentales. Il supposa qu'elle était destinée, soit à reprendre Saint-Domingue, soit à attaquer la Jamaïque; et, comme cette expédition, partie de Brest, pouvait se combiner avec les mouvements et les tentatives qu'on avait remarqués dans les autres ports français de l'Océan, et qu'une entière sécurité avait fait négliger de renforcer la station anglaise aux Îles sous le vent, l'amiral Harvey détacha sur-le-champ dans cette direction, à la poursuite de l'escadre française, sir Robert Calder avec sept vaisseaux de ligne et deux frégates bien approvisionnées pour quatre mois, et lui ordonna de forcer de voiles pour atteindre l'ennemi. »

(Page 101.)

« . . . . . . Certain d'être devancé par des forces triples des siennes, et poursuivi par l'escadre de Warren, l'amiral Ganteaume dut renoncer à son entreprise; car, s'il persistait à suivre ses premières instructions, il tombait inévitablement aux atterrages d'Égypte dans la flotte réunie de Keith et de Bickerton, et ne pouvait se flatter ni d'exécuter un débarquement en leur présence, ni de se retirer après un combat inégal et d'échapper à l'amiral Warren. Il ne songea donc plus qu'à dégager son escadre d'un péril si pressant, et, changeant de route, il cingla vers les côtes de Provence et entra heureusement à Toulon avec les diverses prises qu'il avait faites. »

(Page 107.)

« .... L'amiral Ganteaume reçut bientôt, à Toulon, l'ordre de remettre à la voile. S'il trouvait le port d'Alexandrie bloqué par les forces supérieures de Keith et de Bickerton, ce dont il n'était pas permis de douter, il devait débarquer les troupes à l'ouest de cette ville, entre Tripoli et le cap Râzat, avec les approvisionnements d'eau et de biscuit, et les diriger vers l'Égypte à travers le désert de Barca. Cette tentative désespérée exposait 5,000 Français à mourir de faim : car, si l'armée anglaise avait opéré son débarquement et s'était réunie à celle du grand vizir, ce corps isolé, errant dans le désert, eût été coupé du Caire et d'Alexandrie, et ne pouvait plus ni se réunir à l'armée d'Orient, ni se rembarquer pour retourner en Europe. »

Le général Kleber n'avait jamais commandé en chef; il avait servi à l'armée de Sambre-et-Meuse comme général de division sous les ordres de Jourdan. Tombé dans la disgrâce du Directoire, il vivait obscurément à Chaillot quand Napoléon, en novembre 1797, arriva de Rastadt, après avoir conquis l'Italie, dicté la paix sous Vienne et pris possession de la place de Mayence. Kleber s'attacha à son sort et le suivit en Égypte. Il s'y comporta avec autant de talent que de bravoure; il s'acquit l'estime du général en chef, qui, après Desaix, le tenait pour le meilleur officier de son armée; il s'y montra des plus subordonnés, ce qui étonna les officiers de son état-major, accoutumés à l'entendre fronder et critiquer les opérations à l'armée de Sambre-et-Meuse. Il témoigna une grande admiration de la belle manœuvre de la bataille du mont Thabor, où le général en chef lui sauva l'honneur et la vie. Quelques semaines après, il marchait, à la tête de sa division, à l'assaut de Saint-Jean-d'Acre; Napoléon lui envoya l'ordre de venir le joindre, ne voulant pas risquer une vie si précieuse dans une occasion où son général de brigade pouvait le remplacer.

Quand le général en chef prit le parti d'accourir en Europe au secours de la République, il pensa d'abord à laisser le commandement à Desaix, ensuite à amener avec lui en France Desaix et Kleber, et enfin il résolut d'emmener le premier et d'investir le second du commandement. Ce serait une singulière marque de jalousie que d'élever un général de division au poste de général en chef! Il est fâcheux de lire une telle assertion dans un ouvrage estimable; car, enfin, de quoi aurait pu être jaloux le vainqueur de tant de batailles? et quelle preuve de jalousie a-t-il donnée?

L'armée d'Égypte pouvait se maintenir et même se perpétuer dans le pays sans recevoir aucun secours de France : les vivres, les objets d'habillement, tout ce qui est nécessaire à une armée se trouvait en abondance en Égypte. Il y avait des munitions de guerre pour plusieurs campagnes. D'ailleurs Champy et Conté avaient établi des poudrières; l'armée avait des cadres pour 80,000 hommes; elle pouvait faire autant de recrues qu'elle voulait, spécialement parmi les jeunes gens coptes, grecs, syriens et noirs du Darfour et du Sennaar. La 21ᵉ demi-brigade a recruté 500 Coptes, dont plusieurs ont été faits sous-officiers et ont obtenu la Légion d'honneur; il en existe sans doute encore en France.

Mais quelle était la puissance qui pouvait attaquer l'Égypte? La Porte ottomane? Elle avait perdu ses deux armées de Syrie et de Rhodes; les batailles des Pyramides, du mont Thabor et d'Aboukir avaient décelé toute la faiblesse des armées ottomanes.

Le grand vizir avec un ramassis de canaille asiatique n'était pas un épouvantail, même pour les habitants. La Russie? C'était un fantôme dont on menaçait l'armée. Le czar désirait que l'armée française se consolidât en Égypte; elle jouait son jeu, et lui ouvrait les portes de Constantinople. Restait donc l'Angleterre? Mais il fallait une armée d'au moins 36,000 hommes pour réussir dans une pareille opération, et l'Angleterre n'avait pas cette armée disponible. Il était évident, puisque l'Angleterre était parvenue à former une seconde coalition, qu'elle conquerrait l'Égypte en Italie, en Suisse ou en France.

Mais d'ailleurs l'armée d'Orient pouvait recevoir des secours de France pendant l'hiver; rien ne pouvait l'empêcher.

La destruction de l'escadre d'Aboukir fut un grand malheur sans doute, mais la perte de onze bâtiments, dont trois étaient très-vieux, n'était pas irréparable. Dès le mois d'août 1799, l'amiral Bruix dominait dans la Méditerranée avec quarante vaisseaux de guerre; s'il eût voulu jeter 15,000 hommes en Égypte, il en était le maître; il ne le fit pas, parce que la guerre allumée sur le continent rendait nécessaires toutes les troupes françaises en Italie, en Suisse ou sur le Rhin. Dans le mois de janvier 1800, immédiatement après le 18 brumaire, on eût pu faire passer autant d'hommes que l'on eût voulu, en les embarquant sur l'escadre de Brest, sur celle de Rochefort; mais les hommes étaient nécessaires en France pour dissoudre la deuxième coalition. Ce ne fut qu'après Marengo, où l'état de la République changea, qu'on songea à envoyer des renforts considérables à cette armée.

Ganteaume partit avec sept vaisseaux de guerre de Brest, portant 5,000 hommes. Quarante vaisseaux devaient appareiller au moment où les premiers coups de canon seraient tirés dans la Baltique, ce qui obligerait l'Angleterre d'y envoyer trente vaisseaux de guerre de renfort. Ces quarante vaisseaux de Brest auraient donc dominé dans la Méditerranée pendant une partie de l'été; ils auraient embarqué à Tarente les troupes nécessaires pour l'Égypte.

Dans le mois d'octobre 1800, des avisos, des frégates, des bâtiments de commerce arrivèrent fréquemment en Égypte : le vin et les marchandises d'Europe y furent en grande abondance, et l'armée reçut des nouvelles de France tous les mois. Il n'y avait aucun moyen d'empêcher des frégates et des corvettes partant de Toulon, d'Ancône, de Tarente, de Brindisi, d'arriver à Damiette ou à Alexandrie, dans les mois de novembre, décembre, janvier, février et mars : l'*Égyptienne* et la *Justice*, parties de Toulon, arrivèrent dans le mois de janvier en dix jours; la *Régénérée*, de Rochefort, y arriva en dix-sept jours. Concluons : 1° l'armée d'Orient n'avait pas besoin de secours; 2° elle pouvait rester plusieurs années sans faire de nouvelles recrues; 3° elle pouvait faire des recrues tant qu'elle voulait, en choisissant des chrétiens, même de jeunes musulmans, et enfin en achetant des noirs du Darfour et du Sennaar. L'Égypte n'est pas une forteresse, ce n'est pas une île stérile, c'est un immense royaume qui a une côte de 120 lieues; appliquer à un pays aussi riche, aussi étendu, les principes qui conviennent à une citadelle, c'est étrangement se tromper et se fourvoyer. Les croisés furent maîtres plus de cent ans de la Syrie. C'était une guerre de religion.

Les instructions détaillées que le général en chef fit remettre au général Kleber, et la lettre datée d'Aboukir du 5 fructidor, qui est imprimée, et qu'il lui écrivait au moment de son départ, font assez connaître ses projets sur l'Égypte, ses espérances de retour pour compléter son expédition et la sécurité parfaite où il était que Kleber consoliderait sa colonie. Tant que la France aurait la guerre et que la deuxième coalition ne serait pas dissoute, on ne pouvait que rester stationnaire en Égypte et seulement conserver le pays, et pour ce but Kleber ou Desaix étaient plus que suffisants. Napoléon obéit au cri de la France, qui le rappelait en Europe. En partant, il avait reçu du Directoire carte blanche pour toutes ses opérations, soit pour les affaires de Malte, soit pour celles de la Sicile, soit pour l'Égypte, soit pour Candie. Il avait des pouvoirs en règle pour faire des traités avec la Russie, la Porte, les régences et les princes de l'Inde; il pouvait ramener l'armée, nommer son successeur, revenir quand cela lui conviendrait.

Quand il reçut la nouvelle de l'assassinat de Kleber, et que le général Menou, comme le plus ancien général, avait pris le commandement, il pensa à rappeler Menou et Reynier, et à donner le commandement au général Lanusse. Le général Menou paraissait avoir toutes les qualités nécessaires pour le commandement : très-instruit, bon administrateur, intègre. Il s'était fait musulman, ce qui était assez ridicule, mais fort agréable au pays. On était en doute sur ses talents militaires: on savait qu'il était extrêmement brave, il s'était bien comporté dans la Vendée et à l'assaut d'Alexandrie. Le général Reynier avait plus d'habitude de la guerre, mais il manquait de la première qualité d'un chef. Bon pour occuper le deuxième rang, il paraissait impropre au premier. Il était d'un caractère silencieux, aimant la solitude, ne sachant pas électriser, dominer, conduire les hommes. Le général Lanusse avait le feu sacré; il s'était distingué par des actions d'éclat aux Pyrénées, en Italie; il avait l'art de communiquer ses sentiments aux

deux premiers; mais ce qui décida le Premier Consul à laisser les choses comme elles étaient, c'est la crainte que le décret de nomination ne fût intercepté par les croisières ennemies, et que les Anglais ne s'en servissent comme d'un moyen pour mettre de la division, du trouble dans l'armée, qui paraissait déjà disposée à se diviser. Il était impossible alors de prévoir à quel point Menou avait d'incapacité pour la direction des affaires de la guerre, puisqu'il avait été militaire toute sa vie, qu'il avait beaucoup lu, qu'il avait fait plusieurs campagnes, qu'il connaissait parfaitement le théâtre où il se trouvait.

Napoléon n'avait en Égypte aucun parti; il était chef de l'armée. Berthier, Desaix, Kleber, Menou, Reynier, étaient également ses subordonnés; et, en supposant qu'il y eût des partis, comment l'homme qui, dans toute son administration, a toujours fait taire tout esprit de parti, qui, pour premier acte de son autorité, a rapporté la loi du 19 fructidor, a rempli le ministère, le Conseil d'état et toutes les grandes places de l'administration par des fructidorisés, tels que Portalis, Benezech, Carnot, au ministère; Dumas, Laumond, Fiévée, au Conseil d'état; Barthélemy, Fontanes, Pastoret, etc. au Sénat, aurait-il pu se déterminer par des vues petites et étroites? Si cela est absurde, pourquoi donc en tacher un ouvrage estimable?

Ganteaume est parti de Brest le 25 janvier; il a passé le détroit le 6 février. S'il avait continué sa route, il aurait été le 20 février à Alexandrie, et il n'y aurait trouvé personne que la croisière ordinaire, composée de deux voiles; il eût débarqué 5,000 soldats, qu'il portait, et un millier d'hommes formant l'équipage des trois frégates ou corvettes, qu'il eût laissées à Alexandrie. En soixante et douze heures il eût débarqué tous les objets dont il était chargé et serait retourné à Toulon. Il n'y avait aucune escadre dans la Méditerranée que celle de l'amiral Keith, de neuf vaisseaux de guerre, qui était dans la baie de Macri, embarrassée d'un convoi de cent quatre-vingts voiles. Le contre-amiral Warren était à Gibraltar avec quelques vaisseaux dégréés; ce ne fut que longtemps après qu'il put prendre la mer. L'amiral Calder, avec sept vaisseaux, s'était mis à la poursuite de l'amiral Ganteaume et était allé le chercher en Amérique, tant on avait mis d'adresse à donner le change aux espions anglais. Effectivement, des agents de l'administration de la Guadeloupe et de Saint-Domingue, et grand nombre d'habitants, hommes et femmes, s'embarquèrent à Brest, comptant aller en Amérique.

La frégate *la Régénérée* est partie de Rochefort, elle a passé le détroit le 19 février, et elle est arrivée à Alexandrie le 1er mars: ce qui est une preuve matérielle que l'amiral Ganteaume, qui avait passé le détroit le 6 février, y serait arrivé avant cette époque; et ce n'est que le 1er mars que l'amiral Keith mouilla à Aboukir et débarqua l'armée d'Abercromby. Le général Friant, qui commandait à Alexandrie, aurait donc eu 8,000 hommes pour s'opposer au débarquement: les Anglais eussent échoué et l'Égypte était sauvée. L'armée et les flottes anglaises étaient divisées par la guerre que la France et l'Espagne faisaient au Portugal, et par la quadruple alliance, qui exigeait une flotte dans la Baltique. Depuis que l'on avait réussi à donner le change à l'amiral Calder, il n'y avait plus rien à craindre dans la Méditerranée.

L'amiral français, ayant manqué de résolution après avoir pris une frégate et une corvette anglaises, mouilla vers la mi-février dans le port de Toulon. Le Premier Consul fut très-mécontent; il le fit repartir; mais l'amiral ne put appareiller que le 19 mars. Il se rencontra sur les côtes de Sardaigne avec l'escadre de l'amiral Warren, qui s'était formée à Gibraltar : elle lui était inférieure; mais, comme son objet n'était pas de combattre, il manœuvra fort habilement et pendant la nuit fit fausse route. Warren, ne le voyant plus au point du jour, fit route sur Alexandrie, pour se ranger sous les ordres de l'amiral Keith. Ganteaume eût dû également faire route, reconnaître le mont Carmel ou le mont Cassin et débarquer sa petite armée à Damiette; il y fût arrivé en avril; nous n'avions pas évacué Damiette, il eût encore sauvé l'Égypte. Au lieu de cela, il retourna encore à Toulon. Le Premier Consul fut encore mécontent : il le fit repartir une troisième fois, avec l'ordre de débarquer sa petite armée à Damiette en allant par les côtes de Syrie, ou de débarquer à El-Baretoun en atterrant sur la côte d'Afrique. El-Baretoun est un bon port; d'El-Baretoun à Alexandrie on trouve tous les jours de l'eau et des pâturages. Il eût débarqué, avec les 5,000 hommes, deux mois de vivres, des outres et de l'argent. En cinq ou six jours de marche, ces 5,000 hommes seraient arrivés à Alexandrie. Ganteaume atteignait cette troisième fois les parages d'Égypte le 8 juin : ces 5,000 hommes seraient donc arrivés du 15 au 20 juin, dans le moment le plus propice; les secours venant d'Angleterre n'étaient pas encore arrivés à l'armée anglaise. En juin, le général Coote n'avait plus que 4,000 hommes au camp des Romains, vis-à-vis Alexandrie; Hutchinson, avec 5,000 hommes, était près de Gyzeh. Le général Menou, renforcé de ce secours, eût pu attaquer le général Coote avec 10,000 hommes; il l'eût battu et eût dégagé Belliard au Caire; la victoire eût été assurée. Ainsi, toutes les trois fois l'amiral français a pu sauver l'Égypte : il s'en est laissé imposer par de faux rapports. S'il eût eu la décision de Nelson, son escadre était une escadre légère très-bonne marcheuse, très-bien équipée, il pouvait se moquer de l'escadre de Keith, non pour la combattre, mais pour lui échapper. Ganteaume connaissait parfaitement toutes les côtes de Syrie, toutes les côtes d'Égypte, et les circonstances étaient uniques. Toutes les flottes anglaises étaient nécessaires dans la Baltique. Une petite escadre, bonne marcheuse et bien équipée, peut entreprendre tout ce qu'elle veut. Trois frégates, pendant le siége de Saint-Jean-d'Acre, sous les ordres du contre-amiral Pérée, ont couru toutes les mers entre Rhodes et Acre, ont plusieurs fois communiqué, à deux lieues de Sidney-Smith, derrière le mont Carmel, et ont intercepté plusieurs bâtiments de l'armée de Rhodes, qui se rendaient à Acre, chargés de vivres, de canons et de munitions pour l'armée assiégée; cependant *l'Alceste*, *la Courageuse*, *la Junon*, ne marchaient que médiocrement. Si le contre-amiral eût eu trois frégates comme *la Justice* et *la Diane*, il eût manœuvré avec beaucoup plus de hardiesse, il eût joué aux barres avec *le Tigre* et *le Thésée*, les deux vaisseaux de 80 de Sidney-Smith.

En résumé, l'expédition d'Égypte a parfaitement réussi : débarqué le 1er juillet 1798 à Alexandrie, Napoléon était le 1er août maître du Caire et de toute la basse Égypte; au 1er janvier 1799, il était maître de toute l'Égypte; au 1er juillet 1799, il avait détruit l'armée turque de Syrie et lui avait pris son équipage de campagne de 42 pièces et 150 caissons. Enfin, au mois d'août, il détruisit l'élite de l'armée de la Porte et prit à Aboukir son équipage de campagne de 32 pièces de canon. Kleber se laissa imposer par le grand vizir : il lui remit toutes les places fortes et consentit à une convention fort étrange, celle d'El-A'rych. Cependant, le colonel Latour-Maubourg étant arrivé le 1er mars 1800 avec des lettres du Premier Consul, avant que le Caire fût livré, Kléber battit le grand vizir, le chassa dans le désert et reconquit l'Égypte. Au mois de mars 1801, les Anglais débarquèrent une armée de 18,000 hommes sans attelages d'artillerie et sans chevaux de cavalerie : elle devait être détruite; mais Kléber avait été assassiné, et, par une fatalité désolante, cette brave armée avait pour chef un homme bon à beaucoup de choses, mais détestable pour la guerre.

L'armée, vaincue après six mois de fausses manœuvres, débarqua sur les côtes de Provence au nombre de 24,000 hommes. L'armée d'Égypte, lors de son arrivée à Malte en 1798, était de 32,000 hommes : elle y reçut un renfort de 2,000 hommes, mais elle y laissa une garnison de 4,000 hommes, et elle arriva à Alexandrie au nombre de 30,000 hommes. Elle reçut 3,000 hommes des débris de l'escadre d'Aboukir, ce qui la porta à 33,000 hommes; 24,000 hommes rentrèrent en France; 1,000 y étaient rentrés précédemment comme blessés, aveugles, sur les deux frégates *la Muiron* et *la Carrère*, qui portèrent Napoléon; mais un pareil nombre de troupes était arrivé sur *la Justice*, *l'Égyptienne* et *la Régénérée* : la perte a donc été de 9,000 hommes, dont 4,000 morts en 1798 et 1799, et 5,000 en 1800 et 1801, morts aux hôpitaux ou sur le champ de bataille. Quand Napoléon a quitté à la fin d'août 1799, l'effectif de l'armée était de 28,500 Français, compris les malades, les vétérans, les hommes de dépôt et les non combattants à la suite de l'armée.

L'armée anglaise, en 1801, n'était d'abord que de 18,000 hommes; mais elle reçut, dans les mois de juillet et d'août, 7,000 hommes partis de Londres, Malte et Mahon, et 8,000 hommes partis des Indes, qui débarquèrent à Qoseyr, ce qui la porta à 32 ou 34,000 hommes. En y ajoutant 25,000 Turcs, on voit que les forces alliées employées contre l'Égypte s'élevaient à près de 60,000 hommes. Sans doute que, si elles eussent attaqué ensemble, il eût été impossible de leur résister; mais, comme elles entrèrent en action à plusieurs mois de distance, la victoire eût été immanquable pour les Français si Desaix ou Kleber eussent été à la tête de l'armée, ou même tout autre général que Menou, qui cependant n'avait qu'à imiter la manœuvre qu'avait faite Napoléon en 1799, lorsque Mustafa-Pacha débarqua à Aboukir. Le fanatisme religieux, qui avait été regardé comme le plus grand obstacle à l'établissement des Français en Égypte, était levé; tous les ulemas et les grands cheiks étaient affectionnés à l'armée française[1].

Au volume IV (Campagne de 1800; t. II, page 107) est la lettre de Napoléon au général Kleber, datée du 5 fructidor, au moment de son embarquement; elle est en grande partie exacte. Quatre passages sont tronqués, ce qui dénature le sens dans quelques idées importantes.

Même volume, page 116, se trouve la lettre du général Kleber au Directoire; elle est datée du 26 septembre 1799. Nous la mettons ici avec des observations propres à la faire apprécier.

---

[1] L'édition de 1830 des *Mémoires de Napoléon* place ici un fragment dans lequel Napoléon compare ses opérations avec la conquête de l'Égypte par saint Louis. Ce passage se trouve déjà reproduit dans les *Commentaires*, t. II. p. 330. d'après le texte publié par le général Bertrand.

NOTES CRITIQUES. — ÉGYPTE.

LETTRE DU GÉNÉRAL KLEBER
AU
DIRECTOIRE EXÉCUTIF.

Au quartier général du Caire,
le 4 vendémiaire an VIII
(26 septembre 1799).

CITOYENS DIRECTEURS,

A. Le général en chef Bonaparte est parti pour la France le 6 fructidor au matin, sans en avoir prévenu personne. Il m'avait donné rendez-vous à Rosette le 7, je n'y ai trouvé que ses dépêches. Dans l'incertitude si le général a eu le bonheur de passer, je crois devoir vous envoyer copie, et de la lettre par laquelle il me donne le commandement de l'armée, et de celle qu'il adresse au grand vizir à Constantinople, quoiqu'il sût parfaitement que ce pacha était déjà arrivé à Damas.

B. Mon premier soin a été de prendre une connaissance exacte de la situation actuelle de l'armée.

Vous savez, Citoyens Directeurs, et vous êtes à même de vous faire représenter l'état de sa force lors de son arrivée en Égypte; elle est réduite de moitié, et nous occupons tous les points capitaux du triangle des Cataractes à El-A'rych, d'El-

OBSERVATIONS DE NAPOLÉON
SUR
LA LETTRE DU GÉNÉRAL KLEBER.

A. Le grand vizir était à la fin d'août à Érivan, dans la haute Arménie; il n'avait avec lui que 5,000 hommes. Le 22 août, on ignorait en Égypte que ce premier ministre eût quitté Constantinople; l'aurait-on su, qu'on y aurait attaché fort peu d'importance. Au 26 septembre, lorsque cette lettre fut écrite, le grand vizir n'était ni à Damas ni à Alep, il était au delà du Taurus.

B. L'armée française était forte de 30,000 hommes au moment de son débarquement en Égypte, en 1798. Puisque le général Kleber déclare qu'elle était réduite de moitié au 27 septembre 1799, elle était donc de 15,000 hommes : ceci est une fausseté évidente, puisque les états de situation de tous les chefs de corps envoyés au mi-

A'rych à Alexandrie et d'Alexandrie aux Cataractes.

nistre de la guerre, à la date du 1ᵉʳ septembre, portaient la force de l'armée à 28,500 hommes, sans compter les gens du pays; les états de l'ordonnateur Daure faisaient monter la consommation à 35,000 hommes, y compris les abus, les auxiliaires, les rations doubles, les femmes et les enfants; les états du payeur Estève, envoyés à la trésorerie, faisaient monter l'armée à 28,500 hommes. Comment, dira-t-on, la conquête de la haute et basse Égypte, de la Syrie, les maladies, la peste n'avaient fait périr que 1,500 hommes! Non, il en a péri 4,500; mais après son débarquement l'armée fut augmentée de 3,000 hommes, provenant des débris de l'escadre de l'amiral Brueys.

Voulez-vous une autre preuve tout aussi forte? c'est qu'aux mois d'octobre et de novembre 1801, deux ans après, il a débarqué en France 27,500 hommes venant d'Égypte, sur lesquels 24,000 appartenaient à l'armée, les autres étaient des marins, des Mameluks ou des gens du pays. Or l'armée n'avait reçu aucun renfort, si ce n'est un millier d'hommes portés par les trois frégates *la Justice*, *l'Égyptienne* et *la Régénérée*, et une douzaine de corvettes ou avisos qui y arrivèrent dans cet intervalle.

En 1800 et 1801, l'armée a perdu 4,800 hommes, soit de maladie, soit à la campagne contre le grand vizir en 1800, soit à celle contre les Anglais en 1801 ; 2,300 hommes ont, en outre, été faits prisonniers dans les forts d'Aboukir, Julien, d'El-Rahmânyeh, dans le désert avec le colonel Cavalier, sur le convoi de djermes, au Marabout ; mais ces troupes, ayant été renvoyées en France, sont comprises dans le nombre des 27,500 qui ont opéré leur retour.

Il résulte donc de cette seconde preuve qu'au mois de septembre 1799 l'armée était de 28,500 hommes, éclopés, vétérans, hôpitaux, etc. tout compris.

C. Cependant il ne s'agit plus aujourd'hui, comme autrefois, de lutter contre quelques hordes de Mameluks découragés, mais de combattre et de résister aux efforts réunis de trois grandes

C. Les fusils ne manquaient pas plus que les hommes ; il résulte des états des chefs de corps, de septembre 1799, qu'ils avaient 7,000 fusils et 11,000 sabres aux dépôts,

puissances : la Porte, les Anglais et les Russes.

Le dénûment d'armes, de poudres de guerre, de fer coulé et de plomb, présente un tableau aussi alarmant que la grande et subite diminution d'hommes dont je viens de parler. Les essais de fonderie faits n'ont point réussi; la manufacture de poudre établie à Roudah n'a pas encore donné et ne donnera probablement pas le résultat qu'on se flattait d'en obtenir; enfin la réparation des armes à feu est lente, et il faudrait pour activer ces établissements des fonds et des moyens que nous n'avons pas.

D. Les troupes sont nues, et cette absence de vêtements est d'autant plus fâcheuse qu'il est reconnu que, dans ce pays, elle est une des causes les plus actives des dyssenteries et des ophthalmies, qui sont les maladies constamment régnantes; la première surtout a agi cette année puissamment sur des corps affaiblis et épuisés par les fatigues. Les officiers de santé remarquent et rapportent constamment que, quoique l'armée soit si considérablement

et des états de l'artillerie qu'il y en avait 5,000 neufs et 300 en pièces de rechange au parc; cela fait donc 15,000 fusils.

Les pièces de canon ne manquaient pas davantage : il y avait, comme le constatent les états de l'artillerie, 1,426 bouches à feu, dont 180 de campagne, 225,000 projectiles, 1,100 milliers de poudre, 3 millions de cartouches d'infanterie, 27,000 cartouches à canon confectionnées; et ce qui prouve l'exactitude de ces états, c'est que, deux ans après, les Anglais trouvèrent 1,375 bouches à feu, 190,000 projectiles et 900 milliers de poudre.

D. Les draps ne manquaient pas plus que les munitions, puisque les états de situation des magasins des corps portaient qu'il existait des draps aux dépôts, que l'habillement était en confection; et qu'effectivement au mois d'octobre l'armée était habillée de neuf. D'ailleurs comment manquer d'habillement dans un pays qui habille 3 millions d'hommes, les populations de l'Afrique, de l'Arabie? qui fabrique

diminuée, il y a cette année un nombre beaucoup plus grand de malades qu'il n'y en avait l'année dernière à la même époque.

E. Le général Bonaparte avait effectivement, avant son départ, donné des ordres pour habiller l'armée en drap; mais, pour cet objet comme pour beaucoup d'autres, il s'en est tenu là; et la pénurie des finances, qui est un nouvel obstacle à combattre, l'eût mis dans la nécessité sans doute d'ajourner l'exécution de cet utile projet. Il faut parler de cette pénurie. Le général Bonaparte a épuisé toutes les ressources extraordinaires dans les premiers mois de notre arrivée; il a levé alors autant de contributions de guerre que le pays pouvait en supporter; revenir aujourd'hui à ces moyens, alors que nous sommes au dehors entourés d'ennemis, serait préparer un soulèvement à la première occasion favorable. Cependant Bonaparte, à son départ, n'a pas laissé un sou en caisse ni aucun objet équivalent : il a laissé au contraire un arriéré de près de 12 millions; c'est plus que le revenu d'une année dans la circonstance actuelle : la solde arriérée pour des cotonnades, des toiles, des draps de laine en si grande quantité?

E. Depuis longtemps la solde était au courant; il y avait 15,000 francs d'arriéré, mais cela datait de longue main; les contributions dues étaient de 16 millions, comme le prouvent les états du payeur Estève, datés du 1er septembre.

toute l'armée se monte seule à 4 millions.

F. L'inondation rend impossible en ce moment le recouvrement de ce qui est dû sur l'année qui vient d'expirer, et qui suffirait à peine pour la dépense d'un mois : ce ne sera donc qu'au mois de frimaire qu'on pourra en recommencer la perception ; et alors, il n'en faut pas douter, on ne pourra pas s'y livrer, parce qu'il faudra combattre.

Enfin, le Nil étant cette année très-mauvais, plusieurs provinces, faute d'inondation, offriront des non-valeurs auxquelles on ne pourra se dispenser d'avoir égard.

Tout ce que j'avance ici, Citoyens Directeurs, je puis le prouver, et par des procès-verbaux et par des états certifiés des différents services.

Quoique l'Égypte soit tranquille en apparence, elle n'est rien moins que soumise ; le peuple est inquiet, et l'on ne voit en nous, quelque chose que l'on puisse faire, que des ennemis de sa propriété : son cœur est sans cesse ouvert à l'espoir d'un changement favorable.

F. La conduite de ce peuple pendant la guerre de Syrie ne laissa aucun doute sur ses bonnes dispositions ; mais il ne faut lui donner aucune inquiétude sur sa religion, et se concilier les ulemas.

G. Les Mameluks sont dispersés, mais ils ne sont pas détruits. Mourad-Bey est toujours dans la haute Égypte avec assez de monde pour occuper sans cesse une partie de nos forces. Si on l'abandonnait un moment, sa troupe se grossirait bien vite, et il viendrait nous inquiéter sans doute jusque dans la capitale, qui, malgré la plus grande surveillance, n'a cessé jusqu'à ce jour de lui procurer des secours en argent et en armes.

Ibrahim est à Gaza avec environ 2,000 Mameluks, et je suis informé que 30,000 hommes de l'armée du grand vizir et de Djezzar-Pacha y sont déjà arrivés.

H. Le grand vizir est parti de Damas il y a environ vingt jours; il est actuellement campé auprès d'Acre.

I. Telle est, Citoyens Directeurs, la situation dans laquelle le général Bonaparte m'a laissé l'énorme fardeau de l'armée d'Orient. Il voyait la crise fatale s'approcher. Vos ordres,

G. Mourad-Bey, réfugié dans l'oasis, ne possédait plus un seul point dans la vallée; il n'y possédait plus un magasin ni une barque; il n'avait plus un canon; il n'était suivi que de ses plus fidèles esclaves. Ibrahim-Bey était à Gaza avec 450 Mameluks; comment pouvait-il en avoir 2,000, puisqu'il n'en a jamais eu que 950, et qu'il avait fait des pertes dans tous les combats de la Syrie?

Il n'y avait pas, à la fin de septembre, un seul homme de l'armée du grand vizir en Syrie; au contraire, Djezzar-Pacha avait retiré ses propres troupes de Gaza pour les concentrer sur Acre. Il n'y avait à Gaza que les 400 Mameluks d'Ibrahim-Bey.

H. Le grand vizir n'était point en Syrie le 26 septembre, il n'était pas même à Damas, pas même à Alep : il était au delà du mont Taurus.

I. Cette crise fatale était dans l'imagination du général, et surtout des intrigants qui voulaient l'exciter à quitter le pays.

Napoléon avait commencé les

sans doute, ne lui ont pas permis de la surmonter. Que cette crise existe, ses lettres, ses instructions, sa négociation entamée, en font foi : elle est de notoriété publique, et nos ennemis semblent aussi peu l'ignorer que les Français qui sont en Égypte.

« Si cette année, me dit le général Bonaparte, malgré toutes les précautions, la peste était en Égypte, et que vous perdiez plus de 1,500 soldats, perte considérable, puisqu'elle serait en sus de celle que les événements de la guerre occasionneraient journellement, je dis que, dans ce cas, vous ne devez pas vous hasarder à soutenir la campagne prochaine; et vous êtes autorisé à conclure la paix avec la Porte Ottomane, quand même l'évacuation de l'Égypte en serait la condition principale. »

Je vous fais remarquer ce passage, Citoyens Directeurs, parce qu'il est caractéristique sous plus d'un rapport, et qu'il indique surtout la situation critique dans laquelle je me trouve.

Que peuvent être 1,500 hommes de plus ou de moins dans l'immensité du terrain que j'ai à défendre, et aussi journellement à combattre?

négociations avec Constantinople dès le surlendemain de son arrivée à Alexandrie; il les a continuées en Syrie. Il avait plusieurs buts : d'abord d'empêcher la Porte de déclarer la guerre; puis de la désarmer, ou au moins rendre ses hostilités moins actives; enfin de connaître ce qui se passait par les allées et venues des agents turcs et français, qui le tenaient au courant des événements d'Europe.

Où était la crise fatale? L'armée russe, qui soi-disant était aux Dardanelles, était un premier fantôme; l'armée anglaise, qui déjà avait passé le détroit, en était un second; enfin le grand vizir, à la fin de septembre, était encore bien éloigné de l'Égypte. Quand il aurait passé le mont Taurus et le Jourdain, il avait à lutter contre la jalousie de Djezzar; il n'avait avec lui que 5,000 hommes; il devait former son armée en Asie, et peut-être y réunir 40 à 50,000 hommes, qui n'avaient jamais fait la guerre, et qui étaient aussi peu redoutables que l'armée du mont Thabor. C'était donc en réalité un troisième fantôme.

Les troupes de Mustafa-Pacha étaient les meilleures troupes ottomanes : elles occupaient à Aboukir une position redoutable. Cependant elles n'avaient opposé aucune résistance. Le grand vizir n'aurait jamais osé passer le désert devant l'armée française, ou, s'il l'avait osé, il aurait été très-facile de le battre.

L'Égypte ne courait donc de danger que par le mauvais esprit qui s'était mis dans l'état-major.

La peste, qui avait affligé l'armée en 1799, lui avait fait perdre 700 hommes. Si celle qui l'affligerait en 1800 lui en faisait perdre 1,500, elle serait donc double en malignité. Dans ce cas, le général partant voulait prévenir les seuls dangers que pouvait courir l'armée, et diminuer la responsabilité de son successeur, l'autorisant à traiter, s'il ne recevait pas de nouvelles du gouvernement avant le mois de mai 1800, à condition que l'armée française resterait en Égypte jusqu'à la paix générale.

L. Le général dit ailleurs : « Alexandrie et El-A'rych, voilà les deux clefs de l'Égypte. »

El-A'rych est un méchant fort à quatre journées dans le désert. La grande difficulté de l'approvisionner ne permet pas d'y jeter une garnison de plus de 250 hommes : 600 Mameluks pourront, quand ils le voudront, intercepter sa communication avec Qatyeh ; et comme, lors du départ de Bonaparte, cette garnison n'avait pas pour quinze jours de vivres en avance, il ne faudrait pas plus de temps pour l'obliger à se rendre sans coup férir.

Les Arabes seuls étaient dans le cas de faire des convois soutenus dans ces brûlants déserts ; mais, d'un côté, ils ont été tant de fois trompés, que, loin de nous offrir leurs services, ils s'éloignent et se cachent ; d'un autre côté, l'arrivée du grand

Mais enfin le cas n'était point arrivé ; on n'était pas encore au mois de mai, puisqu'on n'était qu'au mois de septembre : on avait donc tout l'hiver à passer, pendant lequel il était probable que l'on recevrait des nouvelles de France ; enfin la peste n'affligea pas l'armée en 1800 et 1801.

L. Le fort d'El-A'rych, qui peut contenir 5 ou 600 hommes de garnison, est construit en bonne maçonnerie ; il domine les puits et la forêt de palmiers de l'oasis de ce nom. C'est une vedette située près de la Syrie, la seule porte par où toute armée qui veut attaquer l'Égypte par terre doit passer. Les localités offrent beaucoup de difficultés aux assiégeants. C'est donc à juste titre qu'il peut être appelé une des clefs du désert.

NOTES CRITIQUES. — ÉGYPTE.

vizir, qui enflamme leur fanatisme et leur prodigue des dons, contribue tout autant à nous en faire abandonner.

M. Alexandrie n'est point une place, c'est un vaste camp retranché; il était, à la vérité, assez bien défendu par une nombreuse artillerie de siége; mais, depuis que nous avons perdu cette artillerie dans la désastreuse campagne de Syrie, depuis que le général Bonaparte a retiré toutes les pièces de marine pour armer au complet les deux frégates avec lesquelles il est parti, ce camp ne peut plus offrir qu'une faible résistance.

N. Le général Bonaparte, enfin, s'était fait illusion sur l'effet que devait produire le succès qu'il a obtenu au poste d'Aboukir. Il a, en effet, détruit la presque totalité des Turcs qui avaient débarqué; mais qu'est-ce qu'une perte pareille pour une grande nation, à laquelle on a ravi la plus belle partie de son empire, et à qui la religion, l'honneur et l'intérêt prescrivent également de se venger et de reconquérir ce qu'on avait

M. Il y avait dans Alexandrie quatre cent cinquante bouches à feu de tout calibre. Les vingt-quatre pièces que l'on avait perdues en Syrie appartenaient à l'équipage de siége et n'avaient jamais été destinées à faire partie de l'armement de cette place. Les Anglais y ont trouvé en 1801 plus de quatre cents pièces de canon, indépendamment des pièces qui armaient les frégates et autres bâtiments.

N. L'armée de Mustafa, pacha de Romélie, qui débarqua à Aboukir, était de 18,000 hommes; c'était l'élite des troupes de la Porte qui avaient fait la guerre contre la Russie. Ces troupes étaient incomparablement meilleures que celles du mont Thabor et toutes les troupes asiatiques dont devait se composer l'armée du grand vizir.

Le grand vizir n'a reçu la nouvelle de la défaite d'Aboukir qu'à

pu lui enlever? Aussi cette victoire n'a-t-elle pas retardé d'un instant ni les préparatifs ni la marche du grand vizir.

P. Dans cet état de choses, que puis-je, que dois-je faire? Je pense, Citoyens Directeurs, que c'est de continuer les négociations entamées par Bonaparte; quand elles ne donneraient d'autres résultats que celui de gagner du temps, j'aurais déjà lieu d'être satisfait. Vous trouverez ci-jointe la lettre que j'écris en conséquence au grand vizir, en lui envoyant duplicata de celle de Bonaparte. Si ce ministre répond à ces avances, je lui proposerai la restitution de l'Égypte aux conditions suivantes :

Le Grand Seigneur y établira un pacha comme par le passé; on lui abandonnera le myry, que la Porte a toujours perçu de droit et jamais de fait.

Le commerce sera ouvert réciproquement entre l'Égypte et la Syrie.

Les Français demeureraient dans le pays, occuperaient les places et les forts, et percevraient tous les autres droits, avec ceux des douanes, jusqu'à ce que le gouvernement eût fait la paix avec l'Angleterre.

Érivan, dans l'Arménie, près de la mer Caspienne.

P. Ceci est bien projeté, mais a été mal exécuté; il y a loin de là à la capitulation d'El-A'rych.

Tout traité avec la Porte, s'il avait ces deux résultats de lui faire tomber les armes des mains et de conserver l'armée en Égypte, était bon.

Si ces conditions préliminaires et sommaires étaient acceptées, je croirais avoir fait plus pour la patrie qu'en obtenant la plus éclatante victoire ; mais je doute que l'on veuille prêter l'oreille à ces dispositions. Si l'orgueil des Turcs ne s'y opposait pas, j'aurais à combattre l'influence des Anglais ; dans tous les cas, je me guiderai d'après les circonstances.

Q. Je connais toute l'importance de la possession de l'Égypte ; je disais en Europe qu'elle était pour la France le point d'appui par lequel elle pouvait remuer le système du commerce des quatre parties du monde. Mais, pour cela, il faut un puissant levier ; ce levier, c'est la marine. La nôtre a existé ; depuis lors tout est changé, et la paix avec la Porte peut seule, ce me semble, nous offrir une voie honorable pour nous tirer d'une entreprise qui ne peut plus atteindre l'objet qu'on avait pu se proposer.

Je n'entrerai point, Citoyens Directeurs, dans le détail de toutes les combinaisons diplomatiques que la situation actuelle de l'Europe peut offrir ; elles ne sont point de mon ressort.

Q. La destruction de onze vaisseaux de guerre, dont trois étaient hors de service, ne changeait rien à la situation de la République, qui était en 1800 tout aussi inférieure sur mer qu'en 1798. Si l'on eût été maître de la mer, on eût marché droit à la fois sur Londres, sur Dublin et sur Calcutta : c'était pour le devenir que la République voulait posséder l'Égypte. Cependant la République avait assez de vaisseaux pour pouvoir envoyer des renforts en Égypte lorsque cela serait nécessaire. Au moment où le général écrivait cette lettre, l'amiral Bruix, avec quarante-six vaisseaux de haut bord, était maître de la Méditerranée ; il eût secouru l'armée d'Orient, si les troupes

Dans la détresse où je me trouve, et trop éloigné du centre des mouvements, je ne puis guère m'occuper que du salut et de l'honneur de l'armée que je commande. Heureux si, dans mes sollicitudes, je réussis à remplir vos vœux! Plus rapproché de vous, je mettrai toute ma gloire à vous obéir.

Je joins ici, Citoyens Directeurs, un état exact de ce qui nous manque en matériel pour l'artillerie et un tableau sommaire de la dette contractée et laissée par Bonaparte.

Salut et respect,

Signé KLEBER.

R. Au moment, Citoyens Directeurs, où je vous expédie cette lettre, quatorze ou quinze voiles turques sont mouillées devant Damiette, attendant la flotte du capitan pacha, mouillée à Jaffa et portant, dit-on, 15 à 20,000 hommes de débarquement; 15,000 sont toujours réunis à Gaza, et le grand vizir s'achemine de Damas. Il nous a renvoyé ces jours derniers un soldat de la 25ᵉ demi-brigade fait prisonnier au fort d'El-A'rych. Après lui avoir fait voir tout le camp, il lui a intimé de dire à ses compagnons ce qu'il avait vu

n'eussent été nécessaires en Italie, en Suisse et sur le Rhin.

R. Cette apostille peint l'état d'agitation du général Kleber : il avait servi huit ans, comme officier, dans un régiment autrichien. Il avait fait les campagnes de Joseph II, qui s'était laissé battre par les Ottomans; il avait conservé une opinion fort exagérée de ceux-ci. Sidney-Smith, qui avait déjà fait perdre à la Porte l'armée de Mustafa, pacha de Romélie, qu'il avait débarquée à Aboukir, vint mouiller à Damiette avec soixante transports, sur lesquels étaient embarqués 7,000 janissaires, de très-bonnes

NOTES CRITIQUES. — ÉGYPTE.

et à leur général de trembler. Ceci paraît annoncer ou la confiance que le grand vizir met dans ses forces, ou un désir de rapprochement. Quant à moi, il me serait de toute impossibilité de réunir plus de 5,000 hommes en état d'entrer en campagne; nonobstant ce, je tenterai la fortune, si je ne puis parvenir à gagner du temps par des négociations. Djezzar a retiré ses troupes de Gaza et les a fait revenir à Acre.

Signé Kleber.

troupes : c'était l'arrière-garde de l'armée de Mustafa-Pacha; au 1ᵉʳ novembre, il la débarqua sur les plages de Damiette. L'intrépide général Verdier marcha à eux avec 1,000 hommes, les prit, les tua ou les jeta dans la mer; six pièces de canon furent ses trophées.

Le capitan-pacha n'était pas à Jaffa, le grand vizir n'était point entré en Syrie; il n'y avait donc pas 30,000 hommes à Gaza. Les armées russe et anglaise ne songeaient point à attaquer l'Égypte.

Cette lettre est donc pleine de fausses assertions. On croyait que Napoléon n'arriverait point en France : on s'était décidé à évacuer le pays, on voulait justifier cette évacuation. Quand cette lettre arriva à Paris (le 12 janvier), le général Berthier la mit sous les yeux du Premier Consul. Elle était accompagnée des rapports et des comptes de l'ordonnateur Daure, du payeur Estève et de vingt-huit rapports de colonels et de chefs de corps d'artillerie, infanterie, cavalerie, dromadaires, etc. Tous ces états, que fit dépouiller le ministre de la guerre, présentaient des rapports qui contredisaient le général en chef. Mais heureusement pour l'Égypte un duplicata de cette lettre tomba entre les mains de l'amiral Keith, qui l'envoya aussitôt à Londres. Le ministre anglais écrivit sur-le-champ pour qu'on ne reconnût aucune capitulation qui aurait pour but de ramener l'armée d'Égypte en France, et que, si déjà elle était en mer, il fallait la prendre et la conduire dans la Tamise.

Par un second bonheur, le colonel Latour-Maubourg, parti de France à la fin de janvier avec la nouvelle de l'arrivée de Napoléon en France, celle du 18 brumaire, la Constitution de l'an VIII et la lettre du ministre de la guerre, du 12 janvier, en réponse à celle de Kleber ci-dessus, arriva au Caire le 4 mai, dix jours avant le terme fixé pour la remise de cette capitale au grand vizir. Kleber comprit qu'il fallait vaincre ou mourir ; il n'eut qu'à marcher.

Ce ramassis de canaille qui se disait l'armée du grand vizir fut rejeté au delà du désert, sans faire aucune résistance. L'armée française n'eut pas 100 hommes tués ou blessés. Elle en tua 15,000 ; elle prit aux Turcs leurs tentes, leurs bagages et leur équipage de campagne.

Kleber changea alors entièrement ; il s'appliqua sérieusement à améliorer le sort de l'armée et du pays ; mais, le 14 juin 1800, il périt sous le poignard d'un misérable fanatique.

S'il eût vécu lorsque, la campagne suivante, l'armée anglaise débarqua à Aboukir, elle eût été perdue : peu d'Anglais se fussent rembarqués, et l'Égypte eût été à la France.

CARTE

DE

L'ÎLE DE SAINT-DOMINGUE

Map of Haiti showing Océan Atlantique to the north, Île de Cuba to the northwest, and Mer des [Antilles] to the south. Labeled features include: Grande Ynague, Îlots du Sud, Île de la Tortue, Canal de la Tortue, le Port de Paix, Môle S. Nicolas, le Port à Piment, les Gonaïves, Département du Nord, LE CAP, B. de Limbé, P.te de la Grange, les 7 Frères, Baie de Mancenille, Monte Christ, Ouanaminthe, St Raphaël, Hinche, St Marc, Canal de St Marc, Île de la Gonâve, Canal de la Gonâve, Département de l'Ouest, l'Arcahaye, Baie du Port au Prince, PORT AU PRINCE, Croix des Bouquets, Étang Salé, Jérémie, Dalmarie, l'Anse à veau, Petit Trou, Miragoane, Léogâne, Grand Goâve, Département du Sud, Tiburon, les Coteaux, St Louis, les Cayes, Torbec, la Vache, Port Salut, Pointe d'Abacou, Baînet, Jacmel, les Cayes de Jacmel, le Faux Cap. Échelle with "10 lieues".

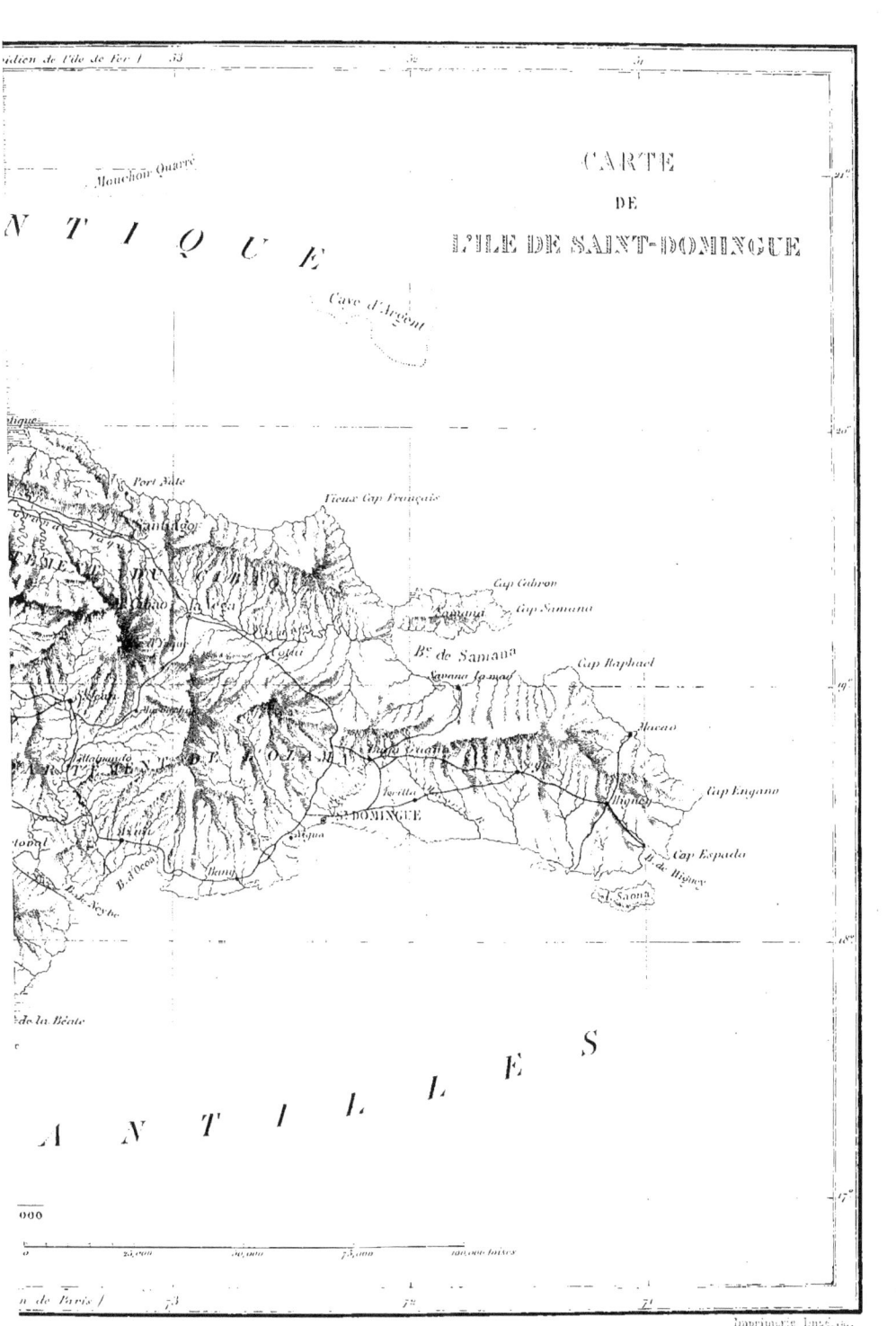

QUATRE NOTES

SUR L'OUVRAGE INTITULÉ

MÉMOIRES POUR SERVIR A L'HISTOIRE

DE LA RÉVOLUTION DE SAINT-DOMINGUE.

QUATRE NOTES[1]

SUR L'OUVRAGE INTITULÉ

MÉMOIRES POUR SERVIR A L'HISTOIRE

DE LA RÉVOLUTION DE SAINT-DOMINGUE[2].

Cet ouvrage, intéressant sous plusieurs points de vue, est écrit par un officier général[3] qui a fait la campagne de Saint-Domingue, en 1802, sous les ordres du capitaine général Leclerc. S'il contient quelques jugements hasardés, c'est que l'auteur a manqué de renseignements ; un bon nombre de pièces officielles importantes sont encore secrètes.

PREMIÈRE NOTE.

(Vol. I, ch. x.)

C'est dans ce chapitre que commence le récit des événements qui ont eu lieu à Saint-Domingue, depuis le 18 brumaire. Toussaint-Louverture, général de division, commandant en chef la partie du nord de Saint-Domingue, avait méconnu l'autorité du général Hédouville, commissaire du Directoire exé-

---

[1] Ces *Notes* sont reproduites d'après le texte publié par le général Montholon, *Mémoires de Napoléon*, etc. édit. de 1830.

[2] Paris, 1819, 2 vol. in-8°.

[3] C'est le général vicomte P. de Lacroix.

cutif; il traitait en sa présence, directement et secrètement, avec les Anglais, et couvrait ce représentant de la métropole de tant d'outrages, qu'il l'avait obligé à retourner en France. Mais le général Hédouville, inquiet sur les vues de Toussaint-Louverture, donna, avant d'abandonner la colonie, des pouvoirs indépendants de ce chef de noirs au général Rigaud, chef des hommes de couleur. Il lui confia l'autorité sur toute la partie du sud de Saint-Domingue, qui se trouva ainsi divisée en deux : le nord, sous Toussaint, où dominaient les noirs; le sud, sous Rigaud, où dominaient les hommes de couleur. Une guerre civile effroyable ne tarda pas à éclater entre les deux partis.

Le Directoire parut y sourire et mettre dans sa durée la garantie des droits de la métropole. Cette guerre était dans toute sa force au commencement de 1800.

La première question dont eut à s'occuper le Premier Consul en arrivant au gouvernement fut de savoir s'il convenait aux intérêts de la métropole de nourrir, d'alimenter cette guerre civile, ou s'il fallait la faire cesser. Après de mûres réflexions, mais sans hésitation, il se décida pour ce dernier parti :

1° Parce qu'une politique fallacieuse, ayant pour but d'entretenir la guerre civile, était indigne de la grandeur et de la générosité de la nation, et finirait par indisposer également les deux partis contre la métropole; 2° parce que les guerres civiles, au lieu d'affaiblir, retrempent et aguerrissent les peuples, et, lorsque le moment serait arrivé de rétablir l'autorité de la métropole, on aurait eu affaire à des hommes plus redoutables; 3° parce que, si cette guerre civile continuait, les habitants perdaient toute espèce d'habitude du travail, et la colonie le peu qui lui restait de son ancienne prospérité. Ainsi la morale et la politique étaient ici d'accord pour arrêter l'effusion du sang français; mais quel moyen fallait-il employer? Le Directoire avait tenté d'établir le *statu quo* entre les deux partis; les passions qui animaient les noirs et les hommes de couleur étaient trop violentes pour être contenues, lorsque la métropole n'avait aucun moyen de répression. Les hommes de couleur étaient sans doute plus braves, plus aguerris que les noirs; mais ils étaient si inférieurs en nombre, qu'il était facile de prévoir l'époque où ils succomberaient. Le triomphe des noirs aurait été marqué par l'égorgement et la destruction totale des hommes de couleur, perte irréparable pour la métropole, qui ne pouvait espérer de rétablir son autorité qu'en se servant de l'influence de ceux-ci contre les noirs.

Le Premier Consul résolut donc d'appuyer le parti plus fort, de retirer les pouvoirs qu'avait le général Rigaud, de le rappeler en France, de désarmer les hommes de couleur, d'étendre les pouvoirs de Toussaint sur toute la colonie, de le nommer général en chef de Saint-Domingue, et de donner toute sa confiance aux noirs.

Le colonel Vincent, directeur des fortifications de Saint-Domingue, était fort avant dans la confiance de Toussaint, dont il était le chargé d'affaires; il se trouvait alors à Paris. Le Premier Consul le fit appeler, lui fit connaître sa partialité pour les noirs, sa confiance entière dans le caractère de Toussaint, et le renvoya dans la colonie, porteur, 1° du décret qui nommait Toussaint-Louverture général en chef de Saint-Domingue; 2° de la Constitution de l'an VIII; 3° d'une proclamation aux noirs, où il leur disait : «Braves noirs, souvenez-vous que la France seule reconnaît votre liberté!» Il joignit au colonel Vincent deux autres commissaires. Cette commission fut chargée de prendre toutes les mesures nécessaires pour rétablir le calme et faire cesser les hostilités. Cette sage politique eut les plus heureux effets. Rigaud repassa en France. Les hommes de couleur posèrent les armes, l'autorité des noirs fut reconnue sans contradiction dans toute la colonie; ils se livrèrent à l'agriculture. La colonie parut un moment renaître de ses cendres; les blancs furent protégés; les hommes de couleur même, garantis par l'influence morale de la métropole, respirèrent et se remirent des pertes qu'ils avaient faites. Les années 1800 et 1801 furent deux années de prospérité pour la colonie: l'agriculture, les lois, le commerce, refleurirent sous le gouvernement de Toussaint-Louverture; l'autorité de la métropole fut reconnue et respectée, au moins en apparence : Toussaint-Louverture rendait compte exactement tous les mois au ministre de la marine.

Cependant les vraies dispositions des chefs des noirs ne pouvaient pas échapper au gouvernement français. Toussaint continuait à avoir des intelligences secrètes à la Jamaïque et à Londres; il se permettait dans son administration des irrégularités qui ne pouvaient pas être attribuées à l'ignorance. Il avait constamment éludé l'ordre réitéré de faire écrire en lettres d'or sur les drapeaux ces termes de la proclamation du Premier Consul : «Braves noirs, souvenez-vous que la France seule reconnaît votre liberté.»

Lorsque l'amiral Ganteaume appareilla de Brest, au commencement de 1801, avec une division de troupes sous les ordres du général Sahuguet, il embarqua à son bord un bon nombre de noirs et d'hommes de couleur, de créoles, destinés pour Saint-Domingue. Toussaint en parut vivement inquiet: on sut que dès lors il avait résolu de refuser l'entrée aux troupes françaises, si elles étaient au-dessus de 2,000 hommes, et d'incendier le Cap, si l'armée de Sahuguet était assez forte pour qu'il ne pût pas défendre la ville ; mais l'amiral Ganteaume donna dans la Méditerranée : il était destiné pour l'Égypte.

La situation prospère où se trouvait la République dans le courant de 1801, après la paix de Lunéville, faisait déjà prévoir le moment où l'Angleterre serait obligée de poser les armes, et où l'on serait maître d'adopter un parti définitif sur Saint-Domingue. Il s'en présenta alors deux aux méditations du Premier Consul : le premier, de revêtir de l'autorité civile et militaire et du titre de gouverneur général de la colonie le général Toussaint-Louverture ; de confier le commandement aux généraux noirs ; de consolider, de légaliser l'ordre de travail établi par Toussaint, qui déjà était couronné par d'heureux succès ; d'obliger les fermiers noirs à payer un cens ou redevance aux anciens propriétaires français ; de conserver à la métropole le commerce exclusif de toute la colonie, en faisant surveiller les côtes par de nombreuses croisières. Le deuxième parti consistait à reconquérir la colonie par la force des armes, à rappeler en France tous les noirs qui avaient occupé des grades supérieurs à celui de chef de bataillon, à désarmer les noirs en leur assurant la liberté civile et en restituant les propriétés aux colons. Ces projets avaient chacun des avantages et des inconvénients. Les avantages du premier étaient palpables : la République aurait une armée de 25 à 30,000 noirs, qui ferait trembler toute l'Amérique ; ce serait un nouvel élément de puissance qui ne lui coûterait aucun sacrifice ni en hommes ni en argent. Les anciens propriétaires perdraient sans doute les trois quarts de leur fortune ; mais le commerce français n'y perdrait rien, puisqu'il jouirait toujours du privilége exclusif. Le deuxième projet était plus avantageux aux propriétaires colons, il était plus conforme à la justice; mais il exigeait une guerre qui entraînerait la perte de beaucoup d'hommes et d'argent; les prétentions contraires des noirs, des hommes de couleur, des propriétaires blancs, seraient toujours un objet de discorde, d'embarras pour la métropole; Saint-Domingue serait toujours sur un volcan : aussi le Premier Consul inclinait pour le premier parti, parce que c'était celui que paraissait lui conseiller la politique, celui qui donnerait le plus d'influence à son pavillon dans l'Amérique. Que ne pouvait-il pas entreprendre avec une armée de 25 à 30,000 noirs sur la Jamaïque, les Antilles, le Canada, sur les États-Unis mêmes, sur les colonies espagnoles? Pouvait-on mettre en compensation de si grands intérêts politiques avec quelques millions de plus ou de moins qui rentreraient en France? Mais un pareil projet avait besoin du concours des noirs; il fallait qu'ils montrassent de la fidélité à la mère patrie et à la République, qui leur avait fait tant de bien. Les enfants des chefs noirs, élevés en France dans les écoles coloniales établies à cet effet, resserraient tous les jours davantage les liens de ces insulaires avec la métropole.

Tels étaient l'état de Saint-Domingue et la politique adoptée par le gouvernement français à son égard, lorsque le colonel Vincent arriva à Paris. Il était porteur de la constitution qu'avait adoptée de sa pleine autorité Toussaint-Louverture, qu'il avait fait imprimer et mise à exécution, et qu'il notifiait à la France. Non-seulement l'autorité, mais même l'honneur et la dignité de la République étaient outragés. De toutes les manières de proclamer son indépendance et d'arborer le drapeau de la rébellion, Toussaint-Louverture avait choisi la plus outrageante, celle que la métropole pouvait le moins tolérer. Dès ce moment il n'y eut plus à délibérer; les chefs des noirs furent des Africains ingrats et rebelles, avec lesquels il était impossible d'établir aucun système : l'honneur, comme l'intérêt de la France, voulut qu'on les fît rentrer dans le néant. Ainsi la ruine de Toussaint-Louverture, les malheurs qui pesaient sur les noirs furent l'effet de cette démarche insensée, inspirée sans doute par les agents de l'Angleterre, qui déjà avaient pressenti tout le mal qu'éprouverait sa puissance si les noirs se contenaient dans la ligne de modération et de soumission, et s'attachaient à la mère patrie. Il suffit, pour se faire une idée de l'indignation que dut éprouver le Premier Consul, de dire que Toussaint non-seulement s'attribuait l'autorité sur la colonie pendant sa vie, mais qu'il s'investissait du droit de nommer son successeur, et voulait tenir son autorité, non de la métropole, mais de lui-même, et d'une soi-disant assemblée coloniale qu'il avait créée. Comme Toussaint-Louverture était le plus modéré des généraux noirs, que Dessalines, Christophe, Clairvaux, etc. étaient plus exagérés, plus désaffectionnés et plus opposés encore à l'autorité de la métropole, il n'y eut plus à délibérer : le premier parti n'était plus praticable, il fallut se résoudre à adopter le deuxième, et à faire le sacrifice qu'il exigeait.

DEUXIÈME NOTE.

(Vol. II, ch. vi.)

Les liaisons du colonel Vincent avec les noirs et la grande confiance qu'avait en lui Toussaint-Louverture l'avaient rendu depuis longtemps suspect à l'administration, qui cependant employait cet officier pour convaincre, autant que possible, les noirs de ses bonnes dispositions à leur égard. Mais, lorsqu'il se présenta porteur de la déclaration de l'indépendance des noirs, et qu'il parut vouloir la justifier, il inspira un sentiment de dégoût que l'on dissimula pour ne pas donner l'éveil à Toussaint, et pour recueillir les renseignements précieux que ce colonel avait sur la position militaire des noirs et sur les fortifications qu'ils avaient élevées dans les mornes; cela fait, on lui ordonna de se tenir désormais étranger aux affaires de Saint-Domingue : il fut mis à la disposition du ministre de la guerre pour être employé dans son grade. Il désira être dans un pays chaud, et il obtint la direction des fortifications de la Toscane. Il a depuis assisté, plusieurs années de suite, comme directeur des fortifications, au conseil de travaux du mois de janvier, qui se tenait en présence de l'Empereur; il y a fait adopter ses plans pour les châteaux des présides de Florence, de Livourne et de Porto-Ferrajo. Il se plaisait à Florence, où il maria une de ses filles. Tout cela ne devait pas donner lieu à des assertions de libelles qui déshonorent un ouvrage historique. Le Premier Consul n'a pas pu faire part de ses projets sur Saint-Domingue, qui devaient rester secrets et pouvaient être exécutés quelques mois après, à une personne qui était l'agent de Toussaint et dont les machinations secrètes n'étaient plus un mystère; il n'a pas pu non plus lui communiquer ses négociations avec la cour de Londres, et cela pour l'expédition de Saint-Domingue, par une notion préparatoire, puisqu'il n'y a eu ni notes, ni pourparlers, ni négociations avec l'Angleterre pour l'expédition de Saint-Domingue.

TROISIÈME NOTE.
(Vol. II, ch. xiii.)

Ce chapitre contient le départ de France de l'armée du capitaine général Leclerc, son arrivée à Saint-Domingue et ses premières opérations. Il y est dit :

1° Que Napoléon avait, dans son cabinet particulier, plusieurs fonctionnaires de la colonie qui rédigeaient des instructions secrètes, sans que l'homme de mer expérimenté qui tenait, à cette époque, le portefeuille de la marine, eût été appelé à donner son avis, même sur les détails nautiques de l'expédition : il n'avait eu qu'à signer, pour copie conforme, les instructions déjà revêtues de l'approbation et de la signature du Premier Consul; que le temps que les flottes de Brest, de Rochefort, de Lorient, ont mis à se rallier au cap Samana, empêcha l'expédition de surprendre Toussaint-Louverture; 2° que les négociations entamées par le cabinet de Saint-Cloud auprès des cabinets étrangers, relativement à l'expédition, en avaient ébruité les détails; 3° que les instructions secrètes sur l'expédition de Saint-Domingue renfermaient l'ordre positif de ne souffrir aucune vacillation dans les principes de leur exécution, ce qui fut la cause que le général Leclerc dut perdre un jour pour opérer la descente et surprendre le Cap... que l'à-propos fait tout à la guerre... et qu'il est toujours dangereux de prescrire des mesures de détail, etc.

Le Premier Consul n'agissait, dans toutes les parties, que par l'intermédiaire de ses ministres. S'il n'eût pas eu confiance dans le ministre de la marine Decrès, qui l'empêchait de le renvoyer et d'en prendre un autre? Était-ce l'influence dont il jouissait dans les autorités constituées et dans la nation? les victoires navales qu'il avait remportées, ou le grand amour que lui portait le corps de la marine? Tout cela est donc absurde. Ce ministre a rédigé toutes les instructions navales. S'il a jugé à propos de donner trois points de ralliement aux escadres de Brest, Lorient et Rochefort, le premier au cap Finistère, le deuxième aux Canaries, le troisième au cap Samana, c'est que cela était en usage de son temps, et surtout dans la guerre de 1778. Si un ministre signait des instructions contraires à son opinion et à son expérience, ce serait le plus bas et le plus vil de tous les hommes. Pourquoi donc, dans un ouvrage historique, déshonorer un ancien ministre, officier général, en voulant le justifier? Un ami maladroit est plus dangereux qu'un ennemi.

L'amiral Villaret Joyeuse a mis quarante-six jours pour faire la traversée de Brest au Cap, c'est-à-dire quatre ou cinq jours de plus que la traversée moyenne d'un convoi; mais cette circonstance n'influa en rien sur l'incendie du Cap et la destinée de Saint-Domingue. Il était impossible de surprendre Toussaint-Louverture; les armements qui se faisaient dans les ports de France fixaient les regards du monde, et les noirs avaient des agents et des amis à Paris, à Nantes, à Bordeaux, à Rochefort, à Anvers, à Amsterdam et à Londres. Les bâtiments américains couvraient l'Océan; il ne se passait pas un seul jour qu'il n'en arrivât plusieurs dans les ports de la colonie. Les bâtiments américains sont bons marcheurs; d'ailleurs, un navire qui navigue seul a un grand avantage de marche sur un convoi.

L'armement du général Ganteaume dans Brest, en janvier 1801, avait éveillé les noirs; ils avaient dès lors élevé des fortifications dans l'intérieur; ils avaient réuni des magasins de poudre et de vivres, et pris la résolution de brûler le Cap et les villes, s'ils ne les pouvaient défendre, et de se retirer dans les mornes. Ce sont des officiers de génie blancs qui ont dirigé et tracé ces ouvrages. Tous les amiraux et les généraux commandant les troupes de débarquement et les escadres, soit celles de Brest, de Lorient, de Rochefort, de Cadix, de Toulon, avaient des ordres du ministre de la marine. Il était nécessaire pour leur exécution que le général de terre et l'amiral se concertassent; en outre, l'amiral Villaret-Joyeuse, commandant en chef toutes les escadres, avait un ordre général pour les affaires de mer, comme le capitaine général Leclerc pour les affaires de terre. Ces ordres n'étaient pas faits pour être publics; mais n'étaient pas non plus ce qu'on appelle ordres secrets. L'escadre et la division qui devaient prendre possession de Port-au-Prince étaient, après celles du Cap, les plus importantes. L'amiral Villaret-Joyeuse et le capitaine général Leclerc furent chargés de débarquer au Cap. La Touche-Tréville, commandant l'escadre de Rochefort, et le général de division Boudet, furent destinés à débarquer à Port-au-Prince.

L'amiral La Touche-Tréville était le plus habile officier de notre marine et le plus ancien après l'amiral en chef. Le général Boudet avait fait la guerre des colonies; il était estimé des hommes de couleur, qui sont nombreux dans la partie du sud. L'escadre de Rochefort, destinée pour Port-au-Prince, put embarquer les hommes et les choses qui lui étaient utiles pour cette opération. Ces ordres du ministre ne pouvaient être changés qu'en conséquence d'un concert du capitaine général et de l'amiral. Il paraît que le capitaine général eut un moment l'idée de faire débarquer la division Boudet pour prendre possession du Cap et en parla à l'amiral, qui lui en fit sentir les inconvénients : « L'amiral La Touche et le général Boudet, ayant su, en partant de France, qu'ils allaient au Port-au-Prince, s'y sont préparés en conséquence. Si nous changeons ces dispositions du gouvernement arbitrairement et que l'expédition du Port-au-Prince vienne à manquer, vous et moi en serons responsables. » Le capitaine général Leclerc se rendit sur-le-champ à ces considérations si sages, ne pouvant alléguer aucune nécessité, aucune urgence, pour détourner les troupes du général Boudet de leur destination.

Si l'amiral se fût rendu aux premiers désirs du capitaine général, le général Boudet ne fût pas arrivé au Cap une heure plus tôt; le Cap eût été également incendié, et il est probable que l'expédition de Port-au-Prince aurait manqué, que cette ville aurait eu le même sort que la capitale. C'est le défaut de pilotes qui a mis du retard dans l'occupation du Cap, négligence impardonnable de la part de la marine, de ne s'en être pas pourvue avant de partir de Brest. Mais, quand l'amiral Villaret-Joyeuse eût été muni de pilotes, en arrivant, il eût donné tout d'abord et à toutes voiles dans la rade du Cap. Qu'il eût débarqué sur-le-champ ses troupes, le Cap n'en eût pas moins été incendié, puisqu'il ne fallait aux noirs que cinq ou six heures pour y parvenir, qu'ils avaient tout préparé, et que leur résolution, prise depuis longtemps, était irrévocable.

Le Premier Consul hésita un moment s'il devait ordonner au capitaine général de n'effectuer son débarquement et de ne commencer les hostilités que lorsque sa lettre à Toussaint-Louverture, dont étaient porteurs ses enfants, lui aurait été remise. Mais cela eût eu de grands inconvénients; Toussaint eût fait courir ses enfants et la lettre après lui, autant que cela lui aurait été convenable. On avait plusieurs exemples de ce genre d'astuce. Cela eût donc exposé l'armée à perdre un temps bien précieux et donné le temps aux noirs de revenir de leur première surprise. Ce fut sans doute une contrariété que les enfants de Toussaint-Louverture eussent éprouvé quelques jours de retard à débarquer, mais cela n'a été d'aucune conséquence. Lorsqu'on réfléchit sur la conduite de Toussaint-Louverture, pendant tout le règne du Directoire, sur celle qu'il a tenue en 1800 et 1801, on voit que sa résolution était de périr ou d'arriver à l'indépendance, c'est-à-dire de ne souffrir dans la colonie la présence d'aucune force blanche de plus de 2,000 hommes. Toussaint savait bien qu'en proclamant sa constitution il avait jeté le masque et tiré l'épée du fourreau pour toujours.

QUATRIÈME NOTE.

(Vol. II, ch. xvii, p. 177, et ch. xviii.)

Ces deux chapitres contiennent l'arrestation et le renvoi en France de Toussaint-Louverture, l'insurrection des noirs et la mort du capitaine général Leclerc.

Le capitaine général Leclerc était un officier du premier mérite, propre à la fois au travail du cabinet et aux manœuvres du champ de bataille. Il avait fait les campagnes de 1796 et 1797, comme adjudant général auprès de Napoléon; celle de 1799, sous Moreau, comme général de division; il commandait au combat de Freising, où il battit l'archiduc Ferdinand. Il conduisit en Espagne un corps d'observation de 20,000 hommes, destiné à agir contre le Portugal; enfin, dans cette expédition de Saint-Domingue, il déploya du talent et de l'activité. En moins de trois mois il battit et soumit cette armée noire qui s'était illustrée par la défaite d'une armée anglaise.

Le capitaine général Leclerc avait reçu effectivement, en partant, de la propre main de Napoléon, des instructions secrètes sur la direction politique à suivre dans le gouvernement de la colonie. Ces instructions sont restées inconnues; à la mort du général Leclerc, elles furent remises cachetées à son successeur. L'officier général, auteur des *Révolutions de Saint-Domingue*, a connu leur existence, mais n'en a jamais pu pénétrer le contenu. Le capitaine général Leclerc eût épargné bien des malheurs et se fût évité bien des chagrins, s'il eût suivi scrupuleusement l'esprit de ces instructions. Elles lui prescrivaient de mettre la plus grande confiance dans les hommes de couleur, de les traiter à l'égal des blancs, de favoriser les mariages des hommes de couleur avec les blanches, et des mulâtresses avec les blancs; mais de suivre un système tout opposé avec les chefs des noirs. Il devait, dans la semaine même où la colonie serait pacifiée, faire notifier à tous les généraux, adjudants généraux, colonels et chefs de bataillon noirs, des ordres de service, dans leurs grades, dans les divisions continentales de la France; il devait les faire embarquer sur huit ou dix bâtiments dans tous les ports de la colonie, et les diriger sur Brest, Rochefort et Toulon; il devait désarmer tous les noirs, en conservant dix bataillons, chacun de 600 hommes, commandés par un tiers d'officiers et sous-officiers noirs, un tiers d'officiers et sous-officiers de couleur, un tiers d'officiers et sous-officiers blancs; enfin il devait prendre toutes les mesures pour assurer et faire jouir les noirs de la liberté civile, en confirmant l'ordre de classement et de travail qu'avait établi Toussaint-Louverture.

Mais le capitaine général Leclerc se laissa prévenir contre les mulâtres; il partagea contre eux les préventions des créoles, qui leur en veulent davantage qu'aux noirs mêmes; il renvoya Rigaud, leur chef, de la colonie; les mulâtres furent aliénés et se rallièrent aux noirs. Il accorda de la confiance aux généraux noirs, tels que Dessalines, Christophe, Clairvaux: non-seulement il les garda dans la colonie, mais il les investit de commandements importants. Il consentit que Toussaint-Louverture séjournât dans la colonie; cependant, ayant surpris, depuis, une correspondance secrète de ce général qui le compromettait, il le fit arrêter et transporter en France; mais l'état-major noir, généraux, adjudants généraux, colonels, chefs de bataillon, restèrent en place.

Lorsque le Premier Consul fut instruit de cette conduite, il en fut vivement affligé. L'autorité de la métropole dans la colonie ne pouvait se consolider que par l'influence des hommes de couleur; en différant de faire sortir les chefs noirs de la colonie, il était à craindre que l'on n'en eût perdu l'occasion. Il était impossible que les individus qui avaient gouverné en souverains, dont la vanité égalait l'ignorance, pussent vivre tranquilles et soumis aux ordres de la métropole : la première condition pour la sûreté de Saint-Domingue était donc d'en éloigner 150 à 200 chefs. En agissant ainsi, on ne violait aucun principe moral, puisque tous les généraux et officiers sont tenus de servir dans toutes les parties de l'État où on veut les employer, puisque tous ces chefs noirs avaient eu des correspondances avec la Jamaïque, avec les croiseurs anglais. C'était tout à la fois priver la population de ses chefs militaires et couper tous canaux avec l'étranger. Enfin il eût été plus convenable que Toussaint fût venu en France comme général de division que d'y venir comme un criminel contre lequel la métropole avait à venger, outre les anciennes félonies pardonnées, des crimes nouveaux. Le décret du 28 floréal 1801, qui ordonnait que l'esclavage des noirs serait maintenu à la Martinique et à l'île de France, comme la liberté des noirs serait maintenue pour Saint-Domingue, la Guadeloupe et Cayenne, était juste, politique, nécessaire. Il fallait assurer la tranquillité de la Martinique, qui venait d'être rendue par les Anglais. La loi générale de la République était la liberté des noirs : si on ne l'eût pas rapportée pour cette colonie et pour l'île de France, les noirs de cette colonie l'eussent relevée; le contre-coup eût été bien plus fâcheux sur les noirs de Saint-Domingue. Si le gouvernement n'eût rien dit, et que les noirs fussent restés esclaves à la Martinique, ils se fussent demandé comment, malgré la loi, les hommes de leur couleur à la Martinique étaient esclaves. Il fallut donc que le gouvernement dît : Les noirs seront esclaves à la Martinique, aux îles de France et de Bourbon, et ils seront libres à Saint-Domingue, à la Guadeloupe et à Cayenne; et qu'il proclamât le *statu quo* comme principe.

On ne supposa pas qu'il y eût des hommes assez insensés, après l'expérience de ce qui s'était passé, pour vouloir que le Premier Conseil donnât *ex abrupto* la liberté des noirs à la Martinique, à l'île de France et à l'île Bourbon ; il fût arrivé que ces deux dernières îles se fussent soulevées et eussent continué leur état de séparation avec la métropole; et la colonie de la Martinique, qui venait d'être restituée par les Anglais, tranquille et prospérante, eût péri. Bien des milliers de Français blancs fussent devenus la proie de la féroce population africaine. Quant à la continuation de la traite des nègres, cela ne put pas affecter les noirs de Saint-Domingue, qui la désiraient pour se recruter et s'augmenter en nombre; ils l'avaient encouragée pour leur propre compte.

La question de la liberté des noirs est une question fort compliquée et fort difficile. En Afrique et en Asie, elle a été résolue, mais elle l'a été par la polygamie. Les blancs et les noirs font partie d'une même famille. Le chef de famille ayant des femmes blanches, noires et de couleur, les enfants blancs et mulâtres sont frères, sont élevés dans le même berceau, ont le même nom et la même table. Serait-il donc impossible d'autoriser la polygamie dans nos îles, en restreignant le nombre de femmes à deux, une blanche et une noire? Le Premier Consul avait eu quelques entretiens avec des théologiens pour préparer cette grande mesure. Les patriarches avaient plusieurs femmes dans les premiers siècles de la chrétienté. L'Église permit et toléra une espèce de concubinage, dont l'effet donne à un homme plusieurs femmes. Le pape, le concile, ont l'autorité et le moyen d'autoriser une pareille institution, puisque son but est la conciliation, l'harmonie de la société, et non d'étendre les jouissances de la chair. L'effet de ces mariages serait borné aux colonies; on prendrait les mesures convenables pour qu'ils ne portassent pas le désordre dans l'état présent de notre société.

Au fait, le décret relativement aux noirs n'a été qu'un prétexte. Ils se sont insurgés par l'effet des menées de l'Angleterre; ils ont repris les armes, parce que cette cruelle maladie qui moissonna l'élite de nos troupes leur rendit l'espérance. Ce fut alors que le capitaine général se repentit d'avoir été trop indulgent, de ne pas avoir exécuté les ordres du Premier Consul : tout se fût passé bien différemment s'il eût débarrassé la colonie de 150 à 200 chefs de noirs. En politique, comme à la guerre, le moment perdu ne revient plus.

FIN DU TOME QUATRIÈME.

SOMMAIRE DU QUATRIÈME VOLUME.

18 BRUMAIRE.

Signes avant-coureurs de la chute d'un gouvernement; ce gouvernement se maintient toutefois jusqu'à la venue d'un homme providentiel, page 3. — Manifestations enthousiastes qui accueillent l'arrivée de Napoléon à Fréjus, 4. — On le dispense d'observer les règlements sanitaires. Napoléon se rend à Paris; enthousiasme croissant des populations placées sur sa route, 5. — Sentiments de la ville de Lyon; impressions diverses causées à Paris par la nouvelle du débarquement de Napoléon, 6. — Napoléon arrive à Paris à l'improviste; il se rend au Directoire et en est bien accueilli. Napoléon était décidé à se saisir du pouvoir. Quels étaient les membres du Directoire. 7. — Sieyès; ses précédents, son caractère, ses opinions, 8. — Ses paroles à Napoléon lors du 13 vendémiaire. Napoléon se tient à l'écart et n'accepte qu'un petit nombre de fêtes, 9. — Il ne reçoit que ses frères et quelques amis; il évite les réunions publiques. Effet produit en Europe par la présence de Napoléon à Paris, 10. — Napoléon, malgré certains griefs, ne repousse pas Talleyrand; il se défie de Fouché; il montre plus de confiance à Réal. 11. — Napoléon laisse venir à lui tous les partis et les observe; proposition de la société du Manège; proposition de Sieyès; proposition des républicains modérés. 12. — Proposition des directeurs Barras, Moulins et Gohier; quel pouvait être le but de Barras. Partis à prendre : consolider le Directoire; faire alliance avec les jacobins. 13. — Impossibilité d'une entente avec Barras, beaucoup trop suspect. Caractère honorable des amis de Sieyès. Barras dissimule avec Napoléon; il parle de mettre Hédouville à la tête de la République; comment Napoléon répond à cette ouverture. 14. — Les paroles de Barras décident Napoléon à s'unir à Sieyès. Retour de Barras à Napoléon; ses protestations de dévouement; Napoléon dissimule à son tour, 15. — Il s'abstient de donner des conseils politiques aux directeurs Moulins et Gohier. Napoléon évite à dessein les manifestations militaires. 16. — L'opinion générale reproche à Napoléon son inaction. La révolution du 18 brumaire est concertée entre Napoléon et Sieyès. Napoléon réunit ses partisans et convoque des troupes sous divers prétextes pour le 18, au matin. 17. — Moreau et Macdonald se mettent à sa disposition; il mande le général Lefebvre, dévoué au Directoire. Séance du Conseil des Anciens. 18. — On propose à Napoléon de transférer le Conseil des Cinq-Cents à Saint-Cloud, et de lui confier le commandement militaire. Teneur du décret rendu par le Conseil des Anciens. 19. — Napoléon communique ce décret aux officiers et aux troupes réunis chez lui; le général Lefebvre cède à l'entraînement général, 20. — Napoléon se fait reconnaître par la garde nationale. Il se rend au Conseil des Anciens; discours qu'il y prononce. Commandements confiés aux généraux Lannes, Murat et Moreau. 21. — Moreau n'a pas la confiance des troupes. Empressement du peuple à reconnaître l'autorité de Napoléon. Proclamation adressée aux Français; proclamation adressée à l'armée. 22. — La garde du Directoire se déclare en faveur de Napoléon; isolement des directeurs Barras, Moulins et Gohier; Napoléon force Barras à donner sa démission. 23. — Dissolution du Directoire; étonnement et stupeur des députés au Conseil des Cinq-Cents; ils s'ajournent au lendemain. Conduite de Bernadotte; il avertit les jacobins des projets de Napoléon. Conseils de Napoléon à Jourdan et à Augereau; protestations de dévouement de ce dernier. 24. — Napoléon est reconnu par les ministres; ses paroles à Fouché sur le caractère des actes du 18 brumaire. Agitation des cercles politiques. Napoléon tient un conseil aux Tuileries et refuse d'emprisonner les meneurs opposants; on arrête dans ce conseil les dispositions pour la journée du lendemain. 25. — Fâcheux effet d'un retard dans les préparatifs pour l'installation des conseils à Saint-Cloud; symptômes d'opposition et de résistance. 26. — Ouverture de la séance au Conseil des Cinq-Cents; proposition de Gaudin; elle soulève un violent tumulte; on renouvelle le serment à la Constitution. Réponse de Napoléon à un mot ironique d'Augereau. 27. — Urgence d'arrêter l'effervescence des esprits; Napoléon se rend au Conseil des Anciens; discours qu'il y prononce. 28. — On le somme de jurer fidélité à la Constitution; Napoléon déclare que la Constitution de l'an III n'existe plus; la majorité approuve les paroles de Napoléon, 29. — Napoléon se rend aux Cinq-Cents, sur l'avis qu'on veut le mettre hors la loi. Cris de mort proférés contre lui dès qu'il paraît dans la salle; Napoléon est sauvé par deux grenadiers; il harangue les troupes. 30. — Il envoie délivrer Lucien, président des Cinq-Cents, qui, avec la plus grande fermeté, refusait de mettre son frère hors la loi. Lucien ordonne à Napoléon de dissoudre par la force l'Assemblée des Cinq-Cents, 31. — Napoléon recommande la modération à ses troupes. Murat fait évacuer la salle des Cinq-Cents. Lucien justifie devant le Conseil des Anciens la nécessité de ces mesures de violence. Séance de nuit, pendant laquelle on organise un gouvernement provisoire, 32. — Nomination des consuls provisoires. Discours de Lucien aux consuls, 33. — Conduite de Sieyès pendant ces événements, 34.

CONSULS PROVISOIRES.

Paris, en proie aux inquiétudes, accueille avec joie la fin de la révolution. Proclamation de Napoléon aux Français pour expliquer les événements du 18 brumaire, page 37. — Première réunion des consuls, 39. — La présidence est déférée à Napoléon par Roger Ducos. Maret, nommé secrétaire des consuls; ses précédents, son caractère, 40. —

Sieyès comprend qu'un partage d'autorité avec Napoléon est impossible; ses paroles à ce sujet. Berthier remplace Dubois-Crancé à la guerre; désordre dans lequel il trouve cette partie de l'administration, 41. — État déplorable des armées. Aux finances. Gaudin succède à Robert Lindet, 42. — Situation financière; suppression de l'emprunt forcé et progressif. 43. — Premiers expédients; Gaudin organise l'administration des contributions, 44. — Il crée la caisse d'amortissement et les obligations des receveurs généraux. Organisation d'une administration spéciale pour les eaux et forêts. 45. — Éloge du ministre des finances Gaudin. Épuration de la magistrature. Reinhard est maintenu momentanément aux relations extérieures, Talleyrand ayant contre lui l'opinion. Forfait est nommé à la marine. 46. — L'intérieur est confié à Laplace; son incapacité administrative. Dissentiment des consuls au sujet de Fouché; sa conduite pendant la révolution, 47. — Raisons de Napoléon pour conserver Fouché au ministère, malgré son immoralité. Laforest est nommé à l'administration des postes. Monge chargé de l'organisation de l'École polytechnique, 48. — Difficultés que rencontre le gouvernement consulaire. Agitation du parti anarchiste; décret de déportation, bientôt converti en une simple mesure de surveillance, 49. — La loi des otages est rapportée; la tolérance religieuse et la liberté de conscience forment la règle du gouvernement. 50. — La Constituante méconnut le principe de la liberté religieuse; cette erreur commise, il fallait protéger les prêtres assermentés et former une église nationale. Napoléon met fin aux persécutions contre les prêtres et n'exige d'eux qu'un serment de fidélité, 51. — Abolition des lois attentatoires à la liberté du culte; bons effets de cette mesure. Napoléon fait rendre les honneurs funèbres au pape Pie VI, 52. — Il rappelle en France des membres de la Constituante qui avaient été proscrits. Fiction législative qui lui permet de faire revenir les déportés de fructidor, sans toutefois rapporter la loi de proscription. 53. — Paroles de Napoléon témoignant de ses intentions conciliantes. Il fait mettre en liberté des émigrés naufragés à Calais, 54. — En 1794, il avait agi de même en sauvant la famille Chabrillant. L'Angleterre n'a pas la même générosité à l'égard d'Irlandais naufragés à Hambourg, 55. — Ces malheureux lui sont livrés par le sénat de Hambourg; motifs de la France pour se sentir offensée de cette faiblesse du sénat; rupture avec le gouvernement de Hambourg; réponse de Napoléon à une lettre de repentir écrite par le sénat. 56. — Il témoigne son indignation à des députés envoyés pour faire des excuses publiques. Modification de l'arrangement conclu avec l'Angleterre relativement aux prisonniers de guerre. Nécessité de concilier les différents partis; la fête du 21 janvier est supprimée, 57. — La nation prend confiance dans le gouvernement consulaire. On cherche à faire croire que Napoléon veut rétablir les Bourbons; ouvertures qui lui sont faites par le parti royaliste. 58. — Entrevue de Napoléon avec deux chefs de ce parti; Napoléon leur enlève toute espérance. Apaisement des troubles au midi et au nord de la France, 59. — Situation des départements de l'Ouest, occupés par les Vendéens et les Chouans; des officiers qui avaient des intelligences avec eux proposent à Napoléon de les trahir; ouverture de négociations avec les chefs de la Vendée, 60. — Soumission de la rive gauche de la Loire et traité de pacification. L'abbé Bernier. Châtillon, 61. — D'Autichamp. Brigandage des Chouans sur la rive droite de la Loire; prise de Frotté, un de leurs chefs; pacification du département de l'Orne, 62. — Soumission de Georges; son entrevue avec Napoléon. Fin de la guerre de l'Ouest. Politique extérieure; relations amicales entretenues avec la Prusse; mission de Duroc à Berlin. 63. — Les commissions législatives des Cinq-Cents et des Anciens; leurs membres principaux; elles convertissent en lois les résolutions du gouvernement. 64. — Formule du nouveau serment. Nécessité de promulguer une nouvelle constitution; réunion des conseils et des commissions législatives à cet effet. Réputation acquise à Sieyès par ses théories gouvernementales. 65. — Il n'avait point de constitution préparée, mais seulement des projets non codifiés. Plan de Sieyès; il place la souveraineté dans le peuple au moyen des listes de notabilité; analyse de ce projet. 66. — Inconvénient de ce système, plus ingénieux que pratique; le jury constitutionnel ou sénat conservateur. 67. — Représentation nationale : corps législatif et tribunat. 68. — Projet de Sieyès pour l'organisation du gouvernement; le grand électeur assisté de deux consuls; il peut être absorbé par le sénat. Napoléon, jusque-là réservé, s'élève avec force contre cette théorie du gouvernement, 69. — Il en démontre la faiblesse et le peu de valeur pratique. 70. — Embarras de Sieyès à défendre ce projet. Quelle avait pu être son intention secrète. On décide la création d'une magistrature unique; concession faite à l'esprit républicain en adjoignant deux collègues au Premier Consul. La stabilité du gouvernement avait été le but de la révolution du 18 brumaire, 71. — Quelles étaient les convictions de Napoléon sur le régime qui convenait à la France; Sieyès se retire ; il reçoit une récompense nationale; il reconnaît plus tard la modération du gouvernement consulaire de Napoléon. Jugement sur Sieyès, 72. — Fatigues de Napoléon pendant cette période d'organisation; il apprend à juger la valeur politique des hommes. Choix de Cambacérès et de Lebrun pour second et troisième consul. 73. — Acceptation de la Constitution de l'an VIII. Napoléon envisage le consulat comme un acheminement à à l'accomplissement de ses vues. 74.

PACIFICATION DE LA VENDÉE.

Caractère du soulèvement de la Vendée à son début; quelles en sont les causes. page 77. — But de la conspiration de La Rouarie ; la guerre civile se prépare dès 1791 ; la mort de La Rouarie en précipite l'explosion. L'esprit public dans les villes diffère de celui des campagnes vendéennes; preuves de cette scission. 78. — La Vendée, pacifiée sous le consulat, fournit à l'Empire d'héroïques défenseurs. Importance des routes pour répandre la civilisation et former une nation homogène. 79. — C'est à l'absence de routes qu'il faut attribuer l'état arriéré des départements de l'Ouest; leur fanatisme catholique peut expliquer, par réciprocité, les excès de la Convention. Époques distinctes de la guerre de Vendée. Le grand vicaire de Luçon met en interdit les prêtres *intrus* et leurs adhérents. 80. — La guerre civile éclate et se propage dans la Vendée fanatisée; organisation d'un gouvernement insurrectionnel; son manifeste. 81. — La dictature militaire est exercée d'abord par les prêtres; les généraux cherchent plus tard à s'en affranchir. Ordonnances du conseil insurrectionnel; les intérêts du clergé y tiennent la première place. 82. — Mesures violentes qui rivalisent de cruauté avec les lois de la terreur. Au début, la Vendée n'est point anglaise, bien que secrètement soutenue par une influence étrangère; elle le devient après la bataille de Savenay, 83. — Il semble que la mission de Carrier à Nantes ait été inspirée moins par les terroristes que par des intrigues étrangères; sur quoi cette supposition est fondée. La seconde phase de la guerre de Vendée est concertée avec l'Angleterre, 84. — Trois partis royalistes y prennent part; l'agence espagnole, qui agit en faveur d'un infant d'Espagne; l'agence des comités royalistes, dévouée au comte de Lille; ses intrigues, dirigées par d'Entraigues. divisent les chefs vendéens et causent leurs échecs, 85. — L'agence anglaise, dont Puisaye est l'intermédiaire. La guerre de Vendée se divise en trois périodes. Les paysans vendéens sont blessés profondément dans leurs croyances traditionnelles par les événements de 1793, 86. — Ils chassent les émissaires républicains, qui leur prêchent la haine de la royauté, de la noblesse et le mépris de la religion; ils donnent refuge aux prêtres insermentés et continuent à observer les prescriptions du culte catholique. Un artisan donne le signal de l'insurrection; ses partisans sont défaits à Bressuire. 87. — Leur héroïsme; ils meurent plutôt que de reconnaître la République. Un perruquier rassemble quelques réquisitionnaires et recherche l'appui d'une flotte anglaise; il est tué et sa bande dispersée. Cet événement semble établir la connivence des Anglais. 88. — Mouvements dans la haute Vendée qui sont les précurseurs d'une insurrection générale. Le voiturier Cathelineau soulève les campagnes et réunit des partisans; il bat les républicains, 89. — Stofflet et Forêt lui amènent des renforts, qui forment le noyau de l'armée vendéenne; Cathelineau s'empare de la ville de Cholet, 90. — Les Vendéens y trouvent des armes. des munitions et une pièce de canon, *la Marie-Jeanne*, à laquelle ils attachent une confiance superstitieuse. L'armée de Cathelineau se disperse pour célébrer la fête de Pâques; les républicains, ne trouvant plus d'obstacle, s'imaginent que l'insurrection est terminée, 91. — Reprise des hostilités par des bandes isolées et opérant sans direction. Ce défaut d'unité et de commandement sauve la République. Les généraux vendéens se bornent à faire une guerre de partisans, 92. — Laroche Saint-André s'empare de Machecoul; massacres ordonnés par Joucher. Défaite des Vendéens à Pornic; ils en accusent leur général et veulent le mettre à mort, 93. — Leur fanatisme ne le cède en rien à celui des révolutionnaires. Le commandement est déféré à Charette; il n'ose pas arrêter les sanglantes exécutions de Joucher. 94. — Il doit en assumer une part de responsabilité; circonstances qui prouvent son peu d'énergie et sa tolérance pour de pareils excès. 95. — Le peuple destitue Joucher; mort de ce misérable. Insuffisance des troupes républicaines destinées à soumettre la Vendée, 96. — La jalousie divise les chefs de l'armée vendéenne; ils opèrent chacun de leur côté; la République était perdue si l'entente avait pu s'établir entre la haute et la basse Vendée, 97. — L'armée d'Anjou bat les républicains à Chemillé. Berruyer succède à La Bourdonnaye. Morcellement des forces républicaines. Cathelineau, obligé de garder la défensive, trouve un appui imprévu dans l'insurrection du Bocage. 98. — Elle est causée par des mesures intempestives contre les nobles; le pays se soulève et prend pour chef Henri de La Rochejaquelein; belles paroles qu'il prononce avant le combat des Aubiers. où il est vainqueur, 99. — Il manœuvre pour se réunir à Cathelineau; nouvelle victoire des Vendéens; combat de Beaupreau et déroute des républicains, 100. — État de l'armée vendéenne; elle investit Argenton-le-Château. Découragement et désertion dans l'armée républicaine, qui abandonne Bressuire et se retire à Thouars. Cathelineau reçoit des renforts et assiége Thouars, 101. — Prise de cette ville; capitulation du général Quétineau; il refuse les ouvertures qui lui sont faites par les royalistes. 102. — La prise de Thouars excite un enthousiasme général dans la Vendée. Partage du territoire conquis entre les chefs vendéens; ils pensent à combiner leurs mouvements avec ceux de Charette, 103. — De graves mésintelligences dans l'armée de Charette compromettent ses opérations; il remporte cependant quelques succès. Charette veut chasser les républicains de Palluau et de Machecoul. 104. — Ceux-ci évacuent Palluau après un combat dans lequel ils ont l'avantage. Machecoul est enlevé d'assaut par les Vendéens; ressources qu'ils trouvent dans cette ville, 105. — Des femmes de Machecoul avaient combattu dans les rangs républicains; trait de barbarie d'un Vendéen envers une de ces femmes. Après Machecoul, la République était perdue si Charette et Cathelineau avaient marché sur Paris. 106. — Les républicains remportent une victoire à Fontenay et s'emparent de *la Marie-Jeanne*; cette perte excite le fanatisme des paysans vendéens; ils attaquent de nouveau les républicains à Fontenay, 107. — Les Vendéens battent les républicains après un combat acharné, et reprennent *la Marie-Jeanne*. Au lieu de poursuivre leurs avantages, ils s'occupent d'organiser un comité de gouvernement, 108. — Ils sont surpris par une armée républicaine formée à Orléans : mais ils parviennent à l'arrêter dans sa marche; Saumur est assiégé par eux, 109. — Le général Salomon, venant de Thouars au secours de Saumur, est défait complètement. Saumur est enlevé d'assaut par les Vendéens. 110. — Reddition du château de Saumur. Cathelineau, nommé généralissime, concerte ses opérations avec Charette. Les Vendéens s'emparent d'Angers et marchent sur Nantes, 111. — Au lieu de brusquer l'attaque de cette ville, ils lui adressent une sommation de se rendre; texte de ce manifeste; fière réponse des autorités; la ville est mise en état de défense; Nantes allait être pris, lorsque Cathelineau est blessé grièvement. 112. — Les Vendéens, découragés, se retirent. La jalousie continue à diviser les armées d'Anjou et de Poitou. Charette reste seul devant Nantes sans avoir été prévenu du départ de l'armée d'Anjou; il lève le siège à son tour. 113. — Autre preuve des dissentiments entre les Vendéens. D'Elbée est nommé généralissime. Westermann, colonel républicain, s'empare de Parthenay et de Châtillon; attaqué par toute l'armée vendéenne, il est défait, et son corps d'armée détruit. 114. — Westermann et Biron s'accusent réciproquement de cet échec. Biron est destitué. Santerre reçoit le commandement de l'armée républicaine; ses premiers succès, suivis d'une défaite. Les Vendéens, cherchant à s'emparer de Luçon, sont battus par le général Tuncq. Tuncq est remplacé par Lecomte; ce dernier est défait à Châtenay. 115. — Cruautés qui de part et d'autre signalent l'acharnement de la lutte. Le comité de salut public envoie dans la Vendée les garnisons françaises de Mayence et de Valenciennes, qui avaient capitulé; les Vendéens saccagent Parthenay pour venger une prétendue trahison des habitants. Succès répétés du général républicain Rey. 116. — La Vendée sur le point d'être soumise; ce résultat ne peut être atteint à cause de l'ineptie des généraux républicains. Forces considérables dirigées contre la Vendée et placées sous la direction des représentants du peuple. Charette est battu à cinq reprises différentes. Plan de campagne des représentants du peuple. 117. — Ce plan ne pouvait conduire qu'à des revers, parce qu'il disséminait les forces au lieu de les réunir. Jonction des armées vendéennes d'Anjou et de Poitou; leur victoire à Torfou, 118. — Défaite des républicains à Montaign; autre défaite à Saint-Fulgent. La Convention prend des mesures rigoureuses pour parer à ces revers; mission du général L'Échelle; ses projets, 119. — Par suite de dissentiments personnels, Charette se sépare des autres chefs et met en péril la cause vendéenne. Plan d'opérations du général L'Échelle; marche des républicains sur Châtillon et Cholet, 120. — Charette, appelé au secours de l'armée d'Anjou, reste dans l'inaction. Reprise de Châtillon par Westermann. Bataille de la Tremblaye, perdue par les Vendéens, 121. — Ils livrent une nouvelle bataille et sont encore battus; ils évacuent la rive gauche de la Loire, 122. — Les Vendéens défèrent le commandement à La Rochejaquelein; ils portent la guerre en Bretagne; prise de Château-Gontier et de Laval. Dispositions faites par le général L'Échelle; en quoi elles étaient défectueuses et mal calculées, 123. — Les Vendéens puisaient leurs forces dans leur situation désespérée, 124. — Les habitants de Laval refusent de prendre parti pour les rebelles. Le général L'Échelle attaque les Vendéens avec trop de précipitation; ses fautes amènent la défaite de l'armée républicaine, 125. — Trait d'héroïsme du général Beaupuy. Prise de Château-Gontier. Les Vendéens battent des renforts envoyés aux républicains. Anéantissement presque complet de l'armée républicaine; mesures extrêmes prises par la Convention contre les Vendéens; elle rassemble une nouvelle armée, 126. — Conduite des Anglais dans cette guerre; ils donnent des espérances, mais n'envoient aucun secours aux Vendéens, 127. — Le but du ministère anglais était d'entretenir la guerre civile. Les Vendéens se portent sur Granville; la possession de cette ville devait les mettre en relation avec les Anglais et leur former une place de dépôt. Les ravages qu'ils commettent leur aliènent l'esprit des campagnes, 128. — Dissentiments entre les chefs vendéens; La Rochejaquelein désapprouve le siége de Granville; l'avis contraire prévaut, et l'attaque de la ville est résolue, 129. — Énergique résistance de la garnison et des habitants; la ville est sauvée par une panique qui se met dans les rangs vendéens. Conduite des Anglais dans cette circonstance, 130. — Les Vendéens se portent dans la basse Normandie et font sans succès le siége de Villedieu; ils s'emparent de Pontorson et forcent leurs chefs à retourner sur Angers. Bataille de Dol, dans laquelle le général républicain Rossignol est entièrement défait, 131. — Férocité des Vendéens; les prisonniers de cette journée sont sur le point d'être massacrés. Nouveaux dissentiments entre les chefs vendéens; ils ne profitent pas de leur victoire; les soldats les obligent à continuer la marche sur Angers, 132. — Arrivés devant cette ville, ils donnent un assaut et sont pris de terreur panique. La Rochejaquelein rallie ses troupes et se porte sur le Mans; bataille du Mans, gagnée par le général Marceau sur les Vendéens, 133. — Excès commis par les républicains victorieux. Les Vendéens, surpris au passage de la Loire, sont séparés de leur général, 134. — Vivement poursuivis, ils sont complétement défaits par le général Marceau, à la bataille de Savenay; quelques corps de partisans se forment avec leurs débris. Dès le principe, la Vendée eût été vaincue si des généraux capables avaient dirigé les troupes républicaines, 135. — La chouannerie; elle ne mérite pas d'être comparée à la révolte des gladiateurs romains. Charette, ne pouvant plus tenir la campagne, fait la guerre de partisans. 136. — La chouannerie est une occasion de brigandages plutôt qu'une résistance politique; ce genre de guerre plait aux paysans; principales villes qui sont leurs points de ralliement. 137. — La Rochejaquelein et Stofflet recommencent la guerre dans le haut Anjou. Prise de l'île de Noirmoutier par les républicains. Sanglantes exécutions de Carrier. La Rochejaquelein remporte quelques succès; sa mort. 138. — Stofflet succède à La Rochejaquelein; le nouveau généralissime est dominé par l'abbé Bernier. 139. — Stofflet livre plusieurs combats sans succès; Marigny, plus heureux, s'empare de Mortagne et attire à lui les mécontents des autres armées. La Vendée se soulève de nouveau. 140. — Le Comité de salut public ordonne une terrible répression; les colonnes infernales et incendiaires. Ces mesures, cruellement exécutées, ravivent le fanatisme vendéen. 141. — Charette fait éprouver un échec au général Haxo; ses projets ambitieux. Conférences entre les chefs vendéens; total de leurs forces; plan d'opérations. Charette veut profiter de la mésintelligence entre Stofflet et Marigny; il complote la perte de ce dernier. 142. — Mort de Marigny; Stofflet est préservé du même sort par l'abbé Bernier. Partage du territoire entre les chefs vendéens; leurs dissensions continuent. Échec de Charette devant Challans; il en accuse un de ses officiers et le fait mettre à mort. 143. — Après le 9 thermidor, le nouveau gouvernement cherche à négocier avec les chefs vendéens; concessions faites habilement par le Comité de salut public. 144. — Il amène les Vendéens à reconnaître les lois de la République; bons procédés dont il accompagne les négociations. Stofflet se refuse, presque seul, à tout accommodement; la Convention le signale à la vindicte publique. Vanité de Charette; réception qui lui est faite à Nantes par les généraux républicains. 145. — Tentatives faites près de Stofflet pour l'engager à se soumettre; il veut continuer la guerre, mais il est abandonné par ses troupes. 146. — Sur le conseil de l'abbé Bernier, il finit par accéder au traité de la Jaunaye; une clause de ce traité assimile les chefs vendéens aux généraux républicains. Soumission des Chouans au traité de la Mabilière. 147. — Articles secrets du traité de la Jaunaye; ils n'offraient aux chefs vendéens que des garanties illusoires. 148. — Les Anglais, mécontents de la pacification, s'entendent avec Puisaye pour ressusciter la Vendée; ils réunissent une expédition considérable qui débarque à Quiberon. 149. — Charette, obéissant à des avis secrets, recommence la guerre civile. La Convention envoie des troupes dans les départements de l'Ouest. 150. — Hoche en reçoit le commandement; éloge de ce général; il rétablit la discipline et organise l'armée. Puisaye préféré à Charette pour commander en chef; rivalités entre les chefs vendéens. 151. — L'Angleterre refuse de mettre à leur tête un prince français. Puissance du parti royaliste; il a des affiliés parmi les membres de la Convention. Le manque d'entente entre les chefs vendéens cause la ruine de l'expédition de Quiberon; désastres journaliers. 152. — Des émigrés, compagnons de Suffren aux Indes, périssent dans ces combats, à la grande joie de l'Angleterre. Les retranchements des Vendéens sont enlevés par ruse; nombreuses désertions parmi les troupes rebelles; prise du fort Penthièvre et déroute des Vendéens. 153. — Leur désespoir de n'être pas secourus par les Anglais. Exécution à Vannes de Sombreuil et de ses compagnons; conduite bien différente de Hoche et de Tallien en cette circonstance. La politique des Anglais à Quiberon soulève une réprobation universelle; sévères paroles de Shéridan. 154.

— Sanglantes représailles du massacre de Vannes ; Charette est moins excusable que Tallien. Le traité de Bâle est signé le jour même de la victoire de Quiberon, 155. — L'Angleterre envoie une nouvelle expédition sur les côtes du Poitou; Charette combine ses opérations avec l'expédition anglaise. Le comte d'Artois débarque à l'île d'Yeu. État des forces royales dans l'Ouest, 156. — Le 13 vendémiaire et les lenteurs du comte d'Artois sauvent la République d'une situation très-critique; le rappel de ce prince en Angleterre décourage les armées royales, qui sont battues sur tous les points. Prise, jugement et condamnation de Stofflet, 157. — Charette, abandonné des siens, est pris et fusillé. La Vendée, pacifiée après la mort de son chef, ne fut définitivement soumise que par Napoléon. Maladresse du Directoire, qui, au lieu de ménager les provinces de l'Ouest, ordonne des levées de conscrits, 158. — Il se forme des bandes de déserteurs et de réfractaires; les chefs vendéens se révoltent et se mettent à la tête de nouveaux soulèvements; une partie de la population demeure indifférente à ces mouvements. 159. — Le Directoire la rend ennemie par la loi des otages; cette loi excite un mécontentement général; la guerre civile recommence. Aveuglement du Directoire; il ordonne des mesures de plus en plus vexatoires. 160. — Situation intérieure de la République; pénurie du trésor; emprunt forcé. Insurrection des départements du Midi; elle est facilement réprimée; caractère des peuples du Midi, 161. — Soulèvement des départements de l'Ouest. Formation de treize armées insurrectionnelles; leurs progrès menaçants; détresse du Directoire. Un des premiers soins de Napoléon, au retour d'Égypte, est de pacifier la Vendée. 162. — Il fait des propositions pacifiques appuyées par un grand déploiement de forces militaires. Le général Hédouville et l'abbé Bernier. Soumission de plusieurs chefs vendéens. L'Angleterre envoie des secours à Georges Cadoudal; elle ne veut pas le rétablissement des Bourbons, mais la continuation de la guerre civile, 163. — Défaite de Georges et de Frotté; ce dernier est fusillé. Georges s'enfuit en Angleterre ; en 1804, il tente d'assassiner Napoléon ; ses complices Pichegru et Moreau. Pacification définitive de la Vendée. 164.

DÉFENSE DE GÊNES PAR MASSÉNA.
(Mars-juin 1800.)

L'Autriche domine en Italie; état de ses forces; confiance présomptueuse de l'armée autrichienne, qui se flatte de prendre Toulon et Marseille, page 167. — Melas entre en opérations : il marche sur Bobbio et Acqui. Situation matérielle et morale de l'armée française, commandée par Masséna, 168. — L'avénement de Napoléon au Consulat rend aux soldats le courage et l'émulation. Emplacement des divisions françaises cantonnées autour de Gênes. 169. — Affaires d'avant-postes. Un soulèvement dans la Fontana-Buona est réprimé, 170. — Gênes; examen de ses fortifications et moyens de défense. 171. — Le gouvernement et les habitants de Gênes sont dévoués à la France; les Anglais mettent les côtes en état de blocus et établissent une croisière devant la ville. 172. — Melas attaque la gauche des Français et coupe Suchet du reste de l'armée; Ott s'empare des forts autour de Gênes, 173. — Consternation des Génois en voyant la ville cernée par les Autrichiens. Masséna sort de Gênes, reprend les forts et remporte une victoire complète. Nouvelle attaque contre Suchet, à la gauche ; il occupe la ligne de Borghetto. Melas, ayant réussi à couper les communications des Français, concentre son armée, 174. — Attaques combinées par Masséna pour rouvrir ses communications ; combats livrés dans ce but, avec des succès divers, par Masséna, Soult et Suchet, 175. — Masséna, ne pouvant rejoindre Suchet, se rapproche de Gênes, 176. — Il se renferme dans la ville ; avantages de sa position. Les Autrichiens s'emparent des forts de Gênes et s'apprêtent à bombarder la ville. Masséna fait une sortie et reprend ses positions perdues, 177. — Suchet se retire sur la ligne de Borghetto. Les Autrichiens renoncent à toute attaque de vive force et se bornent à bloquer Gênes. Melas reçoit l'ordre de menacer la Provence, et de laisser Ott devant Gênes, 178. — Suchet, vivement attaqué par Melas, se replie sur le Var, 179. — Il reçoit des renforts de Marseille et de Toulon ; ses troupes prennent confiance dès qu'elles connaissent la marche de l'armée de réserve. Intrigues royalistes suscitées par les Autrichiens dans le midi de la France ; elles restent sans effet, 180. — Melas s'empare de Nice. Les Anglais se flattent de prendre Toulon. La ligne du Var, étudiée depuis longtemps, permet à Suchet de faire une brillante défense, 181. — Melas est rappelé tout à coup en Italie par l'arrivée de l'armée de réserve ; il laisse le général Elsnitz derrière la Roya pour contenir Suchet, 182. — A Gênes, Masséna et Soult essayent en vain de percer les lignes du blocus. Souffrances et privations des soldats et des habitants par suite de la rareté des vivres. Un officier parvient à Gênes et annonce le passage du Saint-Bernard par l'armée de réserve et Napoléon, 183. — Cette nouvelle ranime la confiance de l'armée et des habitants. Les Anglais capturent un convoi de blé attendu impatiemment ; la disette se fait rigoureusement sentir ; on remplace le pain par du cacao, 184. — Les Anglais refusent de laisser passer des vivres pour les prisonniers autrichiens. Découragement du peuple, perdant l'espoir d'une prochaine délivrance ; ses plaintes, 185. — Masséna, à bout de ressources, négocie au moment même où le général Ott recevait l'ordre de lever le blocus ; Masséna propose de rendre la place sans que la garnison soit prisonnière. Perplexités du général Ott ; il veut empêcher la garnison de Gênes de se réunir à l'armée de Suchet, 186. — Conditions de la capitulation ; occupation de Gênes par les Autrichiens et les Anglais ; ces derniers indisposent le peuple, 187. — Elsnitz opère sa retraite sur la Roya. Suchet entre à Nice ; combats dans lesquels les Français ont l'avantage, 188. — Suchet rallie à Savone les troupes sorties de Gênes ; il entre à Gênes après la bataille de Marengo ; les généraux autrichiens et français s'entendent pour sauver la ville de l'avidité des Anglais, 189. — Joyeuses démonstrations des Génois à la nouvelle de la victoire de Marengo ; leur antipathie pour les Autrichiens ; entrée triomphale de Suchet à Gênes ; les habitants se reprochent de n'avoir pas résisté plus longtemps. Masséna reçoit le commandement de l'armée d'Italie, 190. — Fautes commises par Masséna ; quelles étaient les positions respectives des armées française et autrichienne ; Masséna ne sut pas opter entre deux partis à prendre, 191. — Ce qu'il aurait dû faire, 192. — Masséna ne devait pas capituler : Gênes était dans la même situation qu'Alise, assiégée par César ; la proposition du général Ott était un indice de sa situation critique, 194. — Masséna eut le tort grave de se séparer de ses troupes après la reddition de Gênes ; les flatteries des ennemis étaient un piége ; dans quel but Napoléon avait vanté outre mesure le général Provera. 195. — Éloge des grandes qualités militaires de Masséna. Comparaison de la force de l'armée d'Italie au commencement et à la fin de la campagne. 196.

MARENGO.

(Mai-juin 1800.)

Formation d'une armée dite *de réserve*, dont Berthier, sous la direction du Premier Consul, est le commandant nominal. 199. — Napoléon conçoit le projet de déboucher en Italie sur les derrières de l'armée autrichienne. Ruse de Napoléon pour tromper les espions étrangers sur l'existence de l'armée de réserve ; on ne voit à Dijon que quelques régiments de conscrits et de vétérans, 200. — Cette prétendue armée est le sujet de plaisanteries et de caricatures ; la véritable armée de réserve est rassemblée secrètement ; les approvisionnements nécessaires sont habilement dissimulés, 201. — Autres moyens employés pour entretenir l'illusion des ennemis. Railleries des Autrichiens, soigneusement abusés. Napoléon quitte Paris et se rend à Genève, 202. — Son entrevue avec Necker. Napoléon passe en revue, à Lausanne, les premiers corps de l'armée de réserve ; Pour quelles raisons Napoléon préfère le passage du Saint-Bernard à celui du mont Cenis. 203. — Précautions prises pour effectuer le transport de l'artillerie dans la montagne. 204. — Napoléon gravit le Saint-Bernard sur un mulet ; son guide lui confie ses projets d'avenir et de bonheur ; Napoléon se plaît à les réaliser. La descente se fait avec plus de difficulté que la montée, 205. — L'avant-garde arrive à Aoste et culbute un corps autrichien. L'armée se trouve arrêtée par le fort de Bard ; nécessité de trouver un autre passage ; on découvre dans la montagne un sentier impraticable à l'artillerie. 206. — Napoléon fait occuper la ville de Bard malgré le feu du fort. L'infanterie et la cavalerie suivent le sentier de la montagne ; l'artillerie, à la faveur de la nuit. et avec des précautions inouïes, parvient à passer sous les batteries ennemies. 207. — Napoléon n'ignorait pas l'existence du fort de Bard, mais il le croyait de peu d'importance. Le commandant du fort avertit Melas du défilé des Français et se flatte d'empêcher le passage de l'artillerie. Ce qui serait advenu si l'armée eût été complètement arrêtée par le fort de Bard, 208. — Melas se replie sur Turin. Lannes s'empare d'Ivrée ; il s'avance sur Chivasso et intercepte la navigation sur le Pô. 209. — Démonstrations de passage faites dans le but de masquer la marche sur Milan. Melas apprend avec terreur et confusion la présence de Napoléon à l'armée. Examen de trois partis que pouvait prendre Napoléon : marcher sur Turin, secourir Gênes, entrer à Milan, 210. — Avantages qui résultaient de la possession de Milan. 211. — Occupation des débouchés du Simplon. 212. — Passage du Tessin. Entrée de Napoléon à Milan ; prise de Pavie ; prise de Lodi. de Crémone ; Mantoue menacée, 213. — Enthousiasme des Milanais, qui reconnaissent Napoléon à la tête de l'armée ; il est accueilli en libérateur. Proclamation de Napoléon à l'armée, 214. — Jonction avec le corps de Moncey. Murat s'avance sur Plaisance ; il intercepte une dépêche de Vienne qui niait l'existence de l'armée de réserve, 215. — Situation de l'armée. Napoléon concentre ses forces à la Stradella dans le but de couper à Melas la route de Mantoue. 216. — Napoléon apprend la reddition de Gênes et les conditions de la capitulation. 217. — Engagement d'avant-garde sur la rive droite du Pô avec les troupes du général Ott. Bataille de Montebello, gagnée par le général Lannes. 218. — La victoire est décidée avant l'arrivée de Napoléon sur le champ de bataille ; Napoléon achève de réunir l'armée et de concerter ses opérations. Avantages de la position de la Stradella, qui annule la supériorité des Autrichiens en cavalerie. 219. — Arrivée de Desaix au quartier général ; ses entretiens avec Napoléon sur l'Égypte ; quels avaient été ses motifs pour consentir à la capitulation d'El-A'rych. 220. — Desaix reçoit le commandement d'une division. Situation critique de Melas ; il avait trois partis à prendre. 221. — La retraite sur le Tessin lui était fermée. Napoléon, inquiet de l'inaction de Melas, quitte Stradella pour aller à sa recherche. 222. — Il se porte dans la plaine de Marengo sans y trouver l'ennemi ; il envoie sur différents points pour se renseigner sur les mouvements de Melas ; inquiétudes de Napoléon ; il reste sans nouvelles par suite d'un débordement de la Scrivia. 223. — Perplexité du général Melas et de son conseil, réuni à Alexandrie ; incertitudes des Autrichiens ; ils prennent la résolution de se faire jour à travers l'armée française. 224. — La supériorité du nombre permettait à Melas d'espérer un succès. 225. — Tableau faisant connaître la composition et la force de l'armée de réserve au 14 juin 1800. 226. — Tableau indiquant les positions occupées en Italie, le jour de la bataille de Marengo, par les armées française et autrichienne. 227. — Bataille de Marengo. 228. — Mort de Desaix. Déroute des Autrichiens, 230. — Situation désespérée de l'armée autrichienne. 231. — Melas demande une suspension d'armes ; teneur de la convention. 232. — Cette convention sauvait l'armée autrichienne. Motifs qui décident Napoléon à traiter. 234. — Exécution des stipulations de l'armistice. Joie des Italiens. 235. — Effet produit en France par la nouvelle de la bataille de Marengo. Délivrance des patriotes italiens prisonniers de l'Autriche. Napoléon rétablit la république Cisalpine et reconstitue le gouvernement. 236. — Conduite de l'Autriche à l'égard du roi de Sardaigne. Napoléon confie à Jourdan le gouvernement provisoire du Piémont. Masséna reçoit le commandement de l'armée d'Italie. Retour de Napoléon ; son passage à Lyon. 237. — Manifestations enthousiastes dont il est l'objet à Paris. 238.

ULM. — MOREAU.

Armées françaises opérant sur le Rhin de 1795 à 1797. page 241. — Rôle de l'armée du Nord. Les armées de Sambre-et-Meuse et du Rhin avaient été battues par le prince Charles et forcées à la retraite. 242. — Ces échecs étaient dus au plan de campagne. Campagne de 1799 par les armées d'Helvétie et du Rhin. 243. — État des armées au commencement de l'année 1800. Revers de l'armée d'Italie atténués par un succès de Saint-Cyr ; elle entre en quartiers d'hiver ; la misère et les privations désorganisent l'armée. 244. — Proclamation de Napoléon à ce sujet ; bon effet que cette proclamation produit. 245. — Masséna prend le commandement de l'armée d'Italie ; Brune remplace Augereau à l'armée de Hollande. Proclamation du Premier Consul aux armées. Napoléon réunit les armées d'Helvétie et du Rhin sous le commandement de

SOMMAIRE.

Moreau, 246. — Le czar Paul Iᵉʳ. indisposé contre l'Angleterre, se retire de la coalition, 247. — Efforts militaires de l'Autriche ; son armée d'Italie sous les ordres de Melas ; son armée d'Allemagne sous les ordres de Kray ; emplacement des quatre corps composant cette dernière armée. 248. — Urgence de commencer les opérations en Allemagne ; plan de campagne tracé par Napoléon à Moreau. 249. — Opposition et résistance de Moreau ; Napoléon pense un moment à diriger en personne les opérations en Allemagne ; il se résout à modifier ses ordres, 250. — Composition de l'armée du Rhin. Passage du Rhin par la gauche et le centre ; premiers mouvements. 251. — La droite, sous Lecourbe, passe le Rhin quelques jours plus tard. Position des Autrichiens à Engen et à Stockach, 252. — Combat de Stockach ; bataille d'Engen ; le général Kray bat en retraite sur le Danube, 253. — Bataille indécise de Mösskirch ; la victoire eût été certaine si Saint-Cyr se fût trouvé sur le champ de bataille. 254. — Affaire de Biberach. Positions occupées par l'armée française. L'armée autrichienne se retire dans le camp retranché d'Ulm ; avantages de sa situation, 255. — Manœuvres de Moreau pour faire quitter à l'armée autrichienne la position d'Ulm, 256. — Le corps de Sainte-Suzanne, laissé sur la rive gauche du Danube, est battu et perd ses communications. Moreau concentre ses forces ; il les place partie sur la rive droite et partie sur la rive gauche du Danube ; son indécision ; il repasse sur la rive droite du Danube et se met en mouvement, 257. — Moreau, attaqué par Kray, change ses dispositions. Combat de Kirchberg. Moreau concentre l'armée sur l'Iller ; il fait une nouvelle démonstration contre Augsbourg. Lecourbe passe le Lech, 258. — Résultat négatif de ces marches et contre-marches. Dissentiments entre Moreau et Saint-Cyr ; plaintes de Lecourbe. Moreau se décide à effectuer le passage du Danube au-dessous d'Ulm, 259. — Les Autrichiens profitent de l'inaction de Moreau après cette opération. Combat de Neubourg. 260. — Résultats de ce combat ; armistice de Parsdorf, 261. — Teneur de l'armistice, 262.

Plan de campagne. — Première remarque. — Faute commise par l'Autriche en ne portant pas en Allemagne le principal effort des armées, page 265. — Moreau ne comprit pas le plan de campagne que lui avait tracé Napoléon, 266.

Deuxième remarque. (Moreau.) — Faux mouvements de Moreau : en débouchant par le lac de Constance, il pouvait terminer la campagne en quinze jours, page 266. — Par suite de ces mauvaises dispositions, il se trouve inférieur en force à la bataille d'Engen. En attaquant l'ennemi pendant sa retraite, Moreau évitait la bataille de Mösskirch, 267. — Moreau fut encore, par sa faute, inférieur en force à Mösskirch. Inaction de Saint-Cyr. Moreau pouvait détruire l'armée ennemie au passage du Danube. Ce qu'il devait faire pour forcer Kray à quitter le camp retranché d'Ulm. 268. — Le général autrichien avait deviné l'irrésolution de Moreau. Dans ses manœuvres, Moreau exposait ses divisions à des échecs partiels. Le passage sur la rive gauche du Danube, bien que périlleux, pouvait réussir par une exécution rapide, 269. — Richepance, isolé, était exposé à une défaite complète. Mouvements inutiles et sans résultats, 270. — Lecourbe aurait dû marcher sur Inspruck ; avantage de la possession de cette ville. Insuffisance des stipulations de l'armistice, 271.

Troisième remarque. (Kray.) — Kray plaça mal son quartier général et ses magasins ; il montra de l'habileté dans la défense du camp d'Ulm, mais ne profita pas de tous ses avantages, page 271. — Autres critiques : malgré l'infériorité de ses forces, il pouvait rejeter Moreau en Suisse. 272.

DIPLOMATIE. — GUERRE.

(1800-1801.)

Mission du comte de Saint-Julien à Paris ; il signe des préliminaires de paix. page 275. — Il est désavoué, l'Autriche s'étant engagée à ne traiter de la paix que conjointement avec l'Angleterre. Napoléon consent à traiter avec l'Angleterre sous la condition préalable d'un armistice naval, 276. — Instructions envoyées en conséquence à M. Otto, à Londres. Le cabinet anglais élude la proposition d'armistice, mais accepte l'ouverture de négociations, 277. — M. Otto insiste pour une réponse précise et fait connaître le projet d'armistice du gouvernement français ; les Anglais acceptent le principe de l'armistice et présentent un contre-projet. 278. — Autres propositions du gouvernement français, la prolongation de l'armistice sur le continent lui étant préjudiciable, il se borne à stipuler la faculté d'approvisionner Malte et l'île de France, et d'expédier six frégates en Égypte, 279. — L'armée d'Égypte eût été ainsi renforcée. Conférences qui aboutissent à la rupture des négociations. Les Anglais ne consentent pas à l'envoi de frégates à Alexandrie, 280. — Le cabinet anglais ne cherche qu'à gagner du temps. Reprise des hostilités en Allemagne. L'Autriche cède Ulm, Philipsbourg et Ingolstadt pour que l'armistice soit prolongé. En quoi cette prolongation, utile à l'Autriche, était également avantageuse à la France. 281. — Politique du ministre Thugut, soumis à l'influence anglaise, 282. — Disgrâce de Thugut : il est remplacé par le comte de Cobenzl. Cobenzl s'annonce comme un partisan de la France ; il se rend à Paris et cherche à gagner du temps, 283. — Napoléon ordonne que les négociations s'ouvrent sans délai ; Cobenzl oppose un échappement dilatoire. Napoléon fait recommencer les hostilités en Allemagne et en Italie. Politique de l'Autriche à l'égard du Pape ; elle le tient sous son influence, 284. — L'Autriche demande le secours de l'armée anglaise réunie à Mahon afin de continuer la guerre ; cette armée est destinée à faire une diversion en Toscane. L'Autriche emploie la durée de l'armistice à se préparer à la guerre, 285. — La concentration de l'armée d'Italie sur le Pô amène un soulèvement de la Romagne et de la Toscane contre les Français ; les insurgés de la Romagne sont battus ; expédition contre les levées en masse de la Toscane, protégées par l'Autriche, 286. — Prise d'Arezzo et soumission de la Toscane. La cour de Naples s'allie avec l'Autriche. État des forces de l'Autriche en Italie et en Allemagne. 287. — Total des troupes mises sur pied par la France. L'Autriche, déconcertée par la reprise des hostilités, se tient sur la défensive en Italie et prend l'offensive en Allemagne. 288 — Napoléon veut profiter de la neutralité de la Russie et marcher sur Vienne ; son plan d'opération en Allemagne. Une petite armée de réserve, réunie à Dijon, excite l'inquiétude de l'Autriche, 289. — Marche prescrite à l'armée d'Italie. Ensemble des ar-

SOMMAIRE. 481

mées françaises ; leur excellente situation. Armée gallo-batave sous les ordres d'Augereau. 290. — Ses opérations contre l'armée mayençaise, commandée par le baron d'Albini, 291. — Elle occupe le pays situé entre le Rhin et la Bohême, et fait diversion en faveur de l'armée du Rhin. Composition et force de l'armée du Rhin, 292. — Premières opérations ; marche de l'armée française sur l'Inn ; quatre divisions sont laissées en observation, 293. — L'armée prend position sur la rive gauche de l'Inn ; étendue de la ligne qu'elle occupe. Dispositions faites par l'archiduc Jean, commandant l'armée autrichienne, 294. — Il déconcerte Moreau par une attaque en masse sur la gauche de l'armée française, 295. — L'archiduc Jean ne tire pas tout le parti possible de cette belle manœuvre. Moreau envoie à ses divisions disséminées l'ordre de se réunir à Hohenlinden, 296. — L'archiduc attaque avant que cette concentration ait eu le temps de se faire ; ordre de combat de l'armée autrichienne ; bataille de Hohenlinden. 297. — Combat à l'extrême gauche contre les divisions autrichiennes de Baillet-Latour et Kienmayer. 299. — Une partie seulement de l'armée française prend part à la bataille. Pertes éprouvées par les deux armées, 300. — Mouvements de l'armée après la bataille de Hohenlinden ; passage de l'Inn et de la Salza. 301. — Prise de Salzbourg ; combats divers. 302. — Armistice de Steyer. 303. — Les États héréditaires d'Autriche sont évacués après la paix de Lunéville. 308.

OBSERVATIONS. — PLAN DE CAMPAGNE. — Avantages du plan de campagne adopté par Napoléon et de la disposition des armées, page 308. — Rôle de l'armée des Grisons ; des forces ennemies considérables se trouvèrent ainsi neutralisées, 309.

AUGEREAU. — La conduite d'Augereau fut conforme à ses instructions et digne d'approbation, page 309.

MOREAU. — Critique de la marche de Moreau sur l'Inn ; comment devait être effectuée une opération de cette nature ; il fallait occuper en force les hauteurs d'Ampfing. page 310. — Moreau ne tint pas ses troupes réunies ; la moitié de l'armée resta éloignée des champs de bataille. Il n'y eut aucune combinaison de Moreau à Hohenlinden ; il se tenait sur la défensive, attendant ses renforts. 311. — Pourquoi les divisions Decaen et Richepance ne pouvaient avoir pour but d'attaquer le flanc gauche des Autrichiens ; elles eussent été exposées à un grand désastre. 312. — Les règles de la guerre voulaient que Richepance marchât réuni avec la division Decaen ; il fit une imprudence qui décida la victoire. 313.

ARCHIDUC JEAN. — L'archiduc Jean eut tort de prendre l'offensive, page 313. — Il ne déploya pas assez de vigueur au combat d'Ampfing ; il commit la faute de laisser à Moreau le temps de réunir ses forces ; ses dispositions à Hohenlinden furent bonnes, mais mal exécutées, 314. — La bataille de Hohenlinden eut lieu en dehors de toute combinaison militaire. 315.

DEUXIÈME OBSERVATION. — La lenteur de Lecourbe à passer l'Inn priva Moreau d'une partie des résultats de la victoire de Hohenlinden. L'échec de Lecourbe devant Salzbourg vint du manque de cavalerie à l'avant-garde. page 316. — L'armée des Grisons, sous le nom d'*armée de réserve*, impose aux Autrichiens plutôt par son nom que par sa force réelle, 317. — Après Hohenlinden, elle reçoit l'ordre de passer le Splugen et d'opérer en Italie ; Macdonald opère ce mouvement avec lenteur ; l'armée des Grisons ne participe en rien aux succès de l'armée d'Italie, 318. — Reprise des hostilités en Italie; état de l'armée d'Italie, 319. — Total des forces placées sous les ordres de Brune ; circonspection du général Brune ; position de l'armée autrichienne, dont le but est de défendre la ligne du Mincio, 320. — Travaux de défense exécutés et points fortifiés sur cette ligne par le général Bellegarde, 321. — Mouvement de l'armée sur le Mincio; elle s'empare de toute la rive droite, à l'exception de Goito et de Borghetto; la disposition des rives du Mincio permettait d'effectuer le passage le jour même, 322. — Principes pour le passage d'une rivière en présence et sous le feu de l'ennemi, 323. — Brune passe le Mincio à deux endroits différents ; un seul point de passage eût été préférable, 324. — Étude des avantages et des dangers que présentait le passage à Mozambano et à Molino-della-Volta, 325. — Passage du Mincio par le général Dupont à Molino-della-Volta ; Brune reste sur la rive droite et Dupont persiste à se maintenir sur la rive gauche ; il est attaqué par Bellegarde, 326. — Bataille de Pozzolo : conduite inexplicable de Brune, qui ne fait aucun mouvement pour secourir Dupont, 327. — Passage du Mincio par Brune à Mozambano. Bellegarde se met en retraite sur l'Adige. Inutilité de l'attaque de Borghetto, 328. — Mouvements de l'armée ; passage de l'Adige et retraite précipitée des Autrichiens devant les troupes françaises, 329. — Les pertes éprouvées par les Autrichiens et leur découragement les mettent hors d'état de défendre aucune ligne. Bellegarde demande une suspension d'armes ; Brune conclut un armistice à Trévise malgré les ordres formels de Napoléon, 330. — Il n'exige pas la cession de Mantoue, politiquement importante. L'armistice de Trévise était tout à l'avantage de l'Autriche. Napoléon désavoue la convention de Trévise et exige la remise de Mantoue, avec menace de recommencer les hostilités, 331. — Mantoue est cédée à la France. Jugement sur le général Brune. Résultats de cette campagne. Le général Miollis occupe la Toscane et tient en respect l'armée napolitaine, 332. — Miollis réprime une insurrection que les Napolitains avaient excitée à Sienne, 333. — Murat, à la tête d'une armée d'observation, entre en Italie et prend possession d'Ancône ; égards qu'il témoigne au Pape au nom de Napoléon, 334. — Il somme le comte de Damas d'évacuer le territoire romain ; celui-ci se prétend compris dans l'armistice de Trévise ; Murat refuse d'accéder à cette prétention ; il se met en mouvement et refoule les Napolitains sous les murs de Rome, 335. — La conduite des Français à Ancône excite la reconnaissance du Pape. Armistice de Foligno, accordé à l'armée napolitaine par considération pour la Russie. Traité de paix conclu à Florence avec la cour de Naples, 336. — Expédition dirigée contre l'île d'Elbe pour en chasser les Anglais, 337.

NEUTRES.

Progrès successifs dans l'application du droit des gens à l'état et aux biens des personnes pendant la guerre sur terre, page 341. — Ces progrès ne sont pas adoptés pour la guerre maritime; contradiction de la législation à cet égard, 342. — Espoir que le droit maritime s'amendera dans un sens favorable à la civilisation et au commerce. D'où dérive le droit de visite ; comment il doit être appliqué, 343. — Le droit de visite ne détruit pas le principe que le pavillon couvre la marchandise. L'entrée d'une place assiégée est interdite lorsqu'il y a blocus réel. Principes du droit maritime des neutres, 345. — Prétentions contraires à ces principes émises par l'Angleterre en 1778 ; elles sont vivement réfutées par les puissances neutres, 346. — En 1778 la France fait adopter un règlement sur cette question ; il obtient l'adhésion des puissances neutres. Une injuste prétention de l'Angleterre amène la guerre entre cette puissance et la Hollande, 348. — La Russie prend l'initiative d'une ligue des puissances du Nord pour faire respecter les principes de la neutralité ; la France et l'Espagne adhèrent à cette ligue, qui oblige l'Angleterre à se soumettre, 349. — Après la révolution, l'Angleterre veut profiter de l'affaiblissement de la France pour établir sa domination maritime ; elle affirme, en les exagérant, ses anciennes prétentions, 350. — Les États-Unis sont forcés un moment de se prononcer pour l'Angleterre contre la France ; après la guerre de l'indépendance ils paraissent disposés à une alliance avec la République française, 351. — Fautes commises par le Directoire ; il cherche, en refusant toute négociation, à provoquer une crise dans le gouvernement fédéral ; il abandonne les principes de la neutralité pour ruiner le commerce américain, 352. — Après ces mesures hostiles, il demande un prêt aux États-Unis. Impression produite en Amérique par les actes du Directoire ; les États-Unis se préparent à la lutte, 353. — Exposé de leurs griefs. Après les revers de 1798, le Directoire fait les premières avances d'un raccommodement, 354. — Les États-Unis envoient des plénipotentiaires à Paris. Napoléon saisit le prétexte de la mort de Washington pour faire connaître ses sentiments aux États-Unis ; honneurs rendus en France à la mémoire de ce grand citoyen, 355. — Les puissances du Nord restent fidèles aux principes de la neutralité. Attentat des Anglais contre des frégates danoises escortant un convoi de marchandises ; l'état du continent encourage les prétentions de l'Angleterre, 356. — Autre attentat contre un navire danois, qui fait résistance ; l'Angleterre demande réparation en la fondant sur son droit absolu de visite ; réponse du ministre de Danemark, conforme aux principes de neutralité, 357. — Affaire de la frégate danoise *la Freya*, 358. — Les hostilités sont sur le point d'éclater. Mission de lord Withworth à Copenhague. Convention signée entre l'Angleterre et le Danemark ; elle n'est qu'un moyen de gagner du temps, 359. — Attitude de la Russie. Négociations de Morfontaine avec les plénipotentiaires américains, 360. — Difficultés provenant de demandes d'indemnités et du retour aux traités de 1778 ; ces difficultés sont renvoyées à une discussion ultérieure. Nécessité d'une déclaration nette et précise du droit des neutres. Principales stipulations du traité de Morfontaine, 361. — Fête donnée à cette occasion ; Napoléon y assiste, 362. — Témoignages d'entente cordiale échangés entre le gouvernement français et les ministres américains. Le président des États-Unis, en ratifiant le traité, supprime l'article qui réservait le débat de certaines questions, 363. — Cette suppression ne contrariait pas les vues de Napoléon ; il eût été facile de ne pas déroger aux usages qui veulent que la ratification ne modifie en rien le traité. — Le czar Paul Ier, après les revers de ses armées, est prêt à se détacher de la coalition ; ses griefs contre l'Angleterre et l'Autriche, 364. — Napoléon s'applique à plaire au czar ; il propose à l'Angleterre et à l'Autriche d'échanger les prisonniers russes, 365. — Sur le refus de ces deux puissances, Napoléon rend au czar les prisonniers russes après les avoir équipés et armés ; Paul Ier, sensible à ce procédé, écrit à Napoléon, 366. — Mission du général de Sprengporten à Paris; entente de la France et de la Russie. Les Anglais profitent de la soumission momentanée du Danemark pour continuer leurs violations du droit des neutres, 367. — Indignation des puissances neutres; le czar se déclare contre l'Angleterre. Quadruple alliance des puissances du Nord pour soutenir les droits de la neutralité, 368. — Représailles ordonnées par l'Angleterre contre les puissances signataires. Napoléon défend la course contre les navires russes. La cour de Berlin adresse une sommation à l'Angleterre; la Suède réclame contre l'interprétation hostile faite par l'Angleterre du traité de quadruple alliance, 369. — Récapitulation des griefs de la Suède, 370. — La Suède n'avait d'autre but que de défendre les droits des neutres. Réponse du cabinet anglais; il persiste à trouver un caractère hostile à la confédération des neutres. Guerre entre l'Angleterre et les puissances du Nord; Hambourg est occupé par les Danois, 371. — La Prusse entre dans le Hanovre; les ports de la Baltique et de la mer du Nord sont fermés à l'Angleterre. Efforts des puissances neutres pour réunir une flotte capable de résister aux Anglais, 372. — Situation critique de l'Angleterre, obligée de disséminer ses forces au Nord et dans la Méditerranée. L'Angleterre se décide à porter tous ses efforts contre le Danemark; envoi d'une flotte anglaise sous le commandement des amiraux Parker et Nelson, 373. — Les Anglais sont incertains s'ils doivent passer le Sund ou le grand Belt; ils se décident à effectuer le passage du Sund, 374. — Ils réussissent à passer en longeant la côte de Suède. Pour quelles raisons les Suédois n'étaient pas en état d'arrêter la flotte anglaise; celle-ci mouille près de l'île de Huen. L'entrée de la Baltique est défendue par les Danois; leurs dispositions, 375. — Aspect redoutable que présente la ligne d'embossage des vaisseaux danois protégeant les passes de Copenhague, 376. — Nelson fait adopter l'avis de forcer la ligne des Danois; il effectue cette opération. Comment était disposée la ligne d'embossage des Danois, 377. — Les Danois sont surpris par la manœuvre de Nelson, qu'ils n'avaient pas prévue, 378. — Bataille navale de Copenhague, 379. — L'amiral Parker fait cesser le combat et envoie un parlementaire aux Danois; suspension d'armes, 380. — Convention qui établit un armistice et laisse aux Anglais la libre disposition de leurs forces dans la Baltique. Pertes réciproques des Anglais et des Danois, 381. — La confédération des puissances du Nord est dissoute par la mort de Paul Ier; l'Angleterre soupçonnée de connivence avec les assassins du czar, 382. — Paul Ier avait été averti du complot tramé contre lui; détails sur l'assassinat de ce prince, 383. — Effet produit par cet événement en Europe; la Russie se rapproche de l'Angleterre et traite avec elle; l'Angleterre effectue la dissolution de la confédération des puissances neutres, 384. — Soumission de la Suède et du Danemark, 385. — Mission de Duroc à Saint-Pétersbourg; langage qu'il tient inutilement à la Russie, 386. — Le nouveau czar reste sous la domination du parti anglais. Sentiments de l'Europe contre le traité dans lequel l'Angleterre fait prévaloir ses principes maritimes, 387. — Satisfaction illusoire donnée par l'Angleterre à la Russie. Quels sont les véritables principes du droit des neutres, 388. — L'Angleterre établit le *blocus sur le papier;* les principes émis par l'Angleterre ont pour conséquence le retour à la barbarie, 389.

SOMMAIRE.

NOTES
SUR LE PRÉCIS DES ÉVÉNEMENTS MILITAIRES
OU ESSAIS HISTORIQUES
SUR LES CAMPAGNES DE 1799 A 1814.

Première note. — Politique de Pitt. Page 393. — Deuxième note. — Moreau. Page 398. — Troisième note. — Armistice naval. Page 410. — Quatrième note. — Égypte. Page 414. — Lettre du général Kleber au Directoire exécutif; observations de Napoléon sur la lettre du général Kleber. 429.

QUATRE NOTES
SUR L'OUVRAGE INTITULÉ
MÉMOIRES POUR SERVIR A L'HISTOIRE
DE LA RÉVOLUTION DE SAINT-DOMINGUE.

Première note. page 449. — Deuxième note. page 455. — Troisième note. page 456. — Quatrième note. page 461.

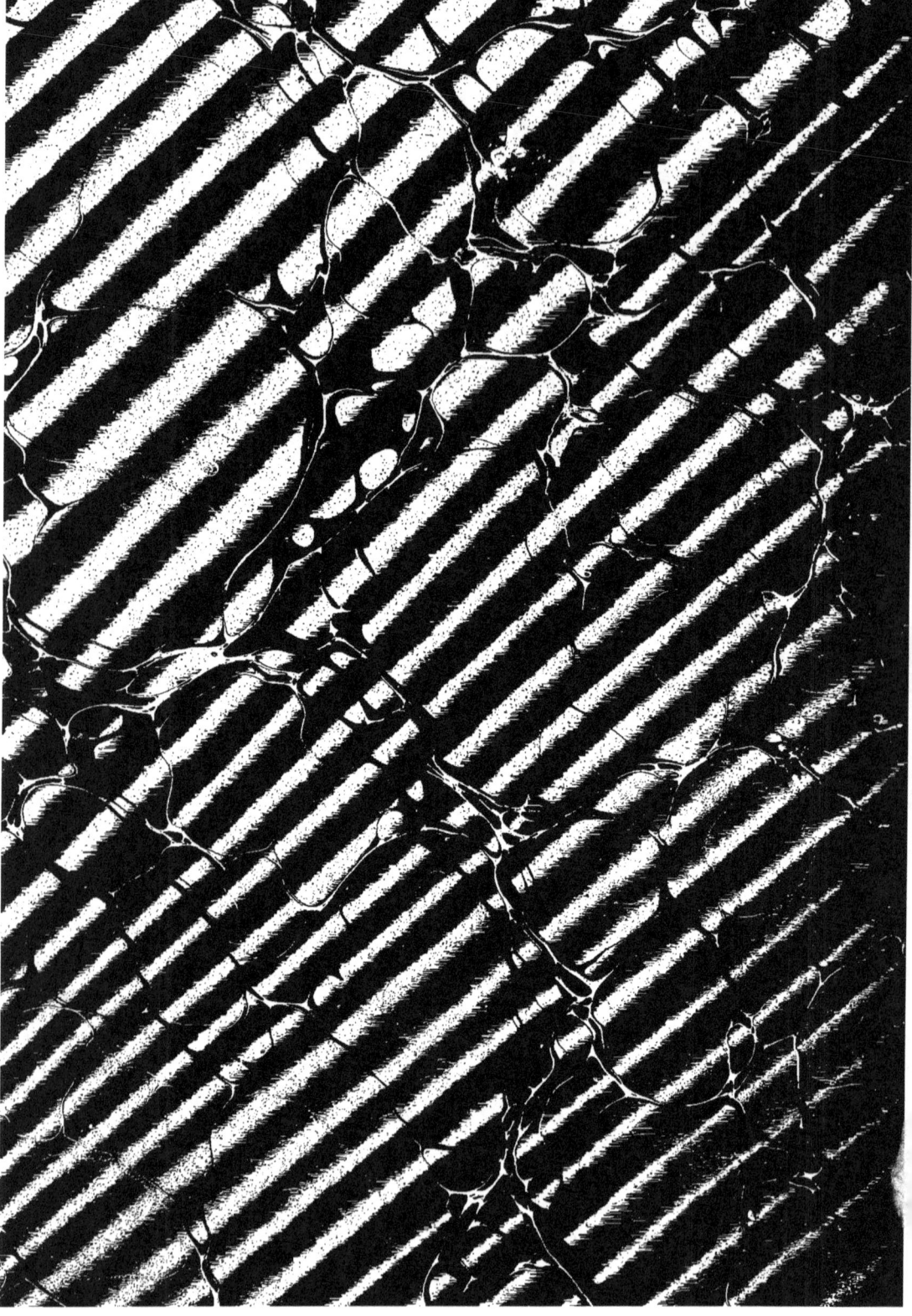

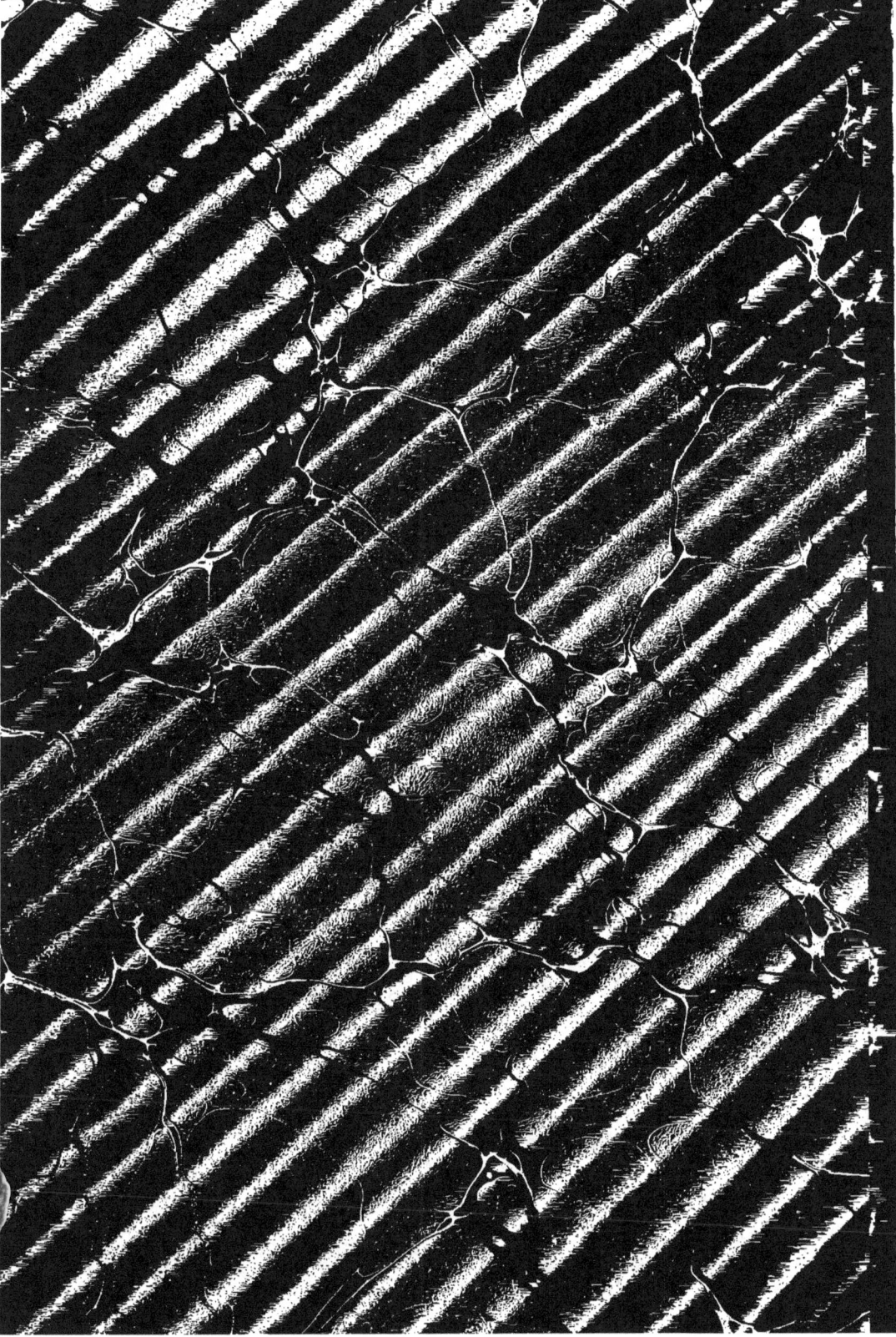

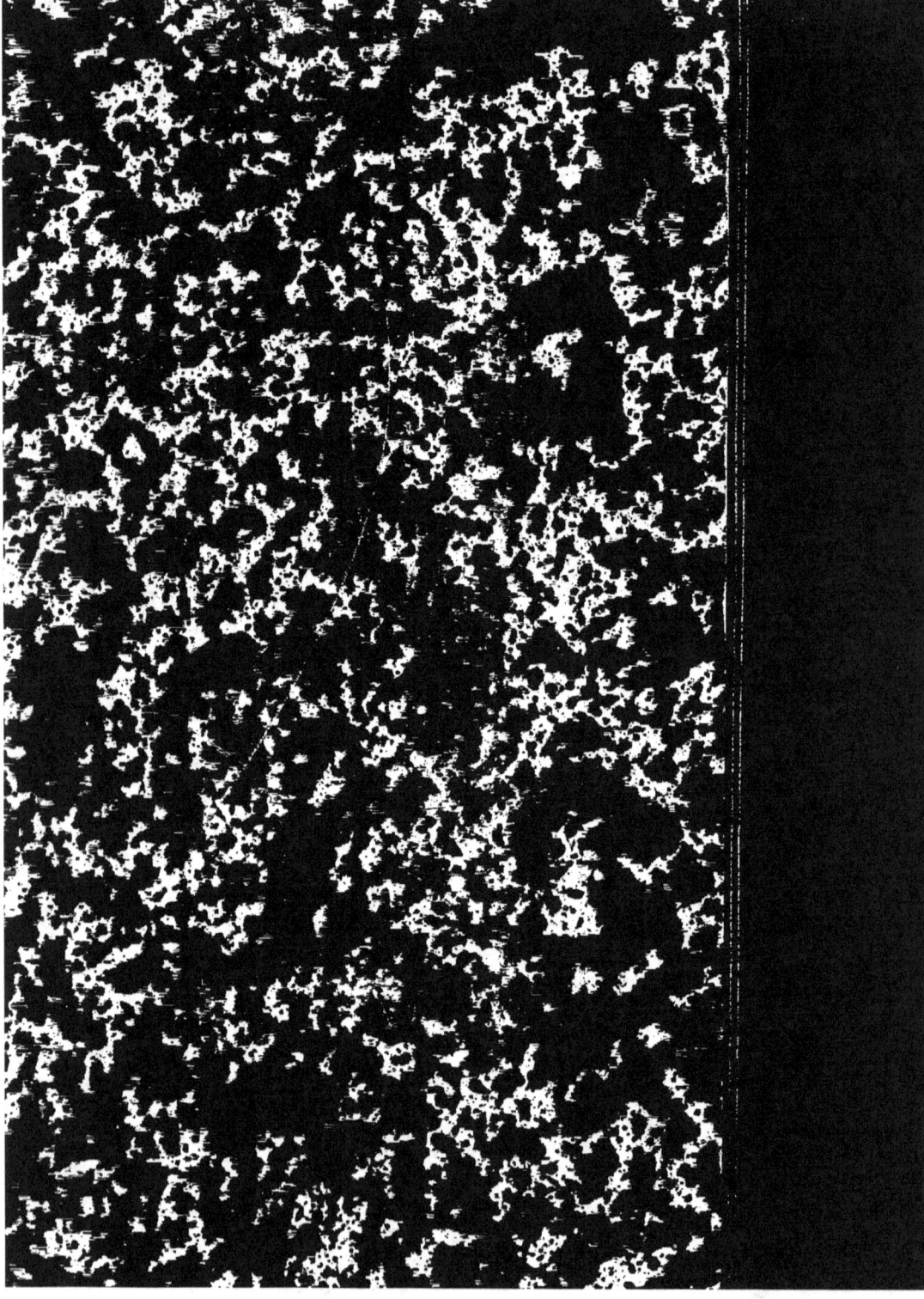

www.ingramcontent.com/pod-product-compliance
Lightning Source LLC
Chambersburg PA
CBHW071607230426
43669CB00012B/1866